Frau Geoffrey

Herzogin

Writat

Diese Ausgabe erschien im Jahr 2024

ISBN: 9789359943152

Herausgegeben von
Writat
E-Mail: info@writat.com

Inhalt

KAPITEL I.

WIE GEOFFREY SEINE ABSICHT ERKLÄRT, DEN HERBST IN IRLAND ZU VERBRINGEN.

„Ich wüsste nicht, warum ich dort nicht einen ganzen Monat entspannt verbringen sollte", sagt Geoffrey träge und zieht die Ohren eines hübschen, frechen kleinen, dicken Terriers, der ihn anblinzelt und seine braunen Augen voller Liebe anschaut ein Stuhl in der Nähe. „Und es wird auf jeden Fall etwas Neues sein, nach Irland zu reisen. Es ist derzeit ziemlich aus dem Rennen, wird sich also wahrscheinlich als interessant erweisen; und es besteht zumindest die Möglichkeit, dass man nicht jeden Tag Bekannte aus der Stadt trifft." Ecke. Das ist die Sorge, ins Ausland zu gehen, und ich habe die ganze Sache zutiefst satt.

„Du wirst ermordet", sagt seine Mutter genauso lässig und öffnet halb ihre Augen, die grau sind wie Geoffreys eigene. „Sie töten immer Menschen mit Dingen, die sie Piken nennen, oder verbrennen sie dort drüben aus Haus und Heim, ohne Sinn und Zweck."

„Sie müssen auf jeden Fall ein lebhafter Haufen sein, wenn alles, was man hört, wahr ist", sagt Geoffrey mit einem unterdrückten Gähnen.

„Du gehst nicht wirklich dorthin, Geoff?"

"Ja wirklich."

„In welchen Teil Irlands?"

„Irgendwo jenseits von Bantry; haben Sie von Bantry Bay gehört?"

„Oh, das wage ich zu sagen! Ich bin mir nicht sicher", sagt Lady Rodney kleinlich, die sich über die Idee, nach Irland zu gehen, ziemlich ärgert, da sie andere Pläne für ihn hat.

„Schon mal von Botany Bay gehört?" fragt er müßig; aber da diese Frage ausgesprochen leichtsinnig ist, nimmt sie keine Notiz davon. „Nun, es ist in Irland", fährt er nach einer kurzen, aber würdevollen Pause fort. „Sie haben wohl von der Grünen Insel gehört? Es ist das Land, in dem Kartoffeln angebaut werden und man sagt ‚Bedad'; und Bantry liegt irgendwo im Süden, glaube ich. Ich bin mir bei nichts ganz sicher: Das ist einer meiner Reize. "

„Ein sehr zweifelhafter Zauber."

„Der Name des Ortes, an dem ich übernachten möchte – mein eigentliches Anwesen – heißt Coolnagurtheen", fährt Geoffrey fort, ohne auf ihren Tadel zu achten.

„Äh?" sagt Lady Rodney.

„Coolnagurtheen."

„Ich habe immer gesagt, du wärst schlau", sagt seine Mutter träge; „Jetzt glaube ich es. Ich glaube nicht, dass ich, wenn ich ewig leben würde, in der Lage wäre, ein so trauriges Wort wie dieses auszusprechen. Sprechen – sprechen die Eingeborenen so?"

„Ich werde es dir sagen, wenn ich zurückkomme", sagt Geoffrey, „falls ich jemals zurückkomme."

„So dumm von deinem Onkel, dir in einem solchen Land ein Grundstück zu hinterlassen!" sagt Lady Rodney unzufrieden. „Aber ihm sehr ähnlich, auf jeden Fall. Er war nie glücklich, es sei denn, er kaufte Land an einem unbewohnbaren Ort. Da war dieser Bauernhof in der Walachei – Ihre Cousine Jane wäre vor Kummer fast gestorben, als sie herausfand, dass er ihr überlassen wurde, und die Anwälte erzählten es Sie sollte es nehmen, ob es ihr gefällt oder nicht. Ich weiß nicht, wo es ist, aber ich bin sicher, es liegt in der Nähe der bulgarischen Gräueltaten!"

„Unsere ‚hübsche Jane' kann gelegentlich so viel Unsinn reden wie – wie jede andere Frau, die ich je getroffen habe", sagt Geoffrey, wobei das Zögern voller kindlicher Ehrfurcht ist; „Und das kann man meiner Meinung nach uneingeschränktes Lob nennen."

„Gib lieber den irischen Plan auf, mein Lieber, und komm mit Nichols und mir zu den Nugents. Sie sind lockere Leute und werden zu dir passen."

„Free-and-easy-going wäre nach allem, was ich gehört habe, ein passenderer Begriff."

„Die Schießerei dort ist großartig", sagt seine Mutter und ignoriert seine gemurmelte Unterbrechung, „und ich glaube nicht, dass es in Irland irgendetwas gibt, nicht einmal Vögel."

„Zumindest gibt es Grundbesitzer, und wenn alle Berichte wahr sind, sind sie sehr ausgezeichnete Jäger", sagt Geoffrey mit einem Grinsen, „ganz zu schweigen vom Rebhuhn und dem Schneehuhn. Außerdem wird es ein Erlebnis sein; und a Der Mann sollte sagen: „Wie geht es dir?" zu seinen Mietern manchmal."

„Wenn du mir zu diesem Thema eine Predigt halten willst, habe ich natürlich nichts mehr zu sagen. Aber ich wünschte, du würdest mit mir zu den Nugents kommen."

„Meine liebe Mutter, es gibt kaum etwas, was ich nicht für dich tun würde; aber der Nugent-Plan würde überhaupt nicht passen. Das Mädchen von den

Cheviots wird bestimmt da sein – wissen Sie, wie sehr Bessie Nugent sie liebt? – und ich weiß, dass sie unbedingt mich heiraten will."

„Unsinn! Soll ich glauben, dass du Angst vor ihr hast?"

„Ich habe Angst vor ihr; ich hatte noch nie zuvor so viel Angst vor irgendjemandem. Ich habe es mir zur Aufgabe meines Lebens gemacht, ihr aus dem Weg zu gehen, seit mir am letzten Neujahrstag ein freundlicher Kerl gesagt hat, es sei ein Schaltjahr. Wissen Sie? Ich habe noch nie zu irgendjemandem „Nein" gesagt, und ich sollte es auch nicht wagen, es Miss Cheviot zu sagen. Sie hat so einen steinernen Blick und eine so üppige Nase!"

„Und jede Menge Gold auch", sagt Lady Rodney seufzend.

„Ich hoffe, sie hat es, arme Seele: Sie wird es wollen", sagt Geoffrey gefühlvoll; und dann fängt er an, die „Zwei Obadja" leise, aber doch lustvoll und leise zu pfeifen.

„Wie lange wollen Sie sich aus dem zivilisierten Leben verbannen?"

„Einen Monat, wage ich zu sagen. Länger, wenn es mir gefällt, kürzer, wenn es mir nicht gefällt. Übrigens haben Sie mir neulich gesagt, es sei der Traum Ihres Lebens, mich im Parlament zu sehen, jetzt, wo Sie alt sind „Dick" hat sich für ein sesshaftes Leben entschieden – übrigens eine sehr dumme Entscheidung von seiner Seite, so klug er auch ist."

„Er ist nicht stark, wissen Sie: Eine Kleinigkeit macht ihn fertig, und für eine öffentliche Karriere ist er zu beeindruckend. Aber du bist anders."

„Sie denken, ich bin nicht beeinflussbar? Nun, die Zeit wird es zeigen. Ich sollte mich nicht darum kümmern, ins Repräsentantenhaus zu gehen, es sei denn, ich gehe dort vorbereitet und beladen mit einer echten, lebendigen Beschwerde. Nun, warum sollte ich die Iren nicht adoptieren? Betrachten Sie den Fall." So wie es aussieht: Ich gehe und sehe sie; ich komme nach Hause und schwärme von ihrem erbärmlichen Zustand, ihren grausamen Vermietern, ihrer edlen Ausdauer, ihrem großartigen Körperbau, ihrem geduldigen Leiden, ihrer ehrlichen Rache und so weiter „Ich könnte es schon tun, noch bevor ich sie gesehen habe", sagt Mr. Rodney mit einem respektlosen Lachen.

„Na, geh auf keinen Fall nach Dublin", sagt ihre Mutter klagend. „Es ist eine elende Form."

„Ist es das? Ich habe immer gehört, dass es ein ziemlich lustiger kleiner Ort ist, wenn man erst einmal hineinkommt – nun ja."

„Was für ein Partisan du bist!" sagt Lady Rodney mit einem schwachen Lachen. „Vielleicht sollten wir Irland doch als das Ziel und Ziel aller Dinge betrachten. Ich wage zu behaupten, dass Sie, wenn Sie zurückkommen, irischer sein werden als die Iren.“

„Es ist gut, jede Angelegenheit ernst zu nehmen, wie trivial sie auch sein mag. Da ich nach Irland reise, werden Sie mir raten, die Menschen zu studieren, nicht wahr?“

„Studieren Sie sie auf jeden Fall, wenn Sie sich wirklich auf diese mühsame Reise einlassen wollen. Es könnte Ihnen gut tun. Sie werden zumindest ein anderes Mal eher bereit sein, meinen Rat zu befolgen.“

„Was für eine düstere Sicht Sie auf meine Reise haben! Vielleicht werde ich mich trotz Ihrer Vorahnungen bis auf den Boden amüsieren und viel weinen, wenn ich irischen Boden verlasse.“

„Vielleicht. Ich hoffe, dass du da nicht ins Schlamassel gerätst und mich noch unglücklicher machst als ich.

"Wie schön!" sagt Geoffrey mit einem sorglosen Lächeln. „Dein ‚schwaches Lob‘ reicht nicht aus, ‚verdammt‘! Heutzutage ist man nichts anderes als ein Exzentriker. Nun“, während er sich zur Tür bewegte, den Foxterrier auf den Fersen, „fange ich am Montag an. Das wird mich kriegen.“ pünktlich zum 12. unten sein. Soll ich dir Vögel hochschicken?“

„Danke, mein Lieber; du bist immer brav“, murmelt Lady Rodney, die immer ein Auge auf die große Chance hat.

„Wenn es welche gibt“, sagt Geoffrey mit einem Augenzwinkern.

„Wenn es welche gibt“, wiederholt sie ungerührt.

KAPITEL II.

WIE GEOFFREY NACH IRLAND REIST UND WAS ER DORT SIEHT.

Es ist früher Morgen. „Der erste leise Atemzug des wachen Tages bewegt die weite Luft." Auf Strauch und Baum und sich öffnender Blüte liegt der Tau schwer, wie Diamanten, die im Licht der runden Sonne glitzern. Dünne Wolken aus perlmuttartigem Dunst schweben langsam über den Himmel, um seinen Strahlen zu begegnen; Und

Neidische Adern durchziehen die zerreißenden Wolken dort im Osten.

Geoffrey trottet mit der Waffe auf der Schulter stetig weiter und freut sich über die Frische der Morgenluft.

Zu seiner Rechten liegt die Bantry Bay, die sich nun in all ihrer Pracht ausbreitet, um die zarten Farbtöne des Himmels über sich einzufangen. Sie eilen herbei, um es zu begrüßen, versinken tief in seiner wässrigen Umarmung und liegen den ganzen Tag dort, hin und her geschaukelt vom ruhelosen Ozean.

Von den Hügeln weht ihm der Duft des Heidekrauts entgegen und erfüllt ihn mit einem subtilen, scharfen Gefühl von Jugend und Fröhlichkeit und der absoluten Lebensfreude. Sein guter Hund ist ihm auf den Fersen; Ein Junge – der aus einer benachbarten Hütte beschafft wurde und garantiert nicht ermüden darf, egal wie lange die Reise dauert oder wie viele Meilen er zurücklegen muss – trägt seine Tasche neben sich.

Wild gibt es noch nicht gerade in Hülle und Fülle: Weder gestern noch vorgestern konnte man sagen, dass ihm die Vögel entgegenschwärmen; Es besteht in der Tat eine gewisse Ungewissheit darüber, ob man einen guten Sporttag haben kann oder nicht. Und doch verleiht vielleicht gerade diese Ungewissheit dem Spiel zusätzliche Spannung.

Hier und da wird ein Rudel entdeckt, so unerwartet, dass es doppelt willkommen ist. Und manchmal erzählt ihm ein freundlicher Eingeborener von einer ruhigen Ecke, in der „seine Ehren" sicherlich ein paar Vögel finden werden, „und die er am Abend zeigen kann, warum er brennt". Es ist ein etwas wildes, aber angenehmes Leben, und vielleicht findet Mr. Rodney im Großen und Ganzen Irland angenehm und seine Bewohner keineswegs so exzentrisch oder so blutrünstig, wie man ihm glauben machen will . Er hat unzählige Werke über die irische Bauernschaft gelesen, die diejenigen zum Lachen bringen sollen, die die Grüne Insel für sich beanspruchen – Werke von Leuten, die Irland noch nie gesehen haben oder es, nachdem sie es gesehen haben, für schade gehalten haben den Glamour zu zerstören, den die Zeit über sie geworfen hat, und ihn so auf die Alltäglichkeit zu reduzieren.

Er ist zum Beispiel überrascht und sogar etwas erleichtert, als er erfährt, dass die Fahrer der Kutschenwagen, die ihn auf seine Schießausflüge mitnehmen, nicht alle moderne Joe Millers sind und nicht wie Bomben witzige Bemerkungen abfeuern, alle zwei Minuten.

Er ist vielleicht enttäuscht darüber, dass nicht jeder irische Umhang ein Gesicht verbirgt, das so schön ist wie das eines Houri. Und er erfährt nach und nach, dass nur einer von zehn „bedad" sagt und dass „och murther?" ist ein Ausdruck, der fast ausgestorben ist.

Sie scheinen ein freundliches, sanftmütiges, gut gelauntes Volk zu sein – zweifellos leicht zu führen (was ihr Verderben ist), aber großzügig bis ins Innerste des Herzens; ein Volk, das fließend Englisch sprechen kann (allerdings mit einem satten Akzent) und grammatikalischer als die Sassenachs selbst (ihrer eigenen Klasse), insofern es seine Aspiranten respektiert und niemals ein *H* an der falschen Stelle einsetzt oder weglässt.

Der typische Ire, an dem Lever mit seiner Kniebundhose und dem langen Mantel, seinem Schwein unter einem Arm und seiner Shillalah unter dem anderen, so begeistert war, ist buchstäblich nirgends zu finden! Die Caubeen und die Dhudheen, von denen wir immer wieder hören, kann man tatsächlich sehen, aber sie sind in allen Ländern sehr verbreitete Gegenstände, wenn man nur die Namen ändert, und erregen in den Augen des Betrachters kaum Erstaunen.

Das Dhudheen ist zweifelsohne eine Institution, aber der Besitzer sitzt in der Regel nicht auf einem Tor mit fünf Gittern, mit einem Kleeblatt im Hut und einem Strohhalm im Mund und singt „Rory O." „More" oder „Paddy O'Rafferty", je nachdem. Im Gegenteil, die arme Seele, er wird von Geoffrey gefunden, der entweder seine Kartoffeln ausgräbt oder seinen Rasen für den Winter einsetzt.

Alles in allem sind die Dinge sehr enttäuschend; obwohl vielleicht der Gedanke tröstlich ist, dass niemand hinter einer Ecke wartet oder *perdu* in einem Graben liegt, bereit, den ersten Ankömmling mit einem Schwarzdornstock zu zerschmettern oder ihn mit einer Pike zur Unterwerfung zu zwingen, ganz gleich aus welchem Grund oder Grund.

Rodney, mit dem Jungen an seiner Seite, schreitet in einem Zustand glückseliger Ungewissheit voran. Soweit er weiß, mag er eine Meile oder zehn Meilen von zu Hause entfernt sein, und der Junge scheint nicht klüger zu sein.

"Wo sind wir jetzt?" sagt Geoffrey plötzlich, bleibt stehen und blickt „den Jungen" an.

„Ich weiß es nicht, Sir."

„Aber Sie sagten, Sie wüssten die gesamte Gegend und könnten im Umkreis von dreißig Meilen nicht verwirrt werden. Wie weit sind wir von zu Hause entfernt?"

„Ich weiß es nicht, Sir. Ich war noch nie im Ausland, und jetzt bin ich tot, und die Tasche ist wie Blei."

„Du bist ein netter Junge, das bist du!" sagt Mr. Rodney; „Hier, gib mir die Tasche! Vielleicht möchtest du, dass ich dich auch trage; aber das werde ich nicht, also brauchst du mich nicht zu fragen. Bist du hungrig?"

„Nein", sagt der Junge tapfer; aber er sieht hungrig aus, und Geoffreys Herz schlägt ihn, umso mehr, als er selbst ebenfalls hungert.

„Komm ein bisschen weiter", sagt er sanft und wirft sich die schwere Tasche über die Schultern. „Irgendwo muss ein Bauernhaus sein."

Es gibt. In der Ferne, eingebettet in Bäume, liegt ein weitläufiges Gehöft, größer und heimeliger als alles, was er bisher gesehen hat.

„Na dann, Kopf hoch, Paddy!" Er sagt zu dem Jungen: „Da drüben liegt eine Oase in unserer heulenden Wildnis."

Woraufhin der Junge verzehrt lächelt und grinst, als wäre er von der Metapher seines Begleiters entzückt, obwohl er sie in Wirklichkeit überhaupt nicht versteht.

Als sie noch näher kommen, wird Geoffrey bewusst, dass der Hof vor ihm voller Leben ist. Hähne krähen, Gänse gackern und mitten in all dem Leben steht ein Mädchen, das den müden Reisenden den Rücken zuwendet.

„Warte hier", sagt Geoffrey zu seinem Knappen, stellt die Tasche im Vorwärtsgehen auf eine niedrige Mauer und wartet, bis das betreffende Mädchen den Kopf dreht. Als sie sich bewegt, schweigt er immer noch, denn siehe, *sie* hat *ihm* den Kopf verdreht!

Sie ist vom Land aufgewachsen und trägt ländliche Gewänder, doch ihre Schönheit ist zu groß, als dass man sie leugnen könnte. Sie ist nicht „göttlich groß", sondern eher mittelgroß, mit ovalem Gesicht und „himmelblauen" Augen. Auch ihre Farbe verändert sich, wird tiefer und dunkler und wird schwarz und violett, ebenso wie die Kuppel über uns. Ihr Mund ist groß, aber anmutig und voller Lachen, gemischt mit Wahrheit und Festigkeit. Es gibt kein Merkmal, das den Charakter so wahrhaftig zum Ausdruck bringen kann wie der Mund. Die Augen können sich bewegen und verändern, aber der Mund behält immer seinen Ausdruck.

Sie ist in ein schneeweißes Kleid aus einfacher Baumwolle gekleidet, das locker zu ihrer geschmeidigen Figur passt, deren Schönheit jedoch nicht verbirgt. Ein weißes Tuch liegt sanft um ihren Hals. Sie hat ihre Ärmel hochgekrempelt, sodass ihre Arme nackt sind – ihre runden, weichen, nackten Arme, die für sich genommen ein perfektes Bild sind. Sie steht da, den Kopf gut zurückgeworfen und die Hände voller Mais hoch in die Luft gehoben, während sie laut schreit: „Cooee! Cooee!" mit klarer musikalischer Stimme.

Augenblicklich wird ihr Schrei erhört. Eine dichte Taubenwolke – braun und weiß und bronzefarben und grau – kommt hinter dem alten Haus in Sicht und stürzt sich rücksichtslos auf das Haus. Sie sitzen auf ihrem Kopf, ihren Schultern, ihren weißen weichen Armen, sogar ihren Händen, und einer, abenteuerlustiger als die anderen, hat sogar versucht, einen schlüpfrigen Ruheplatz auf ihrer Brust zu finden.

„Was für gierige Kleinigkeiten!" schreit sie laut, mit dem fröhlichsten Lachen der Welt. „Sicher kannst du nicht mehr als genug essen, oder? Und gib dein Bestes! Oh, Brownie", vorwurfsvoll, „was für ein egoistischer Vogel du bist!"

Hier tritt Geoffrey leise vor und lüftet vor ihr seinen Hut mit der Miene eines Mannes, der einer Prinzessin huldigt. Ihm ist der Gedanke gekommen, dass dieses unvergleichliche Wesen im Baumwollkleid vielleicht einen natürlichen Kummer verspüren wird, wenn es von einer Frau des anderen Geschlechts mit hochgekrempelten Ärmeln entdeckt wird. Doch in diesem Fall erfährt seine Menschenkenntnis einen schweren Schock.

Weit davon entfernt, beunruhigt zu sein, schämt sich diese Hofgöttin nicht einmal (wie könnte sie das sein?) ihrer nackten Arme, und als sie auf ihn zukommt, legt sie sie auf die obere Sprosse des Eingangstors und beäugt ihn ruhig, wenn auch freundlich .

"Was kann ich für Dich tun?" sie fragt sanft.

„Ich glaube", sagt Geoffrey, leicht beunruhigt über die süße Lässigkeit ihres Blicks, „ich habe mich verirrt. Ich gehe seit Sonnenaufgang und ich möchte, dass du mir sagst, wo ich bin."

„Sie sind auf der Mangle Farm", erwidert sie. Dann, seinem ausdruckslosen Gesichtsausdruck nach zu urteilen, dass ihre Worte ihm keinen Trost bringen, fährt sie mit einem Lächeln fort: „Das scheint dir nicht viel zu helfen, oder?"

Er erwidert ihr Lächeln voll und ganz, *sehr* voll. „Ich gestehe, es hilft mir überhaupt nicht", sagt er. „Mangle Farm ist sicher der attraktivste Ort der

Welt, aber er verrät mir nichts über den Breiten- oder Längengrad. Geben Sie mir weitere Hilfe."

„Dann sag mir, woher du kommst, vielleicht gelingt es mir." Sie spricht leise, aber schnell, wie alle Iren, und mit einem musikalischen, aber unverkennbaren Akzent.

„Ich wohne in einer Schießhütte namens Coolnagurtheen. Wissen Sie, wo das ist?"

„Oh, natürlich", erwidert sie mit einem plötzlichen Anfall von Lebhaftigkeit. „Ich habe es oft gesehen. Dort wohnt der junge englische Herr für die Schießerei."

„Ganz richtig. Und ich bin der junge englische Gentleman", sagt Geoffrey und lüftet zur Vorstellung noch einmal seinen Hut.

„In der Tat, oder?" fragt sie und zieht ihre hübschen Brauen hoch. Dann lächelt sie unwillkürlich und die Röte in ihren runden Wangen wird noch eine Spur tiefer. Doch sie senkt nicht den Blick und zeigt auch nicht den geringsten Anflug von Verwirrung. „Das hätte ich vielleicht erraten", sagt sie, nachdem sie den großen, grau gekleideten jungen Mann vor ihr eine Minute lang beäugt hat. „Du bist kein bisschen wie die anderen hier unten."

"Bin ich nicht?" sagt er demütig und setzt dabei seine sorgfältig niedergeschlagene Miene auf, die allgemein als sehr erfolgreich empfunden wird. „Sag mir meine Schuld."

„Das werde ich – wenn ich es finde", erwidert sie mit einem unbändigen Blick voller angeborener, aber unschuldiger Koketterie aus ihren schönen Augen.

In diesem Moment fliegt eine der Tauben – ein kleines, hübsches Ding mit bronzefarbenem Schimmer – auf sie zu, ruht auf ihrer Schulter, gibt ein sanftes Gurren von sich und zupft vorwurfsvoll an ihrer Wange, als ob sie um mehr Mais flehen würde.

„Würdest du mich beißen?" murmelt sie liebevoll, während der Vogel erneut erschrocken davonfliegt, angesichts der Anwesenheit des großen Fremden, der bereits damit beschäftigt ist, das Gesicht seiner Herrin mit den Gesichtern all der modischen Schönheiten zu vergleichen, von denen London seit achtzehn Monaten schwärmt. „Jeden Morgen quälen sie mich so", sagt sie und wendet sich mit einem kleinen, angenehmen, vertraulichen Nicken an Geoffrey.

„Er sah aus, als wollte er dich essen; und ich bin mir sicher, dass ich mich darüber nicht wundere", sagt Geoffrey und fügt seiner Rede den Zusatz in einer niedrigeren Tonart hinzu.

„Und sind Sie heute Morgen von Coolnagurtheen aus zu Fuß gegangen? Nun, es sind acht Meilen von hier entfernt“, sagt sie, ohne auf seine letzte Rede zu achten. „Du hättest kein Frühstück haben können!“

„Noch nicht; aber ich nehme an, dass es hier in der Nähe ein Dorf und ein Gasthaus geben muss, und ich möchte, dass du mir den Weg dorthin zeigst. Ich mache dir eine Menge Ärger“, reumütig, „aber mein Junge weiß es.“ Nichts."

Er zeigt, während er auf den unwissenden Paddy spricht, der mit den Knien zwischen den Händen auf dem Boden sitzt und ein melancholisches Liedchen singt.

„Das Dorf liegt zwei Meilen weiter. Ich denke, du solltest besser hierher kommen und frühstücken. Onkel wird sich sehr freuen, dich zu sehen“, sagt sie gastfreundlich. „Und du musst müde sein.“

Er zögert. Er *ist* müde und auch hungrig; es ist nicht zu leugnen. Noch während er zögert, kommt ein Mädchen auf die Türschwelle, legt ihre Hand auf ihre Augen und ruft ihrer Herrin aus der Ferne freundlich zu:

„Miss Mona, kommen Sie herein; das Fleisch wird kalt sein, die Scheiben sind alle verdorben, und der Meister ruft für Sie.“

„Komm, beeil dich“, sagt Mona und wendet sich an Geoffrey, mit einem leichten Lachen, das aus ihrem Herzen zu kommen scheint. „Möchtest du, dass das ‚Tay‘ kalt wird, während du dich entscheidest? Ich muss wenigstens gehen.“

Sie entfernt sich von ihm.

„Dann danke, und ich werde mit dir gehen, wenn du mir erlaubst“, sagt Geoffrey hastig, als er sie verschwinden sieht.

„Sagen Sie Ihrem Jungen, er soll in die Küche gehen“, sagt Mona nachdenklich, und nachdem Paddy erledigt ist, gehen sie und Geoffrey weiter zum Haus.

Sie gehen einen kleinen Kiesweg hinauf, auf dessen beiden Seiten gepflegte Blumenbeete geschnitten und mit steifen Buchsbäumen gesäumt sind. Allerlei hübsche, süß duftende alte Wildblüten blühen darin, so fröhlich, als hätten sie vergessen, dass der Herbst in seiner ganzen ausgereiften Schönheit jubelt. Purpurrote, weiße und violette Astern stehen ruhig da und blicken gen Himmel; hier lässt eine flammende Fuchsie ihren Kopf hängen, und dort, abgesehen von allem anderen, lächelt eine bezaubernde Rose.

„Wie eine jungfräuliche Königin grüßt sie mit einem Taudiadem die Sonne.“

Hinter dem Haus erhebt sich ein dichter Wald – ein „feierlicher Wald", wie Dickens es liebte, mit seinen Lichtern und Schatten und allen möglichen Farbtönen. Ein sanfter Wind weht jetzt hindurch; das leise Murmeln eines „verborgenen Baches", der seine „ruhige Melodie" singt, dringt ins Ohr; ein paar fröhliche Vögel zwitschern im Dickicht. Es ist ein Tag, dessen Schönheit man spüren kann.

„Ich habe keine Karte, aber mein Name ist Geoffrey Rodney", sagt der junge Mann und wendet sich an seinen Begleiter.

„Und meine ist Mona Scully", erwidert sie mit dem Lächeln, das Teil ihrer Lippen zu sein scheint und das sich bereits in Mr. Rodneys Herz eingegraben hat. „Jetzt, nehme ich an, kennen wir uns."

Sie gehen zwei Stufen hinauf und betreten einen kleinen Flur, und dann folgt er ihr in einen Raum, der sich davon öffnet, in dem das Frühstück vorbereitet ist.

In Geoffreys Augen ist es ein sehr seltsamer Raum, anders als alles, was er jemals zuvor gesehen hat; dennoch besitzt es für ihn (vielleicht gerade deshalb) einen gewissen Reiz. Es gibt keinen Teppich, aber die Bretter sind weiß wie Schnee und auf ihnen liegt eine feine Schicht trockenen Sandes. In einem der Fenster, deren Scheiben rautenförmig sind, blühen zwei Geranien in voller Blüte; Auf dem tiefen Sitz des anderen liegen einige Bücher und ein halbgestrickter Strumpf.

Ein alter Mann, robust, aber mit freundlichen Gesichtszügen, erhebt sich beim Eintritt und blickt ihn erwartungsvoll an. Mona geht auf ihn zu, legt ihre Hand auf seinen Arm und deutet mit einer Geste auf Geoffrey und sagt mit leiser Stimme:

„Er hat sich verirrt. Er ist müde, und ich habe ihn gebeten, etwas zu frühstücken. Er ist der englische Herr, der in Coolnagurtheen wohnt."

„Gern geschehen, Sir", sagt der alte Mann und verbeugt sich mit der langsamen und schweren Bewegung, die für ältere Menschen typisch ist. Der Gruß strahlt jedoch Würde und Wärme aus, und Geoffrey nimmt mit Vergnügen die von der Mühe abgenutzte Hand entgegen, die ihm sein Gastgeber einen Moment später reicht. Das Frühstück ist gut, und obwohl es nur aus Landgerichten besteht, ist es köstlich für den jungen Mann, der seit dem Morgengrauen unterwegs ist und dessen Appetit gerade jetzt diejenigen in Erstaunen versetzt hätte, die in überfüllten Städten leben und nur von ihren Aufregungen leben.

Das Haus ist heimelig, süß und eines, das dem Herzen vielleicht von Tag zu Tag lieber wird; und dieses Mädchen, dieses hübsche Geschöpf, das von Zeit zu Zeit ihren Blick auf Geoffrey richtet, als wäre es freundlich froh, ihn dort zu sehen, scheint ein notwendiger Teil des Ganzen zu sein – ihre anmutige Anwesenheit macht es jeden Augenblick süßer und begehrenswerter . „Mein Gebot an alle, die bauen, ist", sagt Cicero, „dass der Eigentümer ein Schmuckstück für das Haus sein soll und nicht das Haus für den Eigentümer."

Mona schenkt den Tee – der ausgezeichnet ist – ein und schüttet mit großzügiger Hand die Sahne hinein, von der man träumen kann. Sie lächelt Geoffrey über die Zuckerdose hinweg zu und plaudert mit ihm über die große Blumenschale hinweg, die in der Mitte des Tisches steht. Keineswegs ein tadellos arrangierter Treibhausstrauß, sondern ein großer, zarter, glücklicher, verstreuter Blumenstrauß, der unabhängig von der Farbe von selbst an seinen Platz gefallen zu sein scheint und den Raum mit seinem Duft erfüllt.

Als sein Gastgeber zu Ende ist, geht Geoffrey ans Fenster und folgt ihm; und beide blicken auf den kleinen Garten vor ihnen, der so sorgfältig und liebevoll gepflegt wird.

„Es ist alles ihr Werk", sagt der alte Mann, „das von Mona, meine ich. Sie liebt diese Blumen mehr als alles andere auf der Welt, glaube ich. Ihre Mutter war genauso, aber sie war nicht halb so ein Mädchen wie Mona." . Es gibt keinen Morgen im kalten Winter, aber sie geht raus, um zu sehen, ob der Frost in der Nacht zuvor nicht einige von ihnen getötet hat.

„Es gibt kaum einen Geschmack, der so bezaubernd oder so fesselnd ist wie der für Blumen", sagt Geoffrey und hält diese abgedroschene kleine Rede, die wie ein Schreibheft klingt, in seinem einnehmendsten Stil. „Meine Mutter und meine Cousine machen zu Hause oft so etwas."

„Ja, es sieht hübsch aus und gibt dem Kind etwas zu tun." In seinem Ton liegt ein bedauernder Unterton, der Geoffrey dazu veranlasst, die nächste Frage zu stellen.

„Ist sie – findet Miss Scully das Landleben unbefriedigend? Hat sie nicht schon immer hier gelebt?"

„Law, nein, Sir", sagt der alte Mann mit einem lauten und herzlichen Lachen. „Ich denke, wenn du die Landmädchen hier sehen und sie mit meiner Mona vergleichen könntest, würdest du das selbst sehen. Sie ist für sie so gut wie die Königin. Ihre Mutter war nämlich die Tochter des Pfarrers Hier war sie wie eine Fee, aber sehr zart; er war ein Bruder von mir, ein Anwalt in Dublin. so sein wie?"

„Ja, ich habe auf dem Weg hierher zwei oder drei Tage dort angehalten. Na – und – dein Bruder?" Er kann sich das Interesse, das er an dieser Geschichte empfindet, nicht erklären.

„Dan? Er war gewiss ein feiner Mann; er war knapp 1,80 Meter groß und hatte Augen wie die einer Frau. Er kam hierher und lernte sie kennen, und sie heiratete ihn. Nichts konnte sie aufhalten, obwohl … Und natürlich war er ihr nicht gewachsen – Vater war zu Beginn seines Lebens nur Maurer –, aber ich muss trotzdem sagen, dass Dan ein guter Mann war, über den man nachdenken sollte ; und kein Zweifel an ihm, und *er* verehrte den Boden, auf dem sie ging, und vier Jahre nach ihrer Heirat sagte sie mir, dass sie nie einen Schmerz in ihrem Herzen hatte Das war ja schön, Sir, nicht wahr? Als Mary (meine Frau, Sir) noch lebte, hatten wir das nicht gewusst „Wir sind ohne sie; aber das ist weder hier noch dort", sagt Mr. Scully und hält sich zurück. „Und ich bitte Sie um Verzeihung, Sir, dass ich Ihnen so private Angelegenheiten aufdränge."

„Aber Sie haben mich interessiert", sagt Geoffrey und setzt sich auf das breite Fensterbrett, als bereitete er sich auf eine lange Dissertation über noch unbekannte Themen vor. „Bitte erzählen Sie mir, wie Ihr Bruder und seine liebenswerte Frau – die offensichtlich ebenso weise und wahrhaftig wie liebenswürdig war – zurechtgekommen sind."

Da Mr. Rodneys Gesicht von dieser seltenen Art ist, das ebenso zart wie männlich ist und aufgrund seiner Schönheit Vertrauen erfordert, wird der alte Mann (der seine eigene Stimme sehr liebt) ermutigt, fortzufahren.

„Sie haben sich nicht lange verstanden", sagt er traurig, – und welche Stimme ist so voller Melancholie wie die irische Stimme, wenn sie in Traurigkeit versinkt? „Als die Kleine – Mona – kaum fünf Jahre alt war, gingen sie zu Boden; Mount Jerome hat sie erwischt. Es war Fieber, und es hat sie beide fortgerissen, gerade als ihr noch Zeit hattet, euch umzusehen. Arme Seelen, Sie gingen zusammen in das gesegnete Land. Vielleicht wusste die Heilige Jungfrau, dass sie ohne einander schlecht zurechtgekommen wären.

„Und das Kind – Miss Mona?" fragt Geoffrey.

„Sie zog nach Anthrim, um bei der Schwester ihrer Mutter zu leben. Später kam sie nach Dublin, zu ihrer Tante dort – einer weiteren Tochter des Pfarrers –, die den Propst in Thrinity heiratete; er war ein stolzer Typ, und mit seinen eigenen war er furchtbar ermüdend „Griechen und seine Römer, und nicht so groß wie Ihr Daumen", sagt Mr. Scully mit unbeschreiblicher Verachtung. „Eines Tages ging ich nach Dublin, um Vieh zu holen, und rief meine Nichte an, um sie zu sehen; und sie mochte mich, segne sie, und ich nahm sie zur Luftveränderung mit nach unten, denn ihre Wangen waren weißer als ein Wollvlies , und sie ist seitdem geblieben. Ich hoffe, sie bleibt für immer.

„Sie muss ein großer Trost für dich sein", sagt Geoffrey aus tiefstem Herzen.

„Das ist sie. Mehr als ich sagen kann. Und sie hält die Dinge auch zusammen. Sie ist klug wie ihr Vater, und er war auf dem richtigen Weg, ein Vermögen zu machen. Ja, ich sage es immer, es geht ums Gesetz." „Das zahlt sich in Irland aus. Aber ich behalte Sie, Sir, und Ihre Waffe wartet auf Sie", sagte er mit einem weiteren fröhlichen Lachen. „Ich bringe dich zu einem Feld in der Nähe und zeige dir, wo ich gestern Abend ein hübsches junges Tier gesehen habe."

„Ich – ich möchte mich von Miss Mona verabschieden und ihr für all ihre Freundlichkeit danken, bevor sie geht", sagt der junge Mann und erhebt sich etwas langsam.

„Nein, das können Sie alles auf dem Rückweg sagen und bekommen obendrein noch einen halben Schuss", sagt die alte Scully herzlich. „Du wirst das Potheen, das ich dir geben kann, kaum übertreffen." Er zwinkert wissend, klopft Rodney freundlich auf die Schulter und geht voran aus dem Haus. Dennoch denke ich, dass Geoffrey bereitwillig Potheen, Rebhuhn und noch viel mehr eingetauscht hätte, um vor dem Abschied nur einen letzten Blick auf Monas schönes Gesicht zu werfen. Ermutigt durch die Aussicht, sie noch vor Einbruch der Dunkelheit zu sehen, folgt er dem Bauern ins Freie.

KAPITEL III.

WIE GEOFFREYS HERZ VON AMOR ALS ZIEL BEANSPRUCHT WIRD, UND WIE MONA SICH BRINGT, UM ZU ERobern.

Es ist zehn Tage später. Die Luft wird frischer, die Blüten tragen keine neuen Knospen. Weitere Blätter fallen auf die Waldwege, und die Bäume verströmen ihre letzten leuchtenden Herbsttöne in Rot, Braun und sattem Orange, die nur allzu deutlich vom Tod erzählen, der vor ihnen liegt.

Große Wasserfälle strömen von den hohen Hügeln herab, stürzen und eilen mit ihrer eigenen melodischen Musik in die felsigen Becken, die die freundliche Natur für ihren Empfang geschaffen hat. Die beruhigenden Stimmen der Luft werden lauter und kraftvoller; die Zweige der Ulmen verneigen sich vor ihnen; Der sanfte Wind, „ein süßer und leidenschaftlicher Werber", küsst das errötende Blatt vielleicht mit einer heftigeren Wärme als noch vor einem Monat.

Es ist im Frühling – so wurde uns gesagt –, dass „die Fantasie eines jungen Mannes sich leicht den Liebesgedanken zuwendet"; Doch erst im Herbst nimmt *unser* junger Mann dieses angenehme, wenn auch etwas unbefriedigende Vergnügen auf sich.

Nicht, dass er selbst sich der bösen Situation, in die er geraten ist, überhaupt bewusst ist. Er spürt weder den Pfeil in seinem Herzen noch die zarten Bänder, die sich langsam aber sicher um ihn winden – Stahlbänder, geschmückt und verborgen von duftenden Blumen. Noch verspürt er keinen Schmerz; Und tatsächlich, wenn irgendjemand so etwas auch nur angedeutet hätte, hätte er laut gelacht bei dem Gedanken, dass er das ist, was man gemeinhin als „verliebt" bezeichnet.

Dass er – der so viele Jahreszeiten erlebt hat und mit ganzem Herzen und ohne einen Kratzer durch die erfahrensten Hände einiger der hübschesten Frauen gegangen ist, die sich diese Welt leisten kann – den unschuldigen Machenschaften eines kleinen, fröhlichen irischen Mädchens zum Opfer fallen sollte Da sie keinerlei Familie hat, erscheint sie selbst dem Glauben nach zu unwahrscheinlich, wie unbeschreiblich schön dieses Mädchen auch sein mag (und ist), mit ihren wehmütigen, lachenden, schelmischen irischen Augen und ihren beweglichen Lippen und ihrem halb engelhaften, halb voller Feuer und natürliche Koketterie.

Schönheit ist laut Ovid „eine Gunst der Götter", Theophrastus sagt, es sei „ein stiller Betrüger"; und Shakespeare erzählt es uns

„Ist nur ein eitles und zweifelhaftes Gut, ein strahlender Glanz, der plötzlich verblasst, eine Blume, die stirbt, wenn sie zum ersten Mal zu sprießen beginnt, ein sprödes Glas, das jetzt zerbrochen ist, ein zweifelhaftes Gut, ein Glanz, ein Glas, eine Blume, verloren, verblasst, kaputt, tot innerhalb einer Stunde.

Bloße Schönheit von Form und Gesichtszügen wird tatsächlich verblassen, aber Monas Schönheit liegt nicht ausschließlich in Nase, Augen oder Mund, sondern vielmehr in ihrer Seele, die ihr Gesicht dazu zwingt, die leichteste Bedeutung auszudrücken. In ihrem Gesichtsausdruck, der sich mit jedem Gedanken ändert und von „ernsthaft zu fröhlich, von lebhaft zu streng" wechselt, je nachdem, wie die innere Seele zu ihr spricht, liegt ihr größter Charme. Sie ist zwei Minuten lang nie ganz dieselbe – das ist der sicherste Schutz vor Sättigung. Und da ihre Seele rein und rein ist und ihr Gesicht wirklich der Hinweis auf ihren Geist ist, verrät es alles, macht sie aber beliebt und macht den, der es liest, reicher.

„Das Alter kann sie nicht verdorren, noch kann die Sitte ihre unendliche Vielfalt veralten."

Immer wenn mir diese Zeilen in den Sinn kommen, denke ich an Mona.

<hr>

Es ist Mittag und Geoffrey stapft mit der Waffe in der Hand gemächlich durch den abfallenden Wald, der sich hinter der Mangle Farm erhebt. Die Schießereien, die er seit seiner Ankunft in Irland erlebt hat, haben sich für ihn als erfreulich erwiesen, auch wenn sie – vielleicht gerade deswegen – ziellos waren. Hier stoßen Schwärme unerwartet auf einen, tauchen aus den Feldern auf, wenn man es am wenigsten erwartet, und besitzen daher, wenn sie entdeckt werden, die Neuheit einer gigantischen Überraschung. Ab und zu erhält er eine freundliche Warnung vor Vögeln, die „über Nacht" in einer bestimmten Ecke gesehen werden, und das Angebot, ihn ohne Trommelwirbel zum Ort des Geschehens zu begleiten.

So überfällt ihn zum Beispiel am Morgen sein Mann mit der Nachricht, dass Micky Brian oder Dinny Collins (er ist mit dem Adel in der Umgebung ziemlich vertraut geworden) „außerhalb ist und gerne mit ihm sprechen würde." Muss ich erwähnen, dass er unter den fröhlichen und festlichen Jugendlichen von Bantry weitgehend seinen eigenen Betreuer angeheuert hat?

Daraufhin geht er „nach draußen", das heißt zu seiner eigenen Flurtür, die immer weit offen steht, und nimmt dort die Anwesenheit von Mickey oder Dinny, je nachdem, mit einem gnädigen Nicken zur Kenntnis. Mickey nimmt sofort seinen Caubeen ab und sagt „seiner Ehre" (ungeachtet der Tatsache, dass seine Ehre dies selbst sagen kann), dass „es ein großartiger Tag ist", was in der Regel das Erste ist, was ein Ire immer sagen wird Ich grüße Sie, als wäre ich voller Dankbarkeit gegenüber den Mächten oben, in diesem süßen Wetter, das gegeben wurde.

Dann folgt eine ausführliche Rede von Mickey über Vögel im Allgemeinen und Rauhühner im Besonderen und endet mit der Ankündigung, dass er sagen kann, wo das schönste Vögelchen, das man in dieser Saison gesehen hat, versteckt ist.

„Und die größten Vögel, so voller Mais, wie man es nur sieht, die Schurken!"

Daraufhin bittet Seine Ehre Mickey, in die Halle zu treten, und reicht ihm eigenhändig ein Glas Whisky, das dem Sohn von Erin große Freude bereitet, obwohl er es offensichtlich für seine Pflicht hält, beim Schlucken eine Grimasse zu ziehen ordentlich ab. Und dann macht sich Geoffrey auf den Weg und macht sich auf den Weg zum versprochenen Bündnis, dicht gefolgt von dem aufgeregten Mickey, und nachdem er über die meisten von ihnen Rechenschaft abgelegt hat, drückt er Backsheesh in die Hände seines Informanten und schickt ihn jubelnd nach Hause.

Zum größten Teil haben diese hübschen braunen Vögel ihren Weg in Miss Monas Speisekammer gefunden und werden von dieser kleinen Feinschmeckerin mit dem selteneren Vergnügen gefreosen, dass sie in ihrem geheimen Herzen weiß, dass der Spender nicht blind dafür ist, dass ihre Augen es sind makellos und ihre Nase rein griechisch.

Gerade in diesem Moment steigt er durch Dornen und Stechginster hinab, vorbei an verworrenen Brombeersträuchern, die Blätter von strahlendem Purpur und sanftem Gelb auswerfen, und über raschelnde Blätter, auf die Farm zu, die seine Göttlichkeit beherbergt.

Pech hatte ihm heute bei seinen Bemühungen nichts Gutes getan, sonst wanderten seine Gedanken in das Land, in dem die Liebe herrscht, weil er mit leeren Händen dasteht. Der hübsche braune Vogel ist ihm entkommen, und an Monas Schrein ist kein Geschenk in der Nähe.

Als er den breiten Bach erreicht, der ihn von dem Land trennt, das er erreichen wollte, hält er inne und versucht, sich eine vernünftige Ausrede auszudenken, die es ihm ermöglichen könnte, mit kühnem Vortritt bis zur Haustür zu gehen. Aber eine solche Entschuldigung bietet sich nicht an. Die Erinnerung erweist sich als falsch. Es weigert sich, ihm zu helfen. Er ist fast verzweifelt.

Er versucht sich einzureden, dass es nichts Seltsames oder Ungewöhnliches sei, am Mittwoch vorbeizukommen, um sich mit ängstlicher Besorgnis nach dem Gesundheitszustand einer jungen Frau zu erkundigen, die er am Dienstag glücklich und kräftig gesehen hatte. Aber der Prozess hat keinen Erfolg, und er ist schon fast im Begriff, den Streit anzustoßen und wieder nach Hause zu gehen, als sein Blick auf einen kleinen, aber seltenen und sehr schönen Farn fällt, der weit über ihm auf einem hohen Felsen wächst der Strom.

Es ist ein Farn, den sich Mona schon lange gewünscht hat. Oh! glücklicher Gedanke! Sie hat dafür ihre größte Bewunderung zum Ausdruck gebracht. Oh! glückselige Erinnerung! Sie hat in ihrer gesamten Sammlung kein Exemplar dieser Art. Oh! Gewissheit voller Verzückung.

Nun wird er diese gesegnete Gelegenheit nutzen und, beladen mit der Kriegsbeute, sich ihrer Behausung nähern (sie ist bereits „sie"), und triumphierend, wenn auch demütig, den Farn zu ihren Füßen legen und so vielleicht das Recht erlangen, sich zu sonnen für ein paar Minuten im Sonnenschein ihrer Gegenwart.

Kaum gedacht, getan! Er legt seine Waffe vorsichtig auf den Boden und schaut sich um, um zu sehen, wie er diesen Glücksfarn in seinen Besitz bringen kann, der tief in seinem heimischen Boden weit über ihm wächst.

Ein Ast eines Baumes, der das Wasser überragt, erregt seine Aufmerksamkeit. Es ist nicht stark, aber es bietet sich als Mittel zum gewünschten Zweck an. Es ist in der Tat dürftig und in einem erschreckenden Ausmaß unbefriedigend, aber es muss reichen, und Geoffrey, der sich daran hochschwingt, probiert es zuerst aus, und dann beugt er sich kühn darauf und beugt sich zu der Stelle hinüber, wo der Farn sein könnte gesehen.

Es liegt eher außerhalb seiner Reichweite, aber er ist entschlossen, nicht übertroffen zu werden. Natürlich kann man ihn gewinnen, indem man ins Wasser geht und auf den schleimigen Felsen klettert, der den gewünschten Schatz enthält. aber mit dem trägen Wunsch, seine Stiefel trocken zu halten, hält er an seiner jetzigen Position fest, ungeachtet der Tatsache, dass verletztes Fleisch (wenn nichts Schlimmeres) wahrscheinlich das Ergebnis seines Wagemuts sein wird.

Er hat sich tatsächlich sehr stark gebeugt. Seine Hand liegt auf dem Farn; er hat es sicher und sorgfältig mit allen Wurzeln und allem (man könnte meinen, ich spreche von einem Zahn! Aber das ist übrigens) aus seiner Heimat entfernt, als cr-rk etwas macht; Der Ast, auf dem er ruht, verrät ihn und schleudert ihn mit dem Kopf nach unten in den schnellen, aber seichten Bach darunter.

Eine sehr bezaubernde Vision taucht in diesem Moment zwischen den tief liegenden Tannen auf, gekleidet in ein Oxford-Hemd und mit einem großen weißen Hut, der mit blauen Bändern unter dem runden Kinn zusammengebunden ist – etwas im Stil eines Sir Joshua Reynolds. Nachdem sie die (scheinbar) leichte Katastrophe aus der Ferne beobachtet hat und offenbar amüsiert darüber ist, verfällt sie nun einer unverkennbaren Heiterkeit und lacht laut. Wenn Mona lacht, tut sie es aus ganzem Herzen, die richtige Methode, alle Emotionen zu unterdrücken, sei es Freude oder Trauer, – sie betrachtet es als eine Freizeitbeschäftigung, die nur dem Vulgären vorbehalten ist –, die sie noch nicht gelernt hat. Deshalb hallt ihr Ausdruck der Heiterkeit fröhlich und unkontrolliert durch das alte Holz.

Doch plötzlich, als sie sieht, dass der Urheber ihrer Heiterkeit sich nicht von seinem Ruheplatz im Wasser erhebt, verblasst ihr Lächeln, ein leicht erschrockener Ausdruck schleicht sich in ihre Augen, und sie eilt vorwärts, erreicht das Ufer des Baches und blickt hinein. Rodney liegt mit dem Gesicht nach unten im Wasser, sein Kopf ist mit einiger Wucht gegen die scharfe Kante eines Steins gestoßen, auf dem er jetzt ruht.

Mona wird totenbleich, löst dann instinktiv die Schnüre ihres Hutes und wirft ihn von sich. Ein Anflug von Entschlossenheit legt sich auf ihre Lippen, die sonst so leicht zum Lachen neigen. Sie sitzt am Ufer, zieht ihre Schuhe und Strümpfe aus und lässt sich mit Hilfe einer Erle, die bis zum Flussufer herabhängt, ins Wasser.

Der Strom ist zwar unbedeutend, aber schnell. Sie legt ihre starken jungen Arme, die rund und schön sind wie die einer Hofdame, unter Rodney, hebt ihn hoch und zieht ihn mit größter Anstrengung und dank ihrer frischen Jugend und vollkommenen Gesundheit selbst an Land.

In ein oder zwei Minuten erweist sich die ganze Angelegenheit als tatsächlich eine sehr kleine Sache, an der es wenig gibt, was man als tragisch bezeichnen könnte. Geoffrey erwacht langsam wieder zum Leben und atmet kurz darauf ihren Namen. Wieder einmal versucht er, den fernen Farn zu erreichen; wieder einmal entzieht es sich seinem Verständnis. Er hat es; nein, das hat er nicht; dennoch hat er es getan. Dann erwacht er endlich zu der Tatsache, dass er *es tatsächlich* ernst meint und dass das Blut aus einer kleinen Wunde an seinem Hinterkopf fließt, die von zarten Fingern gestillt wird, und dass er selbst in Monas liegt Waffen.

Er seufzt und schaut direkt in die schönen, verängstigten Augen, die sich über ihn beugen. Dann strömt plötzlich die Farbe in seine Wangen zurück, als er sich sagt, dass sie ihn als nichts weniger als ein „armes Geschöpf" betrachten wird, das aus einem so unbedeutenden Grund das Bewusstsein verliert und sich wie ein dummes Mädchen benimmt. Und noch etwas anderes fühlt er. Über allem steht ein Gefühl völligen Glücks, wie er es noch nie zuvor erlebt hat, ein Schauer der Verzückung, der etwas von Frieden in sich trägt, und der von der Berührung der kleinen braunen Hand herrührt, die so sanft auf seinem Kopf ruht.

„Rüh dich nicht. Dein Kopf ist schwer verletzt, und er blutet immer noch", sagt Mona mit einer Schulter. „Ich kann es nicht aufhalten. Oh, was soll ich tun?"

„Wer hat mich aus dem Wasser geholt?" fragt ihn träge und tut so, als ob er (der Heuchler, der er ist) noch immer von Schwäche überwältigt sei. „Und wann bist du gekommen?"

„Gerade eben", erwidert sie mit einigem Zögern und einer reichen Farbtupfermischung, die sie noch hübscher macht, als sie es einen Moment zuvor war. Weil

„Aus jeder Röte, die sich in ihren Wangen entzündet, entspringen zehntausend kleine Lieben und Gnaden."

Ihre Verwirrung und die Tatsache, dass sonst niemand in der Nähe ist, verraten jedoch das Geheimnis, das sie gerne verbergen würde.

"Warst du es?" fragt er und stützt sich auf seinen Ellbogen, um sie ernst anzusehen, obwohl er sich sehr davor scheut, den Ort zu verlassen, an dem er zuletzt gemietet hat. „Du? Oh, Mona!"

Es ist das erste Mal, dass er sie bei ihrem Vornamen ohne Vorsilbe anspricht. Die Tränen steigen ihr in die Augen. Da sie sich entdeckt fühlt, legt sie ihr Geständnis langsam ab, ohne ihn anzusehen, und mit einer Miene der Gleichgültigkeit, die so schlecht angenommen ist, dass sie den Gedanken daran, dass sie jemals auf der Bühne eine herausragende Stellung erlangen könnte, zunichte macht.

„Ja, das war ich", sagt sie. „Und warum sollte ich nicht? Würde ich es tun, um dich ertrinken zu sehen? Ich – ich wollte nicht, dass du es herausfindest; aber" – schnell – „Ich würde *jederzeit* für *jeden das Gleiche tun* . Das weißt du."
"

„Das würdest du sicher tun", sagt Geoffrey, der aufgestanden ist und ihre Hand genommen hat. „Dennoch bin ich, wie Sie sagen, nur einer in der Menge – und natürlich nichts für Sie –, ich bin sehr froh, dass Sie es für mich getan haben."

Mit einem Anflug von Eigensinn, vielleicht auch Stolz, zieht sie ihre Hand zurück.

„Ich wage zu sagen", sagt sie nachlässig und missversteht absichtlich, „es muss kalt gewesen sein, da zu liegen."

„Es gibt Dinge, die einen mehr kühlen als Wasser", erwidert er, leicht beleidigt über ihren Tonfall.

„Ihr seid ganz nass. Geh doch nach Hause und zieh dich um", sagt Mona, die immer noch im Gras sitzt und ihr Kleid sorgfältig um sich ausgebreitet hat. „Oder vielleicht" – widerwillig – „es wäre besser für dich, auf die Farm zu gehen, wo Bridget sich um dich kümmern wird."

„Danke, das werde ich tun, wenn du mitkommst."

„Kümmern Sie sich nicht um mich", sagt Miss Scully hastig. „Ich werde dir nach und nach folgen."

„Nach und nach wird es mir bis auf den Grund passen", erklärt er leichthin. „Der Tag ist zum Glück warm, feuchte Kleidung ist eher von Vorteil."

Schweigen. Mona klopft mit ungeduldigen Fingern auf den Hügel neben sich, ihr Geist ist offensichtlich voller Gedanken.

„Ich wünschte wirklich", sagt sie plötzlich, „Sie würden tun, was ich sage. Gehen Sie zur Farm und – bleiben Sie dort."

„Nun, kommen Sie mit mir, und ich bleibe, bis Sie mich rauswerfen."

„Ich kann nicht", leise.

"Warum nicht?" in einem überraschten Ton.

„Weil – ich lieber hier bleibe."

„Oh! Wenn Sie damit meinen, dass Sie mich loswerden wollen, hätten Sie das vielleicht schon vor langer Zeit gesagt, ohne all diese Andeutungen", sagt Mr. Rodney verärgert und bereitet sich darauf vor, einen empörten Rückzug anzutreten.

„Das habe ich nicht so gemeint und auch nie angedeutet", ruft Mona wütend aus; „Und wenn Sie auf der Wahrheit bestehen, wenn ich Ihnen erklären muss, was ich besonders geheim halten möchte, dann –"

"Du bist verletzt!" unterbricht ihn mit leidenschaftlicher Reue. „Ich sehe jetzt alles. Als du in diesen hasserfüllten Strom gestiegen bist, um mich zu retten, hast du dich schwer verletzt. Du hast Schmerzen – du leidest; während ich – "

„Ich habe keine Schmerzen", sagt Mona, rot vor Scham und Demütigung. „Sie verwechseln alles. Ich habe nicht einmal einen Kratzer an mir; und – ich habe auch keine Schuhe oder Strümpfe an mir, wenn Sie alles wissen müssen!"

Sie wendet sich zornig von ihm ab; und Geoffrey, angewidert von sich selbst, tritt zurück und antwortet nicht. Bei jeder anderen Frau, die er kannte, hätte er vielleicht an dieser Stelle die sanfte Bitte geäußert, ihm beim Schnüren oder Zuknöpfen ihrer Schuhe behilflich sein zu dürfen; Aber bei diesem seltsamen kleinen irischen Mädchen ist alles anders. Eine solche Bemerkung käme seiner Meinung nach einer absichtlichen Beleidigung gleich.

„So, geh doch weg!" sagt diese Waldgöttin. „Ich habe dich und deine Dummheit satt."

„Das wundert mich sicher nicht", sagt Geoffrey sehr bescheiden. „Ich bitte tausendmal um Verzeihung und – auf Wiedersehen, Fräulein Mona."

Sie dreht sich unwillkürlich um, dank der angeborenen Höflichkeit, die zu ihrer Rasse gehört, um seinen Abschiedsgruß zu erwidern, und als sie ihn ansieht, sieht sie einen winzigen Blutfleck aus der Wunde, die er sich vor einiger Zeit zugezogen hat, über seine Stirn tropfen.

Im Augenblick ist alles vergessen – Kummer, Scham, Schuhe und Strümpfe, alles! Sie springt auf ihre kleinen nackten Füße, geht zu ihm, hebt die Hand und drückt ihr Taschentuch gegen den hässlichen Fleck.

„Es ist wieder ausgebrochen!" sagt sie nervös. „Ich bin sicher – ich bin sicher – es ist eine schlimmere Wunde, als Sie sich vorstellen. Ah! Gehen Sie doch nach Hause und versorgen Sie sie."

„Aber ich möchte nicht, dass jemand außer Ihnen es berührt", sagt Mr. Rodney wahrheitsgemäß. „Selbst jetzt, wenn deine Finger darauf drücken, verspüre ich Erleichterung."

„Wirklich?" fragt Mona ernst.

„Ehrlich gesagt, das tue ich."

„Dann dreh dir doch einen Moment den Rücken zu", sagt Mona einfach, „und wenn ich Schuhe und Strümpfe anhabe, gehe ich mit dir nach Hause und bade dich. Jetzt dreh dich nicht um, um dein Leben!"

„'Ist dein Diener ein Hund, dass er das tun sollte?'", zitiert Mr. Rodney; Und nachdem Mona sich in ihre Lage geschlichen hat, sagt sie ihm, dass es ihm freistehe, ihr über die rustikale Brücke weiter unten zu folgen, die vom Wald zur Mangle Farm führt.

„Du hast dein Kleid meinetwegen ruiniert", sagt Geoffrey und beäugt sie reuig; „Und außerdem so ein hübsches Kleid. Ich glaube nicht, dass ich dich jemals süßer gesehen habe, als du heute aussiehst. Und jetzt ist dein Kleid ruiniert, und es ist alles meine Schuld!"

„Wie kannst du es wagen, einen Fehler in meinem Aussehen zu finden?" sagt Mona mit ihrem alten fröhlichen Lachen. „Sie zwingen mich, sich zu rächen.

Schauen Sie sich nur selbst an. Haben Sie jemals einen so gewöhnlichen Pickel gesehen wie Sie?"

In Wahrheit ist er es. Als er die traurige Tatsache erkannt hat, lachen beide mit der fröhlichen Freude der Jugend über ihr eigenes Unbehagen und kehren wieder in die Hütte zurück, gute Freunde.

In der Mitte der oben erwähnten rustikalen Brücke hält er sie unerwartet an und sagt:

„Weißt du, bei welchem Namen ich dich in Gedanken immer nennen werde?"

Darauf antwortet sie: „Nein. Wie soll ich? Aber sag es mir."

„‚Bonnie Lesley': Die Dichterin sagt über sie, was ich von dir halte."

„Und was denkst du über mich?" Sie ist ein wenig blass geworden, aber ihr Blick hat ihn nicht verlassen.

„Sie zu sehen bedeutet, sie zu lieben und sie nur für immer zu lieben; denn die Natur hat sie zu dem gemacht, was sie ist, und sie hat nie etwas anderes gemacht."

zitiert Geoffrey mit leiser Stimme, die etwas fast Erschreckendes hat, so voll ist sie von tiefem und ernstem Gefühl

Mona ist die Erste, die sich erholt.

„Das ist ein hübscher Vers", sagt sie leise. „Aber ich kenne das Gedicht nicht. Ich würde es gerne lesen."

Ihr Ton, sanft, aber würdevoll, gibt ihm Halt.

„Ich habe das Buch, das es enthält, bei Coolnagurtheen", sagt er etwas gedämpft. „Soll ich es dir bringen?"

„Ja. Du kannst es mir bringen – morgen", erwidert sie mit einem leisen Zögern, was den Wert der Erlaubnis nur erhöht, woraufhin sein Herz wieder Hoffnung und Zufriedenheit empfindet.

KAPITEL IV.

WIE GEOFFREY UND MONA EINE HÜTTE BETRETEN UND EINES DER ERGEBNISSE VON PARNELLS Beredsamkeit SEHEN.

Aber wenn der Morgen kommt, bringt es ihm eine ganz andere Mona als die, die er gestern gesehen hat. Ein blasses Mädchen mit großen, düsteren Augen und zusammengepressten Lippen begegnet ihm und legt wortlos ihre Hand in seine.

"Was ist es?" fragt er und bemerkt sofort jede Veränderung an ihr.

„Oh! Hast du es nicht gehört?" weint sie. „Sicherlich klingelt es im ganzen Land. Wussten Sie nicht, dass sie letzte Nacht versucht haben, Mr. Moore zu erschießen?"

Mr. Moore ist ihr Vermieter und der Besitzer des schönen Waldes hinter der Mangle Farm, wo Geoffrey gestern ums Leben kam.

„Ja, natürlich; aber ich habe auch gehört, wie er seinem möglichen Attentäter entkommen ist."

„Das hat er, ja; aber der arme Tim Maloney, der Fahrer des Wagens, in dem er saß, wurde anstelle von ihm ins Herz geschossen! Oh, Mr. Rodney", schreit das Mädchen mit leidenschaftlicher Emotion sowohl im Gesicht als auch im Gesicht Stimme: „Was kann man von jenen Männern sagen, die an stille Orte wie diesen kommen, um den Geist der armen, unwissenden Unglücklichen zu entflammen, bis sie dazu getrieben werden, Mord auf ihre Seelen zu bringen? Das ist grausam! Das ist ungerecht!" Und es scheint keine Hilfe für uns zu geben, aber in dem Land, in dem Gerechtigkeit herrscht, wird die Vergeltung sicherlich auf die richtigen Köpfe treffen.

„Ich habe den Fahrer ganz vergessen", sagt Geoffrey leise. Diese Bemerkung ist bedauerlich. Mona wendet sich ihm wütend zu.

„Kein Zweifel", sagt sie verächtlich. „Der Herr ist entkommen, der Mann zählt nicht! Vielleicht hat er tatsächlich seine Mission erfüllt, nachdem er sein unedles Blut für seinen Vorgesetzten vergossen hat! Wissen Sie, dass es zum Teil solche Gedanken sind, die unser Volk in die Verzweiflung getrieben haben!" Ein Gesetz für die Armen, ein anderes für die Reichen! Freundschaft für die Großen, Verachtung für die Bedürftigen.

Sie hält inne und schnappt nach Luft, während sie leise schluchzt.

„Wer spricht jetzt aufrührerische Ausdrücke?" fragt er vorwurfsvoll. „Nein, Sie tun mir Unrecht. Ich hatte tatsächlich für einen Moment alles über diesen unglücklichen Fahrer vergessen. Sie müssen bedenken, dass ich hier ein

Fremder bin. Die Bauern sind mir unbekannt. Es ist nicht zu erwarten, dass ich für jeden einzelnen ein großes Interesse verspüre Wäre Mr. Moore tatsächlich getötet worden und nicht der arme Maloney, hätte ich es nicht umso mehr spüren sollen, obwohl er der Herr war und der andere der Mann, den ich nur mit denen ertragen kann, die ich kenne und liebe. "

Der „arme Maloney" hat es geschafft. Sie vergibt ihm; vielleicht, weil – süße Seele – Härte immer weit von ihr entfernt ist.

„Es ist wahr", sagt sie traurig. „Ich habe es eilig gesagt, weil mir mein Land am Herzen liegt und ich Angst um das habe, was wir vielleicht noch erleben werden. Aber natürlich konnte ich nicht erwarten, dass du mit mir fühlst."

Das trifft ihn mitten ins Herz.

„Ich fühle mit dir", sagt er hastig. „Glauben Sie nichts anderes." Dann sagt er, als wäre er dazu getrieben, mit leiser, wenn auch sehr deutlicher Stimme: „Ich würde deinen Kummer gerne zu meinem machen, wenn du meine Freuden zu deinen machen würdest."

Alles in allem ist das ein schönes Angebot, aber Mona ist taub. In diesem Moment steht sie auf ihrer Türschwelle und steigt nun hinab, bis sie den winzigen Kiesweg erreicht.

"Wo gehst du hin?" fragt Rodney, aus Angst, seine letzte Rede könnte sie beleidigen. Sie hat ihren Hut auf – einen großen Gainsborough Hut, um den sich weicher indischer Musselin schmiegt und in dem sie nichts weniger als bezaubernd aussieht.

„Um die arme Kitty Maloney zu sehen, seine Witwe. Letztes Jahr war sie meine Dienerin. Dieses Jahr hat sie geheiratet; und jetzt – hier ist das Ende von allem – für sie."

"Darf ich mit dir gehen?" fragt er besorgt. „Dies sind gesetzlose Zeiten, und ich wage zu behaupten, dass Maloneys Hütte voller Raufereien sein wird. Sie werden sich glücklicher fühlen, wenn ein Mann an Ihrer Seite ist, dem Sie vertrauen können."

Beim Wort „Vertrauen" hebt sie den Blick und blickt ihn einigermaßen unbeirrt an. Es ist ein kurzer, aber sehr langer Blick, der mehr verrät, als sie weiß. Solange es dauert, schwört er sich selbst einen Eid, den er bis zum Ende seines Lebens niemals brechen wird.

„Dann komm", sagt sie langsam, „wenn du willst. Obwohl ich keine Angst habe. Warum sollte ich Angst haben? Vergisst du, dass ich einer von ihnen bin? Mein Vater und ich gehören zum Volk."

Sie sagt dies ruhig und sehr stolz, mit erhobenem Kopf, aber ohne ihn anzusehen; was es Geoffrey ermöglicht, sie eingehend zu betrachten. In ihren

Worten liegt eine unbewusste Bedeutung, die ihm völlig klar ist. Sie gehört dem „Volk" an, er gehört einer Klasse an, die die ihrigen nur kalt betrachtet. Ein mächtiger Fluss namens Kaste rollt zwischen ihnen hindurch und trennt ihn von ihr. Aber soll es? Ein verschwommener Gedanke wie dieser geht ihm durch den Kopf. Sie gehen schweigend weiter, kaum eine Silbe wechselnd, bis sie in Sichtweite eines kleinen reetgedeckten Hauses kommen, das am Straßenrand gebaut ist. Direkt davor befindet sich ein Misthaufen und links davon ein schmutziges Becken, in dem sich eine uralte Sau suhlt und dabei harmonisch grunzt.

Zwei Personen, ein Mann und eine Frau, stehen einige Meter von der Hütte entfernt zusammen, flüstern und gestikulieren heftig, wie es „ihre Natur" ist.

Als der Mann Mona sieht, löst er sich von der Frau und geht auf sie zu.

„Gehen Sie noch einmal zurück, Fräulein", sagt er voller Aufregung. „Sie haben ihn nach Hause gebracht, und er sieht schlecht aus. Ich habe ihn gesät, und es hat mir eine Wendung gegeben, die ich so schnell nicht vergessen werde. Geh nach Hause, sage ich dir. Das ist kein Anblick passend für die Augen von Leuten wie Ihnen.

"Ist er da?" fragt Mona und zeigt mit zitternden Fingern auf das Haus.

„Ja, wo sonst?" antwortet mürrisch die Frau, die sich ihnen angeschlossen hat. „Sie brachten ihn zurück in das Haus, das er nie wieder mit Schritten oder Stimmen aufwecken wird. Es ist ihm kalt und er ist still an diesem Tag."

„Ist – ist er gedeckt?" murmelt Mona mühsam, wird blass und schreckt zurück. Instinktiv legt sie ihre Hand auf Rodneys Arm, als wünschte sie sich Unterstützung. Er legt seine eigene Hand auf ihre und hält sie warm und tröstend.

„Er ist bedeckt, sicher genug. Sie haben ein altes Laken über ihn geworfen – über das, was an diesem grausamen Tag von ihm übrig geblieben ist. Och, wirra-wirra!" schreit die Frau plötzlich, wirft ihre Hände hoch über ihren Kopf und gibt einem eigenartigen langen, tiefen, stöhnenden Ton Platz, so unheimlich, so voller wilder Verzweiflung und Trauer über jeden Trost hinaus, dass das Blut in Rodneys Adern fließen lässt kalt.

„Geh den Weg zurück, den du gekommen bist", sagt der Mann noch einmal mit wachsender Aufregung. „Das ist kein Ort für dich. Es gibt Unglück in dem Haus dort. Seine Seele wird nicht in Frieden ruhen, wenn sie so aus ihm herausgeschickt wird. Wenn du jetzt hineingehst, wird es dir leid tun. Das ist eine Sache." Ihr werdet so lange darüber nachdenken, bis ihr euch das Leben aus eurem verfluchten Körper wünscht!"

Ein wenig Schaum hat sich um seine Lippen gebildet und seine Augen sind wild. Geoffrey stellt sich durch eine leichte Bewegung zwischen Mona und diesen Mann, der offenbar von innerer Angst und Entsetzen außer sich ist.

„Wovon redet ihr? Raus, ihr Spalpeen", sagt die Frau mit einem äußerlichen Anflug von Wut, aber einem warnenden Stirnrunzeln, das nur für den Mann bestimmt ist. „Lass sie machen, was sie will. Ist das Ausdruck von Angst, die du gegenüber Dan Scullys Tochter hast?"

„Komm nach Hause, Mona, lass dich von mir beraten", sagt Geoffrey sanft, während der Mann davonschleicht, schlurfend, unsicher und mit der seltsamen List, ab und zu über die Schulter zu schauen, als würde er es erwarten einen unwillkommenen Anhänger sehen.

„Nein, nein; das ist nicht der richtige Zeitpunkt, jemanden in Schwierigkeiten im Stich zu lassen", sagt Mona treu, aber mit einem langen, zitternden Seufzer. „Ich muss nichts sehen, aber ich *muss* mit Kitty sprechen."

Sie geht absichtlich vorwärts und betritt die Kabine, Geoffrey folgt ihr dicht.

Eine seltsame Szene bietet sich ihrem erwartungsvollen Blick. Vor ihnen liegt ein großer Raum (wenn man ihn so nennen kann), der keinen Bodenbelag außer der kahlen braunen Erde hat, die Mutter Natur bereitgestellt hat. Zu ihrer Rechten befindet sich eine riesige Feuerstelle, auf deren Herdstein Torf liegt, der schwach brennt und den starken, aromatischen Duft verströmt, der dazu gehört. Daneben kauert eine alte Frau mit über den Kopf geworfener blaukarierter Schürze, die sich in stillem Kummer hin und her wiegt, und zwar mit jedem langgezogenen Atemzug – der von ihrer Brust zu brechen scheint wie eine stürmische Welle an einem Wüstenufer – führt ihre alten, verwelkten Handflächen mit einer Geste zusammen, die Verzweiflung signalisiert.

Ihr gegenüber sitzt ein Schwein, das ganz aufrecht sitzt und sie ausdruckslos anstarrt, ohne die geringste Rücksicht auf Etikette oder nette Gefühle. Er ist offensichtlich voller Angst, hat aber nicht die Kraft, sie auszudrücken, es sei denn, sein Schwanz hilft ihm, der schlaff und niedergeschlagen ist und dessen Locken der Vergangenheit angehören. Wenn irgendjemand die Klugheit von Schweinen in Frage gestellt hat, dann hat dieser Mann einen Fehler begangen!

Im Hintergrund, der teilweise von der zunehmenden Dunkelheit verdeckt wird, drängen sich etwa fünfzehn Männer und eine oder zwei Frauen zusammen und flüstern eifrig, ihre Gesichter berühren sich fast. Die Frauen haben es offensichtlich am besten, obwohl sie in der großen Minderheit sind.

Doch Monas Augen sehen nichts als einen einzigen Gegenstand.

Auf der rechten Seite des Kamins liegt an der Wand eine grobe Trage – oder was so aussieht –, auf der, anständig in ein weißes Tuch gehüllt, etwas liegt, das, wie es erinnert, vor Todesangst das Herz erschaudern lässt Es ist das, wozu wir alle eines Tages kommen müssen. Unter dem Leichentuch liegt der Ermordete ruhig und schlafend, sein Gesicht ist von dem marmornen Lächeln des Todes geprägt.

Ganz in der Nähe des armen Leichnams sitzt eine Frau, scheinbar jung und von hübscher Figur, obwohl sie jetzt vor Trauer gebeugt und gebeugt ist. Sie ist in die gewöhnliche Tracht der irischen Bauern gekleidet, mit einem kurzen, gut hochgekrempelten Kleid, nackten Füßen, und die Ärmel ihres Kleides sind nach oben geschoben, bis sie fast bis zur Schulter reichen, so dass der wohlgeformte Arm und die kleine Hand sichtbar sind, die als … Herrschaft, gehören den Töchtern von Erin und verraten die Existenz des spanischen Blutes, das sich in früheren Zeiten mit ihrem vermischte.

Ihr Gesicht ist verborgen; es liegt auf ihren Armen, und sie werden in der völligen Rücksichtslosigkeit und Hingabe ihres Kummers über die Füße dessen geworfen, der noch gestern ihr „Mann" gewesen war – ihr Stolz und ihre Freude.

Gerade als Mona die Schwelle überschreitet, tritt ein Mann aus der Gruppe, die im Schatten liegt, nähert sich der Trage und streckt seine Hand aus, als wollte er das Laken anheben und schauen, was es so sorgfältig verbirgt. Aber die Frau springt wie eine Tigerin auf, dreht sich zu ihm um und winkt ihn mit einer gebieterischen Geste zurück.

„Lass ihn in Ruhe!" weint sie; „Nimmt eure Hände von ihm! Er ist tot, das wisst ihr ganz und gar. Es gibt nichts mehr, was ihr ihm antun könnt. Dann überlasst seinen armen Körper der Frau, deren Herz aus Mangel an ihm gebrochen wurde!"

Der Mann weicht hastig zurück und die Frau sinkt erneut in ihre verlassene Position zurück.

„Kitty, kann ich etwas für dich tun?" fragt Mona in einem sanften Flüstern, beugt sich über sie und nimmt die Hand, die in ihrem Schoß liegt, zwischen ihre beiden, mit einem Druck voller sanftem Mitgefühl. „Ich weiß, dass ich nichts *sagen kann*, aber kann ich nichts *tun*, um dich zu trösten?"

„Vielen Dank, Fräulein. Ich weiß, Sie machen es freundlich", sagt die Frau müde. „Aber die große Welt ist zu klein, um auch nur einen Tropfen Trost für mich bereitzuhalten. Er ist tot, verstehen Sie?"

Die Schlussfolgerung ist voller trauriger Bedeutung. Sogar Geoffrey spürt, wie ihm ungebeten die Tränen in die Augen steigen.

„Arme Seele! arme Seele!" sagt Mona gebrochen; Dann lässt sie ihre Hand sinken, und die Frau wendet sich wieder dem leblosen Körper zu, als ob in dem armen kalten Lehm ihr einziger Trost liege, und lässt ihren Kopf nach vorne auf ihn fallen.

Mona dreht sich um und konfrontiert die verängstigte Gruppe in der Ecke, Männer und Frauen, mit einem durch Trauer und Empörung veränderten und gealterten Gesicht.

Ihre Augen sind dunkler geworden; Ihr Mund ist streng. Für Rodney, der sie ängstlich beobachtet, wirkt sie positiv verändert. Was für eine schreckliche Kraft liegt in ihrem schlanken Körper, sowohl Gutes als auch Böses zu empfinden! Welche traurigen Tage mögen diesem Mädchen bevorstehen, dessen Gesicht bei einem vorübergehenden Kummer weiß werden kann und dessen Hände bei einem Kummer zittern können, der nur einen Unterhaltsberechtigten betrifft! Sowohl Kummer als auch Freude müssen für sie wie Riesen sein, die stark sind, um sie in höchste Höhen oder tiefste Tiefen zu heben oder zu senken.

„Oh, was ist das für ein Tag!" schreit sie mit zitternden Lippen. „Sehen Sie den Ruin, den Sie über dieses Haus gebracht haben, das erst gestern Morgen voller Leben und Freude war! Ist es das, was aus Ihrem Landbund, Ihren Hausherren und Ihren aufrührerischen Versammlungen geworden ist? Wo ist die Seele dieses armen Mannes, Wer wurde ohne seinen Priester und ohne ein Gebet um Verzeihung auf seinen Lippen zu seinem letzten Bericht geeilt? Und wie soll der Mann, der ihn getötet hat, es wagen, an seine eigene Seele zu denken?"

Niemand antwortet; Selbst das Stöhnen der alten Frau in der Kaminecke verstummt, während die klare junge Stimme durch das Haus hallt, und verstummt dann abrupt, als wäre ihr Besitzer von Emotionen überwältigt. Die Männer treten ein wenig zurück und blicken sie unruhig und mit einer gewissen Angst unter ihren Brauen an.

„Oh, der beschämende Gedanke, dass die ganze Welt uns mit Entsetzen und Abscheu anschauen sollte, als ein Volk, das zu schlecht für alles andere als die Vernichtung ist! Und was erhoffst du dir von all diesem Wahnsinn? Glaubst du an Frieden, oder? Segen vom heiligen Himmel, könnte fallen und auf einem Boden ruhen, der von Blut und Verbrechen durchnässt ist?

Wieder hält sie inne, und einer der Männer scharrt nervös mit den Füßen, den Blick auf den Boden gerichtet, und sagt mit heiserer Stimme:

„Sicher, jetzt sind Sie zu hart zu uns, Miss Mona. Wir sind unschuldig daran. Unsere Hände sind sauber wie Ihre eigenen. Wir haben ihn seit gestern bis zu diesem gesegneten Monat nicht gesehen. Daran sollten Sie sich erinnern, Miss ."

„Ich weiß, was Sie sagen würden; und dennoch verurteile ich Sie alle, sowohl Männer als auch Jungen – ja, und die Frauen auch –, denn auch wenn Ihre eigenen Hände frei von Blut sein mögen, wissen Sie doch, um welchen abscheulichen Mörder es sich handelte Für diese Tat gibt es keinen von euch, der ihm nicht die Umklammerung guter Kameradschaft entgegenbringen und ihn bis zuletzt beschützen würde – einen Mann, der aus Angst, einem anderen von Angesicht zu Angesicht zu begegnen, notgedrungen hinter einer Mauer für ihn auflauern muss , und sein Opfer erschießen, ohne ihm eine Chance zu geben, zu entkommen! Tag für Tag geht Mr. Moore ungeschützt und ohne Waffen durch sein Land: Warum hat dieser Mann ihn dort nicht getroffen und ihn fair bis zum Tod bekämpft? Er hatte das Gefühl, dass er zum Wohle seines Landes sterben sollte!

„Warum verfolgt er dann die Armen strafrechtlich? Wir können nicht leben, aber er wird die Kosten nicht senken“, sagt eine mürrische Stimme aus dem Hintergrund.

„Er hat sie gesenkt. Auch er muss leben; und auf jeden Fall kann keine Verfolgung einen Mord entschuldigen“, sagt Mona unerschrocken. „Und wer war letzten Winter so gut zu Ihnen wie Mr. Moore, als hier die Hungersnot wütete? War sein Haus nicht für Sie alle zugänglich? Wurden nicht viele Ihrer Kinder von ihm ernährt? Aber das ist jetzt alles vergessen; die Worte.“ von ein paar Brandstiftern haben die Erinnerung an jahrelange treue Freundschaft ausgelöscht. Ich, der ich einer von euch bin, würdet mich ohne Zweifel auch erschießen.

Diese letzte Bemerkung erregt, da sie in gewisser Weise ungroßzügig ist, Aufsehen. Ein junger Mann tritt aus der Verwirrung hervor und sagt sehr ernst:

„Ich glaube nicht, dass Sie das Recht haben, uns das zu sagen, Miss Mona. Es ist nicht fair, wenn Sie in Ihrem eigenen Herzen wissen, dass wir Ihren bloßen Anblick und den letzten Klang Ihrer Stimme lieben!“ "

Obwohl Mona immer noch verärgert ist, fühlt sie sich durch diese Rede doch etwas besänftigt, wie es bei jeder Frau der Fall wäre. Ihre Farbe verblasst wieder, und schwere Tränen, die schnell aufsteigen, löschen das Feuer, das ihre großen Augen erst vor einem Moment dunkel und leidenschaftlich gemacht hat.

„Vielleicht tust du das“, sagt sie traurig. „Und ich auch – Sie wissen, wie lieb Sie mir alle sind; und es ist nur so, dass mir das Herz so weh tut. Aber es ist zu spät, um zu warnen. Die Zeit ist vorbei, in der Worte noch geholfen hätten.“

Sie wendet sich traurig ab und lässt etwas Silber in den Schoß der armen Witwe fallen. woraufhin Geoffrey, der die ganze Zeit in ihrer Nähe gestanden hat, es mit zwei Sovereigns bedeckt.

„Schick runter zur Farm, und ich gebe dir etwas Brandy", sagt Mona zu einer Frau, die daneben steht, nachdem sie einen längeren Blick auf die ausgestreckte Gestalt von Kitty geworfen hat, die kein Lebenszeichen von sich gibt. "Sie will es." Sie legt ihre Hand auf Kittys Schulter und schüttelt sie sanft. „Mach dich wach", sagt sie freundlich, aber energisch. „Versuchen Sie, an etwas zu denken – an irgendetwas außer an Ihr grausames Unglück."

„Ich habe nur einen Gedanken", sagt die Frau mürrisch, „ich kann es nicht besser machen. Und zwar, dass es ein bitterer Tag war, als ich das erste Mal das Licht sah."

Mona versucht nicht noch einmal, mit ihr zu reden, schüttelt verzweifelt den Kopf und verlässt die Hütte mit Geoffrey an ihrer Seite.

Eine Weile schweigen sie. Er denkt an Mona; Sie ist eingehüllt in die Erinnerung an alles, was gerade vergangen ist. Als er sie plötzlich ansieht, bemerkt er, dass sie weint – bitterlich, aber leise. Die Reaktion hat eingesetzt und die Tränen laufen ihr schnell über die Wangen.

„Mona, es war alles zu viel für dich", ruft er voller Sorge.

„Ja, ja; diese arme, arme Frau! Ich kann ihr Gesicht nicht aus meinem Kopf bekommen. Wie verloren! Wie hoffnungslos! Sie hat alles verloren, was ihr wichtig war; es gibt nichts, worauf sie zurückgreifen kann. Sie liebte ihn; und zu haben er wurde so grausam ermordet, weil er kein Verbrechen begangen hatte, und zu wissen, dass er nie wieder zur Tür hereinkommen oder an ihrem Herd sitzen oder seine Pfeife an ihrem Feuer anzünden wird – oh, es ist schrecklich, sie zu töten!" sagt Mona etwas unzusammenhängend.

„Die Zeit wird ihre Trauer mildern", sagt Rodney und versucht sie zu beruhigen. „Und sie ist jung; sie wird wieder heiraten und neue Bindungen knüpfen."

„In der Tat wird sie es nicht tun." sagt Mona empört. „Irische Bauern tun das sehr selten. Ich bin sicher, sie wird dem Andenken des Mannes, den sie liebte, für immer treu bleiben."

„Ist das hier Mode? Wenn – wenn du einen Mann lieben würdest, würdest du ihm für immer treu bleiben?"

„Aber wie könnte ich es verhindern?" sagt Mona schlicht. „Oh, in was für einem erbärmlichen Zustand ist dieses Land! Aufruhr und Streit von morgens bis abends. Und doch, mit diesen Menschen zu reden, sich unter sie zu mischen, wirken sie wie höfliche, ehrliche, liebenswerte Geschöpfe!"

„Ich glaube nicht, dass der Herr in der Flanelljacke, der über die Reduzierung von ‚Rints‘ sprach, sehr liebenswert aussah“, sagt Mr. Rodney, ohne den Verdacht eines Lächelns; „Und – ich nehme an, mein Sehvermögen lässt nach – aber ich gestehe, ich habe nicht viel Höflichkeit in seinem Auge oder seiner Oberlippe gesehen. Ich glaube nicht, dass ich jemals zuvor so viel Oberlippe gesehen habe, und jetzt, wo ich es gesehen habe, habe ich es gesehen Bewundere es nicht. Ich sollte ihn nicht als Begleiter für einen einsamen Weg hervorheben.

„Larry Doolin ist kein sehr angenehmer Mensch, das gebe ich zu“, sagt Mona bedauernd; „Aber er ist nur einer unter vielen. Und im Großen und Ganzen, behaupte ich, sind sie sowohl freundlich als auch höflich. Wissen Sie“, mit Energie, „schließlich glaube ich, dass England die Hauptschuld an all dieser bösen Arbeit trägt?“ Wir sind im Herzen loyal: Da müssen Sie mir zustimmen, wenn Sie sich daran erinnern, wie enthusiastisch sie die Königin empfingen, als sie sich vor Jahren dazu herabließ, uns einen Stippvisite abzustatten, der nie wieder wiederholt werden sollte, und wie gerne wir den Prinzen von England willkommen hießen Wales, und wie ganz Irland den Herzog von Connaught liebkoste und groß machte! Wenn man ihn fragen würde, würde er die gleiche Geschichte erzählen.“

„Ich werde ihn sofort fragen, wenn ich ihn sehe“, sagt Geoffrey mit *Beeindruckung* . „Nichts wird mich daran hindern. Und ich werde dir seine Antwort telegraphieren.“

„Wir wären alle gute Untertanen, wenn die Dinge auf einer freundlicheren Basis wären“, sagt Mona, die zu sehr in ihren eigenen Kummer vertieft ist, um Mr. Rodneys unterdrückte, aber offensichtliche Freude an ihrem Gespräch zu bemerken. „Aber wenn du uns verachtest, bringst du uns dazu, dich zu hassen.“

„Ich habe noch nie so eine schreckliche Sprache gehört“, sagt Rodney. „Um mir ins Gesicht zu sagen, dass Sie mich hassen. Oh, Miss Mona! Wie habe ich eine solche Rede verdient?“

„Du weißt, was ich meine“, sagt Mona vorwurfsvoll. „Sie müssen nicht so tun, als ob Sie es nicht täten. Und es ist ganz wahr, dass England uns verachtet.“

„Was für ein schwerwiegender Vorwurf! Und einer, den ich für etwas unbegründet halte. Wir verachten diese wunderschöne Insel und ihre Menschen nicht. Wir geben sogar zu, dass Sie einen Charme besitzen, den wir nicht für sich beanspruchen können. Der Witz, der Elan, die pure Fröhlichkeit.“ Das entspringt direkt dem Herzen, das dir gehört. Wir sind ein schrecklicher Prosy, der nur zu einer Idee auf einmal fähig ist.

„Ja, das tust du“, sagt Mona mit einem leicht eigensinnigen Kopfschütteln. „Zum einen nennst du uns schmutzig.“

„Nun, aber ist das überhaupt eine Lüge? Schweine und Rauch und lebende Hühner und Babys sind, davon bin ich überzeugt, gute Dinge auf ihre Art und wenn man sie aus der Ferne betrachtet. Aber unter dem Dach mit einem und in einer Wohnung mit ein paar.“ Ich glaube nicht , dass sie mir wichtig sind, und ich bin mir sicher, dass sie nicht zur Sauberkeit tendieren können.

„Ich gebe das alles zu. Aber wie können sie etwas dagegen tun, wenn sie kein Geld haben und wenn es immer die lieben Kinder gibt? Ich wage zu behaupten, dass wir schmutzig sind, aber das sind auch andere Nationen, und niemand verspottet sie so, wie sie es verspotten Sind wir schmutziger als die schlauen Schotten, denen Ihre Königin so viel von ihrer Gesellschaft schenkt?“

In ihren Augen liegt Triumph, ein boshaftes Funkeln und ein Hauch von Rebellion.

„Was für ein kleiner Patriot!“ sagt Rodney, tut so, als hätte er Angst und tritt von ihr zurück. „In was für eine gefährliche Gesellschaft bin ich geraten! Und mit was für einem Akzent sagst du , *deine* Königin‘! Verstoßest du sie dann? Gehört sie nicht auch dir? Weigerst du dich, sie anzuerkennen?“

„Warum sollte ich? Sie kommt uns nie zu nahe, schenkt uns nie die geringste Beachtung. Sie behandelt uns, als wären wir ein verabscheuungswürdiger, aufgepfropfter Zweig, der mehr Ärger verursacht, als wir wert sind, und dennoch lässt sie uns nicht gehen.“

„Das wundert mich nicht. Wenn ich die Königin wäre, würde ich dich auch nicht gehen lassen. Und deshalb wirfst du sie hin? Unglückliche Königin! Ich beneide sie nicht, obwohl sie auf einem so großen Thron sitzt. Das würde ich nicht werde von dir wegen des Reichtums ganz Indiens verstoßen.

„Oh, du bist meine Freundin“, sagt Mona süß. Um dann auf den Vorwurf zurückzukommen: „Vielleicht ist es doch nicht so sehr ihre Schuld, sondern die anderer. Böse Ratgeber richten in allen Zeiten Unheil an.“

„‚Ein Daniel kommt zum Gericht!‘ Eine so kluge Rede von einem so jungen Menschen ist meiner Meinung nach selbst ins Parlament zu gehen und sich für die große Sache einzusetzen.

„Eine Regierung, die, ohne wahre Weisheit zu kennen, im Ausland verachtet wird und im Inland von Tricks lebt?“

sagt Mr. Rodney und bringt sein Stück Dryden mit bewusstem Stolz zum Ausdruck, weil es so gut hineinpasst. „Auf jeden Fall kann man es nicht nennen,

„Ein Rat, der aus solchen besteht, die es nicht wagen, zu sprechen, und es auch nicht könnten, wenn sie es wagen würden."

weil Ihr Teil davon darauf achtet, sich Gehör zu verschaffen."

„Wie ich wünschte, es wäre nicht so!" sagt Mona seufzend.

Die Tränen hängen noch immer an ihren Wimpern; Ihr Mund ist traurig. Doch in diesem Moment, während Geoffrey sie ansieht und sich fragt, wie er helfen kann, die Wolke der Trauer zu vertreiben, die auf ihrer Stirn sitzt, verändert sich ihr ganzer Gesichtsausdruck. Ein fröhlicher Glanz kommt in ihre feuchten Augen, ihre Lippen weiten sich und verlieren ihren tränenreichen Ausdruck, und dann wirft sie plötzlich den Kopf hoch und bricht in ein fröhliches kleines Lachen aus.

„Hast du das Schwein gesehen", sagt sie, „oben am Kamin sitzen? Ich bin überzeugt, dass er alles darüber wusste. Ich habe noch nie ein so ernstes Schwein gesehen.

Sie lacht wieder mit neuer Freude über ihren eigenen Gedanken. Das Schwein in der Hütte ist zu ihr zurückgekehrt und erfüllt sie mit Belustigung. Geoffrey betrachtet sie mit verwirrten Augen. Was ist das für ein seltsames Temperament, bei dem sich Lächeln und Tränen vermischen können!

„Was für ein neugieriges Kind du bist!" sagt er schließlich. „Man ist nie zwei Minuten lang derselbe."

„Vielleicht ist es das, was mich so nett macht", erwidert Fräulein Mona frech, der Sinn für Spaß ist immer noch in ihr spürbar, lässt ihn eine kleine Grimasse ziehen und schenkt ihm einen bezaubernden Blick unter ihren langen dunklen Wimpern, die wie Schatten liegen auf ihren Wangen.

KAPITEL V.

Wie Mona verrät, was Geoffrey eifersüchtig macht, und wie ein Termin vereinbart wird, der ganz im Zeichen des Mondscheins steht.

„Ja, es ist sicherlich ein Zauber", sagt Geoffrey langsam, „aber es verwirrt mich. Ich kann nicht in einem Moment fröhlich und im nächsten traurig sein. Sagen Sie mir, wie Sie das schaffen."

„Ich kann nicht, weil ich mich selbst nicht kenne. Das liegt in meiner Natur. So deprimiert ich mich in einem Moment auch fühle, im nächsten kann ein flüchtiger Gedanke meine Tränen in Lachen verwandeln. Vielleicht nennt man uns deshalb wankelmütig; Dennoch hat es nichts damit zu tun: Es ist lediglich eine Besonderheit des Temperaments und ein ziemlich barmherziges Geschenk, für das wir dankbar sein sollten, denn auch wenn wir wieder zu unseren Sorgen zurückkehren, beruhigen uns doch ein oder zwei Momente des Vergessens Der Konflikt nervt uns natürlich nur; ein solcher Kummer, wie die arme Kitty zugibt, wird ihr Leben lang nicht gelindert werden.

"Wird es?" sagt Geoffrey seltsamerweise.

„Ja. Das kann man verstehen", antwortet sie ernst, ohne auf die Nähe seines Blickes zu achten. „Viele Dinge berühren mich neugierig", fährt sie verträumt fort, „traurige Bilder und Poesie und der Klang süßer Musik."

"Singst du?" fragt er aus reiner Gewohnheit, während sie innehält.

"Ja."

Die Antwort ist so direkt, so anders als das übliche „ein bisschen" oder „Oh, nichts zu bedeuten" oder „nur wenn sonst niemand da ist" und so weiter, dass Geoffrey ziemlich zurückhaltend ist.

„Ich bin keine Musikerin", fährt sie ruhig fort, „aber manche Leute bewundern meinen Gesang sehr. In Dublin hörten sie mich gern, als ich bei Tante Anastasia war; und Sie wissen, dass ein Dubliner Publikum sehr kritisch ist."

„Aber Sie haben kein Klavier?"

„Ja, das habe ich: Tante hat mir ihres geschenkt, als ich die Stadt verließ. Es hat ihr nichts genützt und ich habe es geliebt. Ich war fast drei Jahre lang in Portarlington zur Schule, und als ich von dort zurückkam, war es mir egal." „Anastasias Freunde, und ich habe meinen einzigen Trost in meiner Musik gefunden. Ich sage euch nicht alles", mit einem wehmütigen Lächeln, „und vielleicht ermüde ich euch?"

„Ermüde mich! Nein, in der Tat. Das ist eines der ganz wenigen unfreundlichen Dinge, die du jemals zu mir gesagt hast. Wie könnte ich deiner Stimme überdrüssig sein? Sagen Sie mir bitte, wo Sie dieses magische Klavier aufbewahren.“

„In meinem eigenen Zimmer. Das hast du noch nicht gesehen. Aber es gehört mir allein, und ich nenne es meine Höhle, weil ich darin alles aufbewahre, was mir am wertvollsten ist. Irgendwann werde ich es dir zeigen.“

„Zeig es mir heute“, sagt er interessiert.

„Sehr gut, wenn Sie möchten.“

„Und du wirst mir etwas vorsingen?“

„Wenn Sie möchten. Singen Sie gern?“

„Sehr. Aber ich selbst habe keine Stimme, die es wert wäre, gehört zu werden. Ich singe, wissen Sie, ein wenig, was mein Unglück ist, nicht meine Schuld; finden Sie nicht auch?“

„Oh nein; denn wenn man überhaupt singen kann – und zwar richtig und ohne falsche Noten –, muss man Musik fühlen und lieben.“

„Nun, ich für meinen Teil hasse Leute, die ein wenig singen. Ich wünschte immer, es wäre noch weniger. Ich bin der Meinung, dass sie ein gesellschaftliches Ärgernis sind und gesetzlich unterdrückt werden sollten. Mein ältester Bruder Nick singt wirklich sehr gut, – a Wissen Sie, ein charmanter Tenor, der gut genug ist, um die Vögel aus den Büschen zu locken. Er *malt* und liest unglaublich viel über tote und verschwundene Dinge, die niemandem etwas nützen können Wie die meisten Leute (was nicht viel aussagt), und ich denke – aber diese Aussage wird bisher nicht unterstützt – denke ich, dass er Gedichte schreibt.“

„Tut er das wirklich?“ fragt Mona mit großen Augen. „Ich bin sicher, wenn ich deinen Bruder Nick jemals treffe, werde ich schreckliche Angst vor ihm haben.“

„Verraten Sie mich auf keinen Fall. Er ist ein empfindlicher Kerl und möchte vielleicht nicht glauben, dass ich das über ihn wusste. Jack, mein zweiter Bruder, singt auch. Er kommt direkt aus Indien nach Hause und ist eine furchtbar gute Sorte, obwohl ich denke, dass ich doch lieber den alten Nick haben sollte.

„Du hast zwei Brüder, die älter sind als du?“ fragt Mona nachdenklich.

„Ja, ich bin das Verabscheuungswürdigste von allen Dingen, ein dritter Sohn.“

„Ich habe davon gehört. Ein dritter Sohn wäre natürlich arm und – und weltliche Menschen würden nicht so viel von ihm halten wie von anderen. Ist das so?“

Sie macht eine Pause. Wäre die Sache nicht absurd, würde Mr. Rodney schwören, dass in ihrem Ton Hoffnung liegt.

„Ihre Beschreibung ist anschaulich“, antwortet er leichthin, „wenn auch ein wenig unfreundlich; aber wann ist die Wahrheit höflich? Sie haben Recht. Jüngere Söhne werden in der Regel nicht verfolgt. Mütter sehnen sich nicht nach ihnen und geben sie auch nicht.“ ihr zurückhaltendes Lächeln oder sie ziehen ihre Röcke zur Seite, um auf kleinen Ottomanen Platz für sie zu schaffen.

„Das verrät die Gemeinheit der Welt“, sagt Mona langsam und empört. „Hat sich Geoffrey nicht gerade als jüngerer Sohn erklärt?“

„Wirklich? Ich wurde in einem anderen Glauben erzogen. In meiner Welt tun die Mächtigen kein Unrecht, und ein dritter Sohn *ist* nirgendwo erster Walzer oder Kaviar oder die „süße Schattenseite“ von allem. Tatsächlich ist er „der Mann ohne Bedeutung“ mit aller Macht!“

"Schade!" sagt Mona wütend. Dann ändert sie ihre Notiz und sagt mit einem sanften, leisen, spöttischen Lachen: „Wie leid ich für dich habe!“

„Danke. Ich werde versuchen, Ihnen zu glauben, auch wenn Ihre Heiterkeit etwas fehl am Platz ist und eine Tendenz zur Herzlosigkeit hat.“ (Er lacht auch.) „Dennoch gab es Fälle“, fährt Mr. Rodney fort, immer noch lächelnd, während er sie aufmerksam beobachtet, „wo jungfräuliche Tanten Gefallen an dritten Söhnen gefunden haben und gestorben sind und ihnen viel Zinn hinterlassen haben.“ "

„Äh?“ sagt Mona.

„Zinn, – Geld“, erklärt er.

„Oh, das wage ich zu sagen. Ja, manchmal: aber –“ sie zögert, und diesmal ist ihr Gesichtsausdruck nicht zu missverstehen: Niedergeschlagenheit verrät sich in jeder Zeile – „aber bei dir ist es nicht so, oder? Keine Tante.“ hat dir etwas hinterlassen?

„Nein – keine Tante“, erwidert Rodney und spricht dabei die ernste Wahrheit, vermittelt aber dennoch eine Lüge: „Ich bin nicht mit jungfräulichen Tanten gesegnet, die sich in Münzen suhlen.“

„Das dachte ich mir“, ruft Mona mit einem fröhlichen Nicken, das unter anderen Umständen ärgerlich sein müsste, so inhaltsreich ist es. „Zuerst habe ich Angst – ich dachte, du wärst reich, aber später vermutete ich, dass es das Land deiner Brüder war, auf das du schießen wolltest. Und Bridget hat es mir auch gesagt. Sie sagte, es könne dir nicht gut gehen, du hättest so viele Brüder. Aber Dafür mag ich dich umso lieber", sagt Mona in einem Ton, der geradezu nach Schutz riecht, und lässt ihre kleine braune Hand freundlich, freundlich, liebenswert durch seinen Arm gleiten.

"Tust du?" sagt Rodney. Er ist seltsam bewegt; Er spricht leise, aber sein Herz schlägt schnell und Amors Pfeil dringt tiefer in seine Wunde.

„Ist Ihr Bruder, Mr. Rodney, wie Sie?" fragt Mona plötzlich.

Er hat ihr nie erzählt, dass sein ältester Bruder ein Baron ist. Warum, weiß er kaum, doch jetzt widerspricht er ihr nicht, als sie ihn als Mr. Rodney anspielt. Ein inneres Gefühl hält ihn davon ab. Vielleicht versteht er instinktiv, dass dieses Wissen die Kluft, die bereits zwischen ihm und dem Mädchen besteht, das jetzt mit einem glücklichen Lächeln auf ihrem blumenähnlichen Gesicht neben ihm geht, nur noch vergrößern wird.

„Nein, er ist nicht wie ich", sagt er unvermittelt, „er ist ein viel besserer Kerl. Außerdem ist er groß und ziemlich schlaksig, mit dunklen Augen und Haaren. Er ist wie mein Vater, sagen sie mir; ich." bin wie meine Mutter.

Dabei richtet Mona ihren Blick heimlich auf ihn. Sie studiert sein Haar, seine grauen Augen, seine unregelmäßige Nase – das hätte es besser wissen sollen – und seinen schönen Mund, so entschlossen und doch so zart, dass sein blonder Schnurrbart ihn nur halb verdeckt. Die Welt im Allgemeinen erkennt Mr. Rodney als einen gutaussehenden jungen Mann mit durchschnittlichen Verdiensten an, aber in Monas Augen ist er mehr als das alles; und ich glaube, dass das Wort „gewöhnlich", wenn es auf ihn angewendet wird, in ihren Ohren beleidigend klingen würde.

„Ich glaube, ich würde deine Mutter mögen", sagt sie naiv und sehr süß und blickt ihm unverwandt in die Augen. „Sie sieht natürlich gut aus; und ist sie so gut, wie sie schön ist?"

Bei den meisten Männern ist Schmeichelei ein großer Erfolg, aber in diesem Fall berührt das subtile Gift Mr. Rodney noch mehr, als es ihm gefällt. Er drückt die Hand, die auf seinem Arm ruht, einen Zentimeter näher an sein Herz als zuvor, wenn das möglich ist.

„Meine Mutter ist wirklich eine gute Frau, wenn man sie kennt", sagt er ausweichend; „Aber sie ist Fremden gegenüber ziemlich grob. Allerdings ist sie immer ganz bei der Sache, wissen Sie, was die Manieren angeht, und das."

Miss Mona sieht verwirrt aus.

„Ich glaube nicht, dass ich dich verstehe", sagt sie schließlich ernst. „Wo wäre der Rest von ihr, wenn sie nicht alle am selben Ort wäre?"

Sie sagt das in so gutem Glauben, dass Mr. Rodney vor Lachen brüllt.

„Vielleicht wissen Sie es nicht", sagt er, „aber Sie sind einfach perfekt!"

„Das sagt Mr. Moore", erwidert sie lächelnd.

Hätte sie alle ihre Erfindungsgaben eingesetzt, um ihn niederzumetzeln, hätte sie nicht erfolgreicher sein können als mit dieser kleinen, unvorhergesehenen Rede. Wäre ihm ein Blitz zu Füßen gefallen, hätte er kein tieferes und völligeres Unbehagen verraten können.

Er lässt ihren Arm los und sieht aus, als wäre er bereit, auch ihre Bekanntschaft jederzeit fallen zu lassen.

„Was hat Mr. Moore mit Ihnen zu tun?" fragt er hochmütig. „Wer ist er, dass er so zu dir sprechen sollte?"

„Er ist unser Vermieter", sagt Mona ruhig, aber mit hochgezogenen Brauen, und bleibt mitten auf der Straße stehen, um ihn erstaunt zu betrachten.

„Und hältst du Perfektion?" in einem unmöglichen Tonfall, wobei er völlig den Kopf und die Beherrschung verlor. „Er ist wohl reich; warum heiratest du ihn nicht?"

Mona wird blass.

„Die Frage zu stellen ist eine Unhöflichkeit", sagt sie ruhig, obwohl ihr Herz kalt und verletzt ist. „Dennoch werde ich Ihnen antworten. In unserem Land und in unserer Klasse", mit einem Maß an angeborenem Stolz, das sich nicht in Worte fassen lässt, „heiraten wir keinen Mann, weil er ‚reich' ist, oder mit anderen Worten, wir verkaufen uns für Gold." ."

Nachdem sie dies gesagt hat, wendet sie ihm verächtlich den Rücken zu und geht zu ihrem Haus.

Er folgt ihr voller Reue und Reue. Ihr Blick, mehr noch als ihre Worte, hat ihn mit Scham bedeckt und ihn von seinem Mangel an Großzügigkeit geheilt.

„Verzeih mir, Mona", sagt er mit tiefer Bitte. „Ich gestehe meine Schuld. Wie könnte ich so zu dir sprechen! Ich flehe dich um Verzeihung an. So großer Sünder ich auch bin, ich werde sicherlich nicht umsonst an dein süßes Herz klopfen, um um Vergebung zu bitten!"

„Sprich nie wieder so mit mir", sagt Mona und blickt ihn mit vor Enttäuschung feuchten, aber dennoch frei von jeglichem Zorn an. „Was Mr. Moore betrifft", mit einer Locke ihrer kurzen Oberlippe, deren Anblick ihm gut tut, und einem schnellen Stirnrunzeln, „nun, er ist so alt wie die Berge und so fett wie Tichborne, und er hat' „Er hat kein einziges Haar auf dem Kopf!"

Aber dass Mr. Rodney immer noch von der Angst bedrückt wird, dass er sie tödlich beleidigt hat, er hätte über diese kindische Rede laut lachen können;

aber die Angst hilft ihm, seine Heiterkeit zu zügeln. Dennoch verspürt er eine unheilige Freude, wenn er an Mr. Moores Glatze, sein „zu, zu festes Fleisch" und seine „vielen Tage" denkt.

„Dennoch wagt er es, dich zu bewundern?" sagt er nach einer entschiedenen Pause.

„Sicher bewundern sie mich alle", sagt Miss Mona mit einem verärgerten Lächeln, das zum Verwelken bestimmt ist.

Aber Mr. Rodney ist entschlossen, „es mit ihr auszutragen", wie er selbst sagen würde, bevor er zustimmt, aus ihren Augen zu verschwinden.

„Aber er will dich heiraten. Ich weiß, dass er es will. Sag mir die Wahrheit darüber", sagt er mit schmeichelhafter Vehemenz.

„Das werde ich auf keinen Fall tun. Es wäre sehr gemein, und ich wundere mich, wenn du die Frage stellst", sagt Mona mit einem großen Anflug tugendhafter Empörung. „Außerdem", schelmisch, „wenn Sie es wissen, besteht keine Notwendigkeit, Ihnen etwas zu sagen."

„Antworte mir doch", beharrt er sehr ernst.

„Ich kann nicht", sagt Mona; „Es wäre sehr unfair; und außerdem", gereizt, „ist es alles zu absurd. Wenn Mr. Moore mich noch einmal zehntausend Mal bitten würde, ihn zu heiraten, würde ich nie etwas anderes als ‚Nein' sagen."

Unbewusst hat sie sich selbst verraten. Als er das Wort „noch einmal" hört, sinkt ihm seltsam das Herz. Andere wiederum möchten diese wilde Blume für sich beanspruchen.

„Oh, Mona, meinst du das?" er sagt. Doch Mona, die zu Recht erzürnt ist, weigert sich, ihm höflich zu antworten.

„Ich glaube langsam, dass unsere englischen Cousins nicht für ihre Ehrlichkeit berühmt sind", sagt sie mit einiger Verachtung. „Du scheinst am Wort eines jeden zu zweifeln; oder ist es insbesondere meins? Dennoch habe ich die Wahrheit gesagt. Ich möchte niemanden heiraten."

Hier dreht sie sich um und sieht ihm direkt ins Gesicht; und etwas – vielleicht liegt es an der Melancholie seines Gesichtsausdrucks – amüsiert sie so sehr, dass sie (Lachen ist für ihre Lippen so natürlich wie Parfüm für eine Blume) in ein sonniges Lächeln verfällt und ihm zum Zeichen der Freundschaft die Hand reicht.

„Wie konntest du über diesen alten Moore so absurd sein?" sagt sie leichthin. „Warum er außer seinem Geld nichts zu empfehlen hat; und was nützt ihm das", seufzte er, „es sei denn, ihn zu ermorden!"

„Wenn er so fett ist, wie Sie sagen, ist er ein gutes Ziel für eine Kugel", sagt Mr. Rodney freundlich, fast – ich schäme mich zu sagen – hoffnungsvoll. „Ich glaube, sie würden ihm in der kommenden dunklen Nacht leicht eins verpassen. Ich nehme an, dass er sich mittlerweile eher wie ein Auerhahn denn wie ein Mann fühlt, nicht wahr? – ,Ich werde das Wild sterben' sollte sein Motto sein."

„Ich wünschte, du würdest nicht so reden", sagt Mona schaudernd. „Das ist überhaupt nicht nett von dir; vor allem, wenn du weißt, wie unglücklich ich über mein armes Land bin."

„Es ist schade, dass etwas gegen Irland gesagt werden sollte", sagt Rodney klug; „Es ist so ein schöner kleiner Ort."

"Magst du das wirklich?" fragt sie, sichtlich erfreut.

„Das würde ich eher glauben. Wer würde das nicht tun? Ich bin neulich nach Glengariffe gefahren und kann mir kaum etwas Schöneres vorstellen als das reine Wasser und die violetten Hügel, die sich in den Tiefen darunter fortsetzen."

„Ich war dort. Und in Killarney, aber nur einmal, obwohl wir so nahe wohnen."

„Das hat nichts damit zu tun", sagt Rodney. „Je einfacher man an einen Ort gelangt, desto mehr schreckt man davor zurück. Ich kannte einmal einen Kerl, und er lebte die ganze Zeit in London, und ich gebe Ihnen mein Wort, er hatte den Kristallpalast noch nie gesehen. Mit wem waren Sie? nach Killarney?"

„Mit Lady Mary. Sie wohnte dort im Schloss; es war letztes Jahr, und sie bat mich, mit ihr zu gehen. Ich war begeistert. Und es war so angenehm und alles so – so himmlisch. Die Seen sind köstlich, „Lady Mary ist so ruhig, so einsam, so voller Gedanken, aber jung in ihrem Wesen, und sie hat so viel gelesen und ist viel gereist, und sie mag mich", sagt Mona naiv. „Und ich mag sie. Kennst du sie?"

„Lady Mary Crighton? Ja, ich habe sie getroffen. Eine alte Dame mit Korkenzieherlocken, Flicken und Reifen? Sie ist eine ganz *Grande Dame* und geistreich, wie ihr alle Iren."

„Sie ist sehr selten zu Hause, aber ich glaube, ich mag sie mehr als alle anderen, die ich je getroffen habe."

"Tust du?" sagt Geoffrey in einem Ton, der viel bedeutet.

„Ja – besser als alle Frauen, die ich je getroffen habe", korrigiert Mona, ohne jedoch auch nur die geringste Betonung auf das Wort „Frauen" zu legen, dessen Auslassung in Rodneys Augen irgendwie seinen Reiz besitzt.

„Nun, ich werde eines Tages selbst über Killarney urteilen", sagt er beiläufig.

„Oh ja, das müssen Sie tatsächlich", sagt der kleine Enthusiast und strahlt. „Es ist mehr als schön. Ich wünschte, ich könnte mit dir gehen!"

Sie schaut ihn an, während sie das sagt, furchtlos, ehrlich und ohne den Verdacht von Koketterie.

"Ich wünschte du könntest!" sagt Geoffrey aus tiefstem Herzen.

„Nun, ich kann nicht, wissen Sie", mit einem Seufzer. „Aber egal: Du wirst die Landschaft allein noch mehr genießen."

„Das glaube ich nicht", sagt Geoffrey mit leiser Stimme.

„Nun, wir haben beide die Bucht gesehen", sagt Mona fröhlich, „Bantry Bay meine ich: also können wir darüber reden. Aber in der Tat" – im Ernst – „kann man nicht sagen, dass man sie so, wie sie ist, richtig gesehen hat." Nur im Mondlicht kann man seine volle Schönheit genießen, wenn seine Lichtwellen unter dem Glanz der Sterne funkeln und der Mond einen Pfad darüber wirft, der immer weiter zu gehen scheint, bis er den Himmel erreicht ein glücklicher Traum. Siehst du den Hügel dort oben? Er zeigte auf eine etwa eine Meile entfernte Anhöhe: „Dort sitze ich manchmal, wenn der Vollmond ist, und beobachte die Bucht unten. Von diesem Ort aus hat man eine schöne Aussicht."

„Ich wünschte, ich könnte es sehen!" sagt Geoffrey sehnsüchtig.

„Nun, das können Sie", erwidert sie freundlich. „Jede Nacht, wenn es einen guten Mond gibt, komm zu mir und ich werde mit dir nach Carrickdhuve gehen – so heißt der Hügel – und dir die Bucht zeigen."

Sie sieht ihn ganz ruhig an, wie jemand, der nichts davon versteht, nach Einbruch der Dunkelheit einen jungen Mann auf den Gipfel eines hohen Berges zu begleiten. Und in Wahrheit sieht sie darin nichts. Wenn er die Bucht sehen möchte, die sie so sehr liebt, muss er sie natürlich sehen; Und wer ist so kompetent, ihm all ihre Schönheiten zu zeigen, als sie selbst?

„Ich frage mich, wann der Mond Vollmond sein wird", sagt Geoffrey und macht diese gewöhnliche Bemerkung in einem alltäglichen Ton, der ihm Ehre macht und gut für seine Freundlichkeit und Zartheit der Gefühle sowie für seinen anspruchsvollen Charakter spricht. Er macht keine wohlüberlegten Reden darüber, dass die Bucht unter solchen Umständen noch bezaubernder sei, oder irgendein orthodoxes Kompliment, das einer Frau, die sich mit den Gepflogenheiten der Welt auskennt, gefallen hätte.

„Wir müssen sehen", sagt Mona nachdenklich.

Mittlerweile haben sie die Farm wieder erreicht, und Geoffrey nimmt die Waffen, die er hinter der Flurtür zurückgelassen hat – oder wie die alte Scully die Vordertür gerne nennt, im Gegensatz zur Hintertür, durch die er hereinkommt Es ist seine Gewohnheit, ein- und auszugehen, und streckt ihr die Hand zum Abschied entgegen.

„Kommen Sie für eine Weile herein und ruhen Sie sich aus", sagt Mona gastfreundlich, „während ich den Brandy hole und ihn der armen Kitty hochschicke."

Es kommt Geoffrey als Teil der angeborenen Freundlichkeit und Echtheit ihres Gemüts vor, dass sie sich nach all den vielen Gedankenwechseln, die ihr auf der Rückreise durch den Kopf gegangen sind, beim Betreten ihrer eigenen Türen zunächst um das arme, unglückliche Geschöpf im Haus kümmert Hütte dort oben.

„Warte nicht lange", sagt er impulsiv, als sie in einem Gang verschwindet.

„Dann werde ich es nicht tun. Sicher kannst du eine Minute lang mit dir allein leben", erwidert sie in sehr gutem Irisch; und mit einem Abschiedslächeln, süß wie Nektar und weitaus gefährlicher, geht sie.

Als sie weg ist, geht Geoffrey ungeduldig in der kleinen Halle auf und ab. Widersprüchliche Gefühle rauben ihm die Gelassenheit, die seine Schritte normalerweise begleitet. Er ist glücklich und doch voller heimlicher, nagender Unruhe, die täglich, stündlich auf ihm lastet. In der Nähe von Mona – wenn er in ihrer Gegenwart ist – empfindet er eine Freude, die fast vollkommenem Glück gleichkommt; Außer ihr herrscht Unruhe. Die Liebe hat, obwohl er sich dieser Tatsache gerade erst bewusst wird, ihre pausbäckigen Hände auf ihn gelegt und hält ihn nun in ihrer Knechtschaft; so dass für ihn nicht mehr das Begehrenswerteste zufrieden ist, nämlich Gleichgültigkeit. Vielmehr ist er hin und wieder melancholisch und neigt dazu, das Leben ohne Mona als zweifelhaftes Gut zu betrachten.

Denn was ist schließlich Liebe, aber

„Ein höchst diskreter Wahnsinn, eine erstickende Galle und eine konservierende Süßigkeit?"

Es gibt auch leidenschaftslose Phasen, in denen er in Frage stellt, ob es klug ist, sein Herz einem Mädchen aus einfachen Verhältnissen zu schenken, wie es Mona zweifellos ist, zumindest väterlicherseits. Und tatsächlich ist der kleine blaue Blutstropfen, den sie von ihrer Mutter geerbt hat, so schwach gefärbt, dass er für diejenigen, die zu Kritik neigen, kaum erkennbar ist.

Und davon weiß er, dass es viele sein werden: Zuerst wäre da seine Mutter, dann Nick, mit schweigsamer Zunge, aber hochgezogenen Brauen, und nach ihnen Violet, die in der Familie als Geoffreys „Verwandte" gilt und die es letztes Jahr war fragte Rodney Towers mit dem ausdrücklichen Zweck (obwohl sie es nicht wusste), sein Herz zu belagern und ihm im Gegenzug ihre Hand und – Vermögen zu schenken. Um Lady Rodney gerecht zu werden, war sie nie blind für das Vermögen!

Doch Violet ist mit ihrer hübschen, langsamen, *trainierenden* Stimme und ihrem perfekten Auftreten, ihrem kleinen, blassen, attraktiven Gesicht und ihren großen Augen, die für den zerbrechlichen Körper, zu dem sie gehören, zu ernst zu sein scheinen, nichts vor Mona, deren Schönheit stark und unbestreitbar ist. und dessen Charme sowohl in der inneren Anmut als auch in der äußeren Lieblichkeit liegt.

Obwohl er sich nicht sicher ist, ob sie ihn mit einem stärkeren Gefühl als dem der Freundlichkeit betrachtet (wegen der seltsamen Kälte, die sie manchmal an den Tag legt, vielleicht aus Angst davor, dass er zu schnell in ihr zartes Herz blicken könnte), weiß er doch instinktiv, dass er bei ihr willkommen ist Sicht, und dass „der Tag für sein Kommen heller wird". Dennoch verwirrt ihn diese seltsame Kälte manchmal, weil er das nicht versteht

„Insgeheim war ihr Herz nicht weniger betroffen, als dass sie es mit Bescheidenheit verbarg, aus Angst, sie könnte aus Leichtfertigkeit entdeckt werden."

Viele Tage lang hatte er nicht gewusst, „dass sein Herz von ihrem Schatten verdunkelt war". Noch gestern hätte er vielleicht seine Liebe zu ihr verleugnen können, so seltsam, so ungewiss, so ungeahnt ist das Aufkeimen einer ersten großen Bindung. Man schaut auf das Objekt, das ihn anzieht, und empfindet beim Betrachten die größte Freude, erkennt aber kaum die große Wahrheit, dass es Teil des eigenen Wesens geworden ist und nicht ausgelöscht werden kann, bis der Tod oder die Veränderung zu Hilfe kommen.

Vielleicht hat Longfellow die früheren Ansätze des Gottes der Liebe klüger – und sicherlich zärtlicher – als jeder andere Dichter beschrieben, wenn er sagt:

„Der erste Ton im Lied der Liebe ist kaum mehr als Stille und doch ein Ton. Hände unsichtbarer Geister berühren die Saiten dieses geheimnisvollen Instruments, der Seele, und spielen den Auftakt unseres Schicksals."

Für Geoffrey ist das Vorspiel gespielt, und jetzt weiß er es endlich. Er geht in der kleinen Halle auf und ab, die Hände auf dem Rücken verschränkt, wie es seine Gewohnheit ist, wenn er in Tagträume versunken ist, und stellt sich so manche Frage, an die er bisher nicht gedacht hatte. Kann – soll er – in dieser Angelegenheit noch weiter gehen? Dann drängt dieser Gedanke über alle anderen hinaus: „Wird sie mich jemals lieben?"

„Jetzt beeil dich, Bridget", sagt Monas tiefe, sanfte Stimme, „dieses hervorragende Ding an einer Frau." „Haben Sie keine Zeit. Geben Sie das einfach Kitty, sprechen Sie ein Gebet und seien Sie in zehn Minuten zurück."

„Law, Miss Mona, Sie brauchen es mir nicht zu sagen. Ich fliege sicher, ich werde dort und zurück sein, bevor Sie merken, dass ich weg bin." Dies von der agilen Biddy, die (begeistert von dem Wissen, dass sie eine Leiche sehen wird) die Straße hinaufstürmt.

„Jetzt kommen Sie und sehen Sie sich mein eigenes Zimmer an", sagt Mona, geht auf Rodney zu und führt ihn auf eine leicht vertrauensvolle Art und Weise, die eine ihrer vielen liebevollen Arten ist, in seine Hand und führt ihn durch den Flur zu einer Tür gegenüber die Küche. Sie öffnet es und zieht ihn mit bewusstem Stolz über die Schwelle hinter sich her. Wenn sie ihn so festhielt, hätte sie ihn in diesem Moment vielleicht bis ans Ende der Welt gezogen – wo auch immer das sein mag!

Es ist ein sehr merkwürdiger kleiner Raum, den sie betreten, aber dennoch hübsch und von Fürsorge und Zuneigung zeugend, und sicherlich nicht einer, über den man lachen kann. Jedes Objekt, das dem Blick begegnet, scheint voller angenehmer Erinnerungen zu sein – scheint ein Teil seiner sanften Herrin zu sein. Es gibt zwei Fenster, klein und mit Diamantscheiben wie im Salon, und am anderen Ende steht ein Klavier. Auf dem Tisch in der Mitte stehen Bücher, ein paar Dekoartikel, eine riesige Schale mit duftenden Blumen und an den Wänden ein oder zwei Wandregale. Auf einem Stuhl liegt lose Musik.

„Jetzt bin ich hier, du wirst mir etwas vorsingen", sagt Geoffrey augenblicklich.

„Ich frage mich, welche Lieder dir am besten gefallen", sagt Mona verträumt und lässt ihre Finger geräuschlos über die Tasten des Collard gleiten. „Wenn du wie ich bist, magst du traurige."

„Dann bin ich wie du?" er kommt schnell zurück.

„Dann werde ich dir ein Lied vorsingen, das mir letzte Woche geschickt wurde", sagt Mona und singt ihm sogleich „Jahre her", traurig, mitleiderregend und aus ganzer Seele, wie es gesungen werden sollte. Dann gibt sie ihm „London Bridge" und dann „Rose-Marie", und dann nimmt sie ihre Finger vom Klavier und sieht ihn mit der liebevollen Hoffnung an, dass er es für angebracht halten wird, ihre Arbeit zu loben.

„Du bist ein Künstler", sagt Geoffrey und seufzt tief, als sie fertig ist. „Wer hat es dir beigebracht, Kind? Aber eine solche Frage hat keinen Zweck. Niemand könnte es dir beibringen: Du musst es fühlen, während du singst. Und doch bist du kaum zu beneiden. Dein Gesang hat mir eines verraten: Wenn du jemals große Probleme erleidest, wird es dich töten.

„Ich werde nicht leiden", sagt Mona leichthin. „Kummer trifft nur jede zweite Generation; und Sie wissen, die arme Mutter war einmal sehr unglücklich: Deshalb bin ich frei. Sie werden das Aberglaube nennen, aber", mit ernstem Kopfschütteln, „ist es ganz wahr."

„Das hoffe ich", sagt Geoffrey; „Obwohl ich, wenn ich deine Worte für Evangelium halte, mich ziemlich in die Irre führt. Meine Mutter scheint die ganze Zeit über ziemlich viel Spaß gehabt zu haben, ohne irgendetwas, das man als Ärger bezeichnen könnte."

„Aber sie hat ihren Mann verloren", sagt Mona sanft.

„Nun, das hat sie. Daran kann ich mich nicht erinnern, weißt du. Ich war ein ganz kleiner Kerl und rannte aus dem Blickfeld, wenn ich ‚buh' sagte." Aber natürlich hat sie das alles überwunden und ist jetzt so fröhlich wie ein Sandjunge", sagt Geoffrey fröhlich. (Wenn Lady Rodney nur gehört hätte, wie er sie mit einem „Sandjungen" verglichen hätte!)

"Armes Ding!" sagt Mona mitfühlend, wobei diese Sympathie übrigens völlig fehl am Platz ist, da Lady Rodney ihren Mann eher für einen alten Langweiler hielt und sich drei Monate nach seinem Tod gestand, dass sie sehr froh war, dass er nicht mehr da war.

„Woher bekommst du deine Musik?" fragt Geoffrey müßig und fragt sich, wie „London Bridge" den Weg zu diesem abgelegenen Ort gefunden hat, während er an die Geschäfte in dem hübschen Dorf in der Nähe denkt, wo Molloy und Adams und ihr Begleiter namens Weatherley unbekannt sind.

„Die Jungs schicken es mir. Alles, was neu herauskommt oder was ihrer Meinung nach zu meiner Stimme passt, posten sie sofort an mich."

"Die jungen!" wiederholt er verwirrt.

„Ja, die Studenten, meine ich. Als ich bei Tante in Dublin war, kannte ich viele von ihnen, und sie mochten mich sehr."

„Das wage ich zu behaupten", sagt Mr. Rodney mit wachsendem Zorn.

„Jack Foster und Terry O'Brien schreiben mir sehr oft", fährt Mona unbewusst fort. „Und das tun sie tatsächlich alle gelegentlich, zu Weihnachten, wissen Sie, und zu Ostern und Mittsommer, nur um mich zu fragen, wie es mir geht, und um mir zu erzählen, wie sie ihre Prüfungen überstanden haben. Aber größtenteils sind es Jack und Terry , der mir die Musik schickt."

„Das ist bestimmt sehr nett von ihnen", sagt Geoffrey, grundlos eifersüchtig, denn hätte er nur Terrys struppiges rotes Haar gesehen, wären seine Rivalitätsängste für immer verflogen. „Aber sie sind bevorzugte Freunde. Man kann Geschenke von ihnen annehmen, und doch hast du mir neulich, als ich dich fragte, ob du eine kleine Goldkette für die Uhr deiner Mutter haben möchtest, geantwortet, ‚dass du sie nicht brauchst', und zwar in einem Ton, der mich regelrecht erstarrte und mir das Gefühl gab, ich hätte etwas unverzeihlich Unverschämtes gesagt."

„Oh nein", sagt Mona, schockiert über diese Interpretation ihres Verhaltens. „Das habe ich nicht so gemeint; nur habe ich es wirklich nicht verlangt; zumindest" – ehrlich gesagt – „nicht *viel* . Und außerdem ist ein Lied nicht wie eine Goldkette; und du bist ganz anders als sie; und außerdem „Wieder" – leicht verwirrt, aber mit einem letzten Rest Mut – „es gibt keinen Grund, warum du mir etwas geben solltest" – eilig – „etwas anderes für dich singen?"

Und dann singt sie erneut, ein altmodisches Lied über Liebe und Ritterlichkeit, das in einem schnell die Sehnsucht nach einem würdigeren Leben weckt. Ihre süße Stimme hallt durch den Raum, mal froh vor Triumph, mal traurig vor „schöner Melancholie", während die Worte und die Musik sie beeinflussen. Ihre Stimme ist klar und rein und voller Pathos! Sie scheint keiner Regel zu folgen; ein „f" hier oder ein „p" da, auf der Seite vor ihr, beachtet sie nicht, sondern singt nur so, wie es ihr Herz verlangt.

Als sie fertig ist, sagt Geoffrey leise „Danke". Er denkt an das letzte Mal, als jemand anderes für ihn gesungen hat, und daran, wie sehr sich die ganze Szene von dieser verändert hat. Es war bei den Türmen, und die Stunde mit ihrem sterbenden Tageslicht geht vor ihm auf. Das gedämpfte Licht des Sommerabends, das offene Fenster, der Duft der schläfrigen Blumen, das Mädchen am Klavier mit ihrem kleinen Hängekopf und ihrer perfekt geschulten und sehr hübschen Stimme, das Zimmer, die sanfte Stille, seine Mutter lehnte sich zurück Ihr purpurroter Samtsessel, mit ihren langen juwelenbesetzten Fingern den Takt zur Musik schlagend – alles ist in Erinnerung.

Sie saßen im Boudoir und Violet trug ein weiches graues Kleid, das glänzte und sich in blasses Perlmutt verwandelte, wenn sie sich bewegte. Es war das Boudoir seiner Mutter, der Raum, den sie am meisten berührt, mit seinen purpurroten und grauen Farbtönen und seinen kunstvollen Arrangements, die so harmonisch harmonieren und dem Teint so ungemein schmeicheln, wenn die Jalousien heruntergelassen sind. Wie hübsch würde Mona in einem grau-roten Zimmer aussehen? Wie--

"Woran denkst du?" fragt Mona leise und unterbricht seinen Monolog.

„Das letzte Mal, als ich jemanden singen hörte", erwidert er langsam. „Ich habe diesen Sänger sehr unvorteilhaft mit Ihnen verglichen. Ihre Stimme unterscheidet sich so sehr von dem, was man normalerweise in Salons hört."

Er bedeutet höchstes Lob. Sie akzeptiert seine Worte als eine freundliche Zurechtweisung.

"Ist das ein Kompliment?" sagt sie wehmütig. „Ist es gut, anders zu sein als die ganze Welt? Doch was Sie sagen, ist zweifellos wahr. Ich nehme an, ich bin anders als – als alle anderen Menschen, die Sie kennen."

Das ist eine halbe Frage; und Geoffrey, der die Frage aus tiefstem Herzen beantwortet, versinkt noch tiefer im Sumpf.

„Das bist du in der Tat", sagt er in einem Ton, der so dankbar ist, dass es ihr hätte verraten sollen, was er meint. Doch Trauer und Enttäuschung haben sie erfasst.

„Ja, natürlich", sagt sie niedergeschlagen. Eine Wolke scheint über ihre Happy Hour gefallen zu sein. „Wann hast du das gehört – den letzten Sänger?" sie fragt mit gedämpfter Stimme.

„Zu Hause", erwidert er. Er blickt aus dem Fenster, die Hände auf dem Rücken verschränkt, und schenkt ihren Worten nicht so viel Aufmerksamkeit wie sonst.

„Ist Ihr Zuhause sehr schön?" fragt sie schüchtern und sieht ihn umso ernster an, als er in die Betrachtung des Tals versunken zu sein scheint, das sich vor ihm ausbreitet.

„Ja, sehr schön", antwortet er und denkt an die stattlichen Eichen, alten Ulmen und verzweigten Buchen, die bis heute den Glanz der mit Efeu bewachsenen Türme ausmachen.

„Wie dürftig muss dieses Land im Vergleich zu Ihrem eigenen erscheinen!" fährt das Mädchen fort, sehnsüchtig nach einem Widerspruch, und starrt auf ihre kleinen braunen Hände, deren Finger sich nervös ineinander winden und verschränken: „Wie froh wirst du sein, wieder in dein eigenes Zuhause zu kommen!"

„Ja, sehr froh", erwidert er, kaum wissend, was er sagt. Er ist wieder zu seinen ersten Gedanken zurückgekehrt – dem Boudoir seiner Mutter mit seinem alten Porzellan und seinen erlesenen Aquarellen, die die Wände zieren, und seinen zarten italienischen Statuetten. In seinem eigenen Haus – das etwa vierzehn Meilen von den Towers entfernt liegt und durch jahrelange Nichtbenutzung ziemlich in die Jahre gekommen ist – gibt es viele Räume. Er ist jetzt damit beschäftigt, sich an sie zu erinnern und zu entscheiden, welche von ihnen in Purpur und Grau oder in Blau und Silber am besten aussehen würde: Er weiß kaum, was ihr am besten stehen würde. Vielleicht doch –

„Wie seltsam es ist!“ sagt Monas Stimme, die jetzt einen leichten Anflug von Traurigkeit hat. „Wie Menschen in unserem Leben kommen und gehen, wie die Wellen des ruhelosen Meeres, die sich bald zu unseren Füßen brechen, bald zurückweichen, bald –“

„Nur um zurückzukehren“, unterbricht er schnell. „Und – zu deinen Füßen brechen? Meinst du, jemandem das Herz zu brechen? Mir gefällt dein Vergleich nicht.“

„Du scherzst“, sagt Mona voller ruhiger Vorwürfe. „Ich meine, wie seltsam Menschen in ihr Leben hineinfallen und dann wieder herausfallen!“ Sie zögert. Vielleicht warnt sie etwas in seinem Gesicht, vielleicht ist es die Müdigkeit ihrer eigenen Stimme, die ihr Angst macht, aber in diesem Moment verändert sich ihr ganzer Gesichtsausdruck, und ein Lachen, gezwungen, aber offenbar voller Fröhlichkeit, kommt von ihren Lippen. Es ist in der Tat sehr gut gemacht, doch für jeden anderen als einen eifersüchtigen Liebhaber würden ihre Augen sie verraten. Die gewohnte Sanftheit ist von ihnen verschwunden und an ihre Stelle treten nur gut unterdrückte Trauer und ein Stolz, der nicht unterdrückt werden kann.

„Warum sollten sie wieder herausfallen?“ sagt Rodney, ein wenig wütend, hört nur ihr nachlässiges Lachen und ignoriert – wie ein Mann – dumm den Schmerz in ihren schönen Augen. „Es sei denn, die Leute entscheiden sich dafür, es zu vergessen.“

„Man mag sich dafür entscheiden zu vergessen, aber man kann es vielleicht nicht schaffen. Zu vergessen oder sich zu erinnern liegt nicht in der eigenen Macht.“

„Das sagen wankelmütige Leute. Aber was man fühlt, erinnert man sich.“

„Das gilt für eine Zeit lang für einige. *Für immer* für andere.“

„Sind Sie einer von den anderen?“

Sie gibt ihm keine Antwort.

"Bist *du*?" sagt sie schließlich nach langem Schweigen.

„Ich denke schon, Mona. Es gibt eine Sache, die ich nie bekommen werde.“

„Vieles, das wage ich zu sagen“, sagt sie nervös und wendet sich von ihm ab.

„Warum sprichst du davon, dass Menschen aus deinem Leben ausscheiden?“

„Denn natürlich wirst du, du musst. Deine Welt gehört nicht mir.“

„Du könntest es zu deinem machen."

„Das verstehe ich nicht", sagt sie sehr stolz und wirft mit einer charmanten Geste den Kopf hoch. „Und wenn wir gerade von Vergesslichkeit sprechen, wissen Sie, wie spät es ist?"

„Du willst mich offenbar loswerden", sagt Rodney entmutigt und nimmt seinen Hut. Er ergreift auch ihre Hand, hält sie warm und blickt ihr lange und ernst ins Gesicht.

„Übrigens", sagt er, wieder so etwas wie Hoffnung, als er ihre herabhängenden Lider und die wechselnde Farbe bemerkt und wie sie ihre dunklen, blauen, irischen Augen vor seinem forschenden Blick verbirgt, wie jemand es so geschickt ausgedrückt hat es scheint „mit einem schmutzigen Finger in ihren Kopf gerieben" zu sein, so ausgeprägt sind die Schatten darunter, die ihre Schönheit hervorheben und steigern – „übrigens hast du mir erzählt, dass du eine Miniatur deiner Mutter auf deinem Schreibtisch hattest, und Du hast versprochen, es mir zu zeigen. Er sagt dies lediglich, um mehr Zeit zu gewinnen, und nicht aus dem überwältigenden Wunsch heraus, die verstorbene Mrs. Scully zu sehen.

„Es ist hier", sagt Mona, ziemlich erfreut darüber, dass er sich an ihr Versprechen erinnert, und geht zu einem Schreibtisch, um eine Geheimschublade zu öffnen, in der das fragliche Bild liegt.

Es ist ein sehr schönes Bild, und Geoffrey bewundert es gebührend; Dann wird es an seinen Platz zurückgebracht, und Mona öffnet die Schublade daneben und zeigt ihm einige exquisite, getrocknete und auf Papier geklebte Farne.

„Was für ein kluges Kind du bist!" sagt Geoffrey mit echter Bewunderung. „Und was ist hier?" legte seine Hand auf die dritte Schublade.

„Oh, öffne das nicht – tu es nicht!" sagt Mona hastig, in qualvoller Angst, ihren Augen nach zu urteilen, und legt abschreckend eine Hand auf seinen Arm.

„Und warum nicht diese oder eine andere Schublade?" sagt Rodney und wird blass. Wieder erhebt sich die Eifersucht, die ein Dämon ist, in seiner Brust und verdrängt alle sanfteren Gefühle. Ihre Anspielung auf Mr. Moore, die ganz unschuldig ausgesprochen wurde, und später ihre Anspielung auf die Studenten haben dazu beigetragen, in ihm wütendes Misstrauen zu verstärken.

"Nicht!" sagt Mona erneut, als wären ihr neue Worte unmöglich, und holt schnell Luft. Ihre offensichtliche Erregung erzürnt ihn bis zum Äußersten. Impulsiv öffnet er die Schublade und blickt auf den Inhalt.

Nur ein kleiner verwelkter Heidestrauß, zusammengebunden mit einem Grashalm! Nichts mehr!

Rodneys Herz pocht vor leidenschaftlicher Erleichterung, doch Scham bedeckt ihn; denn er selbst hatte ihr eines Tages dieses Heidekraut geschenkt, das, wie er sich erinnert, mit demselben Gras zusammengebunden war; und sie, das arme Kind, hatte es seitdem behalten. Sie hatte es geschätzt und neben allen anderen Gegenständen zu ihren heiligsten Besitztümern gezählt, als etwas Geliebtes und voller zärtlicher Erinnerungen; und seine Hand war es gewesen, dieses verborgene Geheimnis ihrer Seele rücksichtslos ans Licht zu bringen.

Er ist von Reue überwältigt und hätte vielleicht etwas gesagt, was seine Selbstverachtung verrät, aber sie hindert ihn daran.

„Ja", sagt sie mit karminrot gefärbten Wangen, blitzenden Augen und Lippen, die trotz all ihrer Versuche, sich unter Kontrolle zu halten, zittern, „das ist das Stück Heidekraut, das du mir gegeben hast, und das ist das Gras, das es gebunden hat." Ich habe es behalten, weil es mich an einen Tag erinnerte, an dem ich glücklich war. Jetzt ist es mir nicht mehr wichtig: Für die Zukunft kann es mir nur eine Stunde zurückbringen, in der ich traurig und verletzt war.

Sie nimmt das unglückliche Heidekraut, wirft es auf den Boden, setzt in einem kindischen Wutanfall ihren Fuß darauf und zertrampelt es bis zur Unkenntlichkeit. Doch während sie dies tut, sammeln sich Tränen in ihren Augen und verwandeln sie, wenn sie unvergossen dort ruht, in ein wunderschönes Bild, das man durchaus als „Schönheit in Not" bezeichnen könnte. Sie trauert um diese verblühte Blume, als wäre sie tatsächlich ein Lebewesen, das sie verloren hat.

"Gehen!" sagt sie mit erstickter Stimme und einem leichten leidenschaftlichen Schluchzen und zeigt auf die Tür. „Du hast genug Unheil angerichtet." Ihre Geste ist herrisch und würdevoll zugleich. Dann sagt sie mit sanfterer Stimme, die von Trauer erzählt, und mit einem tiefen Seufzer: „Wenigstens", sagt sie, „habe ich an deine Ehre geglaubt!"

Der Vorwurf ist schrecklich und trifft ihn ins Herz. Er hebt die arme kleine, verletzte Blume auf und hält sie zärtlich in seiner Hand.

„Wie kann ich gehen", sagt er, ohne es zu wagen, sie anzusehen, „bis ich wenigstens um Vergebung *bitte* ?" Er fühlt sich nervöser und niedergeschlagener in der Gegenwart dieses kleinen, verwundeten irischen Mädchens mit ihrem Stolz und ihrer Trauer, als er sich jemals in der Gegenwart einer beleidigten Modeschönheit voller Allüren und Launen gefühlt hat. „Mona, Liebe macht grausam. Ich bitte dich, daran zu denken, denn es ist meine einzige Ausrede", sagt er herzlich. „Verurteilen Sie mich nicht völlig; aber verzeihen Sie mir noch einmal."

„Ich verzeihe dir immer, so scheint es mir", sagt Mona kalt und wendet sich stirnrunzelnd von ihm ab. „Und was dieses Heidekraut angeht", blickte er erneut mit beschämtem, aber zornigem Blick zu ihm, „ich habe es einfach behalten, weil – weil – oh, weil ich es nicht gerne wegwerfen wollte! Das war alles!"

Ihre Absicht ist trotz allem klar; aber Geoffrey wagt nicht einmal darüber nachzudenken. Doch in seinem Herzen weiß er, dass er sich über ihre Worte freut.

„Du darfst nicht denken, dass ich annahm, dass du es für einen anderen Zweck aufbewahrt hast", sagt er ganz feierlich und in einem so deprimierten Ton, dass Mona fast Mitleid mit ihm hat.

Er hat seinen Mut so weit wiedergefunden, dass er ihre Hand genommen hat und sie nun fest umklammert hält; und Mona, obwohl noch immer ein leichtes Stirnrunzeln auf ihrer niedrigen, breiten Stirn liegt, lässt ihre Hand ohne jede Tadel liegen.

„Mona, *sei doch* mit mir befreundet", sagt er schließlich verzweifelt, durch sein Elend zur Einfachheit der Sprache getrieben. In dieser Rede liegt eine Demut, die ihr gefällt.

„Es lohnt sich wirklich kaum, darüber zu reden", sagt sie großspurig. „Es war töricht, so großen Wert auf eine so unbedeutende Angelegenheit zu legen. Das hat überhaupt keine Bedeutung. Aber – aber", das Blut stieg ihr in die Stirn, „wenn Sie jemals wieder darüber sprechen, – wenn." Wann immer du auch nur das Wort ‚Heidekraut' *erwähnst, werde ich dich hassen* !"

„Dieses Wort soll mir in deiner Gesellschaft nie wieder über die Lippen kommen – nie, das schwöre ich!" sagt er, „bis du mir die Erlaubnis gibst. Mein Liebling", mit leiser Stimme, „wenn du nur wüsstest, wie verärgert ich über die ganze Angelegenheit und mein unverzeihliches Verhalten bin! Doch Mona, das werde ich dir nicht verheimlichen." Dieses kleine Stück sinnloses Heidekraut hat mich glücklicher gemacht als je zuvor.

Er beugt sich vor und drückt zum ersten Mal seine Lippen auf ihre Hand. Die Liebkosung ist lang und inbrünstig.

„Sagen Sie, dass mir vollkommen vergeben ist", fleht er ernsthaft und blickt ihr in die Augen.

„Ja. Ich vergebe dir", sagt sie fast flüsternd und mit einer Ernsthaftigkeit, die an Feierlichkeit grenzt.

Er hält noch immer ihre Hand, als wolle er sie nicht loslassen, und geht zur Tür, doch bevor sie diese erreicht, entwischt sie ihm und sagt ziemlich kühl „Auf Wiedersehen".

„Wann sehe ich dich wieder?", fragt Rodney besorgt.

„Oh, nicht für immer", erwidert sie mit großer und herzloser Sorglosigkeit. (Seine Stimmung sinkt auf den Nullpunkt.) „Bestimmt nicht vor Freitag", fährt sie unbekümmert fort. (Da heute Mittwoch ist, steigt seine Stimmung wieder einmal in den siebten Himmel.) „Oder Samstag oder Sonntag oder vielleicht irgendwann nächste Woche", sagt sie unfreundlich.

„Wenn es am Freitagabend einen guten Mond gibt", sagt Rodney kühn, „wirst du mich, wie du versprochen hast, mitnehmen, um die Bucht zu sehen?"

„Ja, wenn es in Ordnung ist", sagt Mona nach kurzem Zögern.

Dann begleitet sie ihn zur Tür, aber ernst und nicht mit ihrer gewohnten Fröhlichkeit. Als er auf der Türschwelle steht, sieht er sie an und fragt, als wäre er wegen ihrer extremen Stille gezwungen, die Frage zu stellen: „Woran denkst du?"

„Ich glaube, dass der Mann, den wir gesehen haben, bevor wir in Kittys Hütte gingen, der Mörder ist!" sagt sie mit einem starken Schauder.

„Das habe ich die ganze Zeit gedacht", sagt Geoffrey ernst.

KAPITEL VI.

WIE DIE MYSTISCHEN MONDSTRAHLEN IHRE STRAHLEN AUF MONA WIRFEN; Und wie Geoffrey, eifersüchtig auf ihre Bewunderung, sie als sein Eigentum beanspruchen möchte.

Der Freitag ist schön, und gegen Einbruch der Dunkelheit wird es noch milder, bis es den Anschein hat, dass sogar in der Morgendämmerung des Oktobers eine Sommernacht geboren werden könnte.

Die Sterne gehen einer nach dem anderen hervor – langsam, ruhig, als ob Eile bei ihnen keine Rolle gespielt hätte. Der Himmel ist in Azurblau gekleidet. Ein einzelner Stern, der abseits von allen anderen sitzt, funkelt und schimmert in seinem blauen Nest und wirft bald einen blassen smaragdgrünen Strahl, bald ein blutrotes Feuer und bald einen Hauch von Opal aus, schwach und schattenhaft, aber noch schöner in seiner Unbestimmtheit als alle anderen, bis es wahrlich einem „Diamanten am Himmel" ähnelt.

Als Geoffrey etwas früher am Abend auf die Farm kommt, geht Mona mit ihm auf den Hof, wo zwei Hunde angekettet liegen, die Geoffrey bisher nicht gesehen hatte. Es sind zwei prächtige Bluthunde, die, sobald sie sich nähert, aufstehen, ihre massiven Köpfe heben und eine tiefe, hohle Bucht in die Nachtluft werfen, die Willkommen verrät.

"Was für schöne Geschöpfe!", sagt Geoffrey, der eine Leidenschaft für Tiere hat: Sie scheinen ihn als Freund anzuerkennen. Als Mona sie aus ihrer Höhle loslässt, gehen sie zu ihm, schnüffeln an ihm herum, öffnen schließlich ihre großen Kiefer zu einem zufriedenen Gähnen, erheben sich, legen ihre Pfoten auf seine Brust und reiben ihre Gesichter zufrieden an seinem.

„Jetzt bist du für immer ihr Freund", sagt Mona erfreut. „Wenn sie das tun, wollen sie dir damit sagen, dass sie dich adoptiert haben. Und sie mögen nur sehr wenige Menschen: also ist es ein Kompliment."

„Ich spüre es deutlich", sagt Rodney und streichelt die hübschen Geschöpfe, die zu seinen Füßen hocken. „Wo hast du sie her?"

„Von Mr. Moore." Als sie das sagt, erscheint ein schelmisches Leuchten in ihrem Gesicht und sie lacht laut. „Aber, das versichere ich Ihnen, nicht als Liebesbeweis. Er hat sie mir geschenkt, als sie noch ganz kleine Kinder waren, und ich habe sie selbst aufgezogen. Sind sie nicht schön? Ich nenne sie? ‚Spice' und ‚Piment', weil sie eins sind." hat ein schnelleres Temperament als der andere."

„Die Namen sind auf jeden Fall originell", sagt Geoffrey, „was ein großer Reiz ist. Man wird so müde von ‚Rags and Tatters', ‚Beer and Skittles', ‚Cakes and Ale' und so weiter, wo." Es handelt sich um Paare, egal ob Hunde oder Ponys.

„Sollen wir jetzt aufbrechen?" sagt Mona; und sie ruft aus vollem Herzen „Mickey, Mickey".

Der Mann, der die Farm im Allgemeinen verwaltet – und für seinen Herrn eine Plage und ein Segen zugleich ist – erscheint um die Ecke und erklärt respektvoll, dass er im Handumdrehen bereit sein wird, Miss Mona zu begleiten, wenn sie es tut wird ihm nur Zeit geben, sich „ein bisschen zu beruhigen".

Und in Wahrheit nimmt das „Klärern" nur eine sehr kurze Zeitspanne ein – sonst achten Mona und Geoffrey nicht auf die Abschiedsmomente. Manchmal

„Die Zeit, wenn sie an uns vorbeigeht, hat einen Taubenflügel, unbeschmutzt und schnell und von seidenweichem Klang."

„Ich bin jetzt bereit, Miss, wenn Sie es sind", sagt Mickey aus dem Hintergrund mit größter *Bonhommie* und in einem Tonfall, der andeutet, dass er durchaus bereit ist, erst in fünf Minuten bereit zu sein, wenn es ihr gefällt oder so oder sogar, wenn nötig, sich ganz auszulöschen. Er ist ein kräftiger junger Hibernianer mit rauem Haar, einem ehrlichen Gesicht und grauen Augen, fröhlich und gerissen, und so vielen Sommersprossen, dass er wie ein Truthahn aussieht.

„Oh ja, ich bin ganz bereit", sagt Mona und beginnt etwas schuldbewusst. Und dann gehen sie durch das große Hoftor hinaus, mit den beiden Hunden auf den Fersen und ihrem Knappen, der sie begleitet, der ihnen mit einem leisen Pfiff folgt, der durch die kühle Nachtluft hallt und den lauschenden Sternen sagt, dass die „ „Das Mädchen, das er liebt, ist seine Liebe" und seine „eigene, seine schlichte Nora Creana".

Geoffrey und Mona gehen mit dem Ständchen im Rücken die Straße hinauf, und indem sie sich zur Seite drehen, erklimmen sie einen Zauntritt und marschieren über ein Feld geradeaus auf den hohen Hügel zu, der den Ozean vor der Farm verbirgt. Über viele Felder wandern sie, bis sie schließlich den Gipfel des Berges erreichen und auf die wunderschöne Landschaft unten blicken.

Die Luft selbst ist still. Es gibt keinen Ton, keine Bewegung, außer dem Kommen und Gehen ihres eigenen Atems, der schnell aus ihren Herzen aufsteigt, erfüllt von leidenschaftlicher Bewunderung für die Schönheit, die vor ihnen liegt.

Von dem hohen Hügel, auf dem sie stehen, steigen steile Felsen ab, bis sie den Rand des Wassers berühren, das unter ihnen schläft, eingelullt vom ruhigen Mond, der „aus den sich langsam öffnenden Vorhängen der Wolken" hervortritt.

Tief unten liegt die Bucht, ruhig und friedlich. Keine Welle, kein Seufzer könnte seine Ruhe stören oder die vollkommene Schönheit des silbernen Pfades zerstören, den die Himmelskönigin so leichthin darauf gelegt hat. Es fällt dort so klar und ungebrochen, dass man fast meinen könnte, es sei möglich, darauf zu treten und so weiter zum Himmel zu gehen, der am fernen Horizont mit ihm verschmilzt.

Das ganze Firmament ist von sanftem Azurblau, hier und da mit schneebedeckten Wolken gesprenkelt, deren Spitze von blassestem Grau ist. Eine kleine Wolke – der zarteste Nebelschleier – hängt zwischen Erde und Himmel.

„Der Mond ist aufgegangen; es ist die Morgendämmerung der Nacht; an ihrer Seite steht ein kühner, heller, beständiger Stern, Stern ihres Herzens. Mutter der Sterne! Die Himmel schauen zu dir auf."

Mona schaut jetzt mit einem verzückten, nachdenklichen Blick zu ihm hinauf, ihre großen blauen Augen glänzen im Licht. Sie sitzt am Hang des Hügels, die Hände um die Knie geschlungen, ein nachdenklicher Ausdruck auf ihrem schönen Gesicht. An jeder Seite von ihr sitzen die Hunde kerzengerade auf ihren riesigen Hinterbeinen, als wollten sie sie vor allem Bösen beschützen.

Obwohl Geoffrey in Wirklichkeit von der Großartigkeit der Umgebung tief beeindruckt ist, kann er seinen Blick dennoch nicht von Monas Gesicht, ihrer hübschen Haltung und ihren beiden mächtigen Verteidigern abwenden. Sie erinnert ihn in gewisser Weise an Una und den Löwen, obwohl die Idee ziemlich weit hergeholt ist; und er wagt es kaum, mit ihr zu sprechen, damit er nicht den Zauber bricht, der auf ihr zu liegen scheint.

Sie selbst zerstört es derzeit.

„Gefällt es dir?" fragt sie sanft und richtet ihren Blick zurück vom leuchtenden Himmel auf die Erde, die noch schöner ist.

„Das Lob, das ich davon gehört habe, war zwar groß, aber zu schwach", antwortet er ihr mit solch extremer Aufrichtigkeit in seinem Ton, dass er das Herz des kleinen Patrioten zu seinen Füßen berührt und erfreut. Sie lächelt zufrieden und richtet ihren Blick noch einmal mit träger Freude auf das Meer, wo jeder kleine Punkt und Felsen von himmlischem Licht erwärmt wird. Sie nickt leise vor sich hin, sagt aber nichts.

Für sie gibt es nichts Seltsames oder Neues, weder in der Stunde noch am Ort. Oft kommt sie im Mondlicht mit ihrem treuen Begleiter und ihren beiden Hunden hierher, um eine lange, süße Stunde voller reinster Freude zu träumen und dabei den klagenden Charme zu genießen, den die Natur normalerweise ihren erlesensten Gemälden verleiht.

Für ihn ist jedoch alles anders; und die Stunde ist voller zitternder Freude und einer vagen, süßen Sehnsucht, die Liebe bedeutet, die noch nicht erzählt wurde.

„Dieser Ort erinnert mich immer an die Gedanken anderer Menschen", sagt Mona leise. „Ich liebe Poesie sehr: Sie auch?"

„Sehr", erwidert er überrascht. Er hat nicht gedacht, dass sie sich mit irgendwelchen Überlieferungen auskennt. „Welche Dichter bevorzugen Sie?"

„Ich habe so wenig gelesen", sagt sie wehmütig und zögernd. Dann schüchtern: „Ich habe so wenig zu lesen. Ich habe einen Longfellow, einen Shakespeare und einen Byron: das ist alles."

„Byron?"

„Ja. Und nach Shakespeare gefällt er mir am besten und dann Longfellow. Warum sprichst du in diesem Ton? Magst du ihn nicht?"

„Ich glaube, ich mag keinen Dichter auch nur annähernd so sehr. Sie verwechseln mich", antwortet er, beschämt über seine eigene Überraschung über ihre Vorliebe für Seine Lordschaft unter der ruhigen Reinheit ihrer Augen. „Aber – nur – es schien mir, dass Longfellow besser zu dir passen würde."

„Nun ja, ich liebe ihn wirklich. Und gerade in diesem Moment dachte ich an ihn: Als ich zum Himmel aufblickte, kamen mir seine Worte wieder in den Sinn. Erinnern Sie sich, was er über den Mond sagt, der über dem bleichen Meer aufgeht und … silbriger Nebel der Wiesen' und wie –

„Still, einer nach dem anderen, erblühten in den unendlichen Wiesen des Himmels die lieblichen Sterne, die Vergissmeinnicht der Engel,

Das ist so süß, finde ich."

„Ich erinnere mich daran; und ich erinnere mich auch daran, wer das alles gesehen hat: Du?" fragt er, sein Blick ist auf ihren gerichtet.

„Ja, Gabriel – armer Gabriel und Evangeline", erwidert sie, zu sehr in Erinnerungen an diese traurige und ruhrende Geschichte versunken, um sich seine Bedeutung zu Herzen zu nehmen: –

„In der Zwischenzeit saßen die Liebenden, getrennt, im Dämmerlicht einer Fensternische , und flüsterten miteinander.“

Das ist der Teil, den Sie meinen, nicht wahr? Ich kenne dieses ganze Gedicht fast auswendig.

Er ist ein wenig enttäuscht von der Ruhe ihrer Antwort.

„Ja, ich dachte an sie“, sagt er und wendet den Kopf ab, „an die – Liebenden. Ich frage mich, ob *ihr* Abend so schön war wie *unserer*?“

Mona antwortet nicht.

„Haben Sie jemals Shelley gelesen?“ fragt er, derzeit verwirrt über die extreme Gelassenheit ihres Verhaltens.

Sie schüttelt den Kopf.

„Einige seiner Ideen sind wunderbar. Seine Gedichte würden Ihnen gefallen, denke ich.“

„Was sagt er über den Mond?“ fragt Mona, immer noch mit den Knien in der Umarmung und ohne den Blick vom ruhigen Wasser unten abzuwenden.

„Über den Mond? Oh, viele Dinge. Ich habe nicht an den Mond gedacht“, mit leichter Ungeduld; „Aber wenn Sie mich fragen, kann ich mich an eine Sache erinnern, die er dazu gesagt hat.“

„Dann erzähl es mir“, sagt Mona.

Auf ihr Geheiß hin wiederholt er die Zeilen langsam und in seiner besten Art, die sehr gut ist:

„Der kalte, keusche Mond, die Königin der hellen Inseln des Himmels, die alles schön macht, worauf sie lächelt! Dieser wandernde Schrein aus sanfter, aber eisiger Flamme, der sich immer verwandelt und doch immer noch derselbe ist und wärmt, aber nicht erleuchtet.“

Er beendet; Doch als er Mona ansieht, stellt er zu seinem Erstaunen und großen Bedauern fest, dass sie von einem Lächeln umhüllt ist, ja, tatsächlich von stummen Lachen erschüttert ist.

„Was macht dir Spaß?“ fragt er ein wenig steif. „Der Rezitation nachzugeben und dann den Zuhörer in Qualen unterdrückter Fröhlichkeit zu finden, ist nicht gerade eine Situation, nach der man sich sehnen würde.

„Es war die letzte Zeile“, erklärt Mona, sichtlich beschämt, aber dennoch unfähig, ihre Heiterkeit ganz zu unterdrücken. „Es erinnerte mich so sehr an die Rede über Tee, die sie bei Mäßigkeitstreffen immer verwenden; sie nennen es das Getränk, ,das aufmuntert, aber nicht berauscht'." Du hast gesagt: „Das wärmt, aber nicht erhellt", und es klang genau so!"

Er sieht es nicht.

„Du bist nicht böse, oder?" sagt Mona, jetzt wirklich zerknirscht. „Ich konnte nichts dagegen tun, und es *war* so, wissen Sie."

„Wütend? Nein!" sagt er und erholt sich, als er die Reue auf dem Gesicht bemerkt, das ihm zugewandt ist.

„Und sagen Sie, dass es so ist", sagt Mona flehend.

„Es ist, das Bild davon", erwidert er und ist bereit, auf alles zu schwören, was sie vorschlagen mag. Und dann lacht er auch, was sie freut, denn es beweist, dass er ihre böse Tat nicht mehr im Sinn hat; Da sie das Gefühl hat, ihm immer noch etwas schuldig zu sein, deutet sie ihm plötzlich an, dass er sich dicht neben ihr ins Gras setzen könne. Es scheint ihm keine Schwierigkeiten zu bereiten, diesem Hinweis schnell Folge zu leisten, und er sitzt bald so nah bei ihr, wie es die Umstände erlauben.

Aber auf diesem Bild, dessen Schönheit unbestreitbar ist, sieht Mickey (der Barbar) missbilligend aus.

„Wenn er dort über Nacht hocken wird – und ich sehe gute Aussichten darauf", sagt sich Mickey, „was zum Teufel soll dann aus mir werden?"

Mickeys Vorstellung von einer „raal grand"-Szenerie ist das Küchenfeuer. Buchten und Felsen und Mondlicht und dergleichen, trostloses Zeug, würde er als „ganz mein Auge und Betty Martin" bezeichnen. Er würde das blaueste Wasser, das jemals gerollt wurde, im Vergleich zu dem Wasser, das in dem großen Kessel kochte, für eine schlechte Sache halten und traurigerweise schlechter als so kaltes Wasser, das einen „Tropfen des Kraters" enthalten könnte. Kein Wunder also, dass er mit Bestürzung Mr. Rodneys offensichtliche Absicht sieht, noch etwa eine halbe Stunde auf dem Gipfel des Carrick Dhuve zu verbringen.

Geduld hat ihre Grenzen. Mickeys Grenze kommt schnell. Als weitere fünf Minuten vergangen sind und die beiden Männer, die er betreut, immer noch kein Zeichen geben, hustet er respektvoll, aber sehr laut hinter der Hand. Er wartet in ängstlicher Hoffnung auf das Ergebnis dieses aufschlussreichen Manövers, aber er nimmt nicht die geringste Notiz davon. Sowohl Mona als auch Geoffrey sind taub gegenüber dem erbärmlichen Appell, der direkt aus seinen Bronchien kommt.

Mickey wird immer mutiger, je verzweifelter er wird. Er erhebt sich zur Rede.

„Av you plaze, Miss, kommen Sie bald?"

„Sehr bald, Mickey“, sagt Mona, ohne den Kopf zu drehen. Doch obwohl ihre Worte zufriedenstellend sind, ist ihr Tonfall es nicht. Darin liegt ein fauler Klang, der von allem anderen als sofortigem Handeln spricht. Mickey glaubt nicht daran.

„Ich habe mir die Stute nicht ausgedacht, Fräulein, bevor ich mit Ihnen herausgekommen bin“, sagt er sanft und erzählt diese Lüge, ohne zu erröten.

„Aber es ist doch noch früh, Mickey, nicht wahr?“ sagt Mona.

„Schrecklich früh“, fügt Geoffrey hinzu.

„Das ist es, Fräulein. Ich weiß es, Sir. Aber wenn der alte Mann herauskommt und die Stute ohne ihr Bett vorfindet, muss er die ganze Welt dafür bezahlen, und er wird schreiend verrückt.“

„Er wird heute Abend nicht in den Stall gehen“, sagt Mona entspannt.

„Er könnte es sein, Fräulein. Es ist genau die Zeit, in der man ihm Ruhe in seinem Kopf wünschen würde, dass er wirklich lästig wird. Und ich habe das Gefühl, als ob er im Stall wäre, dieser gesegnete Minit, der den armen Mistkerl anschaut und flucht „Er wird das Leben vor mir haben.“

„Und es kommt mir so vor, als wäre er ruhig zu Bett gegangen“, sagt er

Mona wendet sich freundlich ab.

Aber Mickey ist nicht zu übertreffen. „Und da sind die Schweine, Miss“, beginnt er plötzlich erneut.

"Was ist los mit ihnen?" sagt Mona mit einer verzeihlichen Ungeduld.

„Ich habe ihnen noch nicht das Abendessen gegeben, Fräulein; und es ist sehr schlimm für die Kleinen, wenn sie verhungern müssen. Es liegt mir am Herzen, Fräulein, so dass ich nicht einmal meine Pfeife genießen kann, und es ist frischer Tabak.“ Ich habe alles, und es könnte genauso gut Staub sein, denn die Schweine rufen jetzt nach mir wie nach Christen: Ich kann sie fast hören.

„Ich glaube nicht, dass Gehörlosigkeit in Ihrer Familie verbreitet ist“, sagt Geoffrey freundlich.

„Nein, Sir, das ist es nicht, Sir. Keiner von uns ist schwer zu hören, wie Ruhm für – … Miss Mona“, schmeichelnd, „sicher, es ist nur ein Schritt bis zum Haus: Herr Rodney würde das nicht tun.“ Bis bald zu Hause, nur für kurze Zeit?“

„Ja, natürlich kann er das“, sagt Mona ohne das geringste Zögern. Sie sagt es ganz natürlich und als ob es für einen jungen Mann das Allergewöhnlichste auf der Welt wäre, nachts um halb elf eine junge Frau nach Hause zu sehen, durch taufrische Felder und unter „sanften Monden". Mittlerweile ist es ganz neun, und sie kann es noch nicht ertragen, der bezaubernden Szene vor ihr den Rücken zu kehren. Sicherlich wird es in etwa einer weiteren Stunde Zeit genug sein, an die Heimat und alle anderen derartigen prosaischen Tatsachen zu denken.

„Dann kann ich gehen, Miss?" sagt Mickey.

„Oh ja, du darfst gehen", sagt Mona. Geoffrey sagt nichts. Er blickt sie neugierig an, in der sich tiefe Liebe vermischt. Sie ist so völlig anders als alle anderen Frauen, die er jemals getroffen hat, mit ihren kleinlichen Affektiertheiten und gespielten Bescheidenheiten, ihrem vermeintlichen Zögern und ihrem endgültigen Nachgeben. Sie hat keine Ahnung, dass sie etwas tut, was alle Frauen nicht tun würden, und sieht keinen Grund, warum sie ihrem Freund misstrauen sollte, nur weil er ein Mann ist.

Während Geoffrey sie voller zärtlicher Gedanken ansieht, legt einer der Hunde seinen großen Kopf auf ihre Schulter und sieht sie mit großen, liebevollen Augen an, als würde er ahnen, dass sie einigermaßen allein gelassen wird. Als Antwort dreht sie sich zu ihm um und reibt ihre weiche Wange langsam auf und ab an seiner. Geoffrey beneidet den Hund von ganzem Herzen. Wie sie es zu lieben scheint! wie es scheint, sie zu lieben!

„Mickey, wenn du gehst, denke ich, dass du die Hunde genauso gut mitnehmen kannst", sagt Mona: „Auch sie wollen ihr Abendessen. Geh, Spice, wenn ich dich verlange. Gute Nacht, Piment, mein Lieber Liebling, – sieh, wie er sich an mich klammert.

Schließlich werden die Hunde abberufen und begleiten den jubelnden Mickey widerwillig den Hügel hinunter.

„Vielleicht hast du es satt, hier zu bleiben", sagt Mona mit Gewissensbissen und wendet sich an Geoffrey, „und würdest gern nach Hause gehen? Ich nehme an, jeder kann diesen Ort nicht so lieben wie ich. Ja", erhob sich, „ich bin egoistisch." Komm doch nach Hause.

"Müde!" sagt Geoffrey hastig. „Nein, in der Tat. Was könnte von etwas so Göttlichem müde werden? Wenn es Ihr Wunsch ist, ist es auch meiner, dass wir noch eine Weile hier bleiben." Dann, beeindruckt von der tiefen Erleichterung in ihrem Gesicht, fährt er fort: „Wie sehr du die Schönheiten der Natur genießt! Weißt du, dass ich dich studiert habe, seit du hierher gekommen bist, und ich konnte sehen, wie deine ganze Seele davon umhüllt war?" Herrlichkeit der umgebenden Aussicht? Du hattest keine Gedanken mehr an andere Objekte, nicht einmal an mich. „Zum ersten Mal", sagte ich sanft, „lernte ich, auf unbelebte Dinge eifersüchtig zu sein."

„Dennoch war ich nicht so völlig in Anspruch genommen, wie Sie es sich vorstellen", sagt sie ernst. „Ich habe oft an dich gedacht. Zum einen war ich froh, dass du diesen Ort mit meinen Augen sehen konntest. Aber ich habe geschwiegen, ich weiß; und – und –"

„Wie Rom und Spanien dich verzaubern würden", sagt er und blickt ihr aufmerksam ins Gesicht, „und die Schweiz mit ihren Seen und Bergen!"

„Ja. Aber ich werde sie nie sehen."

„Warum nicht? Du wirst dorthin gehen, vielleicht wenn du verheiratet bist."

„Nein", mit einem kleinen flackernden Lächeln, das Schmerz und Trauer in sich trägt; „aus dem einfachen Grund, dass ich nie heiraten werde."

"Aber warum?" beharrt er.

„Weil" – das Lächeln ist inzwischen erloschen, und sie schaut auf ihn herab, während er im unsicheren Mondlicht zu ihren Füßen liegt, mit einem traurigen, aber ernsten Gesichtsausdruck – „weil ich, obwohl ich nur die Nichte eines Bauern bin, Ich kann Bauern nicht ertragen, und natürlich würden sich andere Menschen nicht um mich kümmern."

„Das ist absurd", sagt Rodney; „Und deine eigenen Worte widerlegen dich. Dieser Mann namens Moore hat sich um dich gekümmert, und es war eine sehr große Unverschämtheit von seiner Seite."

„Du hast ihn noch nie gesehen", sagt Mona und öffnet die Augen.

„Nein, aber ich kann ihn mir gut vorstellen, mit seiner schrecklichen Glatze. Nun, wissen Sie", er hielt seine Hand hoch, um sie aufzuhalten, als sie gerade sprechen wollte, „Sie wissen, dass Sie gesagt haben, dass er kein Haar mehr daran hatte." "

„Nun, er war anders", sagt Mona und gibt schändlich nach. „Ich könnte mich auch nicht um ihn kümmern; aber was ich gesagt habe, ist trotzdem wahr. Andere Leute würden mich nicht mögen."

„Würden sie das nicht tun?" sagt Rodney und stützt sich auf seinen Ellbogen, während der Streit immer hitziger wird; „Dann kann ich nur sagen, dass ich nie ‚andere Leute' getroffen habe."

„Du hast wohl nur sie getroffen, da du zu ihnen gehörst."

„Willst du mir sagen, dass *ich* dich nicht mag?" sagt Rodney schnell.

Mona weicht einer Antwort aus.

„Wie kalt ist es!" sagt sie und erhebt sich leicht schaudernd. "Lass uns nach Hause gehen."

Wenn sie ihr ganzes Leben lang in der Welt der Mode aufgewachsen wäre, hätte sie kaum eine korrektere Rede halten können. Geoffrey ist verwirrt, ja mehr noch, verunsichert. Genau auf diese Weise würde ihm eine Frau aus seinem Umfeld antworten, wenn sie vorhatte, seine Annäherungsversuche für den Moment abzuwehren. Er vergisst, dass in Monas Natur kein Anflug von Weltlichkeit lauert, und empfindet ein gewisses Maß an Kummer darüber, dass sie ihm so antworten sollte.

„Wenn Sie möchten", sagt er in einem höflichen Ton, aber voller Kälte; und so treten sie ihre Heimreise an.

„Ich freue mich, dass Sie heute Abend zufrieden waren", sagt Mona schüchtern und beschämt über sein einstudiertes Schweigen. „Aber", nervös, „Killarney ist noch schöner. Da musst du hin."

„Ja, das habe ich vor – bevor ich nach England zurückkehre."

Sie zuckt spürbar zusammen, was Balsam für sein Herz ist.

"Nach England!" Sie wiederholt mit einem äußerst traurigen Versuch der Gleichgültigkeit: „Wird – wird das bald sein?"

„Nicht sehr bald. Aber irgendwann muss ich natürlich gehen."

„Das nehme ich an", sagt sie mit einer Stimme, aus der alle Freude strömt. „Und es ist nur natürlich; dort wirst du glücklicher sein." Sie blickt direkt vor sich hin. In ihrem Ton liegt kein Zittern; ihre Lippen zittern nicht; Dennoch kann er sehen, wie blass sie im hellen Mondlicht geworden ist.

"Ist es das was du denkst?" sagt er ernst. „Dann liegen Sie ausnahmsweise einmal falsch. Ich war nie – ich werde es kaum noch einmal sein – glücklicher als in Irland."

Es entsteht eine Pause. Mona sagt nichts, sondern nimmt die Blume heraus, die die ganze Nacht an ihrer Brust gelegen hat, und zerreißt sie Blütenblatt für Blütenblatt. Und das ist anders als bei Mona, denn Blumen liegen ihr so am Herzen wie der Sonnenschein ihnen.

In diesem Moment kommen sie an ein hohes Ufer, und nachdem Geoffrey Mona beim Aufstieg geholfen hat, springt er auf der anderen Seite herunter und streckt seine Arme aus, um ihr beim Abstieg zu helfen. Als sie den Boden erreicht und seine Arme sie immer noch umarmen, sagt sie mit plötzlicher Anstrengung und ohne den Blick zu heben: „Zu Weihnachten kann man hier sehr gut auf Scharfschützen schießen."

Die kleine pathetische Anspielung ist ebenso perfekt wie rührend.

„Ist das der Fall? Dann werde ich auf jeden Fall zurückkommen und es holen", sagt Geoffrey, der zu sehr ein Gentleman ist, um so zu tun, als würde er alles verstehen, was ihre Worte zu bedeuten scheinen. „Von hier aus ist es wirklich keine Reise nach England."

„Ich denke, es ist eine lange Reise", sagt Mona kopfschüttelnd.

„Oh nein, das wirst du nicht", sagt Rodney geistesabwesend. In Wahrheit wandern seine Gedanken zu ihrer letzten kleinen Rede und versuchen, sie zu entschlüsseln.

Mona sieht ihn an. Wie seltsam er sich ausgedrückt hat! „Das wirst du nicht", sagte er statt „Das würdest du nicht." Hält er es dann für möglich, dass sie jemals in das Land gelangen kann, das ihn Sohn nennt? Sie seufzt und während sie auf ihre kleinen, schlanken, sehnigen Hände hinunterblickt, umklammert und öffnet sie sie nervös.

„Warum musst du bis nach Weihnachten gehen?" sagt sie so leise, dass er sie kaum hören kann.

„Mona! Willst du, dass ich bleibe?" fragt er plötzlich und nimmt ihre Hände in seine. "Sag mir die Wahrheit."

„Das tue ich", erwidert sie zitternd.

„Aber warum? – Warum? Liegt es daran, dass du mich liebst? Ach, Mona!

"Du liebst mich?" wiederholt sie leise.

„Von ganzem Herzen", sagt Rodney inbrünstig. Und wenn dem so ist, kann sie sich tatsächlich glücklich schätzen, denn es ist ein sehr gutes und wahres Herz, von dem er spricht.

„Sag nichts mehr", sagt das Mädchen fast leidenschaftlich und weicht von ihm zurück, als hätte sie Angst vor sich selbst. „Tu es nicht. Je mehr du jetzt sagst, desto schlimmer wird es für mich werden, wenn ich nachdenken muss. Und – und – es ist alles völlig unmöglich."

„Aber warum, Liebling? Könntest du als meine Frau nicht glücklich sein?"

"Deine Frau?" wiederholt sie mit sanfter, anhaltender Stimme, und ein kleines, zärtliches, seraphisches Lächeln schleicht sich in ihre Augen und legt sich leicht auf ihre Lippen. „Aber ich bin nicht dazu geeignet, und –"

„Schau her", sagt Geoffrey entschieden, „ich werde kein „Aber" haben, und ich nehme meine Antwort lieber aus deinen Augen als aus deinen Lippen. Sie sind freundlicher. Du wirst mich heiraten, weißt du, und das Darum geht es. *Ich werde dich* heiraten , ob du willst oder nicht, also kannst du genauso gut nachgeben. Und ich werde dich mitnehmen, um Rom und alle Orte zu sehen, über die wir gesprochen haben Ich werde eine wirklich schöne Zeit haben. Warum schaust du nicht auf und sprichst mit mir, Mona?"

„Weil ich nichts zu sagen habe", murmelt das Mädchen mit gefrorenem Ton, „nichts." Dann leidenschaftlich: „Ich werde nicht egoistisch sein. Ich werde das nicht tun."

„Heißt das, du wirst mich nicht heiraten?" fragt er, lässt sie los und geht ein oder zwei Schritte zurück, ein Stirnrunzeln auf seiner Stirn. „Ich gestehe, ich verstehe dich nicht."

„Versuchen Sie, *versuchen Sie*, mich zu verstehen", fleht sie verzweifelt, folgt ihm und legt ihre Hand auf seinen Arm. „Es ist nur das. Es würde dich nicht glücklich machen – nicht *später*, wenn du den Unterschied zwischen mir und den anderen Frauen, die du gekannt hast, erkennen könntest. Du bist ein Gentleman; ich bin nur die Nichte eines Bauern." Sie sagt das mutig, obwohl es für ihre stolze Natur eine Qual ist, es gestehen zu müssen.

„Wenn das alles ist", sagt Geoffrey mit einem leichten Lachen und legt seine Hand auf die kleine braune Frau, die immer noch auf seinem Arm ruht, „dann denke ich, dass es uns kaum trennen muss. Du bist in der Tat anders als alle anderen Frauen." Ich habe sie in meinem Leben kennengelernt – und das tut mir leid für alle anderen Frauen, die ich je gekannt habe. Ist das nicht genug, Mona? Bist du sicher, dass kein anderer Grund dich daran hindert? Ich? Warum zögerst du?" Er ist seinerseits etwas blasser geworden und betrachtet sie mit intensiver und eifersüchtiger Ernsthaftigkeit. Warum antwortet sie ihm nicht? Warum hält sie ihren Blick – diesen ehrlichen Verräter – so hartnäckig auf den Boden gerichtet? Warum zeigt sie nicht das geringste Anzeichen von Nachgeben?

„Gib mir meine Antwort", sagt er streng.

„Ich habe es gegeben", erwidert sie mit leiser Stimme – so leise, dass er sich bücken muss, um es zu hören. „Sei mir nicht böse, nicht – ich –"

„Wer sich entschuldigt, beschuldigt sich selbst", zitiert Geoffrey. „Ich möchte keine Gründe für deine Ablehnung. Es reicht aus, dass ich weiß, dass du dich nicht um mich sorgst."

„Oh nein! Das ist es nicht! Du musst wissen, dass es das nicht ist", sagt Mona in tiefer Trauer. „Es liegt daran, dass ich dich *nicht* heiraten kann!"

„Wird nicht, meinst du!"

„Nun, dann *werde ich* es nicht tun", erwidert sie mit letzter Entschlossenheit und dem erbärmlichsten Gesicht der Welt.

„Oh, wenn Sie nicht *wollen*", sagt Mr. Rodney wütend.

„Ich – werde – nicht", sagt Mona gebrochen.

„Dann glaube ich dir nicht!" bricht Geoffrey wütend aus. „Ich bin mir sicher, dass du mich heiraten willst. Und nur weil dir irgendein elender Trend in den Sinn gekommen ist, bist du entschlossen, uns beide elend zu machen."

„Ich habe nichts im Kopf", sagt Mona unter Tränen.

„Ich glaube nicht, dass Sie viel haben können", sagt Mr. Rodney mit der gröbsten Unhöflichkeit, „wenn Sie zulassen können, dass ein paar lächerliche Skrupel unser beider Glück beeinträchtigen." Dann, verärgert: „Hasst du mich?"

Keine Antwort.

„Sagen Sie es, wenn Sie es tun: Es wird ehrlicher sein. Wenn Sie es nicht tun", drohend, „werde ich natürlich das Gegenteil denken."

Immer noch keine Antwort.

Sie hat sich von ihm abgewandt, betrübt und verängstigt über seine Heftigkeit, und nachdem sie ein Blatt von der Hecke in ihrer Nähe gepflückt hat, spielt sie geistesabwesend damit, während es auf ihrer kleinen zitternden Handfläche liegt.

Es ist ein herabhängendes Brombeerblatt von einem Busch in der Nähe ihres Standorts, das sich von Grün in ein warmes und leuchtendes Purpurrot verwandelt hat. Sie untersucht es eingehend, als wäre sie in Staunen über seine übermäßige Schönheit versunken, denn es ist überaus schön, gekleidet in den reichen Mantel, den die Großzügigkeit des Herbstes über es geworfen hat; Dennoch denke ich, dass sie ausnahmsweise einmal blind für seine Reize ist.

„Ich denke, du solltest besser nach Hause kommen", sagt Geoffrey, zutiefst verärgert über sie. „Sie dürfen hier nicht bleiben und sich erkälten."

Ein kleiner weicher Wollschal in schlichtem Weiß ist von ihrem Hals gerutscht und auf den Boden gefallen, ohne dass sie in ihrer großen Not darauf geachtet hätte. Er hebt es fast unwillig hoch, nähert sich ihr und legt es noch einmal um sie. Dabei stellt er fest, dass ihr Tränen über die Wangen laufen.

„Warum, Mona, was ist das?" ruft er aus, sein Verhalten ändert sich augenblicklich von Empörung und Kälte zu Wärme und Zärtlichkeit. „Du weinst? Mein liebes Mädchen! Leg deinen Kopf auf meine Schulter und lass uns vergessen, dass wir jemals gestritten haben. Es ist unser erster Streit; lass es unser letzter sein. Und schließlich ist es „bequem". Es ist viel besser, unsere Streitereien vor der Ehe zu führen als danach."

Diese letzte Andeutung, schmeichelt er sich selbst, sei ziemlich geschickt eingeführt.

„Oh, wenn ich ganz, *ganz* sicher sein könnte, würdest du es nie bereuen!"
sagt Mona wehmütig.

„Ich werde nie etwas bereuen, solange ich dich habe!" sagt Rodney. „Seien
Sie davon überzeugt."

„Ich bin so froh, dass du arm bist", sagt Mona. „Wenn du reich oder sogar
wohlhabend wärst, würde ich niemals zustimmen, – niemals!"

„Nein, natürlich nicht", sagt Mr. Rodney ohne Erröten! „In der Regel
können Mädchen heutzutage Männer mit Geld nicht mehr ertragen."

Das ist „sarkassum"; aber Mona versteht es nicht.

Als ich plötzlich sah, dass sie wieder lächelte und unaussprechlich glücklich
aussah, denn das Lachen kommt ihr leicht über die Lippen, und Tränen
bleiben in der Regel nicht lange bei ihr – sie schämt sich vielleicht, die
schönen „Fenster ihrer Seele" zu entstellen, die so „dunkel, tief,
wunderschön blau" sind – „Du kommst also doch mit mir nach England?"
sagt er ganz fröhlich.

„Ich würde mit dir bis ans Ende der Welt gehen", erwidert sie sanft. „Ah!
Ich glaube, das wusstest du schon immer."

„Nun, das habe ich nicht", sagt Rodney. „Es gab tatsächlich Momente, in
denen ich an dich geglaubt habe; aber vor fünf Minuten, als du mich so
entschieden hingeworfen hast und dich geweigert hast, irgendetwas mit mir
zu tun zu haben, habe ich den Glauben an dich verloren und begann, dich
für einen absoluten –" zu halten. Ich werde so kokett wie alle anderen. Ich
hätte dir Unrecht tun müssen, meine Liebe !

Bei seinen Worten erwacht in ihren wundervollen Augen ein fröhliches Licht
zum Leben. Sie ist so erfreut und stolz, dass er so über sie spricht.

„Weißt du, Mona", sagt der junge Mann traurig, „du bist zu gut für mich –
ein Kerl, der seit Jahren in der ganzen Welt herumtollt. Ich bin deiner nicht
halb würdig."

„Bist du nicht?" sagt Mona in ihrer zärtlichen Art, das deutet auf einen so
freundlichen Zweifel hin. Sie hebt eine Hand (die andere ist gefangen) und
zieht sein Gesicht zu ihrem. „Ich würde nicht zulassen, dass du dich in
irgendeiner Weise veränderst", sagt sie; „Nicht in der kleinsten
Angelegenheit. So wie du bist, bist du mir so lieb, dass du nicht lieber sein
könntest; und ich liebe dich jetzt, und ich werde dich immer lieben, mit
ganzem Herzen und ganzer Seele."

"Mein süßer Engel!" sagt ihr Geliebter und drückt sie an sein Herz. Und
wenn er das sagt, ist er gar nicht so weit von der Wahrheit entfernt, denn ihre

zarte Einfachheit und ihr vollkommener Glaube und ihr Vertrauen bringen
sie dem Himmel sehr nahe!

Kapitel VII.

Wie Geoffrey und Mona in ein fremdes Unternehmen geraten und wie sie davon profitieren; UND WIE MONA EIN LEBEN RETTET, indem sie der bösen Rache einen Schritt voraus ist.

„Ist es sehr spät?" sagt Mona und erwacht mit einem Ruck aus ihren glücklichen Träumen.

„Nicht sehr", sagt Geoffrey. „Mickey und die Hunde scheinen uns gerade erst verlassen zu haben." Gemeinsam betrachten sie im Mondlicht seine Uhr und stellen fest, dass es gerade einmal zehn Uhr ist.

„Oh, es ist furchtbar spät!" sagt Mona mit großer Reue. „Komm, lass uns beeilen."

„Nun, einen Moment", sagt Geoffrey und hält sie zurück, „lass uns zu Ende bringen, was wir gesagt haben. Möchtest du lieber in den Osten oder nach Rom gehen?"

„Nach Rom", sagt Mona. „Aber meinst du das ernst? Kannst du es dir leisten? Italien scheint so weit weg zu sein." Dann, nach einer nachdenklichen Stille: „Mr. Rodney –"

„Mit wem in aller Welt sprichst du?" sagt Geoffrey.

"Zu dir!" mit Überraschung.

„Ich bin nicht Mr. Rodney: Das ist Jack. Können Sie mich nicht anders nennen?"

"Was sonst?" sagt Mona schüchtern.

„Nennen Sie mich Geoffrey."

„Ich sehe dich immer als Geoffrey", flüstert sie mit einem schnellen, süßen Blick nach oben; „Aber zu sagen, es ist so anders. Nun", mutig, „ich werde es versuchen. Lieber, lieber, *lieber* Geoffrey, ich möchte dir sagen, dass ich mit dir in Wicklow genauso glücklich sein würde wie in Rom."

„Das weiß ich", sagt Geoffrey, „und das Wissen macht mich glücklicher, als ich sagen kann. Aber nach Rom sollst du gehen, was auch immer es kostet. Und dann werden wir nach England in unsere Heimat zurückkehren. Und dann – wenig." Rebell, der Sie sind – Sie müssen beginnen, sich selbst als englischen Untertanen zu betrachten und die Königin als Ihre gnädige Herrscherin zu akzeptieren."

„Ich brauche keine Königin, wenn ich einen König habe", sagt das Mädchen mit Schlagfertigkeit und großer Zärtlichkeit.

Geoffrey hebt ihre Hand an seine Lippen. „ *Dein* König ist auch dein Sklave", sagt er mit einem liebevollen Lächeln.

Dann gehen sie noch einmal weiter und folgen der Straße, die zum Bauernhof führt.

Wieder ist sie verstummt, als wäre sie von Gedanken bedrückt; und auch er ist stumm, aber sein ganzer Geist ist erfüllt von freudigen Vorfreuden auf das, was ihm die nahe Zukunft bereiten wird. Er hat kein Bedauern, keine Ängste. Schließlich, beeindruckt von ihrer anhaltenden Schweigsamkeit, sagt er: „Was ist los, Mona?"

„Wenn es dir hinterher jemals leid tun sollte", sagt sie kläglich und quält sich immer noch mit unsichtbaren Übeln, „wenn ich jemals Unzufriedenheit in deinen Augen sehen sollte, wie würde es dann mit mir sein?"

„Reden Sie nicht wie ein Penny", sagt Mr. Rodney in einem sehr überlegenen Ton. „Wenn Sie jemals alles sehen, was Sie zu erwarten scheinen, sagen Sie sich einfach, dass ich ein Köter bin, und verachten Sie mich entsprechend. Aber ich denke, Sie machen sich selbst und mir sehr schlechte Komplimente, wenn Sie so reden. Versuchen Sie, das zu verstehen sehr schön sind und dem allgemeinen Geschlecht der Frauen weit überlegen sind, und dass es mir nur bei den Männern recht gut geht.

Daraufhin lachen beide herzlich und Mona kehrt nicht mehr in die tränenreiche Stimmung zurück, die sie seit fünf Minuten besessen hat.

Der Mond ist hinter einer Wolke verschwunden, die Straße ist fast in völlige Dunkelheit gehüllt, als eine Stimme, die scheinbar aus dem Nichts kommt, sie aufschreckt und sie aus Visionen unmöglicher Glückseligkeit in die gegenwärtige, sehr mögliche Welt zurückholt.

„Hist, Miss Mona! hist!" sagt diese Stimme dicht an Monas Ohr. Sie fängt heftig an.

„Oh! Paddy", sagt sie, als eine kleine Gestalt, ungepflegt und nur halb bekleidet, durch die Hecke kriecht und plötzlich auf ihrem Weg stehen bleibt.

„Machen Sie nicht weiter, Fräulein", sagt der Junge ganz aufgeregt. „Nicht wahr. Ich sehe dich kommen, und egal, was sie mir antun, ich sage mir, ich werde sie auf jeden Fall warnen. Sie warten auf den Agenten unten, und vielleicht könnten sie es auch Verwechselt euch mit jemand anderem im Dunkeln und fügt euch Schaden zu.

„Auf wen warten sie?" sagt Mona besorgt.

„Für den Moment, Fräulein. Oh, wenn Sie es mir jetzt verraten, werden sie mich töten. Maxil, wissen Sie, der Agent meines Herrn."

„Warten – worauf? Soll ich ihn erschießen?“ fragt das Mädchen atemlos.

„Ja, Fräulein. Oh, Fräulein Mona, wenn Sie mich jetzt verraten, werden sie mit mir fertig sein. Fegs und gänzlich, Fräulein, sie werden mich aus nächster Nähe ermorden.“

„Ich werde dich nicht verraten“, sagt sie. „Sie können mir vertrauen. Wo sind sie stationiert?“

„Unten in der Mulde, Fräulein, – springen Sie hinter den Weißdornbusch. Gehen Sie auf einem anderen Weg nach Hause, Fräulein Mona: Sie sind voller Blut.“

„Und wenn ja, was machst du hier?“ sagt Mona vorwurfsvoll.

„Ich passe nur auf, Fräulein, um zu sehen, was sie tun würden“, gesteht er, während er von einem Fuß auf den anderen tritt und unter ihrem forschenden Blick spürbar verwirrt wird.

„Ist es Mord, den Sie sehen wollen?“ fragt sie langsam und entsetzt. „Geh nach Hause, Paddy. Geh nach Hause zu deiner Mutter.“ Dann ändert sie ihre tadelnde Art in eine flehende und sagt leise: „Geh, weil ich dich darum bitte.“

„Ich bin weg, Fräulein“, sagt der Schurke und schießt, getreu seinem Wort, erneut durch die Hecke wie ein Bogenpfeil und huscht durch die Felder, bis er bald außer Sichtweite ist.

„Komm mit“, sagt Mona zu Rodney; und mit einer Miene entschiedener Entschlossenheit und einem harten Blick auf ihren normalerweise beweglichen Lippen bewegt sie sich absichtlich auf den Weißdornbusch zu, der etwa eine Viertelmeile entfernt ist.

„Mona“, sagt Rodney und ahnt ihre Absicht, „bleib hier, während ich gehe und mich mit diesen Männern auseinandersetze. Es ist spät, Liebling, und ihr Blut ist in Wallung, und sie werden vielleicht nicht auf dich hören. Lass mich mit ihnen reden.“ "

„Du verstehst sie nicht“, erwidert sie traurig. „Und das tue ich. Außerdem werden sie mir nichts tun. Davor besteht keine Angst. Ich habe überhaupt keine Angst vor ihnen. Und – ich *muss* mit ihnen sprechen.“

Er kennt sie gut genug, um sich weiterer Vorwürfe zu enthalten, und begleitet sie einfach schweigend auf dem einsamen Weg.

„Ich bin es, Mona Scully“, ruft sie laut, als sie nur noch hundert Meter vom Versteck entfernt ist. „Tim Ryan, komm her: Ich will dich.“

Es ist lediglich eine Vermutung ihrerseits – gestützt sicherlich durch viele Geschichten, die sie in letzter Zeit über diesen Ryan gehört hat, aber dennoch eine Vermutung. Es erweist sich jedoch als richtig. Ein Mann, undeutlich, aber unverkennbar, zeigt sich oben auf der Mauer und zieht aus Gewohnheit seine Stirnlocke.

„Was machst du hier, Tim?" sagt Mona mutig und ruhig, „in dieser Stunde und mit – ja, versuchen Sie nicht, es vor mir zu verbergen – einer Waffe! Und dir auch, Carthy", während sie in die Dunkelheit späht, wo ein anderer Mann liegt, weniger mutig als Ryan verborgen. „Ah! Du möchtest vielleicht dein Gesicht beschatten, denn es ist Böses, das du diese Nacht in deinem Herzen trägst."

„Willst du uns verraten?" sagt Ryan langsam, der „ein Mann mit bösartigem Aussehen" ist, seine Hand impulsiv auf seine Waffe legt und sie und Rodney abwechselnd mit mörderischen Augen ansieht. Es ist ein kritischer Moment. Rodney streckt seine Hand aus und versucht, sie hinter sich zu ziehen.

„Nein, ich habe keine Angst", sagt das Mädchen und wehrt sich gegen den Versuch, sich vor sie zu stellen; und als er sprechen wollte, hebt sie die Hände und ermahnt ihn, Stillschweigen zu bewahren.

„Du solltest es besser wissen, als das Wort ‚Informant' auf jemand aus meinem Blut anzuwenden", sagt sie kühl zu Ryan, ohne dass ihre Stimme zittert.

„Das weiß ich", sagt der Mann mürrisch. „Aber was ist mit ihm?" Er zeigte auf Rodney, der rüpelhafte Gesichtsausdruck war immer noch auf seinem Gesicht. „Der Engländer, meine ich. Ist er sicher? Es ist ein Leben, für ein Leben schließlich, wenn alles erzählt ist."

Er geht wieder bedrohlich mit der Waffe um. Obwohl Mona scheinbar immer noch ruhig ist, wird sie unter den kalten, durchdringenden Strahlen des „blassen Mondes", der oben im „schwarzen Gewölbe des Himmels, übersät mit unsagbar hellen Sternen", merklich weiß, vielleicht voller Liebe und Mitleid auf sie herabblickt.

„Tim", sagt sie, „was habe ich dir jemals angetan, dass du mich unglücklich machen wolltest?"

„Ich habe nichts mit dir zu tun. Geh deinen Weg. Mit ihm muss ich mich abfinden", sagt der Mann mürrisch.

„Aber *ich* muss mit ihm zu tun haben", sagt Mona deutlich.

Trotz allem lacht Rodney leicht und nimmt ihre Hand in seine und zieht sie durch seinen Arm. In seinem Lachen liegen Liebe, Vertrauen und große Zufriedenheit.

„Äh!" sagt Ryan; während der andere Mann, den sie Carthy genannt hat – und der bis jetzt den Anschein erweckt hatte, sich vor den Blicken verbergen zu wollen – jetzt nach vorne drängt und die beiden mit anhaltendem prüfenden Blick betrachtet.

„Warum, was hast du mit ihr zu tun?" sagt Ryan und wendet sich an Rodney. Selbst in seinem ungünstigen Gesicht zeigt sich ein Schimmer von etwas, das nach Belustigung schmeckt. Denn ein Ire liebt unter allen Umständen „das Werben, das *Bonmot* und das Grillen".

„So viel", sagt Rodney und lacht wieder: „Ich werde sie heiraten, mit ihrer Erlaubnis."

„Wenn dem so ist, wird sie dich davon abhalten, uns anzugreifen", sagt der Mann. „So, jetzt geh. Wir haben heute Abend Arbeit in der Hand, die nicht für ihre Augen geeignet ist."

Mona schaudert.

„Tim", sagt sie zerstreut, „bring keinen Mord auf deine Seele. Oh, Tim, denk darüber nach, solange noch Zeit ist. Ich habe alles darüber gehört; und ich möchte dich bitten, dich daran zu erinnern, dass es nicht Mr . Maxwells Schuld, dass Peggy Madden vertrieben wurde, aber die Schuld seines Herrn. Wenn jemand erschossen werden muss, sollte es Lord Crighton sein" (da seine Lordschaft in diesem Moment in Konstantinopel in Sicherheit ist, sagt sie das kühn). nicht sein bezahlter Diener.

„Ich wage zu behaupten, dass wir den Lord mit Abstand erreichen werden", sagt Ryan unberührt. „Geht euren Weg, ja? Und zwar schnell. Vielleicht lernt ihr, diese Nacht zu bereuen, wenn ihr zu weit geht."

Da Mona erkennt, dass weiteres Reden nutzlos ist, legt sie ihre Hand in die von Rodney und führt ihn die Straße entlang.

Aber als sie um die Ecke gebogen sind und außer Sicht und Hörweite sind, bleibt Rodney stehen und sagt hastig:

„Mona, schaffst du es, ein kurzes Stück allein nach Hause zu kommen? Denn ich muss zurückkehren. Ich muss diesem Mann zur Seite stehen, den sie ermorden werden. Das muss ich tatsächlich, Liebling. Vergib mir, dass ich dich hier und jetzt im Stich lasse Stunde, aber ich sehe, dass Sie auf dem Land in Sicherheit sind, und in fünf Minuten werden Sie zur Farm gelangen, und ich kann nicht zulassen, dass ihm das Leben genommen wird, ohne ihm einen Schlag zu versetzen.

„Und hast du gedacht, ich wäre damit zufrieden, ihn sterben zu lassen", sagt Mona vorwurfsvoll. „Nein! Es gibt noch eine Chance für ihn, und ich werde sie dir erklären. Es ist noch früh. Er kommt selten vor elf hierher, und es ist erst kurz nach zehn. Ich kenne die Stunde, zu der er normalerweise zurückkommt, weil er kommt immer an unserem Tor vorbei, und im

Sommer sage ich ihm oft gute Nacht. „Komm mit mir", aufgeregt. „Ich kann Sie über einen Querweg zur Ballavacky-Straße führen, über die er kommen muss, und wenn wir ihn einholen, bevor er diese Stelle erreicht, können wir sein Leben retten. Kommen Sie, zögern Sie nicht!"

Sie wendet sich durch eine Lücke in ein gepflügtes Feld und beginnt schnell zu rennen.

„Wenn wir uns beeilen, müssen wir sein Auto dort abholen und können ihn nach Bantry zurückschicken und ihn so retten."

All dies atmet sie in unzusammenhängenden Sätzen aus, während sie wie ein leichtfüßiges Reh über das gepflügte Land in das nasse Gras dahinter rast.

Über eine hohe Böschung, über einen Zauntritt, durch eine weitere gebrochene Lücke, weiter zu einer Mauer, gerade und breit, an der Rodney sie hochzieht und sie auf der anderen Seite vorsichtig in seine Arme nimmt.

Immer weiter – leicht und schnell: bald im Blick auf das grenzenlose Meer, bald in die Ebene hinabtauchend, ohne Ohnmacht oder Verzagtheit oder irgendein anderes Gefühl außer der leidenschaftlichen Entschlossenheit, das Leben eines Menschen zu retten.

Rodneys Atem geht schneller und er verspürt den Wunsch, innezuhalten und sich zusammenzureißen – wenn auch nur für eine Minute –, bevor er sich auf einen zweiten Versuch gefasst macht. Aber für Mona, mit ihrer frischen und vollkommenen Gesundheit, ihrem geschmeidigen und geschmeidigen Körper und all dem reichen jungen Blut, das in ihren Adern nach oben strömt, dient Aufregung nur dazu, sie elastischer zu machen; und mit ihrem Geist auf höchstem Niveau und ihrem heißen irischen Blut in Flammen, rennt sie mühelos weiter, bis sie schließlich den Weg erreicht hat, der ihr Ziel ist.

Sie springt auf die Böschung, die auf einer Seite der Straße entlangführt, hebt die Hände an den Kopf und horcht mit aller Kraft auf das Geräusch der Räder in der Ferne.

Aber alles ist still.

Oh, wenn sie zu spät kommen sollten! Wenn Maxwell vorbeigekommen ist und den anderen Weg eingeschlagen hat und jetzt vielleicht schon von dem grausamen, verräterischen Feind, der auf ihn lauert, „zu Tode gebracht" wurde!

Ihr durch ihren schnellen Lauf erhitztes Blut wird wieder kalt, als ihr dieser Gedanke kommt – in den Vordergrund gedrängt durch die Tatsache, dass „die ganze Luft von feierlicher Stille erfüllt ist" und dass außer dem leisen Seufzen der Nacht kein Laut zu hören ist - Wind in den Wäldern dort oben und die „einsame und melancholische Stimme“ des Meeres, eine Meile entfernt, wie es an der stillen Küste bricht.

Diese Klänge, so vage und harmonisch sie auch sein mögen, sind dennoch voller Geheimnisse und unerklärlicher Traurigkeit, aber sie verstärken die Angst, die ihr Herz erschauern lässt.

Rodney, der neben ihr steht, beobachtet sie besorgt. Sie wirft den Kopf hoch, streicht ihr Haar zurück und blickt eifrig in die Dunkelheit, die nicht alle Mondstrahlen weniger als Nacht machen können.

Ach! Ach! Was für eine üble Tat mag sie gerade jetzt begehen, während sie hier steht und nicht in der Lage ist, sie abzuwenden – ihre Bemühungen sind völlig vergeblich! Wie reich erstrahlt der süße Himmel, übersät mit seinen Sternen! Wie kühl, wie duftend ist die Brise! Wie sich die winzigen Wellen in der herrlichen Bucht unten bewegen und funkeln. Wie gerecht ist es doch für eine Welt, solche Tiefen der Sünde zu beherbergen! Warum sollten Regen, Stürme und heulende Unwetter eine Nacht nicht so prägen –

Aber horcht! Was grüßt ihr Ohr? Der Klang der Pferdefüße auf der ruhigen Straße!

Das Mädchen faltet leidenschaftlich die Hände und richtet ihren Blick auf Rodney.

„Mona, es ist es muss sein!“ sagt Geoffrey und nimmt ihre Hand, und so stehen beide fast atemlos am hohen Ufer und lauschen aufmerksam.

Jetzt können sie das Geräusch von Rädern hören; und plötzlich schwenkt ein leichter Steuerkarren um die Ecke, gezogen von einer großen, knochigen braunen Stute, und in dem ein schwer aussehender, älterer Mann in einem leichten Mantel sitzt.

„Herr Maxwell! Herr Maxwell!“ schreit Mona, als er sich ihnen nähert; und der schwere Mann, der sich aufrichtet, blickt sich voller Erstaunen nach ihr um und beugt dabei den Kopf ein wenig nach vorn, als wollte er die Dunkelheit besser durchdringen.

„Miss Scully, sind Sie es?“ sagt er schließlich; „Und hier um diese Stunde?“

„Gehen Sie zurück nach Bantry“, sagt Mona, ohne auf seine offensichtliche Überraschung zu achten, „sofort – *jetzt* . Zögern Sie nicht. Auf der Straße nach Tullymore warten diejenigen auf Sie, die Ihnen das Leben nehmen werden. Ich bin den ganzen Weg dorthin gelaufen.“ warne dich. Oh, geh zurück, solange noch Zeit ist!“

„Heißt das, sie wollen mich erschießen?“ sagt Maxwell in einem hastigen Ton.

„Ja, ich weiß es! Oh, warte nicht damit, Fragen zu stellen, sondern geh. Vielleicht haben sie jetzt schon meine Absichten geahnt und kommen vielleicht hierher, um zu verhindern, dass du jemals zurückkommst."

Jeder Moment der Verzögerung trägt nur dazu bei, ihre nervöse Erregung zu steigern.

„Aber wer sind sie? Und wo?" fordert der Agent völlig verblüfft.

„Ich kann dir nichts mehr sagen; das werde ich auch nicht tun; und du darfst mich niemals fragen. Es reicht aus, dass ich die Wahrheit sage und dass ich in der Lage war, dein Leben zu retten."

"Wie kann ich Ihnen danken?" sagt Maxwell, „für alle –"

„Eines anderen Tages kannst du das machen. Jetzt geh", sagt Mona gebieterisch und wedelt mit der Hand.

Aber Maxwell bleibt noch stehen und sieht erst sie und dann ganz aufmerksam ihre Begleiterin an.

„Es ist spät", sagt er. „Du solltest zu Hause sein, Kind. Wer bin ich, dass du mir einen so großen Dienst erweisen solltest?" Dann wendet er sich ruhig an Rodney: „Ich habe nicht das Vergnügen, Ihre Bekanntschaft zu machen, Sir", sagt er ernst; „Aber ich bitte Sie, Miss Scully ohne Verzögerung sicher zur Farm zurückzubringen."

„Sie können sich auf mich verlassen", sagt Rodney, lüftet seinen Hut und respektiert die Fürsorge des älteren Mannes für das Wohlergehen seiner Geliebten, selbst inmitten seiner eigenen unmittelbaren Gefahr. Dann, im nächsten Moment, hat Maxwell den Kopf seines Pferdes gedreht und ist bald außer Sichtweite.

Die ganze Szene ist zu Ende. Ein Leben wurde gerettet. Und die beiden, Mona und Geoffrey, sind wieder einmal allein unter den „ernsten Sternen".

„Nimm mich runter", sagt Mona müde und dreht sich zu ihrem Geliebten um, während der letzte schwache Klang der Pferdefüße im Wind erlischt.

„Du bist müde", sagt er zärtlich.

„Ein wenig, jetzt ist alles vorbei. Dennoch muss ich mich sehr beeilen nach Hause. Onkel Brian wird sich Sorgen um mich machen, wenn er meine Abwesenheit entdeckt, obwohl er wusste, dass ich in die Bucht gehen würde. Komm, wir müssen uns beeilen."

Schweigend, aber Hand in Hand, wandern sie durch die taufrischen Wiesen zurück und treffen niemanden, bis sie das kleine Holztor erreichen, das zu ihrem Haus führt.

Hier sehen sie die treue Biddy, die voller wilder Angst ihren langen Hals die Straße auf und ab reckt.

„Oh, möge ich das Licht nie wieder sehen“, schreit dieses aufgeregte Mädchen und eilt zu Mona, „wenn ich jemals gehofft hätte, dein Gesicht noch einmal zu sehen! Wo warst du überhaupt, Liebling? Und ich habe mich gebrochen Ich hatte große Angst um dich. Als ich das von dem Jungen von den Cantys hörte, dachte ich, er hätte nichts Gutes vor. asthore: Du musst mit der Kutte ganz nah dran sein.

„Nein, mir ist ganz warm“, sagt Mona mit leiser, trauriger Stimme.

„Ich habe für dich gebetet“, sagt Biddy, nimmt die Hand ihrer Herrin und küsst sie liebevoll. „Auf meinen gebeugten Knien war ich die letzten zwei Stunden bei den Segensperlen. Und sicher habe ich meine Belohnung bekommen, jetzt sehe ich Sie wieder in einem sicheren Zuhause. Aber in der Tat, Miss Mona, es ist eine schmerzhafte Zeit, die ich hatte UV es.

„Und Onkel Brian?“ fragt Mona ängstlich.

„Oh, ich habe den alten Mann schon vor Stunden ins Bett gebracht; denn ich wusste, wenn er wach bliebe, würde er sterbensmüde werden und unser Tod sein, wenn er wüsste, dass du so spät draußen warst. Um die Wahrheit zu sagen , Miss Mona“, wechselte ihren Tonfall von extremer Freude und Dankbarkeit zu einem anderen tiefsten Tadels, „es war die Welt und das ganze schlechte Benehmen, um zu dieser Stunde herumzumarschieren.“

„Die Nacht war so schön, so mild“, sagt Mona schwach, wobei Verheimlichung in irgendeiner Form für sie neu und ihrer aufrichtigen Natur sehr fremd war; „Und ich wusste, dass Mickey dir sagen würde, dass alles in Ordnung sei.“

„Und was hat ihn nach Hause gebracht, der mörderische Schlingel“, sagt Miss Bridget mit mehr Vehemenz als Höflichkeit, „anstatt zu bleiben, um dafür zu sorgen, dass Ihnen nichts passiert?“

„Er musste zusehen, wie die Stute geschminkt und die Schweine gefüttert wurden“, sagt Mona.

„Hat er dir das gesagt? Oh, der Faulpelz!“ sagt Bridget. „Seit seiner Rückkehr hat er kein Zeichen mehr getan, außer sich ans Feuer zu setzen und seinen Dhudheen zu rauchen. Oh, seien Sie die Macht von Moll Kelly, aber ich werde ihn für seine Lügen bezahlen? Jetzt ist er sowieso völlig durchnässt , als ich ihn wieder auf die Spitze des Hügels stiess, um zu sehen, was aus euch geworden ist.

„Bridget“, sagt Mona, „gehst du rein und holst mir eine Tasse Tee, bevor ich ins Bett gehe? Ich bin müde.“

„Das werde ich, Liebling, ganz sicher", sagt Bridget, die den Boden liebt, auf dem sie geht; und dann dreht sie sich um und verlässt sie. Mona legt ihre Hand auf Geoffreys Arm.

„Versprich mir, dass du heute Abend nicht nach Coolnagurtheen zurückkehrst?" sagt sie ernst. „Im Gasthaus unten im Dorf werden sie dir ein Bett geben."

„Aber, mein Liebster, warum? Es besteht jetzt nicht die geringste Gefahr, und mein Pferd ist gut, und ich werde keine Zeit haben, –"

„Davon will ich nichts hören!" sagt Mona und unterbricht ihn vehement. „Du müsstest *diesen Weg noch einmal* hinaufgehen ", mit einem starken Schaudern. „Ich werde nicht ins Haus gehen, bis Sie mir Ihre Ehre erweisen. Sie werden heute Nacht im Dorf bleiben."

Als er die schreckliche Angst und Sorge des armen Kindes sieht und sieht, dass es völlig überfordert ist, gibt er nach und gibt ihr das gewünschte Versprechen.

„Das ist gut von dir", sagt sie dankbar, und als er sich dann zu ihr beugt, um sie zu küssen, wirft sie ihre Arme um seinen Hals und bricht in Tränen aus.

„Du bist erschöpft, meine Liebe, mein Schatz", sagt Geoffrey sehr zärtlich und spricht zu ihr, als wäre sie seit Jahren das Kind, das sie in ihrer Seele wirklich ist. „Komm, Mona, du wirst nicht in dieser Nacht weinen, die mich zu deinem und dir zu meinem gemacht hat! Wenn dieser Gedanke dich genauso glücklich machen würde wie mich, *könntest du* nicht weinen. Jetzt hebe deinen Kopf und lass mich schauen Du hast dich mir hingegeben, Liebling, und ich vertraue darauf, dass wir darüber nachdenken und allen kleinen Übeln trotzen können!"

„Ja, das ist ein Gedanke, der alle Tränen trocknet", sagt sie sehr süß, unterdrückt ihr Schluchzen und hebt ihr Gesicht, auf dem ein bezauberndes Lächeln aufleuchtet. Dann seufzt sie schwer – ein Seufzer völliger Erschöpfung – „Du hast mir gut getan", sagt sie. „Ich werde jetzt schlafen; und du, meine Liebste, wirst in Sicherheit sein. Gute Nacht bis morgen!"

„Wie viele Stunden gibt es in der Nacht, die wir nie zählen!" sagt Geoffrey ungeduldig. „Gute Nacht, Mona! Morgen früh werde ich meine liebste Freundin anrufen."

KAPITEL VIII.

WIE GEOFFREY UND MONA EINE TRANSFORMATIONSZENE PLANEN.

Die Zeit mit Liebenden „fliegt mit Schwalbenflügeln"; Sie spüren es weder noch beachten sie es, während es vorübergeht, so voller Eile scheinen die Augenblicke zu sein. Sie sind für sie voller Liebe, Glück und süßer Zufriedenheit. Der heutige Tag ist eine vollendete Freude, und der Morgen wird zu keinem anderen Zweck anbrechen, als sie zusammenzubringen. So denken sie und so glauben sie.

Rodney hat den alten Mann, ihren Onkel, interviewt; hat ihm von seiner großen und anhaltenden Liebe zu dieser Perle unter den Frauen erzählt; hat in sehr wenigen Worten und ohne Bombast seine Bewunderung für Mona beschrieben; und Brian Scully (allerdings mit genügend Nationalstolz, um jegliche übermäßige Freude über den Vorschlag des jungen Mannes zu unterdrücken) hat ihrer Verbindung herzlich zugestimmt und ist in Wirklichkeit über alle Maßen geschmeichelt und erfreut über dieses Match für „seine Freundin". Denn ganz gleich, wie sehr die Iren gegen das Großgrundbesitzertum und die Aristokratie im Allgemeinen rebellieren mögen, tief in ihren Herzen ist eine unsterbliche Treue zu altem Blut verwurzelt.

Seiner Mutter hat er jedoch keine Nachricht von Mona geschickt, da er nur zu gut weiß, wie die Nachricht von seiner bevorstehenden Hochzeit mit diesem „äußeren Barbaren" (wie sie sicherlich seinen Liebling nennen wird) aufgenommen wird. Es ist nicht Feigheit, die seine Feder in der Hand hält, denn wenn die ganze Welt zu seinen Füßen niederknien und ihn anflehen oder bestechen würde, damit er auf seine Liebe verzichtet, wären all diese Flehen und Bestechungen umsonst. Er weiß, dass Argumente nutzlos sind, und verschiebt die böse Stunde, die seiner Mutter möglicherweise Schmerzen bereiten könnte, bis zum letzten Moment.

Wenn sie Mona kennt, wird sie sie lieben – wer könnte es verhindern? so argumentiert er; und aus diesem Grund schweigt er, bis seine Ehe *vollendete Tatsachen darstellt* und hoffnungslose Einwände nutzlos sind und daher unterdrückt werden.

In der Zwischenzeit vergehen die Stunden „beladen mit goldenem Korn". Jeder Tag macht Mona teurer und wertvoller, denn ihre süße und arglose Art ist dazu bestimmt, mit wachsendem Wissen eine wachsende Bewunderung und Zärtlichkeit hervorzurufen. Tatsächlich dient jeder glückliche Nachmittag, den er mit ihr verbringt, nur dazu, ein weiteres Glied in der Kette zu schmieden, die ihn an sie bindet.

Der heutige Tag ist „so kühl, so ruhig, so heiter", dass Geoffreys Herz froh wird, während er die Straße entlang geht, die zur Farm führt, die Waffe auf der Schulter, seinen treuen Hund auf den Fersen.

Überall in der Luft herrscht der Duft von Heidekraut, süß und duftend. Weit unten, kilometerweit entfernt, rauschen die Wellen landeinwärts und glitzern und glitzern im Sonnenlicht.

„Blau rollt das Wasser, blau der Himmel. Breitet sich aus wie ein Ozean, der hoch hängt."

Die Vögel singen in den obersten Zweigen der Bäume, von denen bei jedem Windhauch sanft die Blätter fallen, als wären sie von der milden Milde des Tages noch einmal zu dem Glauben verleitet worden, der Sommer habe sie noch nicht verlassen.

Aus den Kabinen steigen langsam blasse Rauchkränze auf, kaum bewegt vom vorbeiziehenden Wind. Als er an einer dieser kleinen Mietshäuser vorbeigeht, vor denen sich das unvermeidliche Schwein in einem widerlichen Teich suhlt, ertönt eine Stimme zu ihm, frisch und fröhlich und offensichtlich voller Vergnügen, die sein ganzes Wesen erschüttert. Für ihn ist es das, was keine andere Stimme jemals war oder jemals wieder sein kann. Es ist Monas Stimme!

Wieder ruft sie ihn von innen an.

"Bist du es?" Sie sagt. „Komm rein, Geoffrey. Ich will dich."

Wie süß ist es, von denen gewollt zu werden, die wir lieben! Geoffrey senkt seine Waffe, bückt sich und betritt die bescheidene Hütte (die, um die Wahrheit zu sagen, eher wenig einladend ist), mit mehr Bereitwilligkeit, als er zeigen würde, wenn man ihn bitten würde, den Palast der Königin zu betreten. Doch was ist ein Palast anderes als der Wohnsitz eines Herrschers? und zumindest vorerst ist Rodneys Herrscher im Besitz dieser bescheidenen Behausung. So wird es in seinen Augen heilig und fast begehrenswert.

Sie sitzt vor einem Spinnrad und zieht geschickt die Wolle durch ihre Finger; braune kleine Finger sind das, aber dennoch lieb in seinen Augen.

„Ich bin hier", ruft sie in den freudigen, fröhlichen Tönen, die den ganzen Tag über ihre Veränderungen in seinem Herzen widerhallen ließen.

Eine alte Frau sitzt über einem Torffeuer, das auf gedämpfte Weise schwach glüht und brennt. Darüber hängt ein dreibeiniger Topf, in dem die „Praties" für das Abendessen der „Jungen" gekocht werden, die bald von der Arbeit nach Hause kommen.

„Was für ein Glück, Sie hier zu finden", sagt Geoffrey, beugt sich über die fleißige Spinnerin und küsst sie (nach dem geringsten Zögern) liebevoll, obwohl die alte Frau anwesend ist, die sie mit stiller Neugier, größtenteils gemischt mit Bewunderung, betrachtet . Die alte Dame sieht in Geoffreys Umarmung offensichtlich nichts Seltsames, sondern eher etwas Süßes und Anerkennungswürdiges. Sie lächelt freundlich, nickt mit ihrem alten Kopf und murmelt einen urigen irischen Satz über Liebe, Werbung und glückliche Jugend, als ob der bloße Anblick dieser hübschen Liebenden ihre verwelkte Brust mit frohen Erinnerungen an vergangene Tage erfüllt, als auch sie es getan hatte ihr „Mann" und ihre goldenen Hoffnungen. Denn tief im Herzen aller Söhne und Töchter Irlands, ob jung oder alt, ist ein lebendiges und unauslöschliches Gewürz der Romantik.

Die alte Dame steht auf, nimmt einen Stuhl, staubt ihn ab und überreicht ihn dem Fremden mit einer Höflichkeit und dem Wunsch, dass er sich willkommen fühlen möchte. Dann geht sie wieder zurück zur Kaminecke, nimmt den Blasebalg, bläst das Feuer unter die Kartoffeln und kehrt auf diese Weise den jungen Leuten den Rücken mit einer natürlichen Köstlichkeit, die einer besseren Geburt und einer besseren Ausbildung würdig ist.

Mona, die bei seinem Kuss rosig rot geworden ist, strahlt jetzt ihren Geliebten an und hat ihre Röcke zurückgezogen, um zuzugeben, dass er ihr etwas näher gekommen ist. Er zögert nicht lange, dieser Einladung Folge zu leisten, und sitzt nun da, den Arm über die Rückenlehne des Holzstuhls gelegt, auf dem Mona sitzt, und die Augen voller inniger Freude auf sie gerichtet.

„Du siehst aus wie Marguerite. Eine sehr schöne Marguerite", sagt Geoffrey müßig und blickt sie eher verträumt an.

„Außer dass meine Haare aufgerollt und zu dunkel sind, nicht wahr? Ich habe über sie gelesen und einmal ein Bild von Marguerite in der Galerie in Dublin gesehen, und es war sehr schön. Ich erinnere mich, dass es Tränen hervorgerufen hat in meinen Augen, und Tante Anastasia sagte, ich sei zu fantasievoll, um glücklich zu sein, nicht wahr?"

„Sehr. Und du bist schließlich kein bisschen wie sie", sagt Geoffrey mit plötzlicher Reue, „denn du wirst so glücklich sein, wie die Tage lang sind, wenn ich dich dazu machen kann."

„Man darf nicht auf vollkommenes Glück auf dieser Erde hoffen", sagt Mona ernst; „Aber zumindest weiß ich", mit einem sanften und vertrauensvollen Blick auf ihn, „ich werde glücklicher sein als die meisten Menschen."

„Was für ein Schatz du bist!" sagt Rodney mit leiser Stimme; Und dann folgt noch etwas anderes, das, wenn sie es gesehen hätte, bei der wettergegerbten alten Person am Feuer einen weiteren Schauer zärtlicher Erinnerung ausgelöst hätte.

"Was machst du?" fragt Geoffrey gerade, als sie wieder in den Alltag zurückgekehrt sind.

„Ich spinne Flachs für Betty, weil sie Rheuma in ihrer armen Schulter hat und nichts tun kann, und so viel Flachs muss bis zu einer bestimmten Zeit aufgebraucht sein. Ich habe meine Portion jetzt fast aufgebraucht“, sagt Mona; „Und dann können wir nach Hause gehen.“

„Wenn ich dich zu mir nach Hause bringe“, sagt Geoffrey, „werde ich dich nur in diesem Kleid und mit einem Spinnrad vor dir malen lassen; und es wird in der Galerie unter den anderen – sehr minderwertigen – Schönheiten aufgehängt.“ "

"Wo?" sagt Mona und schaut schnell auf.

„Oh! Zu Hause, wissen Sie“, sagt Mr. Rodney schnell und erkennt seinen Fehler. Für einen Moment hatte er seine frühere Armutserklärung oder zumindest sein zustimmendes Schweigen vergessen, als sie ihn danach gefragt hatte.

„In der Nationalgalerie, meinen Sie?“ fragt Mona mit einem hübschen, verwirrten Stirnrunzeln. „Oh nein, Geoffrey; das würde mir überhaupt nicht gefallen. Von allen angestarrt zu werden – das wäre doch nicht schön, oder?“

Rodney lacht innerlich, beißt sich auf die Lippe und blickt nach unten.

„Sehr gut, da darf man dich nicht einsperren“, sagt er. „Dennoch müssen Sie darauf vorbereitet sein, dass Sie zweifellos von der breiten Masse angestarrt werden, egal, ob Sie sich in der Nationalgalerie befinden oder nicht.“

"Aber warum?" sagt Mona und versucht, sein Gesicht zu lesen. „Bin ich so anders als andere Menschen?“

„Ganz anders“, sagt Rodney.

„Davor habe ich immer Angst“, sagt Mona etwas wehmütig.

„Hab keine Angst. Es ist heutzutage völlig richtig, exzentrisch zu sein. Man ist nirgendwo anders, als bizarr“, sagt Rodney lachend; „Ich wage also zu behaupten, dass Sie sich auf dem neuesten Stand der Mode befinden werden.“

„Jetzt glaube ich, dass du dich über mich lustig machst“, sagt Mona und lächelt süß; und indem sie ihre Hand hebt, kneift sie ihm leicht und ganz sanft ins Ohr, damit sie ihn nicht verletzt.

Hier gibt die alte Frau am Feuer, die in den letzten Minuten von ihrem dreibeinigen Hocker auf und ab gestanden und ängstlich an der Kanne geschnüffelt hat, einem lauten Seufzer der Erleichterung nach. Sie hebt den Topf aus der Halterung und stellt ihn auf den Erdboden.

Dann seiht sie das Wasser ab und blickt voller Bewunderung auf den dampfenden Inhalt. „Die Murphys" (wie sie die Kartoffeln, fürchte ich, nennt) sind völlig fertig.

„Vielleicht", sagt Betty Corcoran und wendet sich freundlich an Mona und Geoffrey, „hätten Sie doch mal eine Pratie gegessen? Die Arbeit, die Sie durchgemacht haben, und wenn Sie und Ihr Gintleman sich zu so etwas wie meinem Abendessen herablassen würden, ist es bereit für Sie, und Sie sind herzlich dazu bereit!" herzlich. „Die Praties sind dieses Jahr großartig – Lob sei für alle Gnaden. Amen."

„Sie *sehen* wirklich gut aus", sagt Mona, „und ich *habe* Hunger. Wenn wir dir keine große Mühe machen, Betty", mit anmutigem Zögern, „denk ich, wir würden gerne welche haben."

„Arrah! Ärger ist das?" sagt Betty verächtlich. „Das ist sowieso kein Problem, woran ich denke, wenn du da bist."

„Gibt es etwas zu essen, Geoffrey?" sagt Mona.

„Danke", sagt Geoffrey, „aber –"

„Ja, das tue ich, Alannah!" sagt die alte Dame, die mit einer Hand in den Hüften steht und mit der anderen einen wunderbaren „Champion" festhält. „Wird dich nach deinem Spaziergang vorbereiten."

„Dann, danke, Frau Corcoran, ich *werde* eine Kartoffel haben", sagt Rodney dankbar, ehrlicher Hunger und das Wissen, dass es Mona gefallen wird, freundlich zu „ihren Leuten", wie sie sie nennt, zu sein, drängen ihn weiter. „Ich bin so hungrig, wie ich nur sein kann", sagt er.

„Das seid ihr, Gott segne euch beide!" sagt die alte Betty hocherfreut und geht sofort zu ihrer Kommode, nimmt zwei Teller und zwei Messer und Gabeln heraus, deren Muster unbekannt ist und die aus reinstem Topfmetall bestehen, woraufhin sie sich wieder den verehrten Kartoffeln zuwendet.

Geoffrey, der jederzeit zu einer Sennerin genauso höflich sein würde wie zu einer Herzogin, folgt ihr und hilft ihr, sehr zu ihrem Unbehagen – obwohl sie zu höflich ist, das zu sagen –, den Tisch zu decken. Er besteht sogar darauf, eine Schüssel mit den Kartoffeln zu füllen, und nachdem er sich die Finger schwer verbrannt und jeden Anschein von Schmerz edel unterdrückt hat – bis auf das Fallen von zwei oder drei der eskulierenden Wurzeln auf den Boden –, bringt er sie im Triumph zum Stelle, an der Mona sitzt.

„Es könnte sein, dass du auch einen Tropfen frische Milch zu dir nimmst", sagt Betty, „aus gastfreundlicher Absicht" und stellt ihren Besuchern einen kleinen Krug Milch vor, den sie den ganzen Tag getrennt aufbewahrt hat, arme Seele! für ihren eigenen Genuss.

Ohne dies zu wissen, nehmen Mona und Geoffrey (dessen Flasche leer ist) die angebotene Milch an und feiern ihr spontanes Festmahl, während im Hintergrund die alte Frau sie anlächelt und kleine freundliche Sätze sagt.

Zehn Minuten später, nachdem sie sich herzlich von ihrer Gastgeberin verabschiedet haben, treten sie ins Freie und gehen in Richtung Bauernhof.

„Du hast mir nie gesagt, wie viele Leute in deinem Haus sind?" sagt Mona, derzeit. „Erzähl es mir jetzt. Ich weiß von deiner Mutter und", schüchtern, „von Nicholas; aber gibt es sonst noch jemanden?"

„Nun, Jack ist mittlerweile zu Hause, nehme ich an – das ist mein zweiter Bruder; zumindest wurde er gestern erwartet; und Violet Mansergh ist sehr oft dort; und in der Regel, wissen Sie, ist immer jemand da; und das ist alles."
."

Die Beschreibung ist sicherlich anschaulich.

„Ist – ist Violet Mansergh ein hübsches Mädchen?" fragt Mona und begreift instinktiv, dass jemand namens Violet Mansergh ein möglicher Rivale sein könnte.

„Hübsch? Nein. Aber sie kleidet sich sehr protzig, sieht immer gut aus und ist im Allgemeinen durch und durch korrekt", antwortet Mr. Rodney leichthin.

„Ich weiß", sagt Mona traurig.

„Sie ist das Mädchen, das meine Mutter wollte, dass ich sie heirate, wissen Sie", fährt Rodney fort, ohne auf die kleinen Signale der Verzweiflung zu achten, die seine Begleiterin von sich gibt, wie Männer es immer sind.

„Oh, tatsächlich!" sagt Mona; und dann mit gesenktem Blick: „Aber ich weiß *es nicht*, weil du es mir noch nie gesagt hast."

„Ich dachte, ich hätte es getan", sagt Geoffrey, der langsam erwacht und ein Gefühl für die Situation bekommt.

„Naja, das hast du nicht", sagt Mona. „Sind Sie mit ihr verlobt?"

„Wenn ja, wie könnte ich dich bitten, mich zu heiraten?" erwidert er in einem Ton, der so verletzt ist, dass sie sich schämt.

„Ich hoffe, sie ist nicht in dich verliebt", sagt sie langsam.

„Darauf können Sie wetten, was Sie wollen", sagt Geoffrey fröhlich. „Sie kümmert sich genauso sehr um mich wie ich um sie – was genau nichts bedeutet."

„Ich freue mich sehr", sagt Mona mit leiser Stimme.

„Warum, Mona?"

„Weil ich den Gedanken nicht ertragen konnte, dass jemand durch mich unglücklich gemacht wurde. Es schien, als ob ein böser Blick auf unserer Liebe ruhte", sagt Mona und richtet ihren nachdenklichen, ernsten Blick auf ihn. „Es muss traurig sein, wenn unser Glück das Leid anderer verursacht."

„Aber wäre es überhaupt so, dass du mich lieben würdest, Mona?"

„Ich werde dich immer lieben", sagt das Mädchen mit süßer Ernsthaftigkeit, „mehr als mein Leben. Aber in diesem Fall würde ich auch immer ein Bedauern empfinden."

„Es besteht kein Grund zur Reue, Liebling", sagt er. „Ich bin mit ganzem Herzen und kenne keine Frau, die mich liebt oder um deren Zuneigung ich bitten sollte, außer dir selbst."

„Ich glaube, ich bin dir wirklich lieb", sagt Mona sanft und dankbar und wird durch die Intensität ihrer Gefühle ein wenig blass.

„„Das Verderben fängt meine Seele, aber ich liebe dich"", antwortet er ebenso sanft.

Dann freut sie sich und schiebt ihre Hand in seine und geht die stille Straße entlang, an seiner Seite mit einem Herzen, in dem das hohe Jubiläum herrscht.

„Jetzt erzähl mir noch etwas", sagt sie nach einer Weile. „Kleiden sich alle Frauen, die Sie kennen, sehr viel?"

„Einige von ihnen, nicht alle. Ich kenne einige wenige, die sich so wenig kleiden, dass sie es genauso gut lassen könnten."

„Äh?" sagt Mona unschuldig und starrt ihn mit einem Gesichtsausdruck an, der so fassungslos ist, dass sein Ton mehr als seine Worte verwirrt, dass Mr. Rodney plötzlich ein Gefühl verspürt, das der Scham ähnelt. Ihm kommt eine Erinnerung an eine Zeile in den Sinn, in der von „einer Seele so weiß wie der Himmel" die Rede ist, und er beeilt sich, die wahre Bedeutung seiner Worte zu verbergen.

„Ich meine, einige von ihnen kleiden sich ungewöhnlich schlecht", sagt er mit viel Verlogenheit und noch schlechterer Grammatik.

„Nun, nicht wahr?" sagt Mona. „Ich dachte, sie tragen immer schöne Kleidung. In Büchern tun sie das immer; aber als ich mit Tante Anastasia in Dublin war, war ich zu jung, um auszugehen. Irgendwie ist das, was man sich vorstellt, mit Sicherheit falsch. Ich erinnere mich", lachend, als ich war fest davon überzeugt, dass die Königin nie ohne ihre Krone auf dem Kopf gesehen wurde.

„Nun, es *ist immer* auf ihrem Kopf", sagt Mr. Rodney, über diesen lächerlichen Witz lachen beide so fröhlich, als wäre es ein *Bonmot* ersten Ranges. Dass „das Leben dornig und die Jugend eitel" ist, ist diesen beiden bisher noch nicht in den Sinn gekommen. Ja, mehr noch, wenn du ihnen diesen Gedanken auch nur beim Namen nennen würdest, würden sie ihn als schlichte Gotteslästerung einstufen und dich als einen falschen Propheten – Liebe und Lachen wären bis dahin die Last ihres Liedes.

Doch nach einem oder zwei Augenblicken verschwindet das Lächeln von Monas beweglicher Lippe, die immer aussieht, als hätte sie, um es mit den Worten des alten Liedes zu sagen, „irgendeine Biene sie neu gestochen", und ein nachdenklicher Ausdruck tritt an seine Stelle.

„Ich glaube, ich würde mich gerne in einem normalen Abendkleid sehen", sagt sie wehmütig.

„Das sollte ich auch", sagt Rodney eifrig, aber falsch; „zumindest nicht ich, sondern du – in etwas Hübschem, weißt du, mit offenem Hals und deinen hübschen Armen, wie sie waren, als ich dich zum ersten Mal sah."

„Wie erinnerst du dich jetzt daran?" sagt Mona mit einem himmlischen Lächeln und einem schwachen Druck der Finger, die immer noch in seinen ruhen. „Ja, bevor ich dich heirate, möchte ich sicher sein, dass – dass – modische Kleidung zu mir passt. Aber natürlich", bedauerlicherweise, „werden Sie verstehen, dass ich kein solches Kleid habe. Ich habe einmal bei Lady Crighton gesessen." Zimmer, während ihr Dienstmädchen sie für das Abendessen anzog: Ich weiß also alles darüber.

Sie seufzt, schaut dann zum Himmel und – seufzt erneut.

„Und wissen Sie", sagt sie mit charmanter *Naivität*, ohne ihn anzusehen, sondern auf eine ablenkend hübsche und etwas nachdenkliche Weise in einen Grashalm zu beißen, „wissen Sie, dass ihr Hals und ihre Arme nicht mit meinen vergleichbar sind?"

„Das brauchen Sie mir nicht zu sagen. Ich bin mir sicher, dass sie nicht am selben Tag benannt werden konnten", sagt Geoffrey begeistert, der Lady Crighton noch nie in seinem Leben gesehen hat, weder ihren Hals noch ihre Arme.

„Nein, das sind sie nicht. Geoffrey, die Leute sehen viel besser aus, wenn sie schön gekleidet sind, nicht wahr?“

„Nun, nach dem Grundsatz, dass feine Federn gute Vögel machen, gehe ich davon aus, dass sie das tun“, gibt Geoffrey widerstrebend zu.

Dabei wirft sie verächtlich einen Blick auf das quäkische und etwas merkwürdige graue Kleid, in das sie gekleidet ist und in dem sie viel süßer aussieht, als sie weiß, denn in ihrem Gesicht liegen „verborgene Liebe und süße, anziehende Anmut“.

„Aber trotz all der feinen Federn hat sich nie jemand in mein Herz geschlichen außer meiner eigenen Mona“, sagt der junge Mann, legt seine Hand unter ihr Kinn, das weich und rund ist wie das eines Babys, und dreht ihr Gesicht zu sein. Er hasst es, den schwachen Kummer zu sehen, der einen Moment lang darauf lastet; denn er gehört zu den zarten Naturen, die es nicht ertragen können, das, was sie lieben, auch die kleinste Qual ertragen zu sehen.

„Manche Frauen in der großen Welt übertreiben es“, fährt er fort, „und wählen Dinge und Farben, die überhaupt nicht zu ihrem Stil passen. Sie sind Sklaven der Mode. Aber.“

„‘ *Meine* Liebe in ihrer Kleidung zeigt ihren Witz; es steht ihr so gut.‘“

„Ah, wie du schmeichelst!“ sagt Mona. Dennoch nimmt sie die Schmeicheleien, die sich an sie selbst richten, als Frau freundlich auf.

„Nein, das darfst du nicht denken. Alles zu tragen, was zu dir passt, muss die Perfektion der Kleidung sein. Warum einen Tam O’Shanter-Hut tragen, wenn man darin abscheulich aussieht? Und dann verdirbt zu viel Lernen die Wirkung: Sie wissen, was Herrick sagt.“ :—

„‚Ein nachlässiger Schnürsenkel, in dessen Krawatte ich eine wilde Höflichkeit sehe, verzaubert mich mehr, als wenn die Kunst in jedem Teil zu präzise ist.‘“

„Wie hübsch das ist! Dennoch möchte ich, dass du mich, wenn auch nur einmal, so siehst, wie du andere gesehen hast“, sagt Mona.

„Mir würde es auch gefallen. Und es wäre doch machbar, nicht wahr? Ich schätze, ich könnte dir ein Kleid besorgen.“

Er sagt das schnell, aber ängstlich. Was soll er tun, wenn sie seinen Vorschlag schlecht annimmt? Mit schmeichelhafter Beharrlichkeit starrt er auf einen fernen Esel, der ein benachbartes Feld schmückt, und wartet ruhig auf sein Schicksal. Es ist einmal nett zu ihm. Es ist ganz offensichtlich, dass Mona keinerlei Unangemessenheit in seiner Rede erkennt.

"Könnten Sie?" sagt sie hoffnungsvoll. "Wie?"

Mr. Rodney, der den Esel schlicht im Stich lässt, kehrt zu seinem Hammelfleisch zurück. „In Dublin muss es eine Schneiderin geben", sagt er, „und wir könnten ihr schreiben. Kennen Sie keine?"

„ Das tue *ich* nicht, aber ich weiß, dass Lady Mary und Miss Blake ihre Sachen immer von einer Frau namens Manning bekommen."

„Dann soll es Manning sein", sagt Geoffrey fröhlich. „Ich laufe nach Dublin, und wenn du mir dein Maß gibst, bringe ich dir ein Kleid zurück."

„Oh nein, nicht", sagt Mona ernst. Dann hält sie abrupt inne und errötet leicht süßlich purpurrot.

"Aber warum?" fordert er, so dicht wie Männer manchmal auch sein werden. Als sie sich dann weigert, seine Unwissenheit aufzuklären, dämmert ihm langsam die Wahrheit.

„Meinst du, dass du mich wirklich vermissen würdest, wenn ich dich nur für einen Tag verlassen würde?" fragt er erfreut. „Mona, sag mir die Wahrheit."

„Na ja, dann weißt du doch sicher, dass ich das tun würde", gesteht sie schüchtern, aber ehrlich. Daraufhin kommt es zu einer Verzückung, die eine ganze Minute anhält.

„Also gut, ich werde dich nicht verlassen, aber das Kleid sollst du trotzdem haben", sagt er. „Wie sollen wir das arrangieren?"

„Ich kann Ihnen die Größe meiner Taille, meiner Schultern und meiner Länge nennen", sagt Mona nachdenklich, aber dennoch mit einem Hauch von Inspiration.

„Und welche Farbe steht dir? Blau? Das würde zu deinen Augen passen, und es war Blau, das du letzten Monat immer getragen hast."

„Ja, Blau steht mir sehr gut. Geoffrey, wenn Onkel Brian davon hört, wird er dann wütend sein?"

„Wir müssen es nicht riskieren. Und es schadet nicht, Liebling, denn du wirst bald meine Frau sein, und dann werde ich dir alles geben. Wenn das Kleid kommt, schicke ich es dir durch meinen Mann und dir muss den Rest erledigen.

„Ich werde es sehen. Und, oh Geoffrey, ich hoffe wirklich, dass du mich darin magst und dass du mich hübsch findest", sagt sie ängstlich, halb ängstlich vor diesem Kleid, das eine „Bettlermagd" verwandeln soll. in eine Königin, die „König Cophetua" würdig wäre. So liest sie zumindest den vor ihr liegenden Teil.

Und so ist es arrangiert. Und an diesem Abend verfasst Geoffrey einen Brief an Mrs. Manning, Grafton Street, Dublin, der dieser schlauen Modistin ein Lächeln auf die Lippen zaubert.

KAPITEL IX.

WIE GEOFFREY UND MONA fleißig die Transformationsszene aufarbeiten; Und wie der Erfolg ihre Bemühungen krönt.

Zu gegebener Zeit kommt das wundervolle Kleid an und wird auf der Farm willkommen geheißen, wo etwa zwei Stunden später auch Geoffrey auftaucht.

Mona steht unten am Tor und wartet auf ihn, offensichtlich voller Informationen.

„Na, hast du es verstanden?" fragt er flüsternd. Das Geheimnis scheint sie zu umgeben und die Luft, die sie atmen, schwer zu machen. Tatsächlich denke ich, dass es der Schleier der Geheimhaltung ist, der ihre kleine Intrige umhüllt, die sie für sie so süß macht. Sie mögen noch Kinder sein, so erfreut sind sie über den Erfolg ihres Vorhabens.

„Ja, ich habe es", ebenfalls in einem gedämpften Flüstern. „Und, oh Geoffrey, es ist einfach zu schön! Es ist einfach köstlich; und auch Satin! Es muss" – vorwurfsvoll – „viel gekostet haben, und schließlich hast du mir erzählt, dass man *arm ist*! Aber" mit einem plötzlicher Tonwechsel, Vorwürfe und Extravaganz und alles vergessend, „es ist genau die Farbe, die ich am meisten liebe und wovon ich schon seit Jahren träume."

„Zieh es dir an", sagt Geoffrey.

„Was! *jetzt?* " mit einigem Zögern, doch offensichtlich erfüllt von dem überwältigenden Wunsch, sich ihm ohne Zeitverlust in dem bezaubernden Kleid zu zeigen. „Wenn ich gesehen werden sollte! Na ja, egal, ich werde es riskieren. Geh hinunter zu der kleinen grünen Lichtung im Wald, und ich bin bei dir, bevor du Jack Robinson sagen kannst."

Sie verschwindet, und Geoffrey, den Befehlen gehorchend, macht sich auf den Weg zu der grünen Lichtung, die nun nicht mehr über eine üppige Farbenpracht verfügt, sondern mit Blättern der dürren Bäume übersät ist, die in feierlicher Ordnung wie Grabwachen um sie herum stehen.

Hätte er gewollt, hätte er Jack Robinson ein Dutzend Mal anrufen können, vielleicht hätte er sogar einen sehr respektablen Spaziergang gemacht, bevor sich seine Augen erneut über den Anblick von Mona freuten. Schon oft waren Minuten nach Minuten gewichen, als schließlich eine Gestalt, in einen langen Umhang gehüllt und mit einem leichten Wollschal über dem Kopf, schnell über die rustikale Brücke auf ihn zukam und unter den blattlosen Bäumen dorthin gelangte, wo er steht.

Einen Moment lang blickt sie sich ängstlich um, als wolle sie sicherstellen, dass keine fremden Augen ihre Bewegungen beobachten, dann lässt sie den losen Umhang zu Boden fallen, nimmt vorsichtig die Decke von ihrem Kopf und schlüpft wie Aschenputtel aus ihrem Gewand Kleidungsstücke in alle Pracht eines *Festkleides* . Sie tritt ein wenig zur Seite und wirft den Kopf mit einer leichten Koketterie, die sehr angenehm auf ihr sitzt, in den Himmel und wirft einen triumphierenden Blick auf Geoffrey, als wäre sie sich völlig bewusst, dass sie traumhaft schön aussieht.

Das Kleid besteht aus Satin in diesem eigentümlich blassen Blau, das bei manchen Seitenlichtern wie Weiß erscheint. Es ist am Hals geöffnet und hat keine nennenswerten Ärmel. Als ob tatsächlich eine freundliche Fee ihr zur Seite gestanden hätte und mit aufmerksamen Augen beim Zuschneiden des Gewandes zugeschaut hätte, passt es wie ein Zauber. Auf ihrem Kopf ruht liebevoll eine kleine Mob-Mütze, ein wahres Wunderwerk aus blauem Satin und alter Spitze, die das weiche, zarte Gesicht darunter noch weicher macht.

Es gibt ein Funkeln in Monas Augen, ein leichtes Aufreißen ihrer Lippen, das Zufriedenheit ausdrückt und sie voller unschuldiger Wertschätzung ihrer eigenen Schönheit verrät. Sie steht weit zurück, den Kopf stolz erhoben und die Hände leicht vor sich gefaltet. Ihre Haltung ist voller ungeübter Anmut.

Ihre Augen leuchten, wie ich Ihnen sage, wie Zwillingssterne. Ihre ganze Seele ist von der Hoffnung erfüllt, dass der, für den sie lebt, sie für gut aussehend halten muss. Und tatsächlich ist sie gut und sehr vollkommen; Denn in ihrem ernsten Gesicht liegt eine solche innere Frömmigkeit und ein süßes Vertrauen, dass man sich schon beim bloßen Blick auf sie besser fühlt.

Geoffrey ist ziemlich dumm und starrt sie überrascht an, welche erstaunliche Veränderung ein Stoff, eine Farbe, in so kurzer Zeit bewirken kann. Sie ist immer schön in seinen Augen, aber er wundert sich, dass ihm bisher nie in den Sinn gekommen ist, was für eine Sensation sie in der Londoner Welt hervorrufen könnte. Als er sich endlich zum Reden hingibt und durch etwas in ihrem Gesicht dazu getrieben wird, sein seltsames Schweigen zu brechen, sagt er nichts über das Kleid, sondern nur dies.

„Oh, Mona, wirst du mich immer so lieben wie jetzt?"

Sein Ton ist voller Traurigkeit und Sehnsucht und so etwas wie Angst. Er ist viel in der Welt gewesen und hat viele ihrer bösen Wege gesehen, und das ist das Ergebnis seines Wissens. Während er ihre wunderbare Schönheit betrachtet und bewundert, misstraut er ihr für einen Moment (einen höchst unwürdigen Moment). Doch sicherlich gab es nie einen grundloseren Zweifel, wie man an ihren Augen und ihrem Mund sehen könnte, denn in dem einen liegt ehrliche Liebe und in dem anderen Festigkeit.

Ihr Gesicht verändert sich. Er hat das kostbare Kleid mit keinem Wort erwähnt, kein kleines Wort des Lobes gesagt.

„Ich habe dich enttäuscht“, sagt sie zitternd und die Tränen steigen ihr schnell in die Augen. „Ich bin ein Versager! Ich bin nicht wie die anderen.“

„Du bist die schönste Frau, die ich je in meinem Leben gesehen habe“, erwidert Rodney mit einiger Leidenschaft.

„Dann freust du dich wirklich? Ich bin genau das, was du von mir willst? Oh! Wie hast du mich erschreckt!“ sagt das Mädchen und legt mit einer hübschen Geste der Erleichterung die Hand auf ihr Herz.

„Bitten Sie mich nicht, Ihnen zu schmeicheln. Dafür werden Sie nach und nach genug bekommen“, sagt Geoffrey eher eifersüchtig, eher verbittert.

„Nach und nach werde ich deine Frau sein“, sagt Mona schelmisch, „und dann sind meine Tage, in denen ich Schmeicheleien annehme, zu Ende. Sicherlich brauchst du mir jetzt nicht ein paar nette Worte gönnen.“

Was für eine Welt soll sich ihr eröffnen! Wie hart wird sie auf die Probe gestellt! Glaubt sie wirklich, dass die ganze Erde von Wesen bevölkert ist, die so rein und vollkommen sind wie sie selbst?

„Ja, das stimmt“, antwortet er in einem neugierigen Tonfall auf ihre Worte, den Blick trübsinnig auf den Boden gerichtet. Dann hebt er plötzlich den Kopf, und als sein Blick auf ihren trifft, strömt etwas von der Wahrheit und Süße, die ihr eigen sind, von ihr zu ihm und gibt ihm wieder sein wahres Selbst zurück.

Er lächelt, dreht sich um und kniet vor ihr in gespielter Demut nieder, die den Eindruck einer echten Ehrerbietung vermittelt. Er nimmt ihre Hand und drückt sie an seine Lippen.

„Wird Eure Majestät es geruhen, einem sehr ergebenen Diener ein kleines Zeichen der Gunst zu erweisen?“

Sein Aussehen verrät seinen Wunsch. Und Mona beugt sich vor und gibt ihm bereitwillig einen der süßesten kleinen Küsse, die man sich vorstellen kann.

„Ich bezweifle, dass es Ihrer Königin an Würde mangelt“, sagt sie und errötet schnell, als sie ihr zartes Verbrechen vollbracht hat.

„Meiner Königin fehlt es an nichts“, sagt Geoffrey. Dann, als er den stärker werdenden Wind spürt, der durch die kahlen Bäume rauscht, sagt er hastig: „Mein Liebling, du wirst dich erkälten. Zieh deine Wickel wieder an.“

„Nur in einem Moment“, sagt die eigenwillige Schönheit. „Aber ich muss mich erst einmal ganz selbst betrachten. Ich habe mich bisher nur in kleinen Teilen gesehen, mein Glas ist so klein.“

Sie rennt zum Fluss, der schnell, aber ruhig ein paar Meter von ihr entfernt fließt, beugt sich über das Ufer und blickt verweilend und liebevoll in die dunklen Tiefen darunter, die ihr ihr eigenes schönes Bild vor Augen führen.

Der Ort, den sie als Spiegel gewählt hat, ist ein stiller Teich, gesäumt von herabhängenden Gräsern und hängenden Farnen, die den sandigen Boden des Baches noch dunkler machen.

„Ja, ich *bin* hübsch", sagt sie nach einer Minute Pause mit einem langen Seufzer tiefster Zufriedenheit. Dann wirft sie Geoffrey einen Blick zu. „Und um deinetwillen freue ich mich darüber. Jetzt komm her und stell dich neben mich", fährt sie plötzlich fort und streckt ihre Hand nach hinten, als würde sie ihr eigenes Spiegelbild nicht aus den Augen verlieren. „Lass mich sehen, wie *du* im Wasser aussiehst."

Also nimmt er ihre Hand, und gemeinsam beugen sie sich über den Rand und betrachten sich im Glas der Natur. Leicht schwanken ihre Gesichter hin und her, während das fließende Wasser über den Teich strömt – schwanken, aber trennen sich nicht; Sie sind immer zusammen, als erwarteten sie die glückliche Zeit, in der ihr Leben eins sein wird. Es scheint ein gutes Omen zu sein; und Mona, in deren Brust ein wenig von dem Aberglauben ruht, der jedem irischen Herzen innewohnt, wendet sich an ihren Geliebten und sieht ihn an.

Auch er sieht sie an. Der gleiche Gedanke erfüllt sie beide. So wie sie dort im Wasser zusammen sind, so (beten sie) „mögen wir im Leben zusammen sein." Diese Hoffnung ist fast feierlich süß.

Das kurze Tageslicht verblasst; der Wind wird stärker; Die ganze Szene ist merkwürdig und fast fantastisch. Das hübsche Mädchen in ihrem anschmiegsamen Satinkleid und ihrem glänzenden Hals und ihren Armen, nackt und weich und weiß, und der winzigen, mit Spitzen gesäumten Mütze, die ihre Schönheit krönt. Die dürren Bäume, die sich über ihr verzweigen und ihre ganze verblassende Fülle an orangefarbenen, purpurroten und rotbraunen Blättern auf sie herabregnen, die dazu dienen, die Pracht ihres Kleides zu verdrängen. Die braungrüne Grasnarbe liegt unter ihr, der Fluss fließt mit geräuschloser Heiterkeit neben ihr her und rauscht mit leiser Musik über Sand und Kiesel bis zum weit unten liegenden Meer. Vor ihr steht ihr Geliebter, der sie mit anbetenden Augen ansieht.

Doch alle Dinge in dieser vergänglichen Welt kennen ein Ende. In einem kurzen Moment ist das perfekte Bild ruiniert. Ein riesiger schwarzer Hund stürmt durch das Unterholz, stürzt sich liebevoll auf Mona und droht jeden Moment, ihre Toilette zu zerstören.

„Es ist Mr. Moores Retriever!" ruft Mona hastig und erschrocken. „Ich muss rennen. Runter, Fan! Runter! Oh, was wird er denken, wenn er mich hier in diesem Kleid erwischt? Schnell, Geoffrey, gib mir meinen Schal!"

In höchst unwürdiger Eile rafft sie ihre würdevolle Schleppe hoch, während Geoffrey den ganzen Schmuck mit dem purpurroten Schal verdeckt. Die weiße Wolke wird noch einmal über die zierliche Mütze geworfen; all die schönen Farben verschwinden aus dem Blickfeld; und Mona folgt seinem Beispiel, nachdem sie Geoffrey noch einen letzten Blick zugeworfen hat. Auch sie fliegt über die ländliche Brücke in die Verborgenheit ihres eigenen kleinen Anwesens.

Es ist vorbei; der Vorhang ist herunter; Die bezaubernde Verwandlungsszene hat ihr Ende erreicht und die Feenkönigin, die ihre strahlenden Roben ablegt, steigt erneut auf die Ebene einer dürftigen Sterblichen herab.

KAPITEL X.

Wie Mona, die neugierig wird, Fragen stellt; Und wie Geoffrey, der nach Bay gebracht wird, Geständnisse ablegt, die für seinen künftigen Frieden nur Schlechtes verheißen und einen unmittelbaren Krieg hervorrufen.

„Oh! Fang ihn! *Fang* ihn!" schreit Mona, „Schau, da ist er wieder! Verstehst du das nicht?" mit wachsender Aufregung. „Dort drüben, unter diesem Busch. Warum um alles in der Welt kannst du ihn nicht sehen? Ha! Da ist er wieder! Kleiner Kerl! Wende ihn zurück, Geoffrey; es ist unsere letzte Chance."

Sie hat die rustikale Brücke überquert, die zu den Moore-Plantagen führt, auf der Jagd nach einem jungen Truthahn, der offenbar fest entschlossen ist, seinen Sonntag draußen zu verbringen.

Geoffrey rennt hin und her, ohne seinen Hut und ohne sein Temperament, in dem vergeblichen Versuch, den Rebellen zu sichern und ihn zur Ordnung zu bringen. Ihm wird warm, und sein Atem geht schneller als eigentlich wünschenswert; aber da er von dem Wunsch besessen ist, zu siegen oder zu sterben, hält er immer noch durch. Er rast wie verrückt über den Boden und schreit „Huch!" hin und wieder (was auch immer das bedeuten mag) in einem verzweifelten Tonfall, als ob er von der Überzeugung überzeugt wäre, dass dieser einfache und scheinbar harmlose Schimpfwort den Feind einschüchtern muss.

„Schau ihn dir an, unter diesem Farn da!" ruft Mona in ihrem klaren Diskant, der immer etwas Süßes und Klagendes an sich hat. „Zu deiner Rechten — nein! *Nicht* zu deiner Linken. Sicher kennst du deine Rechte, oder?" mit einem vollen, aber unbewussten Anflug von Verachtung. „Beeilen Sie sich! Beeilen Sie sich! Sonst ist er wieder weg. Gab es jemals einen so hasserfüllten Vogel? Mit seinem guten Essen im Hof und seinem warmen Haus und seiner Mutter, die um ihn weint! Ah! Da hast du ihn! Nein! – Ja! Nein! Er ist wieder weg!"

„Das ist er nicht!" sagt Geoffrey keuchend „Endlich habe ich ihn!" Daraufhin taucht er aus einer Wildnis von Farnen auf, zieht hinter sich her und hält triumphierend den Wandervogel ins Licht, der eher tot als lebendig aussieht, mit all seinen herabhängenden Federn und seinem Atem in wütenden Schreien.

„Oh, du hast ihn!" sagt Mona mit einem strahlenden Lächeln, das der gefangene Truthahn nicht erwidert. „Halten Sie ihn fest; Sie haben keine Ahnung, wie raffiniert er ist. Sicher wusste ich, dass Sie ihn kriegen würden, wenn irgendjemand es könnte!"

In ihrem Ton klingen Bewunderung und Erleichterung, und Geoffrey beginnt sich wie ein Held von Waterloo zu fühlen.

„Jetzt trage ihn über die Brücke und setze ihn dort hin, und er muss nach Hause, ob er will oder nicht", sagt Mona zu ihrem Krieger, woraufhin dieser berühmte Mann, bewaffnet mit dem kreischenden Truthahn, die Brücke überquert. Nachdem er die andere Seite erreicht hat, setzt er den wütenden Vogel auf seine Mutter Erde und mit einem letzten und fast zärtlichen „Huch!" schickt ihn huschend zum Hof in der Ferne, wo er zweifellos entweder mit offenen Armen und Küssen oder mit einem klingenden „Spank", wie unsere amerikanischen Cousins sagen würden, von seiner verängstigten Mutter empfangen wird.

Bei seiner Rückkehr findet er Mona auf einer Bank sitzend, lachend und versuchend, wieder zu Atem zu kommen.

„Ich glaube kaum, dass das Sonntagsarbeit ist", sagt sie leichthin; „Aber das arme kleine Ding wäre gestorben, wenn man es die ganze Nacht draußen gelassen hätte. War es nicht gut, dass du ihn gesehen hast?"

„Viel Glück", sagt Rodney mit tiefem Ernst. „Ich denke, ich war das Mittel, um ein öffentliches Unglück zu verhindern. Dieser Vogel hätte uns vielleicht später heimsuchen."

„Lust auf einen Truthahngeist", sagt Mona. „Wie hässlich es wäre. Natürlich wären ihm alle Federn abgefallen."

„Bestimmt nicht", sagt Geoffrey: „Ich werde für dich rot. Ich habe noch nie von einem Geist gehört, der nicht streng anständig war. Er hätte natürlich ein Wickeltuch gehabt. Komm, lass uns spazieren gehen."

„Zur alten Festung?" fragt Mona und steht auf.

„Wo immer Sie wollen. Ich bin sicher, wir verdienen eine Entschädigung für die schreckliche Predigt, die uns der Pfarrer heute Morgen gehalten hat."

Also machen sie sich träge und unbekümmert auf den Weg und unterhalten sich dabei, vor allem über sich selbst, wie es alle wahren Liebenden tun.

Aber die Festung wird, zumindest an diesem Abend, nie erreicht. Mona erreicht einen Zauntritt, setzt sich bequem darauf und blickt sich mit milder Zufriedenheit um.

„Gehst du nicht weiter?" fragt Rodney und hofft aufrichtig, dass sie „Nein" sagen wird. Sie sagt es.

„Es ist so schön hier", sagt sie mit einem leisen Seufzer und einem verträumten Lächeln, woraufhin auch er aufsteigt und sich neben sie setzt. So wie sie sich jetzt befinden, liegt zwischen ihnen etwa ein halber Meter begehbarer, mit grünen Grasnarben gekrönter Mauer, über die sie sich in äußerster Freundlichkeit unterhalten können. Der Abend ist schön; der Himmel verspricht, gerecht zu sein; die Erde darunter ist ruhig und voller Stille, wie es sich für einen Sabbatabend gehört; doch leider! Mona schlägt einen Akkord an, der sofort Harmonie in den Wind wirft.

„Erzähl mir von deiner Mutter", sagt sie und verschränkt die Hände locker im Schoß. „Ich meine, wie ist sie? Ist sie kalt, stolz oder distanziert?" In ihrem Ton liegt große Besorgnis.

„Äh?" sagt Geoffrey ziemlich überrascht. „Kalt" und „stolz", die er selbst gegenüber sich selbst nicht leugnen kann, sind Worte, die seiner Mutter eher zusagen als sonst.

„Ich meine", sagt Mona und errötet in einem leuchtenden Scharlachrot, „ist sie streng?"

„Oh nein", sagt Geoffrey hastig und erholt sich gerade noch rechtzeitig; „Ihr geht es gut, wissen Sie, meine Mutter; und Sie werden sie schrecklich mögen, wenn – wenn Sie sie kennen, und wenn – wenn sie Sie kennt."

„Wird das lange dauern?" fragt Mona etwas wehmütig und spürt, ohne es zu verstehen, etwas in seiner Stimme.

„Ich kann mir nicht vorstellen, dass es lange dauern könnte", sagt Rodney.

„Ah! Das liegt daran, dass du ein Mann bist und weil du mich liebst", sagt dieser kluge Leser der Menschheit. „Aber Frauen sind so unterschiedlich. Angenommen – angenommen, sie mag mich *nie*?"

„Nun ja, selbst dieses schreckliche Unglück könnte überlebt werden. Wir können ‚beruhigt' in unserem eigenen Zuhause leben, wie das alte Lied sagt, bis sie zur Besinnung kommt. Wissen Sie, dass Sie mich nach und nach noch nie nach Ihrem Leben gefragt haben? zukünftiges Zuhause – mein eigenes Haus, Leighton Hall? Und doch lohnt es sich durchaus, danach zu fragen, denn obwohl es klein ist, ist es einer der ältesten und schönsten Orte in der Grafschaft."

„Leighton Hall", wiederholt sie langsam und richtet ihre dunklen Augen, die immer so voller Wahrheit und Ehrlichkeit sind, auf ihn. „Aber du hast mir gesagt, dass du arm bist. Dass ein dritter Sohn –"

„War nicht viel!" unterbricht Geoffrey mit einem Versuch der Nachlässigkeit, der unter dem Blick dieser forschenden Augen jedoch untergeht. „Nun, das ist er in der Regel nicht mehr, es sei denn, ein freundlicher Verwandter kommt ihm zu Hilfe."

„Aber du hast mir erzählt, dass dir noch nie eine Tante zu Hilfe gekommen ist", fährt Mona unbarmherzig fort.

„Darin habe ich die Wahrheit gesagt", sagt Mr. Rodney mit einem schamlosen Lachen, „denn es war ein Onkel, der mir etwas Geld hinterlassen hat."

„Du warst nicht ganz ehrlich zu mir", sagt Mona auf seltsame Weise, ohne den Blick abzuwenden und sein Lächeln nie zu erwidern. „Bist du denn reich, wenn du nicht arm bist?"

„Ich bin noch weit davon entfernt, reich zu sein", sagt der junge Mann, der sichtlich amüsiert ist, obwohl er sich tapfer bemüht, alle äußeren Anzeichen von Freude zu unterdrücken. „Im Vergleich zu manchen anderen bin ich furchtbar arm. Ich wage zu behaupten, dass ich für etwas eintreten muss, wenn mein anderer Onkel stirbt, aber im Moment verdiene ich nur fünfzehnhundert Pfund im Jahr."

„ *Nur!* " sagt Mona. „Wissen Sie, Mr. Moore hat nicht mehr als das, und wir halten ihn in der Tat für sehr reich! Nein, Sie waren nicht offen zu mir: Sie hätten es mir sagen sollen. Ich habe nie daran gedacht, dass Sie es sind." Jetzt muss ich beginnen und dich wieder in einem ganz anderen Licht als Liebhaber betrachten. Sie ist offenbar zutiefst betrübt.

„Aber, mein geliebtes Kind, ich kann nicht anders, als dass George Rodney mir die Halle hinterlassen hat", sagt Geoffrey abfällig, reduziert den Abstand zwischen ihnen auf ein Nichts und legt seinen Arm um ihre Taille. „Und wenn ich ein Bettler auf der Erde wäre, könnte ich dich nicht mehr lieben, als ich es tue, und du könntest, so *hoffe ich* , auch nicht mehr lieben."

Der vorwurfsvolle Klang in seiner Stimme tut seinen Zweck. Das weiche Herz vertreibt Groll und bietet allein sanften Gedanken wieder Schutz. Sie stimmt sogar zu, dass Rodney seine Wange an ihre legt, und erwidert schwach den Druck seiner Hand.

„Dennoch denke ich, dass du es mir hättest sagen sollen", flüstert sie als letzten verblassenden Tadel. „Weißt du, dass du mich sehr unglücklich gemacht hast?"

„Oh nein, das habe ich jetzt nicht", sagt Rodney beruhigend. „Du siehst kein bisschen unglücklich aus; du siehst nur so süß aus wie ein Engel."

„Du hast noch nie einen Engel gesehen, das kann man also nicht sagen", sagt Mona immer noch traurig streng. „Und ich *bin* unglücklich. Wie wird es Ihrer Mutter, Mrs. Rodney, gefallen, dass Sie mich heiraten, wenn Sie so viele andere Menschen heiraten könnten – diese Miss Mansergh zum Beispiel?"

„Oh, Unsinn!" sagt Rodney, der sehr gut gelaunt ist und keine Steine vor sich sehen kann. „Wenn meine Mutter dich sieht, wird sie sich sofort in dich verlieben, wie alle anderen auch. Aber schau mal, weißt du, du darfst sie nicht Mrs. Rodney nennen!"

"Warum?" sagt Mona. „Ich könnte sie nicht anders nennen, bis ich sie kenne."

„Das ist überhaupt nicht ihr Name", sagt Geoffrey. „Mein Vater war ein Baronet, wissen Sie: Sie ist Lady Rodney."

"Was!" sagt Mona. Und dann wird sie ganz blass, rutscht vom Zauntritt und bleibt ein paar Meter von ihm entfernt stehen.

„Das macht mit allem ein Ende", sagt sie mit einer schrecklichen kleinen Stimme, die ihm zu Herzen geht, „auf einmal. Ich könnte niemals jemandem mit einem Titel gegenübertreten. Was wird sie sagen, wenn sie hört, dass du einen heiraten wirst? Bauernnichte? Das ist eine Schande von dir", sagt Mona mit so großer Empörung, als wäre der junge Mann ihr gegenüber, der sich eifrig, aber vergeblich bemüht, etwas zu sagen, gerade wegen eines abscheulichen Verbrechens verurteilt worden. „Es ist eine Schande! Ich wundere mich über dich! Das ist das zweite Mal, dass du mich betrogen hast."

„Wenn du mich nur hören würdest –"

„Ich habe schon zu viel gehört. Ich werde nicht mehr zuhören. ‚Lady Rodney!' Ich wage zu sagen" – mit schrecklicher Bedeutung in ihrem Ton – „ *Sie* haben *auch einen Titel* !" Dann, streng: „Hast du?"

„Nein, in der Tat nein. Ich gebe Ihnen meine Ehre, nein", sagt Geoffrey sehr ernst und hat das Gefühl, dass das Schicksal mehr als freundlich zu ihm war, indem sie ihm den Zugang zu seinem Namen verweigerte.

„Sind Sie sicher?" – zweifelnd.

„Absolut sicher."

"Und dein Bruder?"

„Jack ist auch nur Mr. Rodney."

„Ich meine nicht ihn" – streng: „Ich meine den Bruder, den du ‚Old Nick' genannt hast – tatsächlich *Old Nick* !" mit unterdrückter Wut.

„Oh, er heißt nur Sir Nicholas. Niemand hält viel davon. Ein Baronet ist wirklich nie von der geringsten Bedeutung", sagt Geoffrey besorgt und fühlt sich genau so, als würde er sich für seinen Bruder entschuldigen.

„Das ist nicht richtig", sagt Mona. „Wir haben hier einen Baronet, Sir Owen O'Connor, und er wird sehr geschätzt. Ich weiß alles darüber. Sogar Lady Mary hätte ihn geheiratet, wenn er sie darum gebeten hätte, obwohl sein Haar die Farbe einer Orange hat." ‚Mr. Rodney" – wobei er die Vorsilbe seines Namens fürchterlich betonte – „nach England zurückkehren und" – tragischerweise – „mich vergessen?"

„Ich werde nichts dergleichen tun“, sagt Mr. Rodney empört. „Und wenn du mich noch einmal so ansprichst, schneide ich mir die Kehle durch.“

„Es ist viel besser, das zu tun“ – düster – „als mich zu heiraten. Aus ungleichen Ehen entstehen nur Sorgen, Verzweiflung, Elend und *Tod* “, sagt Mona in einem ängstlichen Ton und betont jedes prophetische Wort mit einem düsteren Nicken.

„Sie haben Romane gelesen“, sagt Rodney verächtlich.

„Nein, das habe ich nicht“, sagt Mona empört.

„Dann bist du verrückt“, sagt Rodney.

„Nein, das bin ich nicht. Alles andere als das; und unhöflich zu sein“ – langsam – „hat keinen Sinn. Aber ich habe einen gesunden Menschenverstand, hoffe ich.“

„Ich hasse Frauen mit gesundem Menschenverstand. Im Klartext bedeutet es kein Herz.“

„Jetzt sprichst du vernünftig. Je früher du anfängst, mich zu hassen, desto besser.“

„Ein schöner Zeitpunkt, solche Ratschläge zu geben“, sagt Rodney launisch. „Aber ich werde es nicht annehmen, Mona“, – sie ergriff ihre Hände und sprach mehr in leidenschaftlicher Erregung als sogar in Liebe – „sagen Sie sofort, dass Sie Ihr Wort halten und mich heiraten werden.“

„Nichts auf der Welt wird mich dazu bringen, das zu sagen“, sagt Mona feierlich. "Nichts!"

„Dann tu es nicht“, sagt Rodney wütend und wirft ihre Hände von ihm ab, dreht sich um, schreitet wild den Hügel hinunter und verschwindet hinter der Ecke aus seinem Blickfeld.

Aber obwohl er „aus den Augen verloren“ ist, ist er in der Erinnerung äußerst unangenehm „lieb“. Allein mitten auf dem verlassenen Feld stehend, zerreißt Mona ruckartig und ärgerlich einen Grashalm, den sie während der späten warmen Diskussion träge in der Hand gehalten hat. Sie hat ehrlich gesagt große Angst vor dem, was sie getan hat, weigert sich jedoch hartnäckig, es auch nur in ihrem eigenen Herzen anzuerkennen. Auf törichte, aber natürliche Weise versucht sie sich selbst zu täuschen und zu glauben, dass das, was geschehen ist, sehr zu ihrem eigenen Vorteil gewesen sei, und dass es streng klug wäre, sich darüber zu freuen.

„Mein Gott“, sagt sie, wirft ihren zierlichen Kopf hoch und wirft mit einer gereizten Geste das harmlose Gras weit von sich weg, „was für eine Flucht ich hatte! Wie seine Mutter mich gehasst hätte! Sicherlich sollte ich es zählen." Zum Glück habe ich rechtzeitig alles über sie herausgefunden, denn eigentlich spielt es keine Rolle, dass ich hier nach einer Weile wieder ganz glücklich sein werde, so wie ich es schon mein ganzes Leben lang war Er kam. Und als er *weg ist*" – sie hält inne, erstickt mit strenger Entschlossenheit einen sehr schweren Seufzer und fährt dann hastig und mit misstrauischer Bitterkeit fort: „Wie schrecklich er meine Hand weggeschleudert hat!" als ob er mich verabscheute und diesen Hügel hinunterstürzte, als ob er hoffte, mich nie wieder zu sehen, ohne „Auf Wiedersehen" oder „mit Ihrer Erlaubnis" oder „mit Ihrer Erlaubnis" oder mit einem Wort! Leb wohl, oder ein Blick zurück, oder *so* ! Ich hoffe, er hat mich beim Wort genommen und wird direkt, ohne mich wiederzusehen, in sein eigenes abscheuliches Land zurückkehren.

Sie erzählt sich diese Lüge, ohne zu erröten, vielleicht weil sie bei dem bloßen Gedanken so blass wird, dass ihre Augen nie wieder Freude an seiner Anwesenheit haben werden, dass das Blut nicht aufsteigen will.

In der Ferne läutet leise eine Glocke. Die frühe Dämmerung kriecht hinter den fernen Hügeln hervor, die vom sanften und leuchtenden Heidekraut violett sind. Das Rauschen der rauschenden Wellen kommt aus der Bucht, die hinter den umliegenden Hügeln liegt, und dringt wie der Klang traurigster Musik an ihr Ohr. Jetzt kommt

Er ist immer noch Abend, und das dämmernde Grau hat alle Dinge in ihrer nüchternen Livree gekleidet.

Und Mona erwacht aus ihren unbefriedigenden Träumereien, holt schnell Luft und macht sich dann auf den Heimweg.

Aber zuerst dreht sie sich um und wirft einen letzten, verweilenden Blick auf den abfallenden Hügel, den ihr Schatz voller wütender Gedanken hinuntergegangen ist. Und während sie so dasteht, die Hand an die Stirn gelegt, erscheint nach einer Weile ein langsames Lächeln bewusster Kraft auf ihren Lippen und verweilt um sie herum, als würde sie ihren Ruheplatz lieben.

Ihre Lippen öffnen sich. Ein Ausdruck, der halb Freude, halb Belustigung ist, erhellt ihre Augen.

„Ich frage mich", sagt sie leise, „ob er morgen zur gewohnten Stunde bei mir sein wird oder – etwas früher!"

Dann rafft sie ihr Kleid zusammen und rennt schnell zurück zur Farm.

KAPITEL XI.

WIE GEOFFREY ZU SEINER TREUE ZURÜCKKEHRT – WIE ER SEINE GÖTTLICHKEIT TIEF IN DER DURCHFÜHRUNG EINIGER MYSTISCHER RITEN IN DEN KÜHLEN GEGENSTÄNDEN IHRES TEMPELS ENTDECKT – UND WIE ER SIE ZU REDUZIEREN VERSUCHT, VON DER SPITZE EINES UMGEHÖRTEN BANDES ZU RECHNEN.

Heute ist dieser „liberale Weltmensch", dieser „schwule Philosoph" hier; und die letzte Nacht gehört uns nur insofern, als sie einen Platz in unserer Erinnerung verdient oder sich trotz unseres Hasses und Abscheus dorthin aufgedrängt hat.

Für Rodney ist die letzte Nacht eine Zeit, die fast ohne Ende in Erinnerung bleiben wird und ein perfektes Beispiel dafür, wie sich sieben Stunden wie einundzwanzig anfühlen können.

So kann sich die Zeit in ungewöhnlichen Momenten verdreifachen; aber mit dem gesegneten Tageslicht kommen Trost und neue Hoffnung, und Geoffrey begrüßt mit Entzücken den glücklichen Morgen, dass,

„Von den kreisenden Stunden geweckt, öffnet mit rosiger Hand die Tore des Lichts."

sagt sich, dass zwischen ihm und seiner Liebe noch alles in Ordnung sein könnte.

Seine Liebe steht in diesem Augenblick – der sich dem Mittag nähert – in ihrer kühlen Molkerei und beschäftigt sich mit geschäftlichen Gedanken, doch auf seinem Gesicht liegt ein gewisser Ausdruck von Erwartung und Sorge – ein *lauschender* Blick könnte es am besten ausdrücken.

Morgen ist Markttag in Bantry, zu dem die Butter der Woche gehen muss; und nun ist das Rühren vorbei, und das Ergebnis liegt kalt und reichhaltig und frisch unter Monas Augen. Sie selbst ist damit beschäftigt, kleine Striche von einer großen Butterrolle abzudrucken, die vor ihr auf der Platte liegt; ihre Ärmel sind sorgfältig hochgekrempelt, wie an jenem ersten Tag, als Geoffrey sie sah; und trotz ihres eigenen Herzens – das weiß, dass es traurig ist – singt sie eine kleine, alberne Melodie, hell und oberflächlich wie die Oktobersonne, die den Raum durchflutet und in kleinen seidenen Flecken an den Wänden und auf dem Boden liegt.

In der Ferne beugt sich eine Frau über einen Kiel und formt eine riesige Masse Butter zu Röllchen, schön quadratisch und geglättet, damit sie morgen schön und schön aussehen.

„Außerdem eine schöne Farbe", sagt diese barfüßige Frau leise und betrachtet voller Bewunderung den gelben Farbton des Gegenstands, mit dem sie beschäftigt ist. Zwei Junghennen, gefiedert wie ein Rebhuhn, schleichen sich heimlich in die Molkerei, ihre Köpfe wissentlich zur Seite gedreht, ihre Schritte langsam und vorsichtig; Nicht einmal das leiseste Zwitschern entgeht ihnen, damit es nicht der Grund für ihre sofortige Entlassung ist. Nirgendwo ist ein Ton zu hören außer der sanften Musik, die von Monas Lippen kommt.

Plötzlich ertönt in der Ferne eine Glocke. Dies ist das Signal für die Männer, mit der Arbeit aufzuhören und zum Abendessen zu gehen. Es muss zwei Uhr sein.

Zwei Uhr! Das Lied verstummt und Monas Stirn zieht sich zusammen. So spät! der Tag entgleitet ihr, und noch kein Wort, kein Zeichen.

Die Glocke verstummt, stattdessen ertönt ein lautes Klopfen an der Flurtür. Wurde jemals irgendwo ein süßerer Klang gehört? Mona holt schnell Luft und geht dann, als würde sie sich ihrer selbst schämen, stoisch ihrer Aufgabe nach. Doch bei all ihrem Stoizismus kommt und geht ihre Farbe, und mal ist sie blass, mal „himmlisch, rosig rot, der richtige Farbton der Liebe", und mal erscheint ein kleines Lächeln und strahlt ihr Gesicht aus.

Also ist er zu ihr zurückgekehrt. In diesem Gedanken liegt Triumph und eine gewisse natürliche Eitelkeit, vor allem aber eine große Erleichterung, die ihr die tödliche Angst nimmt, dass sie die ganze Nacht verschlungen und ihr die Ruhe geraubt hat. Jetzt hat die Angst ein Ende und die Freude herrscht, geboren aus dem Wissen, dass er sich durch seine schnelle Hingabe tatsächlich als ihr Eigentum erwiesen hat und dass sie selbst für seine Zufriedenheit unentbehrlich ist.

„Es ist der englische Gintleman, Miss – Mister Rodney. Er möchte Sie sehen", sagt die schöne Bridget, steckt ihren Kopf in die Tür und spricht in gedämpftem und gedämpftem Ton.

„Also gut, zeig ihn hier rein", sagt Mona sehr deutlich und fährt mit dem Drucken ihrer Butter mit einem Mut fort, der Anerkennung verdient. In ihrem Ton liegt Schärfe, aber in ihren Augen liegt Lachen. Obwohl sie einen leichten Schmerz in ihrem Herzen wahrnimmt, ist sie dennoch amüsiert über seine prompte und daher schmeichelhafte Unterwerfung.

Rodney, der auf der Schwelle am Ende der kleinen Halle steht, kann deutlich alles hören, was vor sich geht.

„Hier, Fräulein – in der Molkerei? Gesetz, Fräulein Mona! Nicht."

"Warum?" fordert ihre Herrin etwas hochmütig. „Ich nehme an, sogar der englische Gentleman, wie Sie ihn nennen, kann Butter mit Sterben sehen! Führen Sie ihn sofort herein."

„Aber in dieser Schürze, Fräulein, und mit Ihren Armen wie nackt, und ohne Ihre reine blaue Schleife; Gesetz, Fräulein Mona, haben Sie Sünde, und tun Sie es jetzt nicht."

„Führen Sie Mr. Rodney hier herein, Bridget", sagt Mona unerschütterlich und blickt weder auf das verzweifelte Dienstmädchen noch auf irgendetwas anderes als auf die unaufmerksame Butter. Und Bridget führt Mr. Rodney mit einem Seufzer, der stark an das Schnauben eines Schlachtrosses erinnert, in die Molkerei.

"Du?" sagt Mona mit äußerster *Hochmut* und einem unangenehmen Maß an gespieltem Erstaunen. Sie lässt sich nicht dazu herab, ihm entgegenzugehen oder auch nur den Kopf ganz in seine Richtung zu drehen, sondern wirft ihm unter ihren langen Wimpern einen raschen und geflissentlich unfreundlichen Blick zu.

„Ja", antwortet er langsam, als würde er bedauern, dass er seine eigene Identität nicht leugnen kann.

„Und was hat dich gebracht?" fordert sie, nicht unhöflich oder schnell, sondern als wolle sie Informationen über ein Thema erhalten, das ihr Rätsel aufgibt.

„Ein überwältigendes Verlangen, dich wiederzusehen", erwidert dieser weise junge Mann in einem absolut unterwürfigen Ton.

Darauf ist es schwierig, eine aussagekräftige Antwort zu geben. Mona sagt nichts, sie wendet nur den Kopf ganz von ihm ab, als wolle sie etwas verbergen. Ist es ein Lächeln? – Er kann es nicht sagen. Und tatsächlich seufzt sie plötzlich leise, aber hörbar, als wollte sie all diese Gedanken zerstreuen.

Daraufhin rückt Mr. Rodney einen Schatten näher an sie heran.

„Was für eine sehr charmante Molkerei!" sagt er milde.

„Sehr unangenehm für dich, fürchte ich, nach deiner langen Fahrt", sagt Mona kalt, aber höflich. „Warum gehst du nicht in den Salon? Ich bin sicher, dass du es dort angenehmer finden wirst."

„Das sollte ich sicher nicht tun", sagt Rodney.

„Zumindest bequemer."

„Ich fühle mich ganz wohl, danke."

„Aber du hast nichts, worauf du sitzen kannst."

„Du auch nicht."

„Oh, ich habe meine Arbeit zu erledigen; und außerdem stehe ich oft lieber."

„Das tue ich auch, oft – *sehr* oft", sagt Mr. Rodney immer noch traurig, aber freundlich.

„Bist du sicher?" – mit kalter Strenge. „Es ist erst zwei Tage her, seit du mir erzählt hast, dass du nichts mehr liebst als einen Sessel."

„Ich habe nichts mehr geliebt als – oh, wie musst du mich missverstanden haben!" sagt Rodney mit trauriger Ernsthaftigkeit, reichlich gespickt mit Vorwürfen.

„Ich habe Sie tatsächlich in *vielerlei* Hinsicht missverstanden." Das ist unfreundlich, und die Betonung macht es noch unfreundlicher. „Norah, wenn die Butter aufgebraucht ist, kannst du gehen und die Kälber füttern." Ihr ganzes Benehmen hat etwas Geschäftsmäßiges an sich, was für einen außergerichtlichen Liebhaber überaus entmutigend ist.

„Sehr gut, Fräulein, ich gehe", sagt die Frau, berührt die Butter ein letztes Mal, bedeckt sie mit einem sauberen, feuchten Tuch und geht zur Hoftür. Die beiden Hühner auf der Schwelle, die sich tausendmal zurückgezogen und vorgerückt haben, ziehen sich nun endlich mit einem wütenden „Gluck-Gluck" zurück, und wieder herrscht Stille.

„Wir haben über Liebe gesprochen, glaube ich", sagt Rodney unschuldig, als ob die zärtliche Leidenschaft zwischen den anderen Geschlechtern das Thema des Gesprächs gewesen wäre.

„Aus Liebe im Allgemeinen? – nein", mit einem verächtlichen Blick, „nur aus Ihrer Liebe zum Trost."

„Ja, ganz richtig: Das ist genau das, was ich gemeint habe", erwidert er zustimmend. Es war *nicht* das, was er meinte; aber das zählt nicht. „Wie furchtbar klug du bist", sagt er plötzlich und spielt damit auf ihren Umgang mit den kleinen Streicheleinheiten an, denen es, um die Wahrheit zu sagen, von ihrer Hand nur schlecht ergeht.

„Nicht schlau", sagt Mona. „Wenn ich schlau wäre, würde ich nicht – wie ich es immer tue – davon ausgehen, dass das, was die Leute sagen, gemeint sein muss. Ich selbst könnte kein doppeltes Gesicht tragen."

„Das ist genau wie ich", sagt Mr. Rodney ohne Erröten – „das genaue Bild von mir."

„Ist es?" – vernichtend. Dann, mit einer gewissen Ungeduld, „Sie werden in einem Sessel viel glücklicher sein: Gehen Sie doch in den Salon. Es gibt wirklich keinen Grund, warum Sie hier bleiben sollten."

„Es gibt – einen Grund, nicht übertroffen zu werden. Und was den Salon betrifft", – in melancholischem Ton – „ich könnte dort oder irgendwo im Moment nicht glücklich sein. Es sei denn, tatsächlich", – dies in a sehr tiefer, aber sorgfältig deutlicher Ton: „Es sei hier!"

Eine Pause. Mona setzt mechanisch, aber geistesabwesend ihre Arbeit fort und vermeidet jeden Blickwechsel mit ihrem betrügerischen Liebhaber. Der betrügerische Liebhaber denkt offensichtlich über einen neuen Angriff nach. Dann wirft er ein leeres Butterfass um und setzt sich niedergeschlagen darauf.

„Ich habe noch nie einen Sessel gesehen, den ich damit vergleichen könnte", sagt er wie zu sich selbst, seine Stimme ist voller Wahrheit.

Das ist einfach ein bisschen zu viel. Mona gibt nach. Mit großem Abstand von ihrer Butter lässt sie ihre hübschen, runden, nackten Arme leicht in voller Länge vor sich herabsinken, und während sich ihre Finger umklammern, dreht sie sich zu Rodney um und bricht in schallendes, musikalisch süßes Lachen aus.

Daraufhin hätte er sie in seine Arme gezogen und gehofft, ihre Fröhlichkeit möge Vergebung und kostenlose Absolution für alles bedeuten, was am Tag zuvor gesagt und getan wurde; aber sie schreckt vor ihm zurück.

„Nein, nein", sagt sie; „Jetzt ist alles anders, wissen Sie, und Sie hätten nie wieder hierher kommen sollen; aber" – mit bezaubernder Folgelosigkeit – „ *warum* sind Sie gestern Abend weggegangen, ohne mir eine gute Nacht zu sagen?"

„Mein Herz war gebrochen, und zwar durch dich: Das war der Grund. Wie konntest du die grausamen Dinge sagen, die du getan hast? Mir zu sagen, es wäre besser für mich, mir die Kehle durchzuschneiden, als dich zu heiraten! Das war abscheulich von dir, Mona, war." Nicht wahr? Und um mich glauben zu lassen, dass du es auch ernst gemeint hast!" sagt dieser kluge junge Mann.

„Ich habe es ernst gemeint. Natürlich kann ich dich nicht heiraten", sagt Mona, aber eher schwach. Die Nacht hat sie in einer etwas schwankenden Stimmung zurückgelassen.

„Wenn Sie das jetzt noch einmal kaltblütig sagen können, nach so vielen Stunden des Nachdenkens, müssen Sie tatsächlich herzlos sein", sagt Rodney; „und" – aufstehen – „Ich kann genauso gut gehen."

Er bewegt sich zur Tür mit „Stolz auf seinen Portwein, Trotz im Blick", wie Goldsmith sagen würde.

„Na, na, warte einen Moment", sagt Mona, zeigt endlich die weiße Feder und streckt ihm eine schmale kleine Hand entgegen. Er ergreift es gierig, und dann legt er mit kühner Kühnheit seinen Arm um ihre Taille und gibt ihr einen ehrlichen Kuss, den sie ebenso ehrlich erwidert.

„Jetzt lasst uns keinen Unsinn mehr reden", sagt Rodney zärtlich. „Wir gehören einander und werden es immer sein, und das ist die Lösung der ganzen Sache."

"Ist es?" sagt sie ein wenig wehmütig. „Das denkst du jetzt; aber wenn du später Bedauern empfindest, oder –"

„Oh, wenn – wenn – wenn!" unterbricht ihn. „Ist es so, dass du Angst um dich selbst hast? Denke daran, dass in der Liebe, mit der man rechnen kann, ‚Betteln' steckt."

„Das stimmt", sagt Mona; „aber es trifft nicht auf mich zu; und ich fürchte, es gilt nur für Sie. Lassen Sie mich nur Folgendes sagen: Ich habe alles noch einmal nachgedacht; es gab viele Stunden zum Nachdenken, weil ich nicht schlafen konnte –"

„Ich auch nicht", fügt Geoffrey hinzu. „Aber es war schwer für dich, mein Schatz."

„Und das würde ich sagen: In einem Jahr werde ich dich heiraten, wenn" – mit einem leichten Zittern in ihrer Stimme – „du dann immer noch Lust hast, mich zu heiraten. Aber nicht vorher."

„Ein Jahr! Eine Ewigkeit!"

„Nein, nur zwölf Monate" – hastig; „Sag jetzt nichts mehr: Ich habe mich ganz entschieden."

„Letzte Woche, Mona, hast du mir vor Weihnachten das Versprechen gegeben, mich zu heiraten. Kannst du es jetzt brechen ? Seien Sie bei der Herstellung gleichermaßen vorsichtig. Nun, da Sie Ihren in gutem Glauben gemacht haben, wie können Sie ihn wieder brechen?"

„Ah! Dann wusste ich doch nicht alles", sagt Mona. „Das war deine Schuld. Nein; wenn ich zustimme, dir diese Verletzung zuzufügen, wirst du wenigstens Zeit haben, darüber nachzudenken."

„Misstrauen Sie mir?" sagt Rodney, – dieses Mal tat es wirklich weh, weil seine Liebe zu ihr in Wirklichkeit tief, stark und gründlich ist.

„Nein", langsam, „Das tue ich nicht. Wenn ich es täte, würde ich dich nicht so lieben, wie ich es tue."

„Das ist alles sehr absurd", sagt Rodney ungeduldig. „Wenn ein Jahr oder zwei oder zwanzig vergehen würden, wäre es egal; ich würde dich dann lieben, wie ich dich heute liebe, und keine andere Frau. Sei vernünftig, Liebling, gib diese Absurdität auf Idee."

„Unmöglich", sagt Mona.

„Unmöglich ist ein Wort, das nur im Wörterbuch der Narren zu finden ist. *Du* bist kein Narr. Das ist nur eine Modeerscheinung von dir und ich glaube, du weißt kaum, warum du darauf beharrst."

„Ich weiß", sagt Mona. „Erstens, weil ich möchte, dass Sie alles sorgfältig abwägen, und –"

"Ja und--"

„Du weißt, dass deine Mutter Einwände gegen mich haben wird", sagt Mona mit Mühe und hastig, während ein kleiner scharlachroter Flammenfleck in ihre Wangen brennt.

"Sachen!" sagt Mr. Rodney; „Das ist nur, Ossa auf den Pilion zu drängen: Es wird dich den Wolken nicht näher bringen. Sag, du wirst zu der alten Vereinbarung zurückkehren und mich nächsten Monat oder zumindest den Monat danach heiraten."

"NEIN."

Sie tritt von ihm weg und blickt ihn mit einem Gesicht an, das so blass und doch so ernst und eindringlich ist, dass er das Gefühl hat, dass es unklug wäre, jetzt noch weiter mit ihr zu streiten. Stattdessen ergreift er beide Hände und zieht sie wieder an seine Seite.

„Oh, Mona, wenn du nur wüsstest, wie elend ich letzte Nacht war", sagt er; „Ich habe noch nie in meinem Leben eine so schlechte Zeit erlebt."

„Ja, ich kann dich verstehen", sagte Mona leise, „denn mir ging es auch schlecht."

„Erinnern Sie sich an alles, was Sie gesagt haben, oder an die Hälfte davon? Sie sagten, es wäre gut, wenn ich Sie hassen würde."

„Das war sehr böse von mir", gesteht Mona. „Aber", mit einem Seufzer, „vielleicht hatte ich recht."

„Das ist ja schlimmer", sagt Geoffrey; „sagen Sie es nicht."

„Das werde ich", sagt das Mädchen impulsiv und mit schnellen Tränen in den Augen. „Hasse mich nicht, mein Liebster, es sei denn, du willst mich töten; denn das wäre das Ende."

„Ich habe große Lust, dir etwas Unhöfliches zu sagen, und sei es nur, um
dich für deine Kälte zu bestrafen", sagt Geoffrey leichthin, erfreut über ihre
offensichtliche Aufrichtigkeit. „Aber ich werde es unterlassen, damit es nicht
zu einem zweiten Streit kommt, und ich habe in den letzten Stunden so viel
ertragen müssen

„Da ich ein christlich gläubiger Mann bin, würde ich eine solche Nacht
nicht noch einmal verbringen, obwohl ich mir damit eine Welt voller
glücklicher Tage erkaufen würde."

Von der Stunde an, als ich mich von dir trennte, bis zu meinem Wiedersehen
fühlte ich mich geradezu selbstmörderisch.

„Aber du hast dir doch nicht die Kehle durchgeschnitten", sagt Mona mit
einer bösen kleinen Grimasse.

„Nun, nein, aber ich wage zu behaupten, dass ich es tun werde, bevor ich mit
dir fertig bin. Außerdem kam mir der Gedanke, dass ich genauso gut noch
einen letzten Blick auf dich werfen könnte, bevor ich meinen Körper dem
Grab übergebe."

„Und ein unheiliges Grab auch. Und deshalb hast du dich wirklich elend
gefühlt, als du wütend auf mich warst? Wie fühlst du dich jetzt?" Sie schaut
zu ihm auf, mit Liebe und Zufriedenheit und einem bezaubernden Hauch
von Koketterie in ihrem hübschen Gesicht.

„„Ich fühle, dass ich glücklicher bin, als ich weiß"", zitiert er sanft und drückt
sie fest an sein Herz.

So ist der Frieden wiederhergestellt, und bald verlassen sie die Butterstücke
und die Milchprodukte und wandern hinaus ins Freie, um die letzten milden
Brisen des sterbenden Tages einzufangen.

KAPITEL XII.

WIE GEOFFREY HAUSGEHEIMNISSE ERZÄHLT UND WIE MONA HIERZU KOMMENTIERT – WIE DER TOD IHNEN WEG STEHT – UND WIE GEOFFREY, OBWOHL GEOFFREY es ablehnt, „wegzulaufen", „immer noch lebt, um an einem anderen Tag zu kämpfen".

„Und Sie dürfen uns wirklich nicht für so sehr große Menschen halten", sagt Geoffrey in einem abwertenden Tonfall, „denn wir sind alles andere als das, und zwar tatsächlich" – mit einem scharfen Stirnrunzeln, das inneren Kummer verrät ‚-„Es liegt gerade eine Wolke über uns."

"Eine Wolke?" sagt Mona. Und ich denke, in ihrem tiefsten Herzen ist sie eher froh, dass die Leute ihres Geliebten nicht auf der obersten Sprosse der Leiter stehen.

„Ja, in einem ganz normalen Loch, wissen Sie", sagt Mr. Rodney. „Es ist eine ziemlich komplizierte Geschichte, aber die Wahrheit ist, dass mein Großvater seinen ältesten Sohn – meinen Onkel, der nach Australien ging – wie Gift hasste, und als er starb, überließ er seinem zweiten Sohn, meinem Sohn, sein gesamtes Eigentum – nichts davon war eine Erbschaft." Vater."

„Das war ein bisschen unfair, nicht wahr?" sagt Mona. „Warum hat er es nicht geteilt?"

„Nun, das ist es eben", erwidert er. „Aber sehen Sie, er hat es nicht getan. Er hat die ganze Sache meinem Vater vermacht. In der Nacht vor seinem Tod hatte er ein langes Gespräch mit meiner Mutter, in dem er dieses Testament erwähnte und wo es verschlossen war Das Merkwürdige an der ganzen Sache ist jedoch, dass wir am Morgen nach seinem Tod, als wir nach diesem Testament suchten, nie eine Geschichte oder Nachricht darüber gehört haben! Es besteht kein Zweifel daran, dass es ordnungsgemäß unterzeichnet, versiegelt und zugestellt wurde.

"Wie merkwürdig!" sagt Mona. „Aber wie hast du es dann geschafft?"

„Nun, in diesem Moment machte es für uns kaum einen Unterschied, denn kurz nachdem mein Großvater aus dem Gefängnis entlassen worden war, erhielten wir, wie wir glaubten, eine authentische Nachricht vom Tod meines Onkels."

"Ja?" sagt Mona, die sehr interessiert aussieht und auch so ist.

„Nun, der Glaube, so stark er auch sein mag, geht manchmal einen kurzen Weg. Ein ungewöhnlich kurzer Weg bei uns."

„Aber der Tod deines Onkels hat alles wieder in Ordnung gebracht, nicht wahr?“

„Nein, das war nicht der Fall: Es hat alles falsch gemacht. Ohne diese Lüge sollten wir uns nicht in der misslichen Lage befinden, in der wir uns jetzt befinden. Sie werden mich besser verstehen, wenn ich Ihnen erzähle, dass neulich ein junger Mann aufgetaucht ist.“ der sich zum Sohn meines Onkels George und zum Erben seines Landes und Titels *erklärt* ein Schlag. Und da dieser elende Wille ausbleibt, fürchte ich, dass er alles erben wird. Wir bestreiten das natürlich und halten Ausschau nach dem fehlenden Testament, nach dem zunächst hätte gesucht werden sollen. Aber die ganze Angelegenheit ist sehr wackelig.

„Es ist schrecklich“, sagt Mona mit so viel Ernst, dass er sie sofort hätte umarmen können.

„Es ist sehr hart für Nick“, sagt er trostlos.

„Und er ist dein Cousin, dieser seltsame junge Mann?“

„Ja, das denke ich“, antwortet Mr. Rodney widerstrebend. „Aber er sieht nicht so aus. Hören Sie, wissen Sie“, ruft er vehement, „man kann viel ertragen, aber einen Kerl zu haben, der Karfunkelringe trägt und von seiner Mutter als dem ‚alten Mädchen‘ spricht.“ „Sich als deinen Cousin zu bezeichnen, ist mehr, als Fleisch und Blut ertragen können: es ist – es ist schlimmer als die Klage.“

„Es ist sehr hart für Sir Nicholas“, sagt Mona, die ihn jetzt um keinen Preis „Nick“ nennen würde.

„Noch schwieriger, als du denkst. Er ist mit einem der liebsten kleinen Mädchen überhaupt verlobt, aber wenn diese Affäre natürlich zu Gunsten von –“ er zögert spürbar und sagt dann mit Mühe – „meiner Cousine, dann geht die Verlobung zu Ende.“ Ende."

"Aber warum?" sagt Mona.

„Nun, danach wird er nicht mehr gerade ein Fang sein, wissen Sie“, sagt Rodney traurig. „Armer alter Nick! Nach all den Jahren wird es für ihn ein Niedergang sein.“

„Aber willst du mir etwa sagen, dass das Mädchen, das er liebt, ihn aufgeben wird, nur weil das Glück ihm missbilligt?“ fragt Mona langsam. „Natürlich kann sie nicht so gemein sein.“

„Es wird nicht ihre Schuld sein; aber natürlich wird ihr Volk Einwände erheben, was auf dasselbe hinausläuft. Sie kann nicht gegen ihr Volk vorgehen, wissen Sie.“

„Ich weiß *es nicht* “, sagt Mona nicht überzeugt. „Ich würde lieber gegen alle Menschen auf der Welt vorgehen, als schlecht zu dir zu sein. Und ihn auch zu verlassen, gerade in der Zeit, in der er sich am meisten Mitgefühl wünscht, in der Stunde seiner großen Not. Oh, das ist beschämend.“ ! Ich werde sie nicht mögen, denke ich.“

„Ich bin mir trotzdem sicher, dass du das tun wirst. Sie ist das fröhlichste und hellste Geschöpf, das man sich vorstellen kann, genau wie du selbst. Wenn es wahr ist, dass „Gleich und Gleichaltrige zusammenschwarmt“, müssen du und sie sich vermischen. Es kann sein, dass ihr nicht gut miteinander auskommt mit Violet Mansergh, die etwas zurückhaltend ist, aber ich weiß, dass du mit Doatie gut befreundet sein wirst.

"Was ist ihr Name?"

„Sie ist Lord Steynes zweite Tochter. Der Familienname ist Darling. Ihr Name ist Dorothy.“

„Auch ein hübscher Name.“

„Ja, altmodisch. Sie wird von ihren Vertrauten immer Doatie Darling genannt, was komisch klingt. Sie ist ziemlich charmant und wird von allen geliebt.“

„Dennoch würde sie ihrer Liebe entsagen und ihn um schmutzigen Profits willen verraten“, sagt Mona ernst. "Ich kann das nicht verstehen."

„So ist ihre Welt. Es gibt mehr in der Ausbildung, als man ganz weiß. Nun, du bist ganz anders. Das weiß ich; es ist vielleicht der Grund, warum du mein Herz zu deinem eigenen gemacht hast. Halte es nicht für schmeichelhaft, wenn.“ Ich sage dir, es gibt nur sehr wenige auf der Welt, wie du, aber ich möchte, dass du großzügig bist. Lass dich nicht von deiner Exzellenz abschrecken, und das ist ein allgemeiner Fehler, Liebling wie."

„Bin ich hart?“ sagt Mona wehmütig.

„Nein, das bist du nicht“, sagt Geoffrey und ist zutiefst betrübt darüber, dass er ihr gegenüber ein solches Wort hätte verwenden können. „Du bist nichts, was nicht süß und bezaubernd ist. Und darüber hinaus bist du, das weiß ich, die Aufrichtigkeit selbst. Ich fühle (und bin dankbar für das Wissen), dass es das Schicksal war, mich bis an die Lippen in Armut zu stürzen, „Du wärst mir immer noch treu.“

„Ich sollte umso treuer sein: Dann würdest du spüren, wie sehr du mich brauchst“, sagt Mona schlicht. Dann, als ob sie verwirrt wäre, fährt sie mit einem kleinen Seufzer fort: „Vielleicht werde ich mit der Zeit alles verstehen und wissen, wie andere Menschen sich fühlen, und – wenn es dir gefällt,

Geoffrey – werde ich versuchen, das Mädchen zu mögen, das du anrufst."
Doatie.

„Ich wünschte, Nick würde sie nicht so sehr mögen", sagt Geoffrey traurig.
„Es wird ihn mehr zerreißen als alle anderen, wenn er sie aufgeben muss."

„Geoffrey", sagt Mona leise und legt halb beschämt ihre Hand in seine, „ich
habe selbst fünfhundert Pfund, würde das – würde es Sir Nicholas von
Nutzen sein?"

Rodney ist zutiefst berührt.

„Nein, Liebling, nein, ich fürchte nicht", sagt er sehr sanft. Ohne den
zärtlichen Ernst und die Treue des armen Kindes hätte es fast eine leichte
Belustigung verspüren können; aber ihr Opfer ist ihm etwas Heiliges, und
ihre Worte wie einen Scherz zu behandeln, liegt ihm fern. Tatsächlich würde
es seiner Natur sehr fremd sein, jemanden vorsätzlich durch Worte oder
Taten zu beleidigen. Denn wenn „er ein Gentil ist, der einen Gentil dedist"
wahr ist, dann ist Rodney bis ins kleinste Detail ein Gentleman.

Es dämmert; „Die Schatten der Nacht fallen schnell", die kalte, blasse Sonne,
die den ganzen Tag über ihre kalten Oktoberstrahlen auf eine blattlose Welt
geworfen hat, ist jetzt hinter dem fernen Hügel versunken, und die traurige
Stille der kommenden Nacht hat ihren Finger berührt mit tiefer Berührung
auf der Stirn der Schöpfung.

„Weißt du", sagt Mona mit einem leichten Schauer und einem leicht
nervösen Lachen und drückt sich näher an ihre Seite, „ich habe in letzter Zeit
die Hälfte meines Mutes verloren? Ich scheine immer mit dem Bösen zu
rechnen."

Vom Gipfel des Berges herab kriechen die Schatten heimlich: Alles um uns
herum wird im unsicheren Licht düster, undeutlich und geheimnisvoll.

„Vielleicht bin ich nervös wegen all der unglücklichen Dinge, die man täglich
hört", fährt Mona mit gedämpfter Stimme fort. „Der Mord in Oola zum
Beispiel: Das war schrecklich."

„Na ja, aber ein Mord in Oola ist hier kein Mord, wissen Sie", sagt Mr.
Rodney leichthin. „Lasst uns warten, bis wir traurig sind, bis uns die
Melancholie klar wird – was in der Tat jeden Moment der Fall sein kann,
denn eure Landsleute sind von so sehr verspielter Natur. Erinnert ihr euch,
was für eine lebhafte Zeit wir in der Nacht hatten, zu der wir liefen?"
Maxwells Hilfe und was für eine Flucht hatte er?"

„Ja! So war er, eine Flucht, die *du* nie erfahren wirst", sagt in diesem Moment
eine heisere Stimme, die Monas Herz fast zum Stillstand bringen lässt. Einen
Augenblick später springen zwei Männer aus dem dunklen Graben, in dem

sie sich offensichtlich versteckt haben, und konfrontieren Rodney mit einem Ausdruck wilder Zufriedenheit auf ihren Gesichtern.

Auf den ersten Blick erkennt er, dass es sich dabei um die beiden Männer handelt, mit denen Mona in der Nacht, in der sie wegen Maxwells Ermordung ausgewählt wurde, einen Streit und Protestversuche unternommen hatte. Sie sind mit Waffen bewaffnet, tragen aber keine Verkleidung, nicht einmal das übliche schwarze Kreppband über der oberen Gesichtshälfte.

Rodney wirft einen kurzen Blick die Straße hinauf, aber kein menschliches Wesen ist zu sehen; Auch wenn sie hier gewesen wären, hätten sie keinen Nutzen gehabt. Denn wer würde es in diesen gesetzlosen Tagen wagen, sich der allmächtigen Landliga zu widersetzen oder sie in Frage zu stellen?

„Du, Ryan?" sagt Mona mit einem Versuch der Unbekümmertheit, aber ihr Ton ist völlig erstarrt vor Angst.

„Du siehst mich", sagt der Mann mürrisch; „Und Ihr könnt meinen Auftrag erraten." Während er spricht, berührt er auf furchtbar bedeutungsvolle Weise den Abzug seiner Waffe.

„Ich vermute es", antwortet sie langsam. „Nun, töte uns beide, wenn es sein muss." Sie legt ihre Arme um Rodneys Hals, während sie spricht, noch bevor er sich vorstellen kann, was sie sagen will, und verbirgt ihr Gesicht an seiner Brust.

„Treten Sie zurück", sagt Ryan wütend. „Geht zurück, sage ich euch, es sei denn, ihr wollt ein Loch in eure eigene Haut, denn sein letzter Moment ist gekommen."

„Lass mich gehen, Mona", sagt Geoffrey, löst ihre Arme um ihn und schleudert sie fast zur Seite. Es ist das erste und letzte Mal, dass er eine Frau grob behandelt.

"Ha! Das stimmt", sagt Ryan. "Halte sie fest, Carthy, während ich diesem englischen Gentleman eine Lektion erteile, die ihn in die andere Welt bringen wird. Ich werde ihm beibringen, wie er mir meine Beute ein zweites Mal entreißen kann. Glaubst du, ich wüsste nichts von Maxwell, was? Und dass mein Leben in deiner Obhut liegt! Aber deins liegt jetzt in meiner", mit einem schändlichen Grinsen, "und ich würde keinen Deut dafür geben."

Carthy hat Monas Arme von hinten knapp über dem Ellbogen gepackt und hält sie wie in einem Schraubstock fest. Es gibt kein Entkommen, keine Hoffnung! Da sie sich machtlos fühlt, unternimmt sie keine weiteren Anstrengungen, um sich zu befreien, sondern wartet mit geweiteten Augen und geöffneten, blutleeren Lippen, durch die ihr Atem in schnellen, qualvollen Keuchen geht, darauf, dass ihr Geliebter fast zu ihren Füßen ermordet wird. „Sprich jetzt ein kurzes Gebet", sagt Ryan und richtet seine Waffe auf sie, „denn deine letzte Stunde ist gekommen."

"Hat es?" sagt Rodney heftig. „Dann mache ich das Beste daraus", und bevor der andere Zeit zum Schießen findet, stürzt er sich auf ihn und packt ihn mit mörderischer Kraft an der Kehle.

Im Nu liegen sie einander in den Armen. Ryan ringt heftig, kann es aber kaum mit Rodney aufnehmen, dessen Jugend und Training es zeigen und der tatsächlich um sein Leben kämpft. In der Verwirrung geht die Waffe los, und die Kugel, die an Rodneys Arm vorbeifliegt, reißt ein Stück des Mantels und auch einen Teil des Fleisches weg. Aber das erfährt er erst später.

Sie schwanken hin und her, und dann fallen beide Männer schwer zu Boden. Jetzt sind sie wieder auf den Beinen, aber dieses Mal ist Rodney Herr über die ungeladene Waffe.

„Lass das Mädchen in Ruhe und komm her", ruft Ryan Carthy wütend zu, die Mona immer noch gefangen hält. Das Blut strömt aus einer großen Schnittwunde an seiner Stirn, die er sich bei seinem Sturz zugezogen hat.

"Feigling!" zischt Rodney zwischen seinen Zähnen. Sein Gesicht ist bleich wie der Tod; seine Zähne sind zusammengebissen; Seine grauen Augen sind flammendes Feuer. Sein Hut ist im Kampf heruntergefallen, und sein Mantel, der ziemlich zerrissen ist, verrät ein Hemd darunter, das tief mit Blut befleckt ist. Er steht ein wenig von seinem Gegner entfernt, den Kopf hochgeworfen, und sein blondes Haar liegt weit von der Stirn zurück.

„Komm schon", sagt er mit einem leisen, wütenden Lachen, das keine Heiterkeit enthält, sondern voller rücksichtslosem Trotz. „Aber zuerst", zu Ryan, „werde ich mit dir abrechnen."

Er geht mit der leeren Waffe in den Händen vor, hebt sie, hält sie am Lauf und lässt sie mit aller Kraft auf den Schädel seines Feindes niederprasseln. Ryan schwankt, taumelt und leckt noch einmal den Staub. Aber die elende Waffe – die wahrscheinlich auf dem Rücken eines elenden Shebeen in Bantry für jeden Preis zwischen fünf und sechs und einer Guinea verkauft wird – zerbricht in diesem Moment durch die Wucht des Schlags in zwei Teile, so dass Rodney erschöpft und schwach zurückbleibt mit Blutverlust seinem zweiten Gegner ausgeliefert.

Carthy, der sich zu diesem Zeitpunkt aus Monas festhaltendem Griff befreit hat – die angesichts der Wende, die die Dinge genommen haben, sich mit aller Kraft an ihn geklammert hat und so seine Bemühungen, seinem Gefährten zu Hilfe zu kommen, behindert hat – kommt an die Front.

Aber ein Nahkampf ist nicht Mr. Carthys Stärke. Er lässt sich lieber von Freunden und Bekannten stützen und hält ein Duell *a la mort* für eine schlechte Spekulation. Als er nun sieht, wie sein launischer Komplize scheinbar leblos auf dem Boden liegt, strömt sein Mut (was er davon hat), wie der von Bob Acres, durch seine Handflächen, und ein merkwürdiges Zittern, das sicherlich keine Angst sein kann, erfasst ihn seine Knie.

Darüber hinaus hatte er noch nie zuvor eine Waffe in seinem Besitz; und das Gefühl ist zwar neuartig, aber nicht so bezaubernd, wie er es sich so gern erhofft hatte. Er ist sichtlich schüchtern, wenn es darum geht, damit umzugehen, und in seinem Herzen ist er sich nicht ganz sicher, welches Ende davon ausgehen wird. Allerdings hebt er es mit zitternden Fingern hoch und bedeckt Rodney absichtlich.

Tyro, wie er ist und so nahe an seinem Gegner steht, hätte es kaum versäumen können, ihn in Stücke zu jagen, und hätte es wahrscheinlich auch getan, wenn nicht ein kleiner Unfall passiert wäre.

Mona, deren irisches Blut zu diesem Zeitpunkt am heißesten ist, war, als sie feststellte, dass sie nicht in der Lage war, die Bewegungen von Carthy noch länger zurückzuhalten, zur Mauer in der Nähe gestürzt und hatte, gestärkt durch Liebe und Aufregung, einen schweren Stein von der Spitze gerissen .

Jetzt dreht sie sich um, zielt vorsichtig auf Carthys Kopf und schleudert die Rakete von sich. Das Auge einer Frau ist in solchen Fällen selten sicher, und jetzt versagt der Stein, der für seinen Kopf bestimmt war, und schlägt ihm, indem er seinen Arm trifft, die Waffe aus seinen kraftlosen Fingern.

Damit ist das Gefecht beendet. Als Carthy sieht, dass alles verloren ist, gibt er nach und springt ungeachtet der niedergestreckten Gestalt seines Begleiters hastig über die niedrige Mauer und verschwindet im Nachtnebel, der aus der Bucht aufsteigt.

Rodney hebt die Waffe und zielt so sicher wie möglich auf die Gestalt des scheidenden Helden. Aber offensichtlich verfehlt die Kugel ihr Ziel, denn kein Geräusch der Angst oder des Schmerzes stört die völlige Stille des Abends.

Dann wendet er sich an Mona.

„Du hast mir das Leben gerettet", sagt er mit einem Ton, der heute Abend zum ersten Mal zittert, „meine Liebe! mein tapferes Mädchen! Aber was für eine Tortur für dich!"

„Ich habe nichts gespürt, nichts außer dem Einzigen, dass ich nicht in der Lage war, dir zu helfen", sagt Mona leidenschaftlich; „Das war bitter."

„Was für einen Geist, was für einen Mut hast du bewiesen! Zuerst fürchtete ich, du würdest in Ohnmacht fallen –"

„Solange du noch gelebt hast? Während ich dir vielleicht von Nutzen sein könnte? Nein!“ sagt Mona mit leuchtenden Augen. „Ich habe mir gesagt, dafür ist später noch genug Zeit.“ Dann, mit einem kleinen, trockenen Schluchzen: „ Später wird es Zeit zum *Sterben geben.* “

Hier fällt ihr Blick auf Ryans regungslose Gestalt und ein Schauder überkommt sie.

"Ist er tot?" „fragt sie flüsternd und zeigt, ohne ihren verstorbenen Feind anzusehen. Rodney bückt sich und legt seine Hand auf das Herz des Raufbolds.

„Nein, er atmet“, sagt er. „Er wird zweifellos überleben. Ungeziefer ist schwer zu töten. Und wenn er stirbt“, sagte er bitter, „was schon? Hund! Lass ihn dort sterben! Die Straße ist ein zu guter Ort für ihn.“

„Komm nach Hause“, sagt Mona schwach. Nun ist die eigentliche Gefahr vorüber, Angst befällt sie und macht sie zur Beute imaginärer Anblicke und Geräusche. „Vielleicht gibt es noch andere. Zögern Sie nicht.“

Da sie nicht weiß, dass Geoffrey bei dem Kampf verletzt wurde, legt sie ihre Hand auf den verletzten Arm. Instinktiv schreckt er vor der Berührung zurück.

"Was ist es?" sagt sie ängstlich und dann: „Dein Mantel ist nass – ich fühle es. Oh Geoffrey, sieh dir dein Hemd an. Es ist Blut!“ Ihr Ton ist voller Entsetzen. „Was haben sie dir angetan?“ sagt sie mitleiderregend. „Du bist verletzt, verwundet!“

„Es kann nicht viel sein“, sagt Geoffrey, der sich, um die Wahrheit zu gestehen, mittlerweile ein wenig krank und schwach fühlt. „Ich wusste bis jetzt nicht, dass ich berührt war. Komm, lass uns zurück zur Farm gehen.“

„Ich wundere mich, dass du mich nicht hasst“, sagt Mona mit einem gebrochenen Schluchzen, „wenn du dich daran erinnerst, dass ich vom gleichen Blut bin wie diese Elenden.“

"Hasse dich!" antwortet er mit einem Lächeln unbeschreiblicher Zärtlichkeit: „Mein Erhalter und meine Liebe!“

Seine Worte trösten sie ein wenig, aber Angst und Depression halten sie immer noch gefangen. Sie besteht darauf, dass er sich auf sie stützt, und als er sieht, dass sie ihm einen Dienst erweisen will, legt er ihr leicht die Hand auf die Schulter, und so gehen sie langsam nach Hause.

KAPITEL XIII.

WIE MONA SICH DR. Ebenbürtig – wenn nicht sogar überlegen – erweist. MARY WALKER; UND WIE GEOFFREY DURCH EINE BASISBEDROHUNG SEINEN PUNKT DURCHSETZT.

Der alte Brian Scully ist in seinem Wohnzimmer und kommt ihnen entgegen, als sie die Halle betreten – seine Pfeife hinter dem Rücken.

„Komm rein, komm rein", beginnt er fröhlich und hält dann, als er Monas blasses Gesicht erblickt, inne. „Warum, was ist mit dir passiert?" schreit er entsetzt und blickt von seiner Nichte zu Rodneys verfärbtem Hemd und zerrissenem Mantel; "was ist passiert?"

„Es war Tim Ryan", erwidert Mona müde, da sie sich einer langen Geschichte gerade nicht gewachsen fühlt.

„Äh, aber das sind schlechte Nachrichten!" sagt die alte Scully, offensichtlich verängstigt und entmutigt von den Worten seiner Nichte. „Wo wird das alles enden? Komm rein, Herr Rodney. Lass mich dich ansehen, Junge. Nein, kein Wort von dir kommt jetzt, bis du etwas schmeckst. Das ist in Stücken, und ein guter Mantel, das war es Morgen. Da ist der Whisky, Agra, und da ist das Wasser! Oh, der schwarze Bösewicht!

So geht es dem gütigen Bauer, der zutiefst davon berührt ist, dass so etwas geschehen sollte – und ausgerechnet Rodney angetan wurde. Er geht um den jungen Mann herum und murmelt leise seine Empörung, während er ihm mit sanfter Sorgfalt dabei hilft, seinen Mantel auszuziehen – oder zumindest die Reste des einst so schönen Kleidungsstücks, das Mr. Poole als Eltern hatte.

„Wo ist der Arzt überhaupt?" sagt er, zwingt Geoffrey auf einen Stuhl und dreht sich zu Biddy um, die mit offenem Mund in der Tür steht und die zwar betrübt ist, sich aber offensichtlich über die Situation freut. Als sie untersucht wird, teilt sie ihnen mit, dass der „Doktor" sich heute Abend auf dem Gipfel des Carrigfoddha-Berges befindet und buchstäblich „erst am Morgen zu Hause sein wird".

„Was ist nun zu tun?" sagt der alte Brian verzweifelt. „Ich weiß, und wenn du es mir sagen würdest, es ist Norry Flannigan! Genau wie diese Wimmen, die immer lästig sind! Bist du sicher, Biddy?"

„Trotzdem bin ich es, Sir. Ich sehe ihn vor nicht einmal einer Stunde mit meinen eigenen Augen gehen, in der Gig und auf dem weißen Pferd, mit dem blassen Auge und dem losen Schwanz – das sieht für alle Welt so aus Es war ihm vermasselt, und Norry ruft ihn auch nicht an (obwohl ich nicht sage, dass sie unterwegs sein wird), aber Larry Moloney, der Feger, hat das verstanden Morgen, und dieses Mal ist er ganz verschwunden, sagen die

Leute. Und es ist auch schade, dass er ein anständiger Kerl war, ein noch nicht so tödlicher Feigling.

Diese Laudatio auf den scheidenden Larry hält sie mit viel Salbung und viel Karoschürze im Augenwinkel.

„Macht nichts, Larry", sagt der Bauer ungeduldig. „Dies ist das siebte Mal, dass er in diesem Jahr gestorben ist. Aber denken Sie hier an Herrn Rodney. Können Sie nicht etwas für ihn tun?"

„Sicher, Miss Mona kann das", sagt Biddy, dreht sich zu ihrer jungen Herrin um und steht in ihrer Lieblingsposition in der Tür – das heißt mit in die Seite gestemmten nackten Armen und dem Kopf zur Seite wie eine Elster. „Sie ist wirklich geschickt darin, zu reden, zu lehren und so weiter."

„Oh nein, ich bin nicht schlau", sagt Mona; „Aber" – nervös und mit gesenktem Blick wandte er sich an Geoffrey – „Vielleicht kann ich es Ihnen vielleicht etwas bequemer machen."

Ein seltsames Gefühl der Schüchternheit lastet auf ihr. Ihr treuer englischer Liebhaber steht dicht neben ihr, er ist von seinem Stuhl aufgestanden, hat die Augen auf sie gerichtet und sieht in seinen Hemdsärmeln wegen seiner Blässe und wegen der dunklen Ringe, die unter seinen Augen liegen, noch hübscher aus als sonst. verwerfen ihre Farbe und machen sie dunkler und tiefer, als es ihrer Natur entspricht. Wie soll sie den Arm dieses jungen Adonis entblößen? Wie soll sie ihm helfen, seine Wunde zu heilen? Oh, Larry Moloney, wofür musst du dich nicht verantworten!

Sie scheut ein wenig vor der Aufgabe zurück und wäre ihr am liebsten ganz aus dem Weg gegangen; obwohl es auch Glück in dem Gedanken gibt, dass dies eine Gelegenheit ist, bei der sie ihm wirklich von Nutzen sein könnte. Wird sie nicht schon die bloße Tat ihm näher bringen? Ist es nicht süß zu spüren, dass es in ihrer Macht liegt, seinen Schmerz zu lindern? Und tut sie nicht nur das, was eine zärtliche Ehefrau gerne für ihren Mann tun würde?

Sie zögert immer noch, obwohl sie weder vulgäre Unbeholfenheit noch albernes *Mauvaise honte erkennen lässt* . Tatsächlich ist das einzige Anzeichen von Emotionen, das sie zeigt, ein sanftes, langsames Erröten, das, wenn es schnell zunimmt, sogar ihre kleinen Ohren rosa farbt.

„Lass sie thry", sagt der alte Brian in seinem weichen, irischen Brogue, der freundlich aus seiner Zunge kommt. „Sie ist in den meisten Dingen sehr klug."

„Ich möchte sie kaum darum bitten", sagt der junge Mann, gespalten zwischen einem überwältigenden Wunsch, es „bequem" zu machen, wie sie es ausgedrückt hat, und einer ritterlichen Angst, dass der Anblick des hässlichen, aber harmlosen Fleisches eine Wunde verursacht wird ihr etwas

Kummer bereiten. „Vielleicht macht es dich unglücklich – vielleicht schockiert es dich", sagt er mit einiger Besorgnis zu ihr.

„Nein, es wird mich nicht schockieren", erwidert Mona leise; Daraufhin setzt er sich, und Biddy stellt eine Schüssel auf den Tisch, und Mona nimmt mit zitternden Fingern eine Schere und schneidet den Hemdsärmel von seinem verletzten Arm ab. Dann badet sie es.

Nach einem Moment wird sie totenbleich und sagt mit schwacher Stimme: „Ich weiß, dass ich dir weh tue: Ich *fühle* es." Und in Wahrheit glaube ich, dass das zarte Herz es spürt, viel mehr als er. In ihren schönen Augen liegt ein Ausdruck, der einer Qual gleichkommt.

" *Du* tust mir weh!" antwortet er in einem eigenartigen Ton, der zwar nicht so eigenartig ist, aber sie vollkommen befriedigt. Und dann lächelt er, und als er sieht, dass der alte Brian wieder zum Feuer und seiner Pfeife zurückgekehrt ist und Biddy frisches Wasser geholt hat, beugt er sich über das gerötete Becken und küsst sie trotz aller unromantischen Umgebung ebenso liebevoll als ob Rosen und Mondstrahlen und tropfende Fontänen und parfümierte Exoten überall wären. Und das, weil wahre Romantik – die kein äußeres Feuer braucht, um warm zu bleiben – in seinem Herzen liegt.

Und nun kennt Mona keine Nervosität mehr, sondern fesselt mit ruhiger und geübter Hand seinen Arm, und als alles fertig ist, stößt er ihn sanft (*sehr* sanft) von sich, und „mit Herz auf ihren Lippen und Seele in ihren Augen" begutachtet voller Stolz ihr Werk.

„Jetzt hoffe ich, dass Sie weniger Schmerzen verspüren", sagt sie mit bescheidenem Triumph.

„Ich fühle keinen Schmerz", erwidert er galant.

"Gut gesagt!" ruft der alte Mann aus der Kaminecke und klopft sich vor Freude aufs Knie; „In der Tat gut gesagt! Es erinnert mich an die alten Tage, als wir jede Lüge schworen, um dem Mädchen zu gefallen, das wir liebten. Ja, sehr gut, sehr gut."

Daraufhin brechen Mona und Geoffrey in stummes Gelächter aus und werden von der Unterstellung, dass sie lügen sollen, überwältigt.

„Komm her und setz dich, Junge", sagt die alte Scully, die von ihrer heimlichen Heiterkeit nichts weiß, „und erzähl mir alles von Anfang bis Ende – dass Ryan ein wilder Schurke ist –, während Mona sich um ein Bett kümmert." Ihr."

„Oh nein", sagt Rodney hastig. „Ich habe mir schon viel zu viel Mühe gemacht. Ich versichere Ihnen, dass es mir jetzt ganz gut genug geht, um wieder nach Bantry zurückzureiten."

„Nach Bantry", sagt Mona, die wieder weiß wird, „heute Nacht! Oh, willst du mich und dich selbst töten?"

„Sie hat Vernunft", sagt der alte Mann ernst und anerkennend und rundet seinen Satz nach französischer Art ab, wie es die Iren so oft tun: „Sie hat es gesagt", fährt er fort, „sie sagt es immer; das hat sie." Verstanden, meine Kollegin. Sie kommen heute Abend nicht aus dem Haus, Mr. Rodney, also entscheiden Sie sich dafür, wenn Tim Ryan zu diesem Zeitpunkt abgeholt und nach Hause getragen wird Es wird alles draußen sein, und es gibt keine sichere Reise für Mensch und Seele. Hier ist ein gemütlicher Platz für dich am Feuer: Setz dich, Junge, und nimm das Leben in Ruhe.

„Wenn ich ganz sicher wäre, würde ich nicht schrecklich im Weg sein", sagt Geoffrey und wendet sich an Mona, die die Zeremonien leitet.

„Seien Sie ganz sicher", erwidert sie lächelnd.

„Und morgen kannst du nach Banthry gehen und diesen Schurken Ryan vor Gericht stellen", sagt Scully, „und deinen Arm danach richtig untersuchen lassen."

„Das kann ich", sagt Geoffrey. Dann richtet er seinen Blick auf Mona, nicht aus irgendeinem besonderen Grund, sondern weil er sie aus Liebe zu ihr immer ansieht. Sie steht mit gesenktem Kopf am Tisch.

„Ja, morgen können Sie Ihren Arm neu verbinden lassen", sagt sie mit leiser Stimme, die nach Traurigkeit riecht; und dann weiß er, dass sie nicht will, dass er Ryan strafrechtlich verfolgt.

„Ich glaube, ich lasse Ryan in Ruhe", sagt er sofort, wendet sich an ihren Onkel und spricht nur ihn an, als wollte er beweisen, dass er nichts von Monas geheimem Wunsch weiß. „Ich habe ihm genug gegeben, um einige Zeit durchzuhalten." Doch das Mädchen liest ihn durch und durch und ist ihm zutiefst dankbar für dieses schnelle Zugeständnis an ihren unausgesprochenen Wunsch.

„Na ja, im Herzen bist du ein guter Junge", sagt Scully, vielleicht in seinem tiefsten Inneren froh, so wie seine Landsleute es immer sind und sein werden, wenn ein Landsmann das Gesetz betrügt und einem gerechten Urteil entgeht. „Mona, kümmere dich eine Weile um ihn, bis ich zu meinem faulen Spalpeen gehe und ihn dazu bringe, ein gutes Bett unter Mr. Rodneys Pferd zu legen."

Als der alte Mann gegangen ist, geht Mona leise auf ihren Geliebten zu und sagt dankbar, indem sie ihre Hand auf seinen Arm legt – eine Hand, die auf wundersame Weise in letzter Zeit weißer geworden zu sein scheint:

„Ich weiß, warum Sie das über Ryan gesagt haben, und ich danke Ihnen dafür. Ich möchte nicht glauben, dass es Ihr Wort war, das ihn mitgerissen hat.“

„Dennoch lasse ich ihn frei, damit er möglicherweise noch größere Verbrechen begeht.“

„Trotzdem irren Sie sich auf der Seite der Barmherzigkeit, wenn Sie überhaupt einen Fehler machen; und – vielleicht gibt es keine anderen Verbrechen. Vielleicht hat er heute Abend seine Lektion erhalten – eine bleibende. Morgen werde ich zu seiner gehen.“ Kabine, und——“

„Jetzt, ein für alle Mal, Mona“, unterbricht er entschlossen, „ich verbiete dir strikt, jemals wieder zu Ryans Cottage zu gehen.“

Es ist das erste Mal, dass er ihr gegenüber den Ton der Autorität anwendet, und unwillkürlich schreckt sie vor ihm zurück und blickt unter ihren langen Wimpern halb ängstlich, halb vorwurfsvoll zu ihm auf, wie es ein beleidigtes Kind tun würde.

Er folgt ihr, ergreift ihre beiden Hände und zieht sie, indem er sie fest hält, in ihre frühere Position neben sich zurück.

„Verzeih mir, es war ein hässliches Wort“, sagt er, „ich nehme es zurück. Ich werde dir niemals etwas verbieten, Mona, wenn mein Tun diesen Ausdruck in deine Augen zaubern muss. Doch sicherlich gibt es in jedem Moment Momente.“ das Leben einer Frau, wenn der Mann, der sie liebt und den sie liebt, von ihr Gehorsam verlangen darf, wenn es zu ihrem eigenen Besten ist. Ich bitte Sie jedoch, nicht noch einmal in Ryans Hütte zu gehen.

Das Mädchen löst ihre Hände aus seinem festen Griff, legt sie leicht gekreuzt auf seine Brust und blickt voller Vertrauen zu ihm auf:

„Nein“, sagt sie sehr süß und ernst, „Sie verwechseln mich. Ich bin froh, Ihnen zu gehorchen. Ich werde nicht noch einmal zu Ryans Haus gehen.“

In ihrem Ton liegt sowohl Würde als auch Zärtlichkeit. Sie blickt ihn einen Moment lang ernst an, dann legt sie plötzlich einen Arm um seinen Hals.

„Geoffrey“, sagt sie mit sichtbarer Anstrengung.

"Ja, Liebling."

„Ich möchte, dass du etwas für mich tust.“

„Ich werde alles tun, mein eigenes.“

„Es ist meinetwegen; aber es wird mir das Herz brechen.“

„Mona! Was wirst du mir sagen?“

„Ich möchte, dass Sie Irland verlassen – nicht nächsten Monat oder nächste Woche, sondern sofort. Morgen, wenn möglich.“

„Mein Schatz, warum?“

„Weil Sie hier nicht sicher sind: Ihr Leben ist in Gefahr. Sobald Ryan genesen ist, wird er sich nicht damit zufrieden geben, Sie am Leben zu sehen, da er weiß, dass sein Leben in Ihren Händen liegt; Sie werden jede Stunde in Gefahr sein. Was auch immer es mich kosten mag.“ , du musst gehen."

„Das ist schrecklicher Unsinn, wissen Sie“, sagt Rodney leichthin. „Wenn er sieht, dass ich keine Schritte unternommen habe, um ihn zu verhaften, wird er alles vergessen und keinen weiteren bösen Willen ertragen.“

„Du verstehst dieses Volk nicht so gut wie ich. Ich sage dir, er wird dir seinen Untergang neulich Nacht nie verzeihen oder den Gedanken, dass er in deiner Macht ist.“

„Nun, auf jeden Fall werde ich keinen Moment gehen, bevor ich es gesagt habe“, sagt Rodney.

„Jetzt bin ich an der Reihe, Gehorsam zu fordern“, sagt Mona und versucht leicht zu lächeln. „Wirst du jede Stunde meines Lebens unglücklich machen? Kann ich in dem Gedanken leben, dass jede Minute mir schlechte Nachrichten über dich bringen könnte – könnte mir die Nachricht von deinem Tod bringen?“ Hier gibt sie einem leidenschaftlichen Ausbruch von Trauer nach und klammert sich fester an ihn, als ob sie ihn mit ihren weichen Armen vor aller Gefahr schützen wollte. Ihre Tränen berühren ihn.

„Nun, ich werde gehen“, sagt er, „unter einer Bedingung: dass du mit mir kommst.“

"Unmöglich!" sich von ihm zurückziehen. „Wie könnte ich bereit sein? Und außerdem habe ich gesagt, dass ich dich erst nach Ablauf eines Jahres heiraten werde. Wie kann ich mein Wort brechen?“

„Dieses Wort hätte niemals gesagt werden dürfen. Es ist besser gebrochen.“

"Ach nein."

„Sehr gut. Ich werde Sie nicht bitten, es zu brechen. Aber ich werde hier bleiben. Und wenn“, sagt dieser schlaue junge Mann in einem absichtlich traurigen Ton, „etwas passieren *sollte* , wird es –“

„Sag es nicht! Tu es nicht!“ schreit Mona schmerzerfüllt und hält ihm mit der Hand den Mund zu. „Tu es nicht! Ja, ich gebe nach. Ich werde mit dir gehen. Ich werde dich heiraten, wann immer du willst, je früher, desto besser“, – fieberhaft; „Alles, um dein Leben zu retten!“

Das ist kaum schmeichelhaft, aber Geoffrey geht darüber hinweg.

„Diese Woche also", sagt er, nachdem er die alte Weisheit gehört und sich die Weisheit zu Herzen genommen hat, wonach das Eisen schmieden soll, solange es heiß ist.

„Sehr gut", sagt Mona, die blass und nachdenklich ist.

Und dann kommt der alte Brian herein und Geoffrey eröffnet ihm diesen neu ausgedachten Plan; und nach einer Weile gibt der alte Bauer mit Tränen in den Augen und einem seltsamen Zittern in der Stimme, das Monas Herz durchdringt, seine Zustimmung dazu und murmelt einen Segen für diese übereilte Heirat, die ihn seines Besten berauben wird liebt auf Erden.

Und so heiraten sie, und die letzten Worte werden gesprochen und Abschied genommen, und traurige Tränen fließen, und viele Tage lang kennt ihr eigenes Land Mona nicht mehr.

Und in dieser Nacht, als sie tatsächlich verschwunden ist, kommt ein Sturm vom Meer herauf und treibt die großen Wellen an die felsige Küste. Und triumphierend reiten die Meeresbewohner auf ihren weißen Brüsten und schreien laut ihr wildes, süßes Lied, das sich harmonisch mit der seltsamen Musik der Winde und Wellen vermischt.

Und das ganze Land ist reich an wütender Schönheit unter den Strahlen des kalten Mondes

„Über die Dunkelheit wirft ihr silberner Mantel;"

und die schluchzenden Wellen brechen mit ohnmächtiger Wut an den riesigen Granitwänden, die die Küste säumen, und die Wolken senken sich auf die Hügel, und die Seevögel schreien laut, und die ganze Natur scheint nach Mona zu schreien.

Aber auf den Hügel von Carrickdhuve, um allein zu sitzen und in liebevoller Stille die himmlische Erhabenheit von Erde, Himmel und Meer zu betrachten, kommt Mona Scully für immer nicht mehr.

KAPITEL XIV.

WIE GEOFFREY EINEN BRIEF SCHREIBT, DER ALLE EIGENSCHAFTEN VON DYNAMIT VERFÜGT – UND WIE IN DEN TÜRMEN VERWIRRUNG herrscht.

Im Haus von Rodney herrscht Trauer und Leid. Entsetzen ist über sie hereingebrochen, und etwas, das an Schande grenzt. Lady Rodney lehnt sich in ihrem Stuhl zurück, ihr duftendes Taschentuch dicht vor die Augen gedrückt, schluchzt laut und lässt sich nicht trösten.

Die Urne zischt wütend und stößt mit aller Kraft Trotz aus. Offensichtlich ist es von der Überzeugung besessen, dass die Teekanne ihm einen tödlichen Schaden zugefügt hat, und führt einen Krieg mit dem Messer.

Die Teekanne ignoriert derweil ruhig ihre Wut und rümpft förmlich die Nase darüber. Es ist eine sehr stolze alte Teekanne und blickt in sehr würdevoller Weise direkt vor sich auf eine kriegerische Reihe von Tassen und Untertassen, die in Kampfordnung aufgestellt sind und nur auf das Befehlswort warten, um auf sie loszugehen Feind.

Aber dieses Wort kommt nicht. Vergebens zischt die wütende Urne. Umsonst hält die Teekanne ihre hochnäsige Nase hoch. Die Tassen und Untertassen reihen sich umsonst in militärischer Ordnung auf. Lady Rodney ist in Tränen aufgelöst.

„Oh! Nicholas, das kann nicht wahr sein! Das *kann wirklich nicht wahr sein* !" sagt sie und spielt auf die Neuigkeiten an, die in einem Brief enthalten sind, den Sir Nicholas mit verwirrter Stirn liest.

Er ist ein großer junger Mann, etwa zweiunddreißig, der jedoch jünger aussieht, mit einem etwas blassen Teint, großen, verträumten braunen Augen und sehr feinem, glattem schwarzem Haar. Er trägt weder Schnurrbart noch Schnurrbart, hauptsächlich aus dem guten Grund, dass die Natur vergessen hat, sie bereitzustellen. Wofür er vielleicht dankbar sein sollte, denn es wäre grausam gewesen, die übermäßige Schönheit seines Mundes, seines Kinns und seines perfekt geformten Kiefers zu verbergen. Dies sind seine Hauptreize: Er ist mild und nachdenklich, aber ein wenig fest und passt perfekt zu seinem oberen Teil seines Gesichts. Er sieht zwar nicht gut aus, ist aber auf jeden Fall attraktiv.

In seiner Art ist er etwas träge, schweigsam, vielleicht faul. Aber er hat einen subtilen Charme, der ihn bei allen, die ihn kennen, beliebt macht. Vielleicht liegt es an seiner angeborenen Abscheu davor, die Gefühle von irgendjemandem zu verletzen, sei er groß oder klein, und vielleicht liegt es an seinem angeborenen Wissen über die Menschheit und an der Fähigkeit, die Gedanken anderer Menschen zu lesen, die er (wie die meisten anderen sensiblen Menschen) besitzt denen, mit denen er in Kontakt kommt, das ermöglicht es ihm, solche Beleidigungen zu vermeiden. Vielleicht liegt es an seiner Ehrlichkeit, seiner Geradlinigkeit und seiner allgemeinen, wenn auch untätigen Freundlichkeit.

Er kümmert sich um nichts, schon gar nicht darum, sich beliebt zu machen, und doch ist auf dem ganzen Land kein Mann so beliebt wie er. Es ist wahr, dass hier ein freundliches Wort oder ein Lächeln an der richtigen Stelle mehr dazu beiträgt, einen Mann zu einem gesellschaftlichen Idol zu machen, als beträchtliche Wohltätigkeitstaten, die von einer unsympathischen Hand gespendet werden. Das kann ungerecht sein; Es ist zweifellos eine Tatsache, die nicht bestritten werden kann.

Gerade ist seine Stirn zu einem tiefen Stirnrunzeln hochgezogen, als er den verhängnisvollen Brief liest, der seine Mutter zu einer Niobe degradiert hat. Ein anderer junger Mann, sein Bruder, Captain Rodney, der zwei oder drei Jahre jünger ist als er, schaut ihm über die Schulter, während ein schmächtiges, braunhaariges, sehr aristokratisch aussehendes Mädchen versucht, mit sanfter, modulierter Stimme etwas zu vermitteln Trost für Lady Rodney.

Das Frühstück ist vergessen; die Brötchen und das Toast und die Nieren werden kalt. Sogar ihr eigenes kleines Stück selbstgebackenes Brot verliert seine Knusprigkeit und verfällt in einen niedergeschlagenen Zustand, was fast mehr als alles andere zeigt, dass Lady Rodney tatsächlich sehr weit weg ist.

Als Sir Nicholas spricht, gerät Violet bei dem anhaltenden Schluchzen so in Angst, wie es eine gute Erziehung nur zulässt.

„Es ist unvorstellbar!" er sagt zu niemandem Bestimmtem. „Was zum Teufel meint er?" Er dreht den Brief zwischen seinen Fingern hin und her, als wäre er eine Bombe; obwohl er in diesem Stadium des Verfahrens in der Tat überhaupt keine Angst davor hätte haben müssen, da es schon vor langer Zeit losgegangen ist und Lady Rodney in Atome zerlegt hat. „Ich hätte nicht gedacht, dass Geoffrey so ein Typ ist."

"Aber was ist es?" fragt Miss Mansergh hinter Lady Rodneys Stuhl, nur ein wenig ungeduldig.

„Na ja, Geoffrey war und ist gegangen und hat geheiratet", sagt Jack Rodney, zieht seinen langen, blonden Schnurrbart und spricht ziemlich unbeholfen. Seit seiner Rückkehr aus Indien wurde ihm mehrfach angedeutet, dass Violet Manserghs Aufmerksamkeit, da er seinem Bruder Geoffrey vorbehalten sei, von der Familie mit Missfallen betrachtet werde. Und ihr nun von der Abtrünnigkeit ihres ehemaligen Liebhabers zu erzählen, ist nicht angenehm. Dennoch beobachtet er sie ruhig, während er spricht.

"Ist das alles?" sagt Violet, sicherlich in einem Ton der Überraschung, aber ebenso sicherlich in einem der Erleichterung.

„Nein, das ist *nicht* alles", unterbricht Sir Nicholas. „Daraus geht hervor", berührt die Bombe, „dass er eine – eine – junge Frau von sehr minderwertiger Herkunft geheiratet hat."

„Oh! Das ist wirklich schockierend", sagt Violet und kräuselt ihre sehr kurze Oberlippe.

„Ich hoffe, sie ist nicht das Unterhausmädchen", sagte Jack launisch. „Es ist so furchtbar alltäglich geworden. Drei Kerle haben dieses Jahr Unterhausmädchen geheiratet, und die Leute haben es jetzt satt; man kann die Aufregung nicht immer aufrechterhalten. Alles Neue könnte zu einer Ablenkung zu seinen Gunsten führen, aber er ist für immer am Ende er hat ein anderes Unterhausmädchen geheiratet."

„Es ist schlimmer", sagt Lady Rodney in unterdrücktem Ton und kommt für einen kurzen Moment hinter dem überschwemmten Taschentuch hervor. „Er hat die Nichte eines gewöhnlichen Bauern geheiratet!"

„Nun, das ist doch besser als die einfache Nichte eines Bauern", sagt Jack tröstend.

„Was sagt er dazu?" fragt Violet, die keinerlei Anzeichen dafür zeigt, dass es Sinn macht, die Weide für diesen fehlgeleiteten Benedict zu tragen, sondern vielmehr die ganze natürliche Neugier einer Frau an den Tag legt, um genau zu wissen, was er über das interessante Ereignis gesagt hat, das stattgefunden hat.

Sir Nicholas widmet sich erneut der Entschlüsselung des verhassten Briefes. „‚Er hätte schon früher geschrieben, aber er sah keinen Sinn darin, vorher viel Aufhebens zu machen'", liest er langsam.

„Nun, das hat durchaus Sinn", sagt Jack.

„‚Ganz schönstes Mädchen der Welt', mit einem kräftigen Strich unter dem ‚ziemlich'. Das ist immer so, wissen Sie: Daran ist nichts Neues oder Auffälliges. Sir Nicholas spricht die ganze Zeit in einem Ton, der durchweg launisch und angewidert ist.

„Es ist dennoch ein Punkt zu ihren Gunsten", sagt Jack, der erneut über die Schulter auf den Brief blickt.

„Sie ist in jeder Hinsicht charmant'", fährt Sir Nicholas fort und schraubt sich bewusst sein Glas ins Auge, „mit einem Geist, der so süß ist wie ihr Gesicht.' Oh, es ist absurd!" sagt Sir Nicholas ungeduldig. „Er befindet sich offensichtlich im letzten Stadium der Dummheit. Hoffnungslos verhext."

„Und das ist auch sehr gut", fügt Jack tolerant hinzu: „Es wird nicht von Dauer sein, wissen Sie, also kann er es genauso gut stark halten, während er dabei ist."

"Was weißt du darüber?" „sagt Sir Nicholas, indem er den Spieß auf die unerwartetste Art und Weise gegen seinen Bruder umdreht und ausgesprochen verärgert aussieht, ohne ersichtlichen Grund, wenn man bedenkt, dass er selbst die ganze Angelegenheit so aufs Schärfste verurteilt. „Da er mit ihr verheiratet ist, vertraue ich aufrichtig darauf, dass seine Zuneigung zu ihr tief und dauerhaft und nicht fehl am Platz sein wird. Sie könnte ein sehr charmantes Mädchen sein."

„Vielleicht", sagt Jack. „Na, mach weiter. Was sagt er noch?"

„,Er wird wieder schreiben. Und er ist sicher, dass wir sie alle lieben werden, wenn wir sie sehen.' Das ist ein weiterer Satz, dessen sind sie sich immer im Voraus sicher. Sie regeln unsere Gefühle für uns, und ich hoffe, dass er sich dieses Mal sechs Monate lang genauso sicher sein wird.

„Armes Mädchen! Sie tut mir wirklich leid", sagt Jack mit einem leichten Seufzer. „Was für einen schrecklichen Arsch hat er aus sich gemacht!"

„Und ,er ist jetzt glücklicher als jemals zuvor in seinem ganzen Leben.' Pah!" ruft Sir Nicholas aus und schließt den Brief ungeduldig. "Er ist verrückt!"

„Woher schreibt er?" fragt Violet.

„Aus dem Louvre. Sie sind in Paris."

„Er ist seit vierzehn Tagen verheiratet und hat sich bis jetzt nie dazu herabgelassen, seiner eigenen Mutter davon zu erzählen", sagt Lady Rodney hysterisch.

„Ganze vierzehn Tage! Und er ist so sehr in sie verliebt wie eh und je! Oh! Halb schlecht kann sie gar nicht sein", sagt Kapitän Rodney hoffnungsvoll.

„Das Unglück scheint über uns hereinzubrechen", sagt Lady Rodney bitter.

„Ich nehme an, sie ist römisch-katholisch", sagt Sir Nicholas nachdenklich.

Daraufhin sitzt Lady Rodney ganz aufrecht und wendet sich flehend an Violet. „Oh, Violet, das hoffe ich nicht", sagt sie.

„Fast alle irischen Bauern sind es", erwidert Miss Mansergh widerstrebend. „Wenn ich bei Onkel Wilfrid in Westmeath wohne, sehe ich sie alle jeden Sonntagmorgen zur Messe gehen. Natürlich" – freundlicherweise – „gibt es ein paar Protestanten, aber es sind sehr wenige."

„Das ist zu schrecklich!" stöhnt Lady Rodney und sinkt wieder in ihren Stuhl zurück, völlig überwältigt von diesem letzten krönenden Schlag. Sie faltet ihre Hände mit einer beklagenswerten Geste und sieht tatsächlich wie die Verkörperung des angewiderten Kummers aus.

„Liebe Lady Rodney, das sollte ich mir nicht so sehr zu Herzen nehmen", sagt Violet und beugt sich sanft über sie. „Ganz gute Leute sind jetzt Katholiken, wissen Sie. Es ist in der Tat die Modereligion und, wenn man es bedenkt, eine ziemlich nette."

„Ich möchte nicht daran denken", sagt ihre Freundin verzweifelt.

„Aber tun Sie es", fährt Violet in ihrem sanften, gleichmäßigen Monoton fort, der so genau zu ihrem Gesicht passt. „Es ist ein ziemlich angenehmer Gedanke. Wissen Sie, die Beichte ist so beruhigend; und dann sind da immer die lieben Heiligen mit ihren entzückenden Geschichten von Rosen und Lilien und Tränen, die sich in Tropfen heilenden Balsams verwandeln, und ihren Knochen, die darin liegen." Kleine Glasvitrinen in den Kirchen im Ausland. Es ist alles so malerisch und hübsch, wie eine italienische Landschaft. Und es ist auch so angenehm zu wissen, dass wir, egal wie ungezogen wir hier sind, immer noch in den Himmel kommen können indem du eine große und wohltätige Tat vollbringst.

„Da ist sicherlich etwas dran", sagt Kapitän Rodney mit Gefühl. „Ich frage mich jetzt, welche großartige und wohltätige Tat ich vollbringen könnte."

„Und dann ist es nicht süß zu denken", fährt Violet fort und erwärmt sich für ihr Thema, „dass man seinen Freunden, wenn sie tot sind, immer noch einen Dienst für sie leisten kann, indem man für ihre Seelen betet? Es scheint sie immer bei der Stange zu halten." eins. Sie scheinen uns nicht so verloren zu sein, wie sie es sonst tun würden.

„Violet, bitte rede nicht so; ich verbiete es", sagt Lady Rodney entsetzt. „Nichts könnte mich dazu bringen, gut über irgendetwas nachzudenken, was damit zusammenhängt – dieses abscheuliche Mädchen; und wenn du so sprichst, regst du mich ziemlich auf. Wenn du das tust, wird dein Name in die schreckliche Liste der Perversen in der ‚Whitehall Review' aufgenommen." Pass nicht auf dich auf.

„Das werden Sie wirklich, wissen Sie", sagt Kapitän Rodney warnend; Dann, als hätte er den Ehrgeiz, die Qualen anzuhäufen, sagt er *mit leiser Stimme*, aber laut genug, um gehört zu werden: „Ich frage mich, ob Geoff mit ihr zur Messe gehen wird?"

„Das ist genau das, was ich als nachstes zu hören erwarte", sagt Geoffs Mutter mit der Ruhe der Verzweiflung.

Dann herrscht eine ganze Minute lang Stille, in der Miss Mansergh dem unbändigen Jack einen vorwurfsvollen Blick zuwirft.

„Nun, ich hoffe auf jeden Fall, dass er ein gutes Mädchen geheiratet hat“, sagt Sir Nicholas plötzlich mit einem Seufzer. Doch bei dieser berechtigten Hoffnung bricht Lady Rodney erneut in bitteres Schluchzen aus.

„Oh, wenn ich mir vorstelle, Geoffrey sollte ‚ein gutes Mädchen‘ heiraten!“ sagt sie und weint traurig. „Man könnte meinen, Sie redeten von einem Diener! Oh! Das ist *zu* grausam!“ Hier erhebt sie sich und geht zur Tür, bleibt aber auf der Schwelle stehen und blickt Sir Nicholas wütend an. „Zu hoffen, dass der elende Junge ein ‚gutes Mädchen‘ geheiratet hat!“ Sie sagt empört: „Ich habe noch nie einen so unmenschlichen Wunsch von einem Bruder zum anderen gehört!“

Sie wirft Sir Nicholas einen Abschiedsblick zu, verlässt dann mit Violet in ihrer Schleppe den Raum und lässt ihren ältesten Sohn völlig verwirrt zurück.

"Was meint sie?" fragt er seinen Bruder, der sichtlich amüsiert ist. „Wünscht sie sich, der arme alte Geoff hätte einen Schlechten geheiratet? Ich gebe zu, dass ich schuld bin.“

Und Captain Rodney auch.

Unterdessen geht es Violet im Boudoir ziemlich schlecht. Lady Rodney weigert sich, irgendwo Licht zu sehen und redet unzusammenhängend über die Schande, die der Familie widerfahren ist.

„Natürlich werde ich sie nie empfangen; das kommt nicht in Frage, Violet: Ich könnte es nicht ertragen.“

„Aber sie wird nur sechs Meilen von dir entfernt wohnen, und die Grafschaft wird dich bestimmt anrufen, und das wird nicht schön für dich sein“, sagt Violet.

„Die Grafschaft ist mir egal. Sie muss denken, was sie will; und wenn sie sie kennt, wird sie mit mir sympathisieren. Oh! Was für ein Name! Scully! Gab es jemals einen so schrecklichen Namen?“

„Es ist kein schlechter Name in Irland. Es gibt sehr gute Leute mit diesem Namen: die Vincent Scullys – jeder hat von ihnen gehört“, sagt Violet sanft. Aber ihre Freundin will nichts glauben, was den Gedanken an Mona mildern könnte. Das Mädchen hat ihren Sohn gefangen genommen, ihn gemeinhin gefangen genommen und ihn unwiederbringlich zu ihrem Eigentum gemacht; Und welche Worte können schlimm genug sein, um ihren Hass auf die Frau auszudrücken, die diese Tat begangen hat?

„Ich habe ihn für dich gemeint“, sagt sie in einem unüberlegten Moment zu dem Mädchen, das sich über ihre Couch beugt und eifrig und zärtlich Eau de Cologne auf ihre Schläfen aufträgt. Es ist einfach ein bisschen zu viel.

Miss Mansergh erkennt in dieser Bemerkung nicht das Kompliment. Sie atmet ein wenig schnell ein, und als die Farbe kommt, lässt ihre Laune nach.

„Liebe Lady Rodney, Sie sind wirklich zu nett", sagt sie in einem wie immer sanften und gemessenen Ton, aber ohne die Süße. In ihrem Herzen herrscht etwas, das fast einem empörten Zorn gleichkommt, den ein so wohlerzogenes und wohlbeherrschtes Mädchen nur empfinden kann. „Du bist besser, denke ich", sagt sie ruhig, ohne eine feste Grundlage für den Gedanken zu haben; und dann stellt sie die Parfümflasche ab, nimmt ihr Taschentuch und verlässt mit ein paar letzten unwichtigen Worten das Zimmer.

Kapitel XV.

Wie Lady Rodney ihre Meinung zum Ausdruck bringt – wie Geoffrey das Gleiche tut – und wie Mona sich selbst als eroberungsstark erklärt.

Es ist der 14. Dezember und „bittere Kälte". Auf allen Rasenflächen und Wegen an den Türmen hat „die Natur, der Stellvertreter des allmächtigen Herrn", ihr weißes Wickeltuch ausgelegt. In der langen Allee sind die dürren und kahlen Zweige der stattlichen Ulmen unter der Last des Schnees gebeugt, der die ganze letzte Nacht sanft, aber schwer gefallen ist und mit so schnellen und lautlosen Flügeln über die schlafende Welt gekrochen ist, dass sie sich vor ihrem Besuch nicht scheute bis die kalten Strahlen der Wintersonne es verrieten.

Jedes dunkelgrüne Blatt in den langen Sträuchern trägt seine eigene funkelnde Last. Die Vögel verstecken sich zitternd in der Lourestine, die trotz Frost und Kälte zu blühen beginnt, und ringsum sieht es gefroren aus.

„Voll knietief liegt der Winterschnee, und die Winterwinde seufzen müde;"

doch auch die umgebende Szene ist großartig und von einer Schönheit, die selbst Junes süßeste Bemühungen kaum übertreffen können.

Geoffrey springt von dem Hundekarren herunter, der zum Bahnhof geschickt wurde, um ihn abzuholen, streicht sich den Frost aus den Haaren und stampft mit den Füßen auf die Steinstufen.

Sir Nicholas, der ihm entgegengekommen ist, schüttelt ihm herzlich die Hand und lächelt, das charmant gewesen wäre, wenn es nicht beerdigt gewesen wäre. Insgesamt ist sein Gesichtsausdruck so, dass er zum Sterbebett eines geliebten Freundes passen könnte. Sein Gesichtsausdruck ist von unziemlicher Länge, und er sieht Geoffrey eindeutig als jemanden an, der in schlimme Tage geraten ist.

Geoffrey lässt sich von diesem Empfang jedoch nicht entmutigen, erwidert seinen Griff mit Interesse und rennt, frisch, jung und glücklich aussehend, an ihm vorbei die Treppe hinauf zum Zimmer seiner Mutter, um – wie er es unkindlich ausdrückt – die Löwin hereinzuholen ihre Höhle. Es ist eine sehr gemütliche Höhle, und obwohl darin vielleicht Krallen entdeckt wurden, würde niemand auf den ersten Blick vermuten, dass es sich um solch gefährliches Spielzeug handelt. Die Erfahrung lehrt jedoch die meisten Dinge, und Geoffrey hat sich für die bevorstehende Begegnung gerüstet.

Er hatte Mona am Morgen im Grosvenor zurückgelassen und war hinuntergerannt, um sich mit seiner Mutter auszutauschen und ihre

Erlaubnis einzuholen, Mona zu den Towers zu bringen, um sie und seine Brüder vorzustellen. Dies zog er jeder formellen Berufung ihrerseits vor.

„Sehen Sie, unser eigenes Haus ist ziemlich in die Jahre gekommen, weil es so lange unbewohnt war, und wird kaum in ein oder zwei Monaten für uns bereit sein", sagte er zu Mona: „Ich denke, ich werde zu den Türmen hinunterlaufen und es erzählen." Meine Mutter, wir werden für eine Weile zu ihr gehen.

Natürlich geschah dies am Tag nach ihrer Rückkehr nach England, bevor seine eigenen Leute von ihrer Ankunft erfuhren.

„Das wird mir sehr gefallen", hatte Mona unschuldig erwidert, ohne von der Tortur zu träumen, die sie erwartete – denn in solchen Fällen werden selbst die allerbesten Männer betrügen, und Geoffrey hatte sie lieber glauben gemacht, dass seine Mutter es tun würde Sie sei von ihr entzückt und habe sich mehr als sonst über ihre Hochzeit gefreut.

Als sie ihm jedoch diese kleine vertrauensvolle Ansprache hielt, war er etwas verlegen gewesen und hatte seine Aufmerksamkeit auf einen kleinen schlammigen Jungen gelenkt, der auf der anderen Seite des Weges ohne Rücksicht auf die Konsequenzen Pitch-and-Toss spielte.

Und Mona hatte seine Verlegenheit gemerkt und schnell und mit der ganzen Lebhaftigkeit, die zu ihrer Rasse gehört, daraus ihre eigenen Schlussfolgerungen gezogen, die größtenteils richtig waren.

Aber Geoffrey gegenüber hatte sie nichts von ihrer Entdeckung gesagt – damit die Erzählung ihn nicht unglücklich machte; Erst als der Morgen kam, an dem er zu seiner Mission aufbrach (die sie jetzt so gut verstand), hatte sie ihn geküsst und ihm gesagt, er solle „beeilen, beeilen, *beeilen Sie sich* zurück zu ihr", mit einem kleinen Schluchzen zwischen jedem Wort. Und als er gegangen war, hatte sie ein inniges Gebet gesprochen, armes Kind, dass alles noch gut werden möge, und sich dann gesagt, dass sie ihm, was auch kommen würde, zumindest eine treue, liebevolle Ehefrau sein würde.

Für sie ist es immer so, als hätte er keinen Namen. Es ist immer „er" und „sein" und „er", als ob kein anderer Mensch auf der Erde existierte.

<hr>

„Na, Mutter?" sagt Geoffrey, als er ihr Zimmer gewonnen und ihren Kuss erhalten hat, was nach fünf Monaten Trennung nicht gerade alles ist, was es sein sollte. Er ist ihr Sohn, und natürlich liebt sie ihn, aber – wie sie sich selbst einredet – es gibt Dinge, die man nur schwer verzeihen kann.

„Naturlich war es eine Überraschung für Sie", sagt er.

„Es war mehr als eine ‚Überraschung‘. „Das ist ein mildes Wort“, sagt Lady Rodney. Sie sieht ihn an und sagt sich, was für ein guter Sohn er ist, so groß und stark und klug und gutaussehend. Er hätte fast jeden heiraten können! Und jetzt – jetzt –? Nein, sie kann nicht vergeben. „Es war und bleibt eine dauerhafte Trauer“, fährt sie mit leiser Stimme fort.

Das ist ein schlechter Anfang. Bevor Mr. Rodney antwortet, gewinnt er sinnvollerweise Zeit und macht Ablenkung, indem er das Feuer anstößt.

„Ich hätte dir früher darüber schreiben sollen“, sagt er schließlich entschuldigend und hofft, dass die Hälfte des Grolls seiner Mutter aus dem Gefühl seiner eigenen Nachlässigkeit resultiert, „aber ich hatte das Gefühl, dass du Einwände erheben würdest, und habe es deshalb von Tag zu Tag verschoben.“ ."

„Ich habe früh genug davon gehört“, erwidert seine Mutter düster, ohne den Blick von dem winzigen gefiederten Kaminschirm zu heben, den sie in der Hand hält. „Zu früh! So etwas lässt selten auf sich warten. ‚Denn schlechte Nachrichten verbreiten sich, während gute Nachrichten locken.‘“

„Warte, bis du sie siehst“, sagt Geoffrey nach einer kleinen Pause, voller Vertrauen in sein eigenes Rezept.

„Ich will sie nicht sehen“, ist die unbeirrbare und unhöflichste Antwort.

„Meine liebe Mutter, sag das nicht“, bittet der junge Mann ernst, geht zu ihr und legt seinen Arm um ihren Hals. Er ist ihr Lieblingssohn, dessen er sich durchaus bewusst ist und der darauf hofft. „Wogegen haben Sie Einwände?“

„Auf alles! Wie könntest du dir vorstellen, deiner Mutter eine Schwiegertochter ihrer Art zu bringen?“

„Wie kannst du sie beschreiben, wenn du sie nicht gesehen hast?“

„Sie ist keine Dame“, sagt Lady Rodney, als ob das den Streit beenden sollte.

„Es kommt ganz darauf an, was man für eine Dame hält“, sagt Geoffrey ruhig und behält wunderbar seine Beherrschung, mehr um Monas willen als um sich selbst. „Du denkst, ein paar Großväter und ein alter Name machen einen aus: Ich wage es zu behaupten. Das sollte es, wissen Sie, obwohl ich Ihnen einige bemerkenswerte Ausnahmen von dieser Regel nennen könnte. Aber ich glaube auch an einen Adel, der allein der Natur gehört . Und Mona ist in Gedanken und Taten eine ebenso sanfte Frau, als ob das ganze Blut aller Howards in ihren Adern fließen würde.

„Ich hätte nicht erwartet, dass du noch etwas sagen würdest“, erwidert sie kalt. „Ist sie ganz ohne Blut?“

„Ihre Mutter stammte aus gutem Hause, glaube ich.“

"Sie glauben!" mit unbeschreiblichem Ekel. „Und haben Sie sich nicht einmal die Mühe gemacht, sich zu vergewissern? Wie spät im Leben haben Sie eine vertrauensvolle Veranlagung entwickelt!"

„Man könnte Schlimmeres tun, als auf Mona zu vertrauen", sagt Geoffrey schnell. „Sie verdient jedes Vertrauen. Und sie ist ziemlich charmant – wirklich. Und das hübscheste Mädchen, das ich je gesehen habe. Du weißt, dass du Schönheit verehrst, Mutter", – unterschmeichelnd – „und sie wird mit Sicherheit für *Furore sorgen* , wenn sie präsentiert wird." ."

"Vorgeführt!" wiederholt Lady Rodney in einem schrecklichen Ton. „Und würden Sie Ihrem Souverän ein niedriges irisches Mädchen schenken? Und auch gerade jetzt, wo die ganze schreckliche Nation in solch einem Verruf ist."

„Sie dürfen ihre Namen nicht nennen, wissen Sie; sie ist meine Frau", sagt Rodney sanft, aber mit Würde, „die Frau, die ich auf Erden am meisten liebe und ehre. Wenn Sie sie sehen, werden Sie verstehen, wie das Wort „ „low" könnte nie auf sie zutreffen. Sie sieht ganz korrekt aus und ist absolut hübsch."

„Du bist verliebt", erwidert seine Mutter verächtlich. „Im Moment können Sie keinen Fehler an ihr erkennen; aber später, wenn Sie sie mit den anderen Frauen in Ihrer eigenen Gruppe vergleichen, wenn Sie sie zusammen sehen, hoffe ich nur, dass Sie keinen Unterschied zwischen ihnen sehen und kein Bedauern empfinden ."

Sie sagt dies jedoch, als wäre es ihr einziger Wunsch, dass er sein Bedauern spüren und einen überwältigenden Unterschied spüren könnte.

„Danke", sagt Geoffrey etwas trocken und akzeptiert ihre Worte so, wie sie gesagt werden, nicht so, wie sie seiner Meinung nach gemeint sind.

Dann gibt es eine weitere Pause, etwas länger als die letzte, Lady Rodney spielt etwas aufgeregt mit dem Fächer und Geoffrey blickt wie ein Mann auf seine Stiefel. Endlich bricht seine Mutter das Schweigen.

„Ist sie – ist sie laut?" sie fragt in stockendem Ton.

„Na ja, sie kann lachen, wenn du das meinst", sagt Geoffrey etwas überheblich. Und dann, als wäre er von einer Erinnerung überwältigt, in der der arme kleine Kriminelle, der vor der Bar steht, eine humorvolle Rolle gespielt hat, legt er seinen Kopf auf den Kaminsims und bricht selbst in herzhaftes Gelächter aus.

„Ich verstehe", sagt Lady Rodney schwach und hat das Gefühl, dass ihre Last „größer ist, als sie ertragen kann". „Sie ist, ohne es zu sagen, eine junge Frau, die über alles – egal was passiert – lauthals lacht und sorgfältig darauf achtet, dass ihre Vulgarität von allen, die laufen, gelesen wird."

Nun, ich kann nicht erklären, warum, aber ich habe nie einen jungen Mann gekannt, der sich nicht geärgert hätte, wenn von dem Mädchen, das er liebte, als „junge Frau" gesprochen wurde. Geoffrey hält es für eine vorsätzliche Beleidigung.

„Alles hat seine Grenzen – sogar meine Geduld", sagt er, ohne seine Mutter anzusehen. „Mona bin ich selbst, und selbst von dir, meiner Mutter, die ich liebe und verehre, werde ich kein abfälliges Wort von ihr nehmen."

Auf seinem Gesicht liegt ein Ausdruck, der sie an seinen toten Vater erinnert, und Lady Rodney verstummt. Der Ehemann ihrer Jugend war ihr in gewisser Weise lieb gewesen, bis das Alter ihn verärgert hatte, und dieses seiner drei Kinder ähnelte ihm am meisten, sowohl in der Gestalt als auch im Aussehen; daher vielleicht ihre Liebe zu ihm. Sie senkt den Blick und eine langsame Röte – denn das Blut steigt bei den Alten nur schwer auf – überzieht ihr Gesicht.

Und dann wird Geoffrey, als er das alles bemerkt, innerlich verärgert, geht zu ihr, legt seinen Arm noch einmal um ihren Hals und drückt seine Wange an ihre.

„Lass uns nicht streiten", sagt er liebevoll. Und dieses Mal erwidert sie seine Liebkosung sehr liebevoll, obwohl sie nicht aus den Augen verlieren kann, dass er einen sozialen Fehler begangen hat, den man nicht leichtfertig übersehen sollte.

„Oh, Geoffrey, wie konntest du das machen?" Sie sagt vorwurfsvoll und spielt auf seine Ehe an: „Du, den ich so geliebt habe. Was hätte dein armer Vater gedacht, wenn er diesen unglücklichen Tag noch erlebt hätte? Du musst verrückt gewesen sein."

„Na ja, vielleicht war ich das", sagt Geoffrey leichthin: „Wir sind alle verrückt nach dem einen oder anderen Thema, wissen Sie; meines könnte Mona sein. Sie ist auf jeden Fall eine Ausrede für den Wahnsinn. Auf jeden Fall weiß ich, dass ich glücklich bin." , was Ihre Theorie durchaus umsetzt, denn, wie Dryden sagt:

„Es liegt mit Sicherheit ein Vergnügen darin, verrückt zu sein, das nur Verrückte kennen."

Ich wünschte, du würdest es dir nicht so absurd zu Herzen nehmen. Ich weiß, ich habe keine Erbin geheiratet; aber die ganze Welt hängt nicht vom Geld ab."

„Da war Violet", sagt Lady Rodney.

„Ich hätte überhaupt nicht zu ihr gepasst", sagt Geoffrey. „Ich hätte sie bis zum Äußersten langweilen sollen, selbst wenn sie sich herabgelassen hätte, mich anzusehen, was sie sicher nie tun würde."

Er ist sich dessen nicht sicher, aber er sagt es trotzdem, weil er das Gefühl hat, dass er Violet so viel zu verdanken hat, da sich das Gespräch auf sie konzentriert hat und er das Gefühl hat, dass sie in eine falsche Position gebracht wird – auch wenn sie es selbst nicht weiß.

„Ich wünschte, du wärst nie nach Irland gegangen!" sagt Lady Rodney, zutiefst deprimiert. „Mein Herz hat es mir übel genommen, als du gegangen bist, obwohl ich nie damit gerechnet hätte, dass meine Ängste einen solchen Höhepunkt erreichen würden. Was brachte dich dazu, dich in sie zu verlieben?"

„'Es ist hübsch, mit ihr spazieren zu gehen, und witzig, mit ihr zu reden, und auch angenehm, darüber nachzudenken.'"

zitiert Geoffrey leichthin: „Sind diese drei Gründe nicht ausreichend? Wenn nicht, könnte ich Ihnen noch eine ganze Reihe anderer nennen. Vielleicht bringe ich sie zu Ihnen herunter?"

„Es wird sehr bitter für mich sein", sagt Lady Rodney.

„Das wird es nicht, das verspreche ich Ihnen; seien Sie nur nicht zu voreingenommen in ihrer Ungnade. Ich möchte, dass Sie sie kennen – das ist mein größter Wunsch – sonst würde ich nach Ihrer letzten Rede kein weiteres Wort mehr sagen, was nicht der Fall ist Was ich von Ihnen zu hören hoffte, ist, wie Sie wissen, nicht mehr in Ordnung, aber wenn Sie uns nicht empfangen, können wir den Rest des Winters in Rom oder an einem anderen Ort verbringen, der uns in den Sinn kommt.

„Natürlich müssen Sie hierher kommen", sagt Lady Rodney, die Angst vor der Grafschaft hat und vor dem, was sie sagen wird, wenn sie herausfindet, dass sie mit ihrem Sohn und seiner Braut im Streit liegt. Aber in ihrem Ton liegt kein Willkommen. Und Geoffrey, sehr entmutigt, aber dennoch entschlossen, sich um Monas willen von ihr zu trennen – und im Vertrauen auf die Freundlichkeit der Letzteren, alles in Zukunft in Ordnung zu bringen –, geht er nach ein paar weiteren oberflächlichen Bemerkungen mit dem Verständnis auf beiden Seiten weg dass er und seine Frau am folgenden Freitag in die Towers kommen und dort ihr Quartier beziehen sollen, bis Leighton Hall bereit ist, sie zu empfangen.

Mit gemischten Gefühlen verlässt er sein Zuhause und wägt auf dem Weg nach London im Nachmittagszug die bedeutsame Frage ab, ob er die widerwillige Einladung in die Towers annehmen soll, die er seiner Mutter abgerungen hat.

Mit Mona hierhin und dorthin zu reisen, von Stadt zu Stadt und von Dorf zu Dorf, wäre eine weitaus glücklichere Vereinbarung. Aber allem anderen liegt der Wunsch zugrunde, dass die Frau, die er vergöttert, und die Mutter, die er liebt, gute Freunde sein sollten.

Schließlich wirft er die mentale Auseinandersetzung auf und beschließt, den Dingen ihren Lauf zu lassen, wobei er sich einredet, dass es eine einfache Sache sein wird, die Türme jederzeit zu verlassen, falls sich ihr Besuch dort als unbefriedigend erweisen sollte. Allenfalls dürfte Leighton in etwa einem Monat für sie bereit sein.

Als er zum Grosvenor zurückkehrt, rennt er leichtfüßig die Treppe zum Wohnzimmer hinauf, öffnet die Tür ganz sanft und ist auf eine jungenhafte Art und Weise darauf bedacht, sie „aufstehen" zu lassen. Er tritt leise ein und sieht sich nach seinem Liebling um .

Am hinteren Ende des Zimmers, in der Nähe eines Fensters, liegt Mona in einem Sessel und schläft tief und fest.

Eine Hand liegt unter ihrer Wange, die weich und feucht ist, wie die eines Kindes im unschuldigen Schlaf, die andere ist über ihren Kopf geworfen. Sie ist in ihrer *Hingabe exquisit* , aber sehr blass und ihr Atem ist unregelmäßig.

Geoffrey, der sich zu ihr beugt, um sie mit einem Kuss zu wecken, bemerkt das alles und auch, dass ihre Augenlider rosa gefärbt sind, als ob sie übermäßig geweint hätte.

Halb beunruhigt legt er seine Hand sanft auf ihre Schulter und während sie sich schnell wieder ins Leben erkämpft, zieht er sie in seine Arme.

„Ah, du bist es!" schreit sie und ihr Gesicht wird wieder froh.

„Ja, aber du hast geweint, Liebling! Was ist passiert?"

„Oh, nichts", sagt Mona und errötet. „Ich schätze, ich war einsam. Stören Sie mich nicht. Erzählen Sie mir alles über sich und Ihren Besuch."

„Nicht, bis du mir erzählst, was dich zum Weinen gebracht hat."

„Sicher weißt du, dass ich es dir sagen würde, wenn es etwas zu erzählen gäbe", antwortet sie ausweichend.

„Dann tun Sie es", erwidert er ganz ernst, um sich von ihren sehr offenen Versuchen der Verstellung nicht täuschen zu lassen. „Was hat dich in meiner Abwesenheit unglücklich gemacht?"

„Wenn Sie es wissen müssen, es ist das", sagt Mona, legt ihre Hand in seine und spricht sehr ernst. „Ich fürchte, ich habe dir durch meine Heirat einen Schaden zugefügt!"

„Das ist das erste Unfreundliche, was Sie jemals zu mir gesagt haben", erwidert er.

„Ich würde lieber sterben, als unfreundlich zu dir zu sein", sagt Mona und fährt mit ihren Fingern mit einem freudigen Gefühl der Aneignung durch sein Haar. „Aber das ist es, was ich meine: Deine Mutter wird deine Ehe niemals verzeihen; sie wird mich nicht lieben, und ich werde die Ursache für Zwietracht zwischen ihr und dir sein." Wieder füllen sich Tränen in ihren Augen.

„Aber da liegst du falsch. Es muss keine Meinungsverschiedenheiten geben. Meine Mutter und ich sind sehr gute Freunde, und sie erwartet, dass wir beide am nächsten Freitag in die Towers gehen."

Dann erzählt er ihr die ganze Wahrheit über sein Interview mit seiner Mutter und unterdrückt nur solche Worte, die der Sache, die er anstrebt, abträglich wären und ihr Schmerzen bereiten könnten.

„Und wenn sie dich sieht, wird alles gut", sagt er und hält immer noch tapfer an seinem Glauben an dieses Allheilmittel gegen alles Übel fest. „Alles liegt bei dir."

„Ich werde mein Bestes geben", sagt Mona ernst; „Aber wenn ich versage, – wenn deine Mutter sich nach all meinen Bemühungen immer noch weigert, mich zu lieben, wie wird es dann sein?"

„So wie es jetzt ist; es muss für uns keinen Unterschied machen; und in der Tat werde ich die Prüfung überhaupt nicht bestehen, wenn du davor zurückschreckst oder wenn es dich im geringsten unglücklich macht."

„Ich schrecke nicht davor zurück", antwortet sie tapfer: „Ich würde alles wagen, um mit deiner Mutter befreundet zu sein."

„Also gut, wir werden es versuchen", sagt er fröhlich. „„Nichts wagen, nichts haben.""

„Und ‚Ein dummer Priester verliert seine Pfründe'", zitiert Mona wiederum fast fröhlich.

„Doch denk daran, Liebling, was auch immer dabei herauskommt", sagt Rodney ernst, „dass du für mich mehr bist als die ganze Welt – meine Mutter eingeschlossen. Lass dich also nicht von einer Niederlage – wenn wir besiegt werden sollten – niederschlagen." Vergiss nie, wie ich dich liebe. In seinem Herzen fürchtet er sich vor der Prüfung, die sie erwartet.

„Das tue ich nicht", sagt sie süß. „Ich konnte nicht: Es ist meine liebste Erinnerung; und irgendwie hat es mich stark gemacht, um zu siegen, Geoffrey", – sie errötete und richtete sich zu ihrer vollen Größe auf, als ob sie sich bereits zum Handeln rüstete – „Ich habe das Gefühl, ich *weiß* ... Am Ende werde ich bei deiner Mutter Erfolg haben.

Sie blickt ihn mit leuchtenden Augen an und blickt ihn fest an, während sie spricht, voller hoffnungsvoller Erregung. Ihre Augen üben, abgesehen vom Rest ihres Gesichts, immer eine besondere Faszination aus. Als Geoffrey sie einmal ansah, als wäre er zum ersten Mal von dieser Idee beeindruckt, sagte er zu ihr: „Ich schaue nie in deine Augen, ohne dass ich das wilde Verlangen verspüre, sie mit einem Kuss zu schließen." Darauf hatte sie auf ihre kleine, liebenswerte Art und mit einem bezaubernden Blick aus den fraglichen schönen Kugeln geantwortet: „Wenn du es so vorhast, kannst du sie so oft schließen, wie du willst."

Nun nutzt er diese allgemeine Erlaubnis und schließt sie mit einer sanften Liebkosung ab.

„Sie muss härter sein, als ich denke, wenn sie *dir widerstehen kann* ", sagt er liebevoll.

Kapitel XVI.

WIE GEOFFREY UND MONA DIE TÜRME BETRETEN – UND WIE SIE VON DEN BEWOHNERN EMPFANGEN WERDEN.

Endlich kommt der bedeutungsvolle Freitag und gegen Mittag machen sich Mona und Geoffrey auf den Weg zu den Towers. Sie sind vielleicht nicht in der überschwänglichen Stimmung, die ihnen gebührt, wenn man bedenkt, dass sie Weihnachten im Kreise ihrer Familie verbringen werden – jedenfalls im Kreise von Geoffreys Familie, die sie natürlich für die Zukunft als ihre anerkennen muss. Sie sind in der Tat nicht nur still, sondern auch verzweifelt, und als sie in Greatham aus dem Zug steigen und in den Wagen einsteigen, den Sir Nicholas ihnen geschickt hat, sinken ihnen fast die Herzen, und mehrere Minuten lang wechseln sie kein Wort.

Für Geoffrey hat die bevorstehende Prüfung vielleicht einen tieferen Schatten; da Mona kaum versteht, was sie erwartet. Dass Lady Rodney ein wenig unzufrieden mit der Heirat ihres Sohnes ist, kann sie leicht glauben, aber dass sie schon vorher beschlossen hat, sie nicht zu mögen, und beabsichtigt, mit ihr Krieg bis zum Messer zu führen, ist mehr als jemals zuvor in ihren sanften Verstand gekommen.

„Ist die Fahrt lang, Geoff?" fragt sie plötzlich mit zitterndem Ton und lässt ihre Hand auf die alte Art und Weise in seine gleiten. „Ungefähr sechs Meilen. Ich sage, Liebling, bleib bei Laune. Wenn es uns nicht gefällt, können wir gehen, weißt du. Aber" – in Anspielung auf ihre gedämpfte Stimme – „bilden Sie sich nicht das Böse ein."

„Das glaube ich nicht", sagt Mona; „Aber der Gedanke, Menschen zum ersten Mal zu treffen, macht mich nervös. Ist deine Mutter groß, Geoffrey?"

"Sehr."

„Und sie sieht streng aus? Du hast gesagt, sie sei wie du."

„Nun, so ist sie; und doch sind unsere Gesichtsausdrücke vermutlich unterschiedlich. Schauen Sie mal", sagt Geoffrey plötzlich, als wäre er im letzten Moment gezwungen, ihr einen Hinweis darauf zu geben, was kommen wird. „Ich möchte dir von ihr erzählen – meiner Mutter, ich meine: Sie ist in jeder Hinsicht in Ordnung, weißt du, und im Allgemeinen sehr charmant, aber im ersten Moment könnte man sie sich vielleicht etwas schwierig vorstellen!"

"Was ist das?" fragte Mona. „Sprechen Sie nicht von Ihrer Mutter, als wäre sie eine chromatische Skala."

„Ich meine, sie wirkt ein bisschen kalt, unfreundlich und – äh – das", sagt Geoffrey. „Vielleicht wäre es eine kluge Entscheidung für Sie, sich zu überlegen, was Sie zu ihr sagen werden, wenn Sie sie das erste Mal treffen. Sie wird auf Sie zukommen, wissen Sie, und Ihnen auf diese Weise die Hand reichen, ihre Hand nehmen und … ——"

„Ja, ich weiß", sagte Mona und unterbrach ihn eifrig. „Und dann wird sie ihre Arme um mich legen und mich einfach so küssen", passend zum Wort.

„ *So* ? Nicht im Geringsten", sagt Geoffrey, der ihr zwei Küsse für ihren einen gegeben hatte: „Damit darfst du nicht rechnen. Sie ist nicht im Geringsten so. Sie wird dich wahrscheinlich so treffen, als wäre sie." Ich habe dich gestern gesehen und gefragt: „Wie geht es dir? Ich fürchte, du hattest eine sehr lange und kalte Fahrt." Und dann wirst du sagen –"

Eine Pause.

„Ja, ich werde sagen –" besorgt.

„Du – wirst – sagen –" Hier bricht er schmachvoll zusammen und gesteht durch seine Unfähigkeit, fortzufahren, dass er nicht im Geringsten weiß, was sie sagen kann.

„Ich weiß", sagt Mona, ihre Stimme wird heller und strahlt eine Stimme aus, die sich so sehr von ihrer gewohnten, ungekünstelten Art unterscheidet, dass sie ihren Zuhörer in Ehrfurcht versetzt. „Ich werde sagen: ‚Oh! Danke, viel zu viel, weißt du? Aber Geoffrey und ich fanden es nicht ein bisschen lang und uns war die ganze Zeit so warm wie Wolle.'"

Bei dieser entsetzlichen Rede scheitern Geoffreys Berechnungen und er gibt sich seiner unverhohlenen Heiterkeit hin.

„Wenn Sie das alles sagen", sagt er, „wird es Perücken auf dem Grün geben: Das ist irisch, nicht wahr? Oder so ähnlich, und auch sehr gut angewendet." Der erste Teil Ihrer Rede klang wie Toole oder Brough , ich bin mir nicht sicher, welches."

„Nun, es *war* in einem Theater, ich habe es gehört", gesteht Mona kleinlaut: „Es war ein großer Herr, der es auf der Bühne gesagt hat, also dachte ich, es wäre in Ordnung."

„Große Lords haben nicht unbedingt vollkommen Recht, weder auf der Bühne noch abseits davon", sagt Geoffrey. „Aber aus Gründen der Wahl ziehe ich es vor, sie davon abzuhalten. Nein, das geht überhaupt nicht. Wenn meine Mutter dich anspricht, musst du ihr noch einmal in einem Ton antworten, der noch kälter ist als ihr eigener, und sagen –"

„Aber, Geoffrey, warum sollte ich deiner Mutter gegenüber kalt sein? Bist du sicher, dass ich ausgerechnet ihr gegenüber unhöflich sein würde?"

„Nicht unhöflich, aber cool. Du wirst zu ihr sagen: ‚Es war viel besser, als ich erwartet hatte, danke.‘ Und wenn du es dann schaffst, gelangweilt auszusehen, wird es soweit ganz richtig sein, und du könntest dir sagen, dass du einen Treffer erzielt hast.

„Ich mag diese schreckliche Rede sagen, aber ich kann auf keinen Fall so tun, als hätte ich mich während unserer Fahrt gelangweilt, denn das bin ich nicht“, sagt Mona.

„Das weiß ich. Wenn ich mir dessen nicht ganz sicher wäre, würde ich sofort Selbstmord begehen und mich unter die Räder der Kutsche stürzen“, sagt Geoffrey. „Trotzdem – ‚lasst uns verstellen.‘ Jetzt sag, was ich dir gesagt habe.

Also sagt Mrs. Rodney: „Es war viel besser, als ich erwartet hatte, danke“, in einem so eisigen Ton, dass sein Tonfall warm ist.

„Aber angenommen, sie sagt kein Wort über die Fahrt?“ sagt Mona nachdenklich. „Wie wird es dann sein?“

„Sie kann getrost etwas dazu sagen, und das reicht für alles“, sagt Rodney aus der Dummheit seines Herzens heraus.

Und nun marschieren die Pferde vor einer strahlend erleuchteten Halle, deren Türen weit geöffnet sind, als ob sie gastfreundlich auf ihr Kommen warten würden.

Geoffrey führt seine Frau in den Flur und bleibt unter einer schwingenden Lampe in der Mitte stehen, um sie kritisch zu begutachten. Der Lakai, der sie bewacht, hat bereits zuvor ihr Kommen angekündigt: Sie sind daher im Moment allein.

Mona sieht hübsch aus, vielleicht ein wenig blass aufgrund ihrer natürlichen Aufregung, aber ihre Blässe verstärkt nur den Glanz ihrer großen blauen Augen und verleiht der Reife ihrer Lippen eine zusätzliche Süße. Ihr Haar ist ein wenig locker, aber äußerst passend, und insgesamt sieht sie wie ein exquisites Gemälde aus, wie man es sich nur vorstellen kann.

„Nehmen Sie Ihren Hut ab“, sagt Geoffrey in einem Ton, der ihr Herz erfreut, so voller Liebe und Bewunderung; und nachdem sie ihren Hut abgenommen hat, folgt sie ihm durch Flure und ein oder zwei Vorzimmer, bis sie die Bibliothek erreichen, in die der Mann sie führt.

Es ist ein sehr hübscher Raum, erfüllt von gedämpftem Licht und mit einem lodernden Feuer an einem Ende. Alles zeugt von Wärme, Heimat und Trost, aber für Mona in ihrem gegenwärtigen Zustand ist es selbst Trostlosigkeit. Die drei Bewohner des Zimmers erheben sich, als sie eintritt, und Monas Herz stirbt in ihr, als eine sehr große, statuarische Frau, die sich träge aus einem Liegestuhl erhebt, gemächlich auf sie zukommt. Es gibt keine einladende Eile in ihren Bewegungen, kein anmutiges Lächeln auf ihren dünnen Lippen, nach dem sich ihr Gast dürstet.

Sie ist in schwarzen Samt gekleidet und hat eine Mütze aus kostbarster alter Spitze auf dem Kopf. Dem schnellen Gespür des irischen Mädchens wird ohne ein Wort klar, dass sie von dieser stattlichen Frau mit ihrem scharfen, prüfenden Blick und den kalten, nicht lächelnden Lippen keine Liebe erwarten darf.

Ein würgendes Gefühl, das von ihrem Herzen aufsteigt, lässt Mona fast den Atem stocken; ihr Mund fühlt sich ausgetrocknet und trocken an; Ihre Augen weiten sich. Eine plötzliche Angst bedrückt sie. Wie wird es in Zukunft sein? Soll Geoffreys Mutter – die Mutter ihres eigenen Mannes – ihr Feind sein?

Lady Rodney streckt ihre Hand aus und Mona legt ihre Hand hinein.

„Ich bin so froh, dass Sie gekommen sind", sagt Lady Rodney in einem Ton, der ihre Worte Lügen straft, und mit einer süßen, silbernen Stimme, die das Herz ihres Zuhörers erschauern lässt. „Wir hätten kaum gedacht, dass wir dich so bald sehen würden, die Züge hier sind so unpünktlich. Ich hoffe, der Waggon war pünktlich?"

Sie wartet scheinbar auf eine Antwort, woraufhin Mona verzweifelt. Denn in Wirklichkeit hat sie kein einziges Wort von der mühsamen Rede gehört, die ihr gehalten wurde, und ist zu verängstigt, um an irgendetwas zu denken, außer an die unglückliche Lektion, die sie in der Kutsche gelernt und seitdem so oft heimlich wiederholt hat. Sie schaut sich hilflos nach Geoffrey um; aber er lacht mit seinem Bruder, Kapitän Rodney, den er seit seiner Rückkehr aus Indien nicht mehr gesehen hat, und so sagt Mona auf eigene Faust:

„Es war viel besser, als ich erwartet hatte, danke", nicht in dem hochmütigen Ton, den sie vor einer halben Stunde annahm, sondern in einem entnervten und verängstigten Flüstern.

Bei dieser bemerkenswerten Antwort auf eine sehr gewöhnliche und höfliche Frage starrt Lady Rodney Mona einen Moment lang an und wendet sich dann abrupt ab, um Geoffrey zu begrüßen. Daraufhin tritt Kapitän Rodney hervor und sagt Mona, er sei froh, sie zu sehen, freundlich, aber nachlässig; Und dann tritt ein junger Mann, der schweigend auf dem Kaminvorleger gestanden hat, vor, nimmt Monas Hand in einen warmen Griff und blickt mit sehr freundlichen Augen auf sie herab.

Bei seiner Berührung, bei seinem Blick überkommt Mona das erste Gefühl des Trostes, seit sie den Raum betreten hat. Zumindest dieser Mann gehört mit Sicherheit zum selben Verwandten wie Geoffrey, und ihm öffnet sich ihr Herz freudig und dankbar.

Er hat die bemerkenswerte Rede vor seiner Mutter gehört und daraus seine eigenen Schlussfolgerungen gezogen. „Geoffrey hat die arme kleine Seele trainiert und ihr absurde Worte in den Mund gelegt, mit – wie in allen solchen Fällen üblich – einem sehr brillanten Ergebnis." Das sagt er sich selbst und ist, wie wir wissen, der Wahrheit nahe.

Er sagt Mona, dass sie herzlich willkommen ist, und zieht sie, immer noch ihre Hand haltend, zum Feuer und stellt einen großen Sessel davor, in dem er sie niederlässt und sie auffordert, sich aufzuwärmen und sich zu wärmen (wie sagt er mit einem freundlichen Lächeln, das noch eine freundlichere Bedeutung hat: „Ganz zu Hause."

Dann bückt er sich, öffnet ihre Robbenfelljacke, zieht sie ihr aus und schenkt ihr tatsächlich alle kleinen Aufmerksamkeiten, die in seiner Macht stehen.

„Sie sind Sir Nicholas?" fragt sie schließlich, fasst den Mut zu sprechen und erhebt ihren Blick voller Bitten und einem Anflug von jenem Pathos, der in die Augen aller irischen Frauen zu gehören scheint.

„Ja", erwidert er lächelnd. „Ich bin Nikolaus." Er ignoriert den formellen Titel. „Ich gehe davon aus, dass Geoffrey zu Ihnen von mir als dem ‚alten Nick' gesprochen hat; Er hat mich nie anders genannt, seit wir Jungen waren.

„Er hat dich oft so genannt; aber", – schüchtern – „jetzt, wo ich dich gesehen habe, glaube ich nicht, dass der Name zu dir passt."

Sir Nicholas ist sehr zufrieden. In der Ernsthaftigkeit ihres Tons und Gesichtsausdrucks liegt eine Art unbewusste Schmeichelei, die ihn fast ebenso amüsiert wie erfreut. Was für ein lustiges Kind sie ist! und wie unbeschreiblich schön! Wird Doatie sie mögen?

Aber es steht noch eine weitere Einführung bevor. Durch die Tür kommt Violet Mansergh in einem weichen, blass schimmernden Stoff gekleidet auf Geoffrey zu und streckt ihm ihre Hand entgegen.

„Wie lange bist du weg gewesen!", sagt sie mit einem hübschen, langsamen Lächeln, das nicht den geringsten Anflug von Verlegenheit oder Bewusstheit in sich trägt, obwohl sie sich durchaus bewusst ist, dass Jack Rodney sie genau beobachtet. Vielleicht amüsiert sie sich insgeheim sogar über seinen strengen Blick.

„Sie werden mich Ihrer Frau vorstellen?", fragt sie nach einigen Minuten mit ihrer gleichmäßigen *Trainante*- Stimme, wird dann zu dem großen Sessel vor dem Kamin geführt und Mona vorgestellt.

„Das Abendessen ist in ein paar Minuten fertig. Natürlich entschuldigen wir, dass Sie sich heute Abend angezogen haben", sagt Lady Rodney und spricht damit ihren Sohn viel mehr an als Mona, obwohl die Worte vermutlich für sie bestimmt sind. Daraufhin erhebt sich Mona erleichtert von ihrem Stuhl und folgt Geoffrey aus dem Zimmer und nach oben.

"Also?" sagt Sir Nicholas, während nach ihrer Abreise noch einige Zeit lang tödliches Schweigen anhält. „Was halten Sie von ihr?“

„Sie ist schmerzlich defizitär, definitiv ohne Verstand“, sagt Lady Rodney mit Überzeugung. „Was war die Antwort, die sie mir gab, als ich nach der Kutsche fragte? Etwas, das völlig daneben lag.“

„Sie ist nicht hirnlos, sie hatte nur Angst. Es war auf jeden Fall eine Tortur, zum ersten Mal in ein Haus zu kommen und tatsächlich angestarrt zu werden. Und sie ist noch sehr jung.“

„Und vielleicht nicht an die Gesellschaft gewöhnt“, wirft Violet sanft ein. Während sie spricht, nimmt sie eine winzige Feder, die an ihrem Kleid klebt, und bläst sie leicht von sich weg in die Luft.

„Sie sah schrecklich zerschnitten aus, das arme kleine Ding“, sagt Jack freundlich. „Du warst der Einzige, für den sie sich geöffnet hat, Nick. Was hat sie gesagt? Hat sie die Wahnvorstellungen eines Wahnsinnigen oder die Dummheiten eines Narren verraten?“

"Weder."

„Dann hat sie Sie zweifellos mit unschätzbaren Schätzen irischen Witzes in ihrer Muttersprache überschüttet?“

„Sie hat sehr wenig gesagt, aber sie sieht gut und wahr aus. Geoffrey hätte schließlich Schlimmeres tun können.“

"Schlechter!" wiederholt seine Mutter in einem vernichtenden Ton. In dieser Stimmung ist sie nicht nett, und ein bisschen von ihr genügt.

„Sie ist auf jeden Fall ausgesprochen gut anzusehen“, sagt Nicholas und ändert seinen Standpunkt. „Meinst du nicht, Violet?“

„Ich glaube, sie ist die schönste Frau, die ich je gesehen habe“, erwidert Miss Mansergh ruhig, ohne Begeisterung, aber mit Entschlossenheit. Wenn sie kalt ist, ist sie gerecht und über die Kleinlichkeit erhaben, eine Frau nicht zu mögen, weil man sie für bewunderungswürdiger hält als sie selbst.

„Ich freue mich, dass Sie alle zufrieden sind“, sagt Lady Rodney in einem eigenartigen Ton; und dann ertönt der Gong und alle erheben sich, als Geoffrey und Mona noch einmal auftauchen. Sir Nicholas gibt Mona seinen Arm und so beginnt ihr erster Abend in den Towers.

Kapitel XVII.

WIE MONA BETIMES AUFSTEHT – UND WIE SIE MITTEN IM MORGENTAU EINEM FREMDEN BEFÄLLT.

Die ganze Nacht über schließt Mona kaum die Augen, so voller unruhiger und verwirrender Gedanken ist ihr Geist. Schließlich wird ihr Gehirn so müde, dass sie kein Thema bis zum Ende verfolgen kann, also liegt sie schweigend wach und wartet auf die späte Morgendämmerung.

Endlich, als sie es satt hat, sich das zu wünschen, –

„Morgenmesse kommt mit Pilgerschritten in Amice-Grau daher"

und Licht bricht durch Fensterladen und Vorhang, und zunächst blasse und gespenstische Objekte werden bald groß und intim.

„Die braune Nacht zieht sich zurück; der junge Tag strömt in Strömen herein und öffnet alle eine rasenartige Aussicht weit."

Mona ist von Natur aus eine Frühaufsteherin und schlüpft lautlos aus ihrem Bett, damit sie Geoffrey nicht weckt – der immer noch den Schlaf der Gerechten schläft –, und als sie in sein Ankleidezimmer geht, springt sie in seine Badewanne und überlässt ihr das ihrige ihm.

Das allgemeine Badezimmer ist für Geoffrey eine Abscheulichkeit; nichts würde ihn dazu bewegen, es zu betreten. Sein eigenes Bad, und nichts als sein eigenes Bad, kann ihn zufriedenstellen. Sich unbequem beeilen zu müssen, um der Erste zu sein, oder zitternd auf die Freude des Nachbarn zu warten, ist laut Mr. Rodney eine zu große Härte, als dass ein Mensch sie ertragen könnte.

Nachdem sie ihre Toilette ohne die Hilfe eines Dienstmädchens (das sie zu Tode langweilen würde) und ohne ihren Herrn und Herrn zu stören, vollbracht hat, verlässt sie ihr Zimmer, steigt sanft die Treppe hinunter und bittet das Dienstmädchen im Flur unten um ein „gutes Gut". -Morgen" und trägt keine Bosheit darin, dass die besagte Magd über ihr unerwartetes Erscheinen so entsetzt ist, dass sie vergisst, ihr den Gruß zu erwidern. Sie schenkt diesem verzweifelten Mädchen ihr übliches hübsches Lächeln, öffnet dann, an ihr vorbei, die Flurtür und macht sich auf den Weg in den grauen, frühen Morgen.

„Der erste leise, flatternde Atemzug des wachen Tages bewegt die weite Luft. Dünne Wolken aus perlmuttartigem Dunst schweben langsam über den Himmel, um den Strahlen der noch nicht aufgegangenen Sonne zu begegnen."

Aber welchen Weg soll es gehen? Für Mona ist das Land rundherum ein unentdecktes Land und besitzt gerade deshalb einen unbeschreiblichen Charme. Schließlich geht sie die Allee hinauf, unter den dürren und blattlosen Ulmen hindurch, und auf halbem Weg sieht sie einen Weg, der sie, ohne zu wissen, wohin führt, wendet sich zur Seite und folgt ihm, bis sie sich im einsamen Wald verliert.

Die Luft ist voller Tod und Trostlosigkeit. Es ist kalt und rau, und nirgends gibt es Spuren von Vegetation. In der Ferne kann sie tatsächlich einige Tannen sehen, die inmitten einer braunen Wildnis allein grün leuchten und vom Auge, müde von der grauen und düsteren Monotonie, voller Verzückung begrüßt werden. Aber abgesehen davon ist alles langweilig und unfruchtbar.

Dennoch ist Mona glücklich: Der Spaziergang hat ihr gutgetan, ihr Blut erwärmt und ihren Wangen eine zarte, satte Farbe wie Karmin verliehen. Sie ist dem gewundenen Pfad etwa eine Stunde lang zügig und mit einem Gefühl von *Bien-Etre gefolgt* , das nur junge und fromme Menschen kennen, als ihr plötzlich bewusst wird, dass ihr jemand folgt.

Sie dreht sich langsam um und stellt fest, dass ihr Mitläufer ein junger Mann ist, der einen Anzug aus äußerst unmöglichem Tweed trägt: Sie errötet vor Hitze, nicht weil er ein junger Mann ist, sondern weil sie keinen Hut auf dem Kopf hat und sie etwas aufrührerisch bedeckt hat Haare mit einem purpurroten Seidentaschentuch, das sie kurz vor Beginn in Geoffreys Zimmer gefunden hatte. Es bedeckt ihren Kopf vollständig und ist nach Connemara-Art unter dem Kinn gebunden, so dass nur ein paar kleine Liebeslocken zu sehen sind, die trotz aller gegenteiligen Anweisungen über ihre Stirn wandern.

Hätte sie nur gewusst, wie bezaubernd dieser Kopfschmuckstil zu ihrem blumenähnlichen Gesicht passt, wäre sie vielleicht überhaupt nicht errötet.

Der Fremde kommt langsam voran: Er ist dunkelhäutig und sicherlich nicht einnehmend. Sein Haar hat den Farbton und die Beschaffenheit, die unangenehm an den Neger erinnern. Seine Lippen sind ein wenig dick, seine Augen wie Schlehen. In diesen letztgenannten Merkmalen liegt auch ein Ausdruck geringer Gerissenheit, der beim Betrachter Ekel hervorruft.

Er sieht Mona erst, als er nur noch einen Meter von ihr entfernt ist und ein dichter Busch zwischen ihm und ihr steht. Da sie immer ein impulsives Wesen ist, blieb sie stehen, als sie ihn sah, und wunderte sich darüber, wer er sein könnte. Mit einer Hand hebt sie ihr Kleid hoch, mit der anderen hält sie den großen, weichen, weißen, flauschigen Schal zusammen, der ihre Schultern bedeckt und deshalb zwangsläufig auf ihre Brust gelegt wird. Ihre Haltung ist ebenso malerisch wie bezaubernd.

Der Fremde, der ganz nahe gekommen ist, hebt den Kopf, und als er sie sieht, zuckt er ganz natürlich zusammen, bleibt aber auch stehen. Eine ganze halbe Minute lang starrt er unverzeihlich, dann lüftet er seinen Hut. Mona – die, wie wir gesehen haben, mit Notfällen nicht so gut zurechtkommt – übersieht in ihrer eigenen Verlegenheit die Unhöflichkeit und verneigt sich daher höflich als Antwort auf seine Begrüßung.

Sie fragt sich immer noch vage, wer er sein könnte, als er das Schweigen bricht.

„Es ist noch früh, in Bewegung zu sein", sagt er unbeholfen; Als er dann feststellt, dass sie keine Antwort gibt, fährt er noch unbeholfener fort. „Können Sie mir sagen, ob mich dieser Weg auf den Weg nach Plumston führt?"

Plumston ist ein Dorf in der Nähe. Die erste Bemerkung mag zu frei und leicht klingen, aber seine Art ist äußerst anständig. Obwohl ihr hübscher Kopf statt eines Huts mit einem Seidentaschentuch bedeckt ist, erkennt er sie „innerhalb der Linie" und weiß instinktiv, dass ihre Kleidung, obwohl sie schlicht ist, sowohl im Farbton als auch in der Textur perfekt ist.

Er stöhnt innerlich, weil ihm keine Rede einfällt, die an Grandisonian grenzt und höflich an diese Waldnymphe gerichtet werden könnte. aber alle derartigen Reden versagen ihm. Wer kann sie sein? Waren die Augen schon einmal so flüssig oder die Lippen so gefühlvoll?

„Es tut mir leid, dass ich dir nichts sagen kann", sagt Mona kopfschüttelnd. „Ich war noch nie in diesem Wald; ich weiß nichts davon."

„ *Ich* sollte alles darüber wissen", sagt der Fremde mit einer merkwürdigen Anspannung seiner Gesichtsmuskeln, die er möglicherweise als Lächeln meint. „Mit der Zeit werde ich daran nicht zweifeln, aber im Moment ist es für mich ein versiegeltes Buch. Aber die Zukunft wird alle Siegel brechen, zumindest was Rodney Towers betrifft."

Dann weiß sie, dass sie mit „dem Australier" spricht (wie er ihn schon einmal genannt hat), und indem sie den Kopf hebt, untersucht sie sein Gesicht mit neuem Interesse. Keineswegs ein angenehmes Gesicht, aber auch nicht ganz schlecht, wie sie sich in der Großzügigkeit ihres Herzens einredet.

„Ich bin ein Fremder, ich weiß nichts", sagt sie noch einmal, weiß kaum, was sie sagen soll, und bewegt sich ein wenig, als würde sie gehen.

„Ich nehme an, ich spreche mit Mrs. Rodney", sagt er, wild ratend, aber wie sich herausstellt, richtig, nachdem er, wie das ganze Land außerdem, gehört hat, dass die Braut unter der Woche in den Towers erwartet wird. Die ganze Zeit über hat er seine schwarzen Augen nie von dem perfekten Gesicht vor ihm mit der purpurnen Kopfbedeckung entfernt. Er ist wie ein Faszinierter, der noch nicht erklären kann, wo die Faszination liegt.

„Ja, ich bin Mrs. Rodney", sagt Mona und ist ein wenig stolz auf ihren Ehenamen, obwohl schon zwei ganze Monate vergangen sind, seit sie ihn zum ersten Mal gehört hat. Bei dieser Frage jedoch, die von einem Fremden kommt, schreckt sie ein wenig in sich zurück und rafft ihr Kleid mit einer Geste, die man nicht missverstehen kann, fester zusammen.

„Du hast mich nicht gefragt, wer ich bin", sagt der Fremde, als wolle er sie um jeden Preis zurückhalten, immer noch ohne ein Lächeln und den Blick immer auf ihr Gesicht gerichtet. Es scheint, als ob er sie definitiv nicht entfernen kann, so vernietet sind sie.

"NEIN;" Sie hätte in aller Wahrheit hinzufügen können: „Weil ich es nicht wissen wollte", aber was sie sagt (denn Unhöflichkeit selbst gegenüber einem Feind wäre für Mona unmöglich), ist: „Ich dachte, es würde dir vielleicht nicht gefallen."

Selbst das ist ein kleiner, wenn auch unbewusster Einschnitt, wenn man bedenkt, welche anstößige Neugier er hinsichtlich ihres Namens an den Tag legte. Aber der Australier hat über kleine Schnitte Wert, und zwar aus gutem Grund, weil er sie selten sieht.

„Ich bin Paul Rodney", meldet er sich jetzt freiwillig, „der Cousin Ihres Mannes, wissen Sie. Ich vermute", mit einer Verfinsterung seines ganzen Gesichtsausdrucks, „jetzt habe ich Ihnen gesagt, wer ich bin, das wird Ihre Sympathie für mich nicht versüßen." ."

„Ich habe von dir gehört", sagt Mona leise. Dann zeigt sie auf den Teil des Waldes, wohin er gehen würde, und sagt kalt: „Ich bedaure, dass ich Ihnen nicht sagen kann, wohin dieser Weg führt. Guten Morgen."

Damit neigt sie den Kopf und geht ohne ein weiteres Wort den Weg zurück, den sie gekommen ist.

Paul Rodney, der dort steht, wo sie ihn zurückgelassen hat, beobachtet ihre sich zurückziehende Gestalt, bis sie ganz außer Sicht ist und der letzte Schimmer des purpurroten Seidentaschentuchs in der Ferne verschwindet, mit einem neugierigen Gesichtsausdruck. Es ist eine seltsame Mischung aus Neid, Hass und Bewunderung. Wenn es einen Mann auf Erden gibt, den er mit herzlichem Hass hasst, dann ist es Geoffrey Rodney, der sich zu keinem Zeitpunkt die Mühe gemacht hat, auch nur äußerlich höflich zu ihm zu sein.

Und wenn man bedenkt, dass dieses unvergleichliche Geschöpf seine Frau ist! Denn so bezeichnet er Mona – der Australier ist ein Mann, der die Frau, die er bewunderte, mit ziemlicher Sicherheit als „unvergleichliche Kreatur" bezeichnen würde.

Als sie ganz weg ist, reißt er sich mit einem Ruck zusammen, seufzt schwer, steckt die Hände tief in die Taschen und setzt seinen Spaziergang fort.

Beim Frühstück verrät Mona die Tatsache, dass sie Paul Rodney während ihres morgendlichen Streifzugs getroffen hat, und erzählt auf genaue Befragung alles, was zwischen ihm und ihr vorgefallen ist ein Stirnrunzeln zu dem seiner Mutter.

„Was für eine Anmaßung, ohne Erlaubnis in unserem Wald herumzulaufen", sagt sie hochmütig.

„Meine liebe Mutter, du vergisst, dass der Weg, der vom Südtor zur Plumston Road führt, seit Generationen für die Öffentlichkeit zugänglich ist. Es stand ihm völlig frei, dorthin zu gehen."

„Trotzdem ist es sehr geschmacklos, dass er diese absurde Erlaubnis ausnutzt, wenn man bedenkt, in welcher Situation er sich uns gegenüber befindet", sagt Lady Rodney. „Du würdest es nicht selbst tun, Nicholas, obwohl du Ausreden für ihn findest."

Ein ganz schwaches Lächeln huscht über Sir Nicholas' Lippen.

„Oh nein, das sollte ich nicht", sagt er sanft; und dann fällt das Thema weg.

Und hier ist es vielleicht angebracht, die Schwierigkeiten zu erklären, die in dieser Zeit schwer auf der Familie Rodney lasten.

Kapitel XVIII.

Wie der alte Sir George seinen Erstgeborenen hasste – und wie er sein Testament verfasste – und wie die Erde es verschluckte.

Nun hatte der alte Sir George Rodney, Großvater des jetzigen Baronets, zwei Söhne, Geoffrey und George. Nun, Geoffrey liebte er, aber George hasste er. Und mit den Jahren wuchs dieser Hass so sehr, dass er nach einer Weile überlegte, wie er das Anwesen seinem ältesten Sohn, George, überlassen und es Geoffrey, dem Jüngeren, überlassen sollte – was kaum fair war; denn „was", sagt Aristoteles, „ist Gerechtigkeit? – jedem Menschen das Seine zu geben." Und sicherlich hatte George als Ältester den ersten Anspruch. Da die Fideikommisse in der letzten Generation gebrochen worden waren, fiel es ihm leicht, dies zu erreichen. und so machte er nach vielen Tagen ein Testament, nach dem der jüngere Sohn alles erbte, unter Ausschluss des älteren.

Doch zuvor, als die Dinge zwischen Vater und Sohn zu weit gegangen waren und auf beiden Seiten unvergessene harte Worte gefallen waren, konnte George die Schmach seiner Lage nicht länger ertragen (er war von wilder und leidenschaftlicher, aber dennoch großzügiger Natur) und verließ sein Zuhause, um in der Fremde ein anderes und glücklicheres Leben zu suchen.

Einige sagten, er sei nach Indien gegangen, andere nach Van Diemen's Land, doch in Wahrheit wusste es niemand oder wollte es wissen, außer Elspeth, der alten Amme, die ihn und vor ihm seinen Vater gepflegt hatte und die in ihrem Herzen eine unsterbliche Zuneigung für ihn hegte.

Manche sagten, sie habe sich an ihn geklammert, weil er eine wunderbare Ähnlichkeit mit dem Bild seines Großvaters in der Südgalerie hatte, Sir Lancelot mit Namen, der mit seinen erlesensten Rüschen und dem aufwendigsten *Zopf* fröhlich auf die Passanten herablächelte.

Für diese Herrin der Türme (so hieß es in der Geschichte) hatte Elspeth in ihren jüngeren Tagen eine Liebe empfunden, die zu groß war, um sie in Worte zu fassen, als sie selbst weich und rosig war und ein Herz hatte, das so zart und romantisch war wie ihre blauen Augen , und als ihre Lippen für alle Welt wie „reife Kirschen" waren.

Aber das war vielleicht alles eine dörfliche Verleumdung und wurde durch nichts bestätigt. Und Elspeth hatte den Sohn des Gärtners geheiratet, und Sir Launcelot hatte die Tochter eines Grafen geheiratet; und als das erste Baby im „großen Haus" geboren wurde, kam Elspeth zu den Türmen und säugte es, wie sie ihr eigenes kleines Kind gesäugt hätte, aber dieser Tod, „lieber, wunderschöner Tod, das Juwel der Gerechten, das nirgends leuchtet." aber im Dunkeln", suchte und beanspruchte zwei Tage nach der Geburt ihr eigenes Kind.

Danach hatte sie die Familie nie wieder verlassen und ihr treu gedient, während die Kraft bei ihr blieb. Sie kannte alle ihre Geheimnisse und alle ihre alten Legenden und möglicherweise viele Dinge, die das Kind, das sie an ihrer Brust stillte, nie erfuhr.

Für ihn hatte sie – so seltsam es auch klingen mag – immer nur wenig Liebe. Aber als er heiratete und George, der älteste Junge, in ihre Arme gelegt wurde, und als er wuchs und sich entwickelte und sich Tag für Tag als der wahre Prototyp seines Großvaters erwies, „nahm sie ihn an", wie die Diener sagten und klammerte sich bis zu ihrem Tod an ihn – und danach an sein Andenken.

Als der dunkle, eigensinnige, gutaussehende junge Mann wegging, ging ihr Herz mit ihm, und sie allein wusste nach seinem Weggang vielleicht etwas über ihn. Für seinen Vater war seine Abwesenheit eine Erleichterung; er hat es nicht verheimlicht; und für seinen Bruder (der geheiratet hatte, damals drei Kinder hatte und sich in den letzten Jahren von ihm entfremdet hatte) war der Verlust nicht groß. Auch die junge Frau, wie sie genannt wurde, die Mutter unserer jetzigen Freunde, ließ sich keine Gelegenheit entgehen, den bösen Willen und Groll, der im Herzen seines Vaters gegen ihn herrschte, zu fördern und am Leben zu erhalten.

Da der Groll nun gut bewässert war, wuchs und gedieh er, und schließlich machte der alte Mann, wie gesagt, eines Nachts im Beisein des Gärtners und seines Neffen, die Zeuge davon waren, ein Testament und hinterließ alles, was er besaß – bis auf das Titel und etwas fremdes Eigentum, das er nicht besaß, an seinen jüngeren Sohn. Und nachdem er dieses Testament gemacht hatte, ging er zu seinem Bett, und in der kalten Nacht, ganz allein, starb er dort und wurde am Morgen steif und steif gefunden, während die fröhliche Frühlingssonne auf ihn hereinströmte, während die Vögel sangen ohne die Macht des Todes zu verspotten, und die Blumen erwachten langsam zum Leben.

Aber als sie kamen, um nach dem Testament zu suchen, siehe! es war nirgends zu finden. Jede Schublade, jeder Schreibtisch und jeder Schrank wurde vergeblich durchsucht. Das verlorene Dokument kam nie ans Licht.

Tag für Tag suchten sie vergeblich; Doch eines Morgens erreichte sie aus Australien die Nachricht vom Tod des verlorenen George, und dann geriet die Suche ins Stocken, und das Testament geriet in Vergessenheit. Und sie gaben sich kaum die Mühe, die Nachricht zu bestätigen, die ihnen aus diesem fernen Land geschickt wurde, sondern bestiegen den Thron, da sie den Tod des rechtmäßigen Erben als glückliche Tatsache akzeptierten, und regierten viele Jahre lang friedlich.

Und als Sir George starb, regierte, wie wir wissen, Sir Nicholas an seiner Stelle, und „alle waren fröhlich wie eine Hochzeitsglocke", bis eine kleine Wolke aus dem Süden kam und wuchs und wuchs und mit jedem Tag stärker wurde. bis es das ganze Land bedeckte.

Denn wieder einmal kam die Nachricht aus Australien, dass die frühere Nachricht von George Rodneys Tod falsch gewesen sei; dass er erst vor zwölf Monaten gestorben war; dass er fast gleich beim ersten Ausgehen geheiratet hatte und dass sein Sohn nach Hause kam, um Sir Nicholas das Recht auf Haus, Heim und Titel streitig zu machen.

Und wo war nun das fehlende Testament? Fast alle alten Dienstboten waren tot oder verstreut. Der Gärtner und sein Neffe trugen nichts mehr; Sogar die alte Elspeth lag ruhend auf dem kalten Kirchhof, da sie längst nicht einmal mehr Nahrung für Würmer war. Nur ihr zweiter Neffe – der jahrelang mit ihr in dem kleinen Häuschen gelebt hatte, das ihr die Rodneys zur Verfügung gestellt hatten, als sie zu alt und gebrechlich war, um etwas anderes zu tun, als herumzusitzen und von vergangenen Tagen zu träumen – war am Leben, und auch er war nach ihrem Tod nach Australien gereist und hatte seitdem nichts mehr gehört.

Es war alles schrecklich – dieser junge Mann kam und der Gedanke, dass sie, egal wie sehr sie versuchen würden, an seine Geschichte zu glauben, dennoch wahr sein könnte.

Und dann kam der junge Mann, und sie sahen, dass er sehr dunkel und sehr mürrisch und sehr anstößig war. Aber er schien mehr Geld zu haben, als er damit anfangen sollte; und als er beschloss, eine Schießbude zu übernehmen, die damals ganz in der Nähe der Türme leer war, kannte ihre Empörung keine Grenzen. Und sicherlich war es ein abscheulicher Geschmack, wenn man bedenkt, dass er mit der erklärten Absicht dorthin kam, den derzeitigen Besitzer der Türme, deren Türme er von den Fenstern seines Esszimmers aus sehen konnte, als Herr und Meister abzulösen.

Aber da er über Geld verfügte, erkannten ihn einige Leute im Landkreis nach dem ersten Aufruhr lieber zumindest als Cousin, wenn nicht sogar *als* Cousin an. Und weil er etwas ungewöhnlich und daher amüsant und entschieden liberal war und weil es keine Schande mit ihm gab und es keinen wirklichen Grund gab, warum er nicht aufgenommen werden sollte, öffneten ihm viele Häuser ihre Türen. All das war für Lady Rodney bitter wie Wermut.

Tatsächlich war Sir Nicholas selbst der Erste gewesen, der ein Beispiel gegeben hatte. Auf seine neugierige, stille und methodische Art hatte er seiner Mutter (die es buchstäblich verabscheute, den Namen des Australiers zu nennen, wie sie ihn nannte, und die ihn betrachtete, wie ein reingeborener Inder einen Paria betrachten würde) seine Absicht erklärt er war rundherum höflich zu ihm, da er das Kind des Bruders seines Vaters war; und da er außer dem Versuch, seine eigenen Rechte zu erlangen, keine Sünde begangen hatte, wollte er ihn anerkennen und von allen behandeln lassen, wenn auch nicht mit Herzlichkeit, so doch mit allgemeiner Höflichkeit.

Dennoch gab es diejenigen, die den Neuankömmling nicht anerkannten, trotz seines Reichtums und der romantischen Geschichte, die mit ihm verbunden war, und trotz der Möglichkeit, dass er sich doch noch als rechtmäßiger Baronet und Besitzer aller schönen Ländereien erweisen könnte über Meilen verteilt. Eine davon war die Herzogin von Lauderdale; Aber andererseits war sie immer zögerlich, wenn es darum ging, neues Blut zu erkennen oder Leute, die unglücklich genug waren, um eine Vorgeschichte zu haben. Und Lady Lilias Eaton war eine andere; Aber sie war eine junge und ernsthafte Anhängerin des Ästhetizismus und dachte kaum über irgendetwas anderes nach als über gotische Fenster, Lilien und ungesäuertes Brot. Es gab auch viele der älteren Familien, die Paul Rodney missbilligend gegenübersahen oder ihn durchschauten, wenn sie mit ihm in Kontakt kamen, trotz der Unterstützung von Sir Nicholas, die diesem unerwünschten Cousin vielleicht eher aus Stolz als aus Großzügigkeit entgegengebracht wurde.

Und so standen die Dinge, als Mona in die Türme kam.

KAPITEL XIX.

Wie hart das Schicksal mit Mona umgeht und wie sie – wie eine Blume – unter seiner unfreundlichen Berührung sinkt.

Lady Rodneys Freundschaft zu gewinnen, ist eine schwierigere Sache, als Mona es sich in ihrer Unwissenheit vorgestellt hatte, und sie ist entschlossen, für ihren armen kleinen Gast wie Eis selbst zu sein. Was ihre Liebe angeht: Als Monas Augen sie zum ersten Mal erblickten, gab sie jede Hoffnung auf, diese jemals zu erlangen.

Bei Captain Rodney und Sir Nicholas macht sie sofort Platz, obwohl sie ein wenig nervös und deprimiert ist und nicht ganz wie ihr übliches fröhliches, *unbekümmertes* Ich ist. Sie wird auf sich selbst zurückgeworfen und weicht traurig wie eine schüchterne Schnecke in ihr Schneckenhaus zurück.

Doch früher oder später muss sich die Natur durchsetzen; und nach ein oder zwei Tagen bricht ihr ein schallendes Lachen oder ein lustiger Scherz aus, der Geoffreys Herz guttut und als Antwort ein Lachen und einen Scherz auf die Lippen ihrer neuen Brüder bringt.

Über Violet Mansergh – die immer noch in den Towers ist, weil ihr Vater im Ausland ist und Lady Rodney sie unbedingt bei sich haben möchte – weiß sie wenig. Violet ist kalt, aber recht höflich, wie Engländerinnen es sein werden, bis sie dich kennen. Außerdem ist sie etwas voreingenommen gegenüber Mona, weil sie – um ehrlich zu sein – alle falschen Geschichten geglaubt hat, die ihr über das irische Mädchen erzählt wurden. Diese albernen Geschichten belasten sie, obwohl sie an ihre eigene Unabhängigkeit im Denken glaubt; und so zieht sie sich von Mona zurück und spricht wenig mit ihr, und dann auch nur über gewöhnliche Themen, während das arme Kind sich nach einer Frau sehnt, der es seinen Geist öffnen kann und die es als ehrliche Freundin betrachten kann, mit der es reden kann „Ein Freund zu sein", sagt Addison, „ist nichts anderes als lautes Denken."

Über Lady Rodneys wohlüberlegte Abneigung konnte Monas sensible Natur nicht lange im Unwissen bleiben; Doch da sie ein reines Gewissen hat und nicht weiß, was sie beleidigt hat – außer dass sie an dem Mann festhält, den sie liebt, und ihn sogar geheiratet hat –, behält sie ein ruhiges Gesicht und wartet tapfer darauf, was die Zeit bringen wird.

Sich mit Geoffreys Leuten zu streiten wird Geoffreys stilles, aber tiefes Bedauern hervorrufen, und um ihm zuliebe, um ihm Schmerzen zu ersparen, erträgt sie stillschweigend viele Dinge und wartet auf bessere Tage. Was sind ein oder zwei Monate voller Elend, sagt sie sich, anderes als ein Seufzer inmitten der Freuden des Lebens? Dennoch denke ich, dass es der unbezwingbare Mut und die Ausdauer ihrer Rasse sind, die sie erfolgreich durch all ihre Schwierigkeiten tragen.

Dennoch wird sie nach einer Weile etwas blass und mutlos

„Wage es, wenn es einmal in die Brust eingedrungen ist, wirst du den ganzen Besitz haben, bevor es ruht."

Eines Tages, als sie mit Lady Rodney über Sir Nicholas sprach, hatte sie ihn – was ganz natürlich war – „Nicholas" genannt. Doch der kalte, missbilligende Blick seiner Mutter und die Betonung, die sie auf den „Sir" Nicholas gelegt hatte, als sie das nächste Mal von ihm sprach, hatte sie auf sich selbst zurückgeworfen und zutiefst gedemütigt.

Dies hatte die Kluft noch weiter vertieft als alles andere, obwohl Nicholas selbst, der von ihr fasziniert war, ernsthaft versuchte, sie glücklich zu machen und sich bei ihm wohl zu fühlen.

Ungefähr eine Woche nach ihrer Ankunft – sie hatte am Abend zuvor ihre Bewunderung für Farne zum Ausdruck gebracht – zieht er ihre Hand durch seinen Arm und führt sie zu seinem eigenen besonderen Heiligtum – von dem ein Farnkraut geworfen wurde, da er ein begeisterter Züchter davon ist schönes Gras.

Mona ist entzückt von den vielen Arten, die sie sieht und die ihr unbekannt sind, und da sie keineswegs von dieser Welt ist, schämt sie sich nicht, ihre Freude auszudrücken. Als sie alles genau durchsieht, bemerkt sie doch, dass ein winziges Exemplar, das ihr am Herzen liegt, weil es mit ihrem süßen Killarney gemeinsam ist, nicht zu seiner Sammlung gehört.

Sie erzählt ihm davon und er ist zutiefst interessiert; Und als sie vorschlägt, ihm zu schreiben und ihm einen aus ihrer Heimat zu besorgen, freut er sich wie ein Schuljunge, der ihm einen neuen Schläger versprochen hat, und ihre Eroberung von Sir Nicholas ist abgeschlossen.

Und tatsächlich liegt Mona der Gedanke an diesen fernen Farn genauso am Herzen wie ihm. Denn sie überkommt einen Anflug zärtlicher Freude, als sie sich einredet, dass sie vielleicht bald auf dieser fremden Erde eine grüne Pflanze wachsen lässt, die ihrem Vaterland entrissen wurde.

„Aber ich hoffe, Sie werden nicht enttäuscht sein, wenn Sie es sehen", sagt sie sanft. „Sie haben den echten Killarney-Farn, Sir Nicholas, das kann ich sehen; der andere, von dem ich spreche, obwohl er für mich fast genauso schön ist, ist ihm kein bisschen ähnlich."

Seit der Begegnung mit seiner Mutter ist sie sehr darauf bedacht, ihm seinen Titel zu geben.

„Ich werde nicht enttäuscht sein. Ich habe alles darüber gelesen", erwidert er begeistert. Dann, als wäre ihm gerade dieser Gedanke gekommen, sagt er:

„Warum nennst du mich nicht Nicholas, wie Geoffrey es tut?"

Mona zögert und sagt dann schüchtern und mit gesenktem Blick:

„Vielleicht würde es Lady Rodney nicht gefallen."

Ihr Gesicht verrät mehr, als sie weiß.

„Es spielt überhaupt keine Rolle, was jemand zu diesem Thema denkt", sagt Nicholas mit einem leichten Stirnrunzeln, „ich würde es als eine große Ehre betrachten, wenn du mich bei meinem Vornamen nennen würdest. Und außerdem, Mona, Ich möchte, dass du versuchst, für mich zu sorgen – mich zu lieben, so wie ich dein Bruder bin."

Die Tränen schießen Mona in die Augen. Sie ist ihm für diese kleine Rede tiefer und leidenschaftlicher dankbar, als er es jemals erfahren wird.

„Das ist sehr nett von dir", sagt sie und blickt ihn an, während ihr Tränen feucht sind. „Und ich denke, es wird nur sehr kurze Zeit dauern, bis ich dich liebe!"

Danach sind sie und Sir Nicholas noch bessere Freunde als zuvor – es scheint, als ob zwischen ihnen ein stilles Band der Sympathie besteht. Obwohl Captain Rodney immer freundlich zu ihr ist, lässt sie sich weniger von ihm leiten, da er Violets Gesellschaft sehr liebt und außerdem so sorglos ist, dass er die Bedürfnisse seiner Umgebung nicht bemerkt – was vielleicht ein anderer Begriff für Selbstsucht ist.

Doch „egoistisch" ist kaum das richtige Wort für Jack Rodney, denn im Herzen ist er freundlich und liebevoll, und wenn er auch ein wenig achtlos und gleichgültig ist, ist er doch im Herzen *gutherzig* . Er ist unbeschwert und angenehm und außerordentlich hoffnungsvoll:

„Er scheint ein Mann zu sein, der gestern fröhlich war und morgen zuversichtlich blickt."

Im letzten Monat ist er außerordentlich häuslich geworden und liebt sein Zuhause und seine Assoziationen. Vielleicht hat Violet etwas damit zu tun, mit ihrem kleinen, ruhigen, reinrassigen Gesicht, ihren sanften Manieren und ihrer tiefen, *trainierten Stimme* . Dennoch ist es schwer, sich dessen sicher zu sein, da Kapitän Rodney einer von denen ist, die „zu vielen geseufzt" haben, ohne auch nur die rettende Klausel zu haben, „nur einen geliebt zu haben". Doch was Mona betrifft, gibt es keinen Zweifel über Jack Rodneys Gefühle. Er mag sie ganz ehrlich (sollte sie es auch wissen).

Natürlich hat jeder, der irgendjemand ist, die neue Mrs. Rodney besucht. Die Herzogin von Lauderdale, eine alte Freundin von Lady Rodney, die den Winter in ihrem Landhaus verbringt, um ihrem Sohn, dem jungen Herzog, eine Freude zu machen, der ein Haus voller Freunde empfängt, ist fast die erste, die kommt. Und Lady Lillias Eaton, die ernsthafte und ernsthafte junge Ästhetikerin – als die ihrer eigenen Schule zufolge nichts kälter und künstlerisch korrekter sein kann – ist vielleicht die zweite: aber für beide ist Mona leider „nicht zu Hause". "

Und auch sehr ehrlich, denn als Lady Rodney sie während ihrer Besuche im großen Salon bewirtete und Plattitüden und hübsche Lügen von sich gab, befand sie sich tief in den Nischen des kahlen braunen Holzes und streifte hierher und dorthin auf der Suche nach so wenigen Blumen, die den winterlichen Windböen getrotzt haben.

Für all das ist Lady Rodney aufrichtig dankbar. Sie ist froh über die Abwesenheit des Mädchens. Sie hat keine Lust, sie zur Schau zu stellen, denn ihre Vorurteile lassen Monas wenige Mängel in ihren Augen monströs erscheinen. Doch diese gleichen Mängel könnte man vielleicht an den Fingern einer Hand abzählen.

Da ist zum Beispiel ihr unvermeidlicher Hauch von Akzent, ihre kleine Geste intensiver Erregung und ihr unbändiger Ausruf, wenn etwas gesagt wird, das sie berührt oder interessiert, und ihr Lachen, das zwar zu laut für den normalen Gebrauch im Salon ist, aber trotzdem so süß und eingängig, dass es unwillkürlich ein antwortendes Lachen auf die Lippen derer bringt, die es hören.

All diese Fehler und andere von noch geringerem Gewicht sind in den Augen von Lady Rodney eine Abscheulichkeit, die in eine Primitivform verfallen ist, aus der es jetzt schwierig sein wird, sie wieder herauszubekommen.

„Es gibt eine Gruppe von Leuten, die ich nicht ertragen kann", sagt Chalmers, „die Rosen des modischen Anstands, deren jedes Wort präzise ist und deren jede Bewegung einwandfrei ist, die sich aber in allen Kategorien höflichen Verhaltens auskennen." kein Funken Seele oder Herzlichkeit an ihnen."

Solche Leute hassten Chalmers; und ich stimme Chalmers zu. Und zu dieser Klasse gehört Lady Rodney, die weder Milde noch Nachsicht für die Unzulänglichkeiten ihrer Mitmenschen hat. Wie viele religiöse Menschen – die zweifellos auf ihre Weise gut sind – erkennt sie keine Gnade in denen, die in Gedanken und Meinungen von ihr abweichen.

Und nach und nach, unter ihrem Einfluss, wird Mona blasser und *verstörter* und unterscheidet sich in vielerlei Hinsicht von ihrem alten, fröhlichen Selbst. Jeder kalte, vorwurfsvolle Blick und jedes höhnische Wort – wie sorgfältig es auch verborgen bleiben mag – fällt wie ein Hauch von Eis auf ihr Herz und lässt ihre frohe Jugend erkalten und verdorren. Bisher hat sie ein Vogelleben geführt, fröhlich, *unbekümmert*, frei und sorglos. Jetzt scheint ihr Lied abgedroschen zu sein, ihre süßesten Töne verschwinden schnell aus Mangel an Mitgefühl. Sie wird ohne eigenes Verschulden „gebettelt, eingesperrt und eingesperrt" und wird in ihrer Gefangenschaft lustlos und entmutigt.

Und Geoffrey, der für nichts, was sie betrifft, blind ist, bemerkt das alles und beschließt insgeheim, sie von dieser törichten Verfolgung wegzunehmen, nach London oder anderswo, bis ihr eigenes Zuhause bereit ist, sie aufzunehmen.

Aber an diesem Wendepunkt in meiner Geschichte, fast während er diesen Entschluss fasst, ereignet sich ein Ereignis, das Mona Freunde einbringt und sich *insgesamt auf* den Aspekt der Angelegenheiten ändert.

KAPITEL XX.

WIE MONA VOR EINEM ÜBERKRITISCHEN PUBLIKUM EINEN LÄNDERTANZ TANZt – UND WIE MEHR AUGEN ALS SIE WASSER IHREN AUFTRITT BEMERKEN.

„Ich hoffe, du hattest einen schönen Spaziergang?" sagt Violet höflich und zieht ihre Röcke zur Seite, um Platz für Mona zu machen, die gerade hereingekommen war.

Es ist schon halb sechs; Und obwohl es im Zimmer kein Licht gibt, abgesehen von den herrlichen Flammen, die von den auf den Kohlen liegenden Kiefernstämmen ausgehen, kann man dennoch sehen, dass die Bewohner der Wohnung für das Abendessen gekleidet sind.

Miss Darling – *die Verlobte von Sir Nicholas* – und ihr Bruder werden heute Abend erwartet; und so hat sich der Haushalt im Allgemeinen früher als gewöhnlich angezogen, um vollständig für den Empfang bereit zu sein.

Lady Rodney und Violet sitzen am Feuer, und jetzt gesellt sich Mona zu ihnen, gekleidet in das blaue Satinkleid, in dem sie Geoffrey vor nicht allzu vielen Monaten im alten Wald hinter der Farm getroffen hatte.

„Sehr schön", antwortet sie auf Violets Frage und lässt sich auf den Stuhl sinken, den Miss Manserph mit einer kleinen Geste, halb träge, halb freundlich, zu ihr hingeschoben hat und der dicht neben Violets sitzt. „Ich ging die Allee hinauf und dann etwa eine halbe Meile auf der Straße hinaus."

„Für jeden ist es eine sehr späte Stunde, um auf der öffentlichen Straße zu sein", sagt Lady Rodney unangenehm und vergisst dabei völlig, dass die Leute in der Regel nicht in blassblauen Satinkleidern ins Ausland gehen und dass daher etwas Zeit nötig ist Es sind zwischen Monas Rückkehr von ihrem Spaziergang und dem Anlegen ihrer jetzigen Kleidung vergangen. Und so übertreibt sie sich selbst, wie es kluge Leute manchmal tun.

„Es war vor zwei Stunden", sagt Mona sanft. „Und dann war es ganz hell, oder zumindest" – ehrlich gesagt – „erst der Beginn der Dämmerung."

„Ich glaube, die Tage werden länger", sagt Violet leise und verteidigt Mona unbewusst und fast ohne zu wissen warum. Doch in ihrem Herzen macht sie – sozusagen gegen ihren Willen – Platz für dieses irische Mädchen, dem man mit seinen großen, anziehenden Augen und seiner zärtlichen Art nicht widerstehen kann.

„Ich hatte ein kleines Abenteuer", sagt Mona plötzlich mit unterdrückter Fröhlichkeit. Ihre ganze Fröhlichkeit wurde in letzter Zeit unterdruckt. „Gerade als ich hier zum Tor zurückkam, kam jemand vorbeigeritten, und ich drehte mich um, um zu sehen, wer es war, woraufhin sein Pferd – als hätte es Angst vor meiner plötzlichen Bewegung – bösartig zurückschreckte und sich dann fast so nahe wie möglich vor mir aufbäumte Ich hatte ziemliche Angst, weil es so plötzlich kam, und sprang zur Seite, kam zu mir und sagte, es sei egal , weil ich wirklich unverletzt war, und es war alles meine Schuld, aber es schien ihm sehr leid zu tun, und (wie ich Ihnen sagte, war es schon dunkel, und ich glaube, er ist kurzsichtig) starrte mich sehr an.

"Also?" sagt Violet, die lächelt und einen Witz zu erkennen scheint, bei dem Mona nichts Amüsantes sieht.

„Als er es satt hatte, ihn anzustarren, sagte er: ‚Ich nehme an, ich spreche mit …‘, und dann hielt er inne. ‚Mrs. Rodney‘, antwortete ich; und dann hob er seinen Hut, verneigte sich und gab mir seine Karte . Danach stieg er wieder auf und ritt davon.“

„Aber wer war dieser Herr?“ sagt Lady Rodney hochmütig. „Zweifellos ein Tuchhändler aus der Stadt.“

„Nein, er war kein Tuchmacher“, sagt Mona sanft und ohne Eile.

„Wer auch immer er war, er hat sich in der Zucht kaum hervorgetan“, sagt Lady Rodney; „Nach deinem Namen zu fragen, ohne dich vorzustellen! So etwas habe ich noch nie gehört. Wirklich eine sehr abscheuliche Form. An deiner Stelle hätte ich es nicht nennen sollen. Und sein Pferd so schlecht zu verwalten, dass es dich fast überfahren hätte. Er konnte es kaum.“ Zweifellos irgendein kleiner Gutsbesitzer.

„Nein, kein kleiner Gutsbesitzer“, sagt Mona; „Und ich glaube, Sie kennen ihn. Und warum sollte ich mich schämen, jemandem meinen Namen zu sagen?“

„Die Frage war rein geschmacklos“, sagt Lady Rodney noch einmal. „Kein wohlerzogener Mann würde das fragen. Ich kann kaum glauben, dass ich ihn kenne. Er muss eine unmögliche Person gewesen sein.“

„Er war der Herzog von Lauderdale“, sagt Mona schlicht. „Hier ist seine Karte.“

Eine Pause.

Lady Rodney ist sichtlich verwirrt, sagt aber nichts. Violet folgt diesem Beispiel, aber mehr, weil sie völlig amüsiert ist und kurz vor dem Lachen steht, als aus dem Wunsch heraus, die Sache noch schlimmer zu machen.

„Ich hoffe, Sie hatten Ihren Hut auf“, sagt Lady Rodney jetzt in einem strengen Ton, der die Niederlage vertuschen soll. Sie hatte Mona einmal mit dem purpurroten Seidentaschentuch auf dem Kopf gesehen – nach irischer Mode – und ihre Missbilligung all dieser unzivilisierten Kopfbedeckungen zum Ausdruck gebracht.

„Ja; ich trug meinen großen Rubenshut, den mit –“

„Der Inhalt Ihrer Garderobe interessiert mich nicht“, unterbricht Lady Rodney mit einem leichten, aber unfreundlichen Schulterzucken. „Zumindest bin ich froh, dass man Sie nicht mit diesem anstößigen Kopfschmuck gesehen hat, den Sie so oft tragen.“

„War es der Rubenshut mit der langen braunen Feder?“ fragt Violet sanft und wendet sich an Mona, als ob sie von einer unbekannten Kraft dazu gezwungen würde, etwas zu sagen, das das Mädchen wieder zur Besinnung bringen könnte.

„Ja, der mit der braunen Feder“, erwidert Mona schnell und mit einem strahlenden und dankbaren Lächeln, das sich in Violets Herz senkt und dort ruht.

„Du hast dem Herzog gesagt, wer du bist?“ bricht in diesem Moment Lady Rodney ein, die in einer ihrer schlechtesten Stimmungen ist.

„Ja, ich sagte, ich wäre Mrs. Rodney.“

„Mrs. Geoffrey Rodney, es wäre korrekter gewesen. Sie vergessen, dass Ihr Mann der jüngste Sohn ist. Wenn Captain Rodney heiratet, wird *seine* Frau Mrs. Rodney sein.“

„Aber bis dahin kann Mona sicherlich Anspruch auf den Titel erheben“, sagt Violet schnell.

„Ich möchte auf nichts Anspruch erheben“, sagt Mona und wirft mit einer kleinen stolzen Geste den Kopf hoch, „schon gar nicht auf das, was mir nicht von Rechts wegen gehört. Ich verlange nur, Mrs. Geoffrey zu sein.“ "

Sie lehnt sich in ihrem Stuhl zurück und legt ihre Finger so eng aneinander, dass ihre Fingernägel weiß werden. Ihre dünnen Nasenlöcher weiten sich ein wenig und ihr Atem geht schnell, aber ihr entgeht kein wütendes Wort. Wie können ihre Lippen eine Rede zum Ausdruck bringen, die die Mutter des Mannes, den sie liebt, verletzen könnte!

Violet, die sie beobachtet, bemerkt den Aufruhr in ihrem Kopf und ehrt sie für ihre Selbstbeherrschung, als sie sieht, wie ihr Wille die Kontrolle über ihr Verlangen gewinnt.

Dann kommen Jack und Sir Nicholas und später Geoffrey herein.

„Niemand kann sagen, dass wir nicht pünktlich sind“, sagt Jack fröhlich. „Es ist genau“ – er betrachtete die Ormolu-Uhr auf dem Kaminsims genau – „eine Stunde, bevor wir vernünftigerweise mit dem Abendessen rechnen können.“

„Und drei Viertel. Täuschen Sie sich nicht, mein Lieber: Sie können nicht einen Moment vor Viertel vor acht hier sein."

„Dann werde ich dich in der Zwischenzeit essen, Violet", sagt Kapitän Rodney freundlich, „nur um meinen Appetit zu stillen. Du würdest kaum für eine gute Mahlzeit ausreichen!" Er lacht und wirft einen vielsagenden Blick auf ihre schlanke, aber charmante Figur, die *zierlich*, aber perfekt ist, und lässt sich dann in einen niedrigen Stuhl neben ihr sinken.

„Ich habe gehört, dass dieser Tanz bei den Chetwoodes eine ziemlich große Angelegenheit werden soll", sagt Geoffrey gleichgültig. „Ich habe Gore heute getroffen und er sagt, die Herzogin und die halbe Grafschaft gehen."

„Meint er, dass er selbst geht?" sagt Nicholas müßig. „Er ist heute hier, das weiß ich, aber man weiß nie, wo er morgen sein wird, er ist so unberechenbar."

„Er ist ein bisschen schwierig, aber im Großen und Ganzen glaube ich, dass ich Sir Mark besser mag als die meisten Männer", sagt Violet langsam.

Daraufhin begreift Jack Rodney sofort eine plötzliche und ungerechtfertigte Abneigung gegenüber dem betreffenden Mann.

„Lilian ist so ein liebes Mädchen", sagt Lady Rodney; „Sie ist ein absoluter Favorit. Ich habe keinen Zweifel daran, dass ihr Tanz ein großer Erfolg sein wird."

„Sie sprechen von Lady Chetwoode? Hat sie letzte Woche angerufen?" fragt Mona schüchtern und vergisst vor Nervosität die Grammatik.

„Ja, sie war es, die letzte Woche angerufen hat", erwidert ihre liebenswürdige Schwiegermutter und betont das Pronomen unverkennbar.

Zum Glück hört niemand auf diese unnötige Korrektur, sonst wären vielleicht scharfe Worte die Folge gewesen. Sir Nicholas und Geoffrey lachen über eine alte Geschichte, die ihnen durch dieses müßige Geschwätz über den Ball der Chetwoods ins Gedächtnis gerufen wurde; Jack und Violet beschäftigen sich intensiv mit einem eigenen Thema.

„Tja, sie tanzte auf jeden Fall wie eine Fee, trotz ihrer Größe", sagt Sir Nicholas und spielt damit auf die Person an, um die es in der lustigen Geschichte ging.

„Sie tanzen natürlich", sagt Lady Rodney und wendet sich an Mona, vielleicht ein wenig beschämt über ihre späte Unhöflichkeit.

„Oh ja", sagt Mona und wird selbst unter diesem kleinen Anflug von Freundlichkeit strahlender. „Mir gefällt es auch sehr gut. Ich schaffe alle Schritte fehlerfrei."

Auf diese außergewöhnliche Rede starrt Lady Rodney verwirrt.

„Ah! Walzer und Polkas meinen Sie?" sagt sie verwirrt.

„Äh?" sagt Frau Geoffrey.

„Du kannst Walzer tanzen?"

"Ach nein!" Sie schüttelte nachdrücklich und lächelnd ihren schönen Kopf. „Ich meine, es sind Country-Tänze. In der Mitte hoch und wieder runter und so." Sie bewegte ihre Hand auf sanfte, wellenförmige Weise, als würde sie sie im Einklang mit einer Musik halten, die in ihrem Gehirn erklingt. Dann, süß: „Hast *du* jemals einen Country-Tanz getanzt?"

"Niemals!" sagt Lady Rodney mit steiniger Stimme. „Ich weiß nicht einmal, was du meinst."

"NEIN?" Sie zog die Brauen hoch und schien ihr wirklich leid zu tun. „Schade! Sie kommen mir alle ganz natürlich vor. Ich kann mich nicht erinnern, sie jemals gelernt zu haben. Die Musik schien mich zu inspirieren, und ich tanze sie wirklich sehr gut. Nicht wahr, Geoff?"

„Ich habe noch nie jemanden wie Sie gesehen", sagt Geoffrey, der zusammen mit Sir Nicholas die letzte Hälfte des Gesprächs verfolgt hat und offensichtlich das starke Verlangen zu lachen unterdrückt.

„Erinnern Sie sich an den Abend, an dem Sie mir den Country-Tanz beigebracht haben, von dem ich sagte, er sei wie ein altmodisches Menuett? . Sie war – entschuldigend – „nicht viel unterwegs."

„Ja, lass uns", sagt Mona fröhlich.

„Beten Sie, machen Sie sich meinetwegen nicht so viel Ärger", sagt Lady Rodney mit heftiger, aber gedämpfter Empörung.

„Es wird uns kein *bisschen stören* ", sagt Mrs. Geoffrey und erhebt sich eifrig. „Ich werde es lieben, der Boden ist so schön rutschig. Kann jemand pfeifen?"

Daraufhin gibt Sir Nicholas nach und lacht laut, woraufhin Mona ebenfalls lacht, obwohl sie leicht rot wird, und sagt: „Natürlich reicht das Klavier, aber die Geige ist am besten."

„Violet, spiel uns etwas vor", sagt Geoffrey, der ganz in den Geist der Sache eingetaucht ist und sich nicht im Geringsten an den „Horrortaten" seiner Mutter stört, sich aber daran erinnert, wie süß Mona früher aussah, wenn sie langsam und gelassen vorging diese urige, feierliche Würde „durch ihre Schritte".

„Ich werde entzuckt sein", sagt Violet; „Aber was ist ein Country-Tanz? Wird ‚Sir Roger' reichen?"

„Nein. Spielen Sie irgendetwas Eintöniges, das außerdem langsam und würdevoll ist, und es wird antworten, eigentlich alles überhaupt", sagt Geoffrey weithin, woraufhin Violet lächelt und sich ans Klavier setzt.

„Nun, warten Sie einfach, bis ich den Saum meines Kleides hochgekrempelt habe", sagt Mrs. Geoffrey und wirft ihren hellblauen Rock locker über ihren weißen, nackten Arm.

„Man kann es genauso gut Zug nennen; den Leuten gefällt es besser", sagt Geoffrey. „Ich weiß sicher nicht warum, aber vielleicht klingt es besser."

„Daran kann kaum ein Zweifel bestehen", sagt Lady Rodney, die keine Gelegenheit vorübergehen lässt, Mona eine Ohrfeige zu verpassen.

„Aber die Prinzessin D... nennt ihre Schleppe immer einen ‚Schwanz'", sagt Violet und dreht sich auf ihrem Klavierhocker um, um diese Bemerkung zu machen, die Monas Seele streichelt: Danach konzentriert sie ihre Gedanken wieder auf das Instrument zuvor sie und spielt eine seltsame, altmodische Melodie, die gut zu dem Tanz passt, von dem sie gesprochen haben.

Dann reicht Geoffrey Mona seine Hand und führt sie in die Mitte des polierten Bodens. Dort grüßen sie einander in einer eher Grandison-Manier und trennen sich dann.

Das Licht des großen Kiefernfeuers strömt über den ganzen Raum und wirft einen satten Glanz auf die Szene, auf das gerötete und ernste Gesicht des Mädchens, die großen glücklichen Augen und die anmutige, runde Figur, die auch die Anmut und Poesie jeder ihrer Bewegungen verrät.

Sie tritt mit großem Abstand von Geoffrey zurück und beginnt dann, ohne die dumme, unschöne Schüchternheit, die bei jungen Menschen so oft in Unbeholfenheit ausartet, ihren Tanz.

Es ist eine sehr merkwürdige und veraltete, wenn auch einzigartig charmante Aufführung voller seltsamer Verbeugungen, unerwarteter Wendungen und würdevoller und tiefer Knickse.

Während sie vor- und zurückgeht, ihre *schlanke* Figur zu voller Größe herangezogen, ihr Gesicht eifrig und aufmerksam auf die anstehende Aufgabe gerichtet und scheinbar mit ganzem Herzen in die erfolgreiche Erfüllung ihrer Aufgabe gesteckt, sieht sie viel hübscher aus als sie selbst Sie selbst ist sich dessen überhaupt bewusst.

Sogar Lady Rodney ist im Moment ihrem unbeabsichtigten Charme erlegen und beugt sich ängstlich vor, um sie zu beobachten. Jack und Sir Nicholas sind verzaubert.

Die Schatten schließen sie von allen Seiten ein. Nur der Feuerschein erhellt den Raum und wirft seine hellsten und rötlichsten Strahlen auf die zentralen

Figuren, bis sie wie aus alten Zeiten heraufbeschworene Wesen aussehen, während sie in den langsamen, geheimnisvollen Labyrinthen des Tanzes hin und her huschen.

Monas wächserne Arme glänzen im unsicheren Licht wie Schnee. Jede ihrer Bewegungen ist voller Anmut und *Schwung*. Ihre gesamte Aktion ist perfekt.

„Ihre Füße unter ihrem Unterrock stahlen sich wie kleine Mäuse hinein und hinaus, als hätten sie Angst vor dem Licht. Und, oh! Sie tanzt so, keine Sonne an einem Ostertag ist ein halb so schöner Anblick."

Die Musik hallt sanft und fast traurig durch den Raum; die Füße halten den Takt auf dem Eichenboden; Unheimlich bewegen sich die beiden Gestalten durch die gedämpfte Dunkelheit.

Die Tür am äußersten Ende des Raumes wurde geöffnet, und zwei Menschen, die noch unsichtbar sind, stehen auf der Schwelle, zu überrascht, um voranzukommen, und sogar zu fasziniert von dem Anblick, der sich ihnen bietet, um dies zu tun.

Erst als Mrs. Geoffrey ihren letzten Knicks macht und Geoffrey sich lachend nach vorne beugt, um ihre Lippen statt ihrer Hand zu küssen, als Anerkennung für ihre ernsthafte und sehr nette Leistung, und damit erklärt, dass diese rechtzeitig zu Ende gegangen sei, Trauen sich die Neuankömmlinge, sich zu zeigen?

„Oh, wie hübsch!" schreit einer von ihnen aus dem Schatten, als wäre er betrübt darüber, dass der Tanz so schnell zu Ende gegangen ist. „Wie schön!"

Bei dieser Stimme zuckt jeder zusammen! Mona schlüpft in Geoffreys Hand und zieht ihn zur Seite. Lady Rodney erhebt sich von ihrem Sofa und Sir Nicholas geht eifrig zur Tür.

"Du bist gekommen!" schreit er in einem Ton, den Mona noch nie zuvor gehört hat, und dann — es besteht kein Zweifel daran, dass er und der Schatten sich herzlich umarmt haben.

„Ja, das haben wir tatsächlich", sagt wieder dieselbe süße Stimme, die fröhlichste und sanfteste Stimme, die man sich vorstellen kann, „und wie es scheint, auch zu einem sehr guten Zeitpunkt. Nolly und ich sind jetzt schon ganze fünf Minuten hier und sind es auch gewesen." Wir waren so begeistert von dem, was wir gesehen haben, dass wir uns gar nicht rühren konnten. Liebe Lady Rodney, wie geht es dir?"

Sie ist ein sehr kleines Mädchen, gut einen halben Kopf kleiner als Mona, und jetzt, wo man sie deutlicher sehen kann, wie sie auf dem Kaminvorleger steht, ist sie etwas mehr als gewöhnlich hübsch.

Ihre Augen sind groß und blau mit einem Hauch von Grün; ihre Lippen sind weich und beweglich; Ihr ganzer Gesichtsausdruck ist *elegant* und doch voller Zärtlichkeit. Sie ist die Helligkeit selbst; Jeder innere Gedanke, sei es Trauer oder Freude, macht sich äußerlich in den ständigen Veränderungen ihres Gesichts bemerkbar. Ihr Haar ist über der Stirn geschnitten und ziemlich golden, aber vielleicht ist es etwas dunkler als das gewöhnliche Haar, das wir als gelb beschreiben hören. Wenn ich an Dorothy Darlings Kopf denke, erinnere ich mich immer an die Zeile in Miltons „Comus", von der er spricht

„Die lockere Schleppe deiner bernsteinfarbenen Haare."

Sie ist sehr süß anzusehen, attraktiv und liebenswert.

„Das Gesicht ihres Engels leuchtete hell wie das große Auge des Himmels und ließ einen Sonnenschein an dem schattigen Ort entstehen."

Das ist die Verlobte von Nikolaus, der Mona im ersten Augenblick, als sie sie ansieht, ihre ganze Seele hingibt.

Sie hat allen die Hand geschüttelt, Lady Rodney geküsst und wird nun Mona vorgestellt.

„Deine Frau, Geoffrey?" sagt sie, während sie die ganze Zeit Monas Hand hält und sie aufmerksam ansieht. Dann, als würde etwas in Mrs. Geoffreys schönem Gesicht sie seltsam anziehen, hebt sie ihr Gesicht und drückt ihre weichen Lippen auf Monas Wange.

Bei dieser sanften Berührung durchströmt Monas Brust einen Anflug von Hoffnung und Freude. Es ist die allererste Liebkosung, die sie jemals von einem Freund oder Verwandten von Geoffrey erhalten hat.

„Ich glaube, jemand stellt mich vielleicht vor", sagt eine klagende Stimme aus dem Hintergrund, und Dorothys Bruder streckt Dorothy ein wenig beiseite und streckt Mona seine Hand entgegen. „Wie geht es Ihnen, Mrs. Rodney?" sagt er freundlich. „Ihrem Mann mangelt es an Etikette, was Ihnen zweifellos schon früher aufgefallen ist. Er hat offensichtlich vergessen, dass wir vergleichsweise Fremde sind; aber das wird nicht lange so bleiben, hoffe ich?"

„Das hoffe ich tatsächlich nicht", sagt Mona und gibt ihm mit sehr schmeichelhafter Eile die Hand.

„Sie sind eine ganze halbe Stunde früher angekommen, als wir erwartet hatten", sagt Sir Nicholas und blickt Fräulein Darling mit liebevoller Befriedigung in die Augen. „Diese Züge sind sehr unsicher."

„Es lag nicht so sehr am Zug", sagt Doatie mit einem fröhlichen Lachen, „sondern an Nolly: Wir hatten keine Zeit zu kommen, weil er ausstieg und Hewson die Zügel abnahm, und danach, glaube ich eher, übernahm er." es aus deinen Buchten, Nicholas.

„Nun, so einen Blödsinn habe ich noch nie erlebt! Ich glaube, du würdest deiner Großmutter ein Schnippchen schlagen", sagt ihr Bruder mit höchster Verachtung. „Ich habe ihnen kein bisschen geschadet, Rodney, ich gebe dir mein Wort."

„Ich nehme es", sagt Nicholas; „Aber selbst wenn Sie es täten, wäre ich Ihnen immer noch zu Dank verpflichtet, dass Sie Doatie dreißig Minuten vor unserer Hoffnung auf sie hierher gebracht haben."

„Jetzt mach ihm deinen besten Knicks, Dolly", sagt Mr. Darling ernst; „Es kommt nicht jeden Tag vor, dass man so eine schöne Rede hält."

„Und sehen Sie, was wir durch unsere Eile gewonnen haben", sagt Dorothy und lächelt Mona an. „Sie können sich nicht vorstellen, was für ein bezaubernder Anblick das war. Wie eine alte Legende oder ein Märchen. War es ein Menuett, das Sie getanzt haben?"

„Oh nein, nur ein Country-Tanz", sagt Mona und errötet.

„Nun, es war perfekt, nicht wahr, Violet?"

„Ich wunschte, ich hätte es besser sehen können", erwidert Violet, „aber ich habe ja gespielt."

„Ich wünschte, ich hätte es für immer sehen können", sagt Mr. Darling galant zu Mona; „Aber alle guten Dinge haben ein frühes Ende. Erinnern Sie sich an solche Zeilen? Sie fallen mir gerade ein:

Wenn du tanzt, wünsche ich dir eine Welle des Meeres, damit du jemals nichts anderes tun kannst als das.

„Ja, ich erinnere mich; sie stammen aus dem ,Wintermärchen'. Ich glaube", sagt Mona schüchtern; „Aber du sagst zu viel für mich."

„Nicht halb genug", sagt Mr. Darling begeistert.

„Glauben Sie nicht, Sir, dass Sie sich gerne für das Abendessen fertig machen würden?" sagt Geoffrey mit gespielter Strenge. „Sie können sich später weiterhin um meine Frau kümmern – auf eigene Gefahr."

„Ich akzeptiere das Risiko", sagt Nolly mit viel Würde und zieht sich sofort zurück, um sich vorzeigbar zu machen.

KAPITEL XXI.

WIE NOLLY, nachdem er sich präsentabel gemacht hat, auch versucht, sich angenehm zu machen – und wie ihm das gelingt.

Mr. Darling ist ein flachshaariger junger Herr von etwa vierundzwanzig Jahren, mit einem offenen und naiven Gesichtsausdruck und einem überaus fröhlichen Gemüt. Er strahlt geradezu vor Jugend und guter Laune und gibt sich keinerlei Mühe, diese zu unterdrücken; Wenn man tatsächlich sagen kann, dass ein so gutmütiger Jugendlicher einen Fehler hat, dann liegt er in seiner Unfähigkeit, den Mund zu halten. Reden muss er, also redet er – überall und unter allen Umständen.

Es gelingt ihm, Mona zum Abendessen mitzunehmen, und er zeigt sich während der gesamten Zeit, die sie im Esszimmer verbringen, besonders hingebungsvoll und folgt ihr anschließend in den Salon, sobald es der Anstand zulässt. Tatsächlich ist er ein hoffnungsloses Opfer von Monas Charme geworden und schämt sich nicht bei dem Gedanken, dass die ganze Welt seine Unterwerfung bemerken muss. Im Gegenteil, er scheint sich darüber zu rühmen.

„Ich war neulich in Ihrem Land", sagt er, schiebt Monas Röcke ein wenig zur Seite und lässt sich auf die Ottomane sinken, die sie sich als Ruhestätte ausgesucht hat. „Und es ist ein sehr schönes Land."

„Ah! warst du wirklich da!" sagt Mona und wird bei der bloßen Erwähnung ihres Heimatlandes sofort fröhlich und aufgeregt. In solchen Momenten verfällt sie wieder unbewusst in die „dann" und „sicher" und „ohs!" und „ahs!" ihres Irlands.

„Ja, das war ich tatsächlich. Unten in einem kleinen Ort zwischen Castle und Connell, in der Nähe von Limerick. Nette Leute in Limerick, aber ein bisschen flatterhaft, finden Sie nicht? Ich mag die lustige Donnerbüchse und all das, und das mit einer entschiedenen Haltung Tendenz zu Mitternachtsplünderungen.

„Ich fürchte, du bist fast in den schlimmsten Teil Irlands gereist", sagt Mona kopfschüttelnd. „New Pallas und die ganze Umgebung von Limerick sind so furchtbar illoyal."

„Nun, das war nur mein Glück, wissen Sie", sagt Darling. „Wir haben dort ein Grundstück. Und da ich zu Hause nicht viel zu sagen habe, hat mich ‚mein schrecklicher Vater' nach Irland geschickt, um zu sehen, warum der Verwalter das getan hat." Vielleicht hatte er gehofft, dass die Eingeborenen mich überwältigen würden. Die Eingeborenen mochten mich im Gegenteil sofort und adoptierten mich so gut wie ein ursprünglicher Sohn von Erin in einer Woche."

„Aber wie haben Sie es geschafft, ihre Gunst zu erlangen?"

„Ich gehe davon aus, dass sie dachten, dass ich unter ihrer Aufmerksamkeit stehe, und da sie mich nicht hassen wollten, waren sie gezwungen, mich zu lieben. Natürlich betrachteten sie die Idee, zu zahlen, als einen guten Witz und sprachen viel über etwas äußerst Unangenehmes Person namens Griffith und seine Bewertung, was auch immer das sein mag, also sah ich, dass es keinen Nutzen hatte, und übergab es – meine Mission, ich meine, ich hatte eine tolle Jagd, soweit es Rebhühner betraf, aber niemand hatte davon geträumt Sie lehnten es entschieden ab, etwas Blei in meinen Körper zu stecken, und wenn man bedenkt, dass ich beim Hinübergehen eine gewisse Höflichkeit erwartet hatte, fühlte ich mich etwas enttäuscht und ausgesprochen billig.

„Wir sind nicht so durch und durch mörderisch, wie Sie zu denken scheinen", sagt Mona halb entschuldigend.

„Mörderisch! Sie sind ein reizendes Volk, und die Landschaft ist rundherum bezaubernd. Der Shannon ist geradezu reizend. Aber sie würden keinen Heller zahlen. Liebling, leichthin: „Ich konnte es ihnen nicht verübeln. Sie waren so arm, wie arm nur sein konnte, regelmäßig ausgestreckt, wissen Sie, und ich nehme an, sie wollten traurigerweise jedes Geld, das sie hatten. Ich habe es dem Gouverneur gesagt, als ich... kam zurück, aber ich glaube nicht, dass er es zu sehen schien; er sagte sozusagen, dass *er* es auch wollte, und machte dann einige hässliche und höchst unangebrachte Bemerkungen über meine Schneiderrechnung, die ich natürlich mit Verachtung behandelte Sie haben es verdient.

„Na ja, aber es war ein bisschen hart für deinen Vater, nicht wahr?" sagt Mona sanft.

„Oh, es war nicht viel", sagt der junge Mann leichthin; „Und er hätte es nicht so grob machen müssen. Ich war natürlich ein Versager, aber ich konnte nichts dagegen tun; und schließlich hatte ich trotz allem eine wirklich gute Zeit und habe es genossen." dort bis auf den Boden.

„Darüber bin ich froh", sagt Mona freundlich, während er innehält, nur aus Verlangen nach Atem, nicht aus Verlangen nach Stille.

„Das hatte ich wirklich. Es gab einen Kerl, einen perfekten Riesen – Terry O'Flynn war sein Name – und er und ich waren schreckliche Freunde. Wir gingen jeden Tag zusammen fotografieren und kamen gut miteinander aus. Er war ein ... Der ungeheuer große Kerl konnte mich in die Tasche stecken und vergessen, dass ich da war, bis ich ihn daran erinnerte, dass er ein sehr respektabler Mann war, als ich wegkam er war ganz zufrieden. Sie haben übrigens nicht viele Uhren, die unteren Klassen, oder?

Daraufhin bricht Mona in ein süßes, aber schallendes Lachen aus, das Lady Rodney (die schläfrig und daher gereizt wird) dazu bringt, sich umzudrehen und ihr einen kalten, tadelnden Blick zuzuwerfen.

Auch Geoffrey hebt den Kopf und lächelt, aus Mitgefühl über die Heiterkeitsausbrüche seiner Frau, ebenso wie Miss Darling, die ihr Gespräch mit Sir Nicholas unterbricht, um sich das Gespräch anzuhören.

"Worüber redest du?" fragt Geoffrey und gesellt sich zu Mona und ihrer Begleiterin.

„Wie könnte ich anders lachen", sagt Mona. „Mr. Darling hat gerade sein Erstaunen darüber zum Ausdruck gebracht, dass die irische Bauernschaft in der Regel keine Uhren besitzt." Dann plötzlich verändert sich ihr ganzes Gesicht von Fröhlichkeit zu äußerster Trauer. „Ach, arme Seelen!" Sie sagt traurig: „Sie haben in der Regel nicht einmal Fleisch!"

„Nun, das ist mir auch aufgefallen. Es *schien* tatsächlich eine große Knappheit an diesem Rohstoff zu geben", antwortet Darling leichthin. „Trotzdem sind sie eine schöne Rasse. Ich werde bald wieder zu meinem Freund Terry gehen. Er ist der amüsanteste Kerl, geradezu brillant. Übrigens auch sein Haar – das allerreichste." purpurrot."

„Aber ich hoffe, dass du deine Tage nicht mit Terry verbringen musst?" sagt Mona lächelnd.

„Nein. Alle Einwohner des Kreises haben mich sofort adoptiert, als sie von mir hörten – was nach meinen eigenen Berechnungen zu diesem Thema genau fünf Minuten nach meiner Ankunft gewesen sein muss. Sie sind eine sehr gastfreundliche Nation, Mrs. Rodney." ; Niemand kann das leugnen, ich hätte die ganze Zeit, die ich in Limerick war, jeden Tag dreimal essen können.

"Segne mich!" sagt Geoffrey; „Was für ein entsetzlicher Gedanke! Ich werde ohnmächtig."

„Eher so. In ihrem Wunsch, mich zu ernähren, lag meine einzige Todesgefahr. Aber ich habe es geschafft. Und ich mochte jeden, den ich traf – wirklich, weißt du", sagte Mona, „und kein Humbug. Dennoch denke ich, dass es die glücklichsten Tage sind." Ich wusste jedoch, dass es sich bei Terry eher um einen Verkauf handelte, da ich kein wirkliches Abenteuer hatte, vor allem, weil ich nicht nur mir, sondern auch meinen Freunden eines versprochen hatte, als ich nach Paddy-Land aufbrach Mal! Irland, meine ich."

„Das macht mir nichts aus", sagt Mona. „Wir sind natürlich Paddys."

„Ich wünschte, ich wäre einer!" sagt Mr. Darling mit beträchtlicher Erregung. „Ich beneide die Menschen, die mit Ihnen die Staatsangehörigkeit beanspruchen können. Ich würde morgen selbst ein Paddy sein, wenn ich könnte, und zwar aus diesem einen Grund.“

„Was für ein lustiger Junge du bist!“ sagt Mona mit einem kleinen Lachen.

„Das sagen sie mir alle. Und natürlich ist es wahr, was jeder sagt. Wir werden bestimmt Freunde sein, nicht wahr?“ klappert Darling angenehm an. „Unsere gegenseitige Liebe zu Erin sollte ein Band zwischen uns sein.“

„Ich hoffe, wir werden es schaffen; ich bin mir sicher, dass wir es schaffen werden“, erwidert Mona schnell. Es ist süß für sie, in diesem fremden Land einen möglichen Freund zu finden.

„Kein Zweifel“, sagt Nolly fröhlich. „Jeder mag mich, wissen Sie. ‚Mich zu sehen bedeutet, mich zu lieben und nur mich für immer zu lieben‘ und so etwas, wir werden in kürzester Zeit großartige Freunde sein. Tatsache ist, ich bin es nicht wert Ich hasse *es* ; ich bin weder nützlich noch dekorativ, aber da ist doch etwas dran, nicht wahr ? ein Blick der Bewunderung.

„Sei nicht unfreundlich zu mir“, sagt Mona mit einem Hauch unschuldiger und betörender Koketterie. Sie redet sich ein, dass sie diesen absurden jungen Mann mehr mag als jeden, den sie seit ihrer Ankunft in England getroffen hat, außer vielleicht Sir Nicholas.

„Das liegt außerhalb meiner Macht“, sagt Darling, den die letzte Rede – und der damit verbundene Blick völlig beendet hat. „Ich bitte dich nur um deine Gnade, niemals unfreundlich zu mir zu sein.“

„Was für ein seltsamer Name dein Name ist! – Nolly“, sagt Mona plötzlich.

„Nun, ich bin nicht unbedingt so geboren“, erklärt Mr. Darling ganz offen; „Oliver ist mein Name. Ich mag lieber meinen eigenen Namen, weißt du? Er ist auf jeden Fall ungewöhnlich. Man hört ihn nicht an jeder Ecke rufen, und er erinnert einen an den ‚mutigen bösen Mann‘, den Beschützer. Aber sie hätten den Cromwell nicht weglassen sollen. Es wäre so gut wie ein kleines Vermögen gewesen, sich in einem öffentlichen Raum als Oliver Cromwell Darling bekannt zu geben.

„Besser“, sagt Mona und lacht fröhlich.

„Ja, wirklich, wissen Sie. Ich meine es ernst“, erklärt Mr. Darling und lacht ebenfalls. Er ist ganz begeistert von Mona. Seinen Weg durchs Leben voller Menschen zu finden, die mit ihm oder sogar über ihn lachen, ist seine Vorstellung von vollkommener Glückseligkeit. So plappert er weiter mit ihr, bis er, als die Schlafenszeit naht und die Kerzen auf ihn aufmerksam werden, sich schließlich gezwungen sieht, sich von ihr loszureißen und den Männern in das Raucherzimmer zu folgen.

Hier legt er Geoffrey die Hände auf.

„Bei Gott, weißt du, du hast es fast geschafft", sagt er und klopft Geoffrey freundlich auf die Schulter, was dem jungen Mann fast den Atem raubt. „Ich habe dir zugetraut, dass du mehr gesunden Menschenverstand hast. So ein Vorgehen wie dieses ist völliger Unsinn. Früher oder später musst du für deinen Spaß bezahlen, weißt du."

„Sir", sagt Mr. Rodney, ohne auf diese Einleitung Rücksicht zu nehmen, „ich werde Sie bitten, zu erklären, was Sie meinen, wenn Sie ein harmloses Schulterblatt in Pulver verwandeln."

„Ich bitte um Verzeihung, da bin ich mir sicher", sagt Nolly geistesabwesend. „Aber" – mit plötzlichem Interesse – „wissen Sie, was Sie getan haben? Sie haben die hübscheste Frau Englands geheiratet."

„Das habe ich nicht", sagt Geoffrey.

„Das hast du", sagt Nolly.

„Ich sage Ihnen, das habe ich nicht", sagt Geoffrey. „Nichts dergleichen. Du sammelst Wolle."

„Meine Güte! Er kann doch nicht sagen, dass er ihrer bereits überdrüssig ist", ruft Mr. Darling hörbar beiseite. „Das wäre selbst für unsere Zeit zu viel."

Daraufhin verfällt Geoffrey der Heiterkeit. Er und Darling sind praktisch allein, während Nicholas und Captain Rodney in einer entfernten Ecke ernsthaft über den bevorstehenden Rechtsstreit sprechen.

„Mein lieber Freund, du hast dein Gehirn überlastet", sagt er ironisch: „Du verstehst mich nicht. Ich bin ihrer nicht müde. Ich werde nie aufhören, den Tag zu segnen, an dem ich sie sah" – dies mit großem Ernst ,- „Aber Sie sagen, ich habe die hübscheste Frau Englands geheiratet, und sie ist überhaupt keine Engländerin."

„Na ja, wie stehen die Chancen?" sagt Nolly. „Ob sie Französin oder Engländerin, Irin oder Deutsche ist, sie hat einfach das hübscheste Gesicht, das ich je gesehen habe, und die süßeste Art. Sie haben etwas schrecklich Gefährliches getan. Sie werden in kürzester Zeit Mrs. Rodneys Ehemann sein – nichts Sonst wirst du nach einer Weile nicht mehr wissen, dass du deine Individualität verloren hast, außer deinen vier Knochen ."

„Du machst mir Angst", sagt Geoffrey mit einer Grimasse. „Du denkst also, dass Mona hübsch ist?"

„Pretty drückt es nicht aus. Sie ist ziemlich intensiv und hat auch einen neuen Stil, der natürlich alles ist. Du wirst sie in der nächsten Staffel vorstellen, nehme ich an? Du musst, weißt du, schon allein aus Freundschaftsgründen Ich würde mir den angewiderten Blick von Mrs. Laintrie und Mrs. Whelon nicht entgehen lassen, wenn Ihre Frau auf der Bildfläche erscheint!"

„Ihre Augen sind auf jeden Fall –“, sagt Geoffrey.

„Sie ist alles, was Sie sich vorstellen können; sie ist lieblich und göttlich. Versuchen Sie nicht, ihre Reize zu analysieren, mein lieber Geoff. Sie ist einfach die hübscheste und süßeste Frau, die ich je getroffen habe. Sie ist sehr jung.“ „Möge ein Morgen voller Freude sein“, doch es gibt nichts von dieser schrecklichen Schüchternheit – dieser *Mauvaise Honte* – an ihr, die in der Regel zur „Frische des Morgens“ gehört. Ihr Lachen ist so süß, so voller Freude.

„Wenn Sie meinen, dass ich das alles noch einmal wiederholen soll, werden Sie sich gewaltig irren; denn verstehen Sie sofort, ich werde es nicht tun“, sagt Geoffrey. „Ich werde nicht meine Hand in mein Verderben stecken; und solch uneingeschränktes Lob ist darauf ausgelegt, den Kopf jeder Frau zu verdrehen. Aber im Ernst“, sagt Geoffrey und legt seine Hände auf Darlings Schultern, „ich bin ungemein froh, dass sie dir gefällt.“ .“

"Nicht!" sagt Darling schwach. „Sagen Sie es nicht in diesem Licht. Es ist zu schwach. Wenn Sie sagen würden, dass ich unsterblich in Ihre Frau verliebt wäre, wären Sie der Wahrheit näher gekommen, denn Wahnsinn berührt es. Ich habe mich seit Jahren nicht mehr so schlecht gefühlt. Das ist es Dieses Treffen mit Mrs. Rodney hat für mich wirklich Pech gehabt.

„Arme Mona!“ sagt Geoffrey; „Erzähl ihr nichts davon, denn Reue könnte sie traurig machen.“

„Sehen Sie mal“, sagt Mr. Darling, „probieren Sie einfach eine davon. Es sind südamerikanische Zigaretten und fast so stark wie die echten, und noch besser: Es handelt sich um eine neue Marke. Probieren Sie sie aus; sie“ Ich werde dich ganz schön auf die Beine stellen.

„Gib mir eins, Nolly“, sagt Sir Nicholas und erwacht aus seinen Träumereien.

KAPITEL XXII.

Wie Mona zu ihrem ersten Ball geht – und wie es ihr dabei ergeht.

Es ist der Tag des Balls von Lady Chetwoode, oder um genauer zu sein, denn Kritiker erweisen sich heutzutage als „unfreundlich", es ist der Tag, zu dem die Nacht gehört, die für Lady Chetwoodes Ball ausgewählt wurde; Das alles klingt sehr nach dem Meter des Hauses, das Jack gebaut hat.

Na ja, egal! Dieser Ball verspricht ein großer Erfolg zu werden. Jeder, der etwas Besonderes ist, geht mit, von George Beatoun, der nur fünfhundert Pfund pro Jahr auf der Welt hat und der älteste Blutsverwandte im Land ist, bis hin zur Herzogin, die Lilian Chetwoode „verrückt" hat und sie tatsächlich adoptiert hat als ihr letzter „Rave". Niemand wurde vergessen, niemand muss betrübt werden: Sich dagegen zu wehren, hat sowohl Sir Guy als auch Lilian Chetwoode viele Stunden ängstlicher Überlegungen gekostet.

Für Mona ist die Idee dieses Tanzes jedoch kaum reiner Nektar. Es ist halb Schrecken, halb Freude. Sie ist nervös, verängstigt und ein wenig seltsam. Es ist das erste Mal, dass sie bei einer großen Veranstaltung dabei ist, und sie kann nicht umhin, ihrem eigenen *Debüt* mit Sehnsucht, gemischt mit Angst, entgegenzublicken.

Als nun die Stunde näher rückt, in der sie der halben Grafschaft gegenübertreten wird, versagt ihr das Herz, und fast mit einem Gefühl der Verwunderung vergleicht sie ihr gegenwärtiges Leben mit dem alten auf ihrer smaragdgrünen Insel, wo sie glücklich lebte. wenn auch mit einer gewissen Dumpfheit, im Bauernhaus ihres Onkels.

Den ganzen Tag hat es in Strömen geregnet; nicht laut oder stürmisch, nicht mit leidenschaftlicher Wucht gegen Fensterscheibe und Giebel prallend, sondern mit stiller und mürrischer Beharrlichkeit fallend.

„Keine Spaziergänge im Ausland heute Abend", sagt Mr. Darling in einem düsteren Ton und starrt verletzt auf die durchnässten Rasenflächen und *Vergnügungen* draußen. „Keine chinesischen Laternen, keine freundlichen Büsche – *nichts* !"

Jedes Fenster stellt einen Aspekt dar, der um einiges trostloser ist als das letzte – zumindest scheint es so. Die Blumenbeete sind heruntergekommen und vermitteln eine extreme Melancholie. Die Lorbeeren tun nichts weiter als tropfend, traurig nebenbei, „traurige Musik für den Geist zu machen". Während wir den Ulmenweg auf und ab gehen, weht der trübe Wind wild, spielt und spielt mit den Regentropfen, während er hier und dort hin und her rauscht.

Im Innenbereich sind die Stängel des Königsbohrers weit verbreitet. Niemand scheint in einer sehr fröhlichen Stimmung zu sein. Sogar Nolly, die eigentlich zu allem bereit ist, ist ein Opfer der Verzweiflung. Er hat Mona seit einer Stunde aus den Augen verloren!

„Lasst uns etwas tun, irgendetwas, um einige dieser endlosen Stunden loszuwerden", sagt Doatie und wirft ihr Buch weit von sich. Es ist nicht interessant und trägt nur dazu bei, die Verletzung noch schlimmer zu machen. Sie gähnt so oft, wie es die Zucht zulässt, und verschränkt dann die Hände hinter ihrem zierlichen Kopf. „Oh! Hier kommt Mona. Mona, ich bin so gelangweilt, dass ich sofort sterben werde, wenn du nicht ein Heilmittel vorschlägst."

„Dein Bruder kann besser Vorschläge machen als ich", sagt Mona sanft, die immer etwas verhalten wirkt, wenn sie mit Lady Rodney im Raum ist.

„Nolly, hörst du das? Komm direkt zum Feuer und hör auf, diese hasserfüllten Regentropfen zu zählen. Mona glaubt an dich. Ist das nicht eine freudige Nachricht? Jetzt komm sofort aus deiner Stimmungslage raus, wie ein lieber Junge."

„Das werde ich nicht tun", sagt Mr. Darling in gekränktem Ton. „Ich fühle mich beleidigt. Mrs. Rodney hat sich aus *böser Absicht* zumindest eine Stunde lang vor den Blicken der Öffentlichkeit zurückgezogen. Ich kann das alles nicht in einem Moment vergessen."

"Wo bist du gewesen?" fragt Lady Rodney und dreht langsam ihren Kopf, um Mona anzusehen. "Draußen?" Ihr Ton ist unangenehm.

„Nein. In meinem eigenen Zimmer", sagt Mona.

„Oh, Nolly! Denken Sie doch an einen Plan, um den Nachmittag um ein oder zwei Stunden zu verkürzen", beharrt Doatie eifrig.

„Ich habe es", sagt ihr Bruder mit der Miene eines Menschen, der einen neuen Kontinent entdeckt hat. „Reden wir über Gräber, Würmer und Grabinschriften."

Daraufhin dreht Doatie ihm den Rücken zu, während Mona in schallendes, silbernes Gelächter ausbricht.

„Möchten Sie das nicht tun?" fordert Nolly traurig: „Das sollte ich. Ich bin ziemlich in der Stimmung dafür."

„Ich fürchte, das sind wir nicht", sagt Violet und lächelt ebenfalls. „Denken Sie an etwas anderes."

„Nun, wenn Sie alle auf einer Veränderung *bestehen* und sich etwas Lebhafteres wünschen, dann –

„Um Himmels willen, lasst uns auf der Erde sitzen und traurige Geschichten über den Tod von Königen erzählen."

Vielleicht haben Sie doch recht, und das wird besser sein. Es wird auch ziemlich effektiv sein, wenn es unangenehm ist, wenn wir alle auf dem polierten Boden sitzen.

„Schick, dass Nolly Shakespeare zitiert", sagt Geoffrey, der gerade eingetreten ist und sich nun über Monas Stuhl beugt. Er beugt sich vor und flüstert ihr etwas ins Ohr, das sie erröten lässt und einen flehenden Blick auf Doatie wirft. Daraufhin erhebt sich Miss Darling, die schnell Mitleid zeigt, und erfährt bald, worum es bei dem Flüstern ging.

„Oh! wie bezaubernd!" Sie weint und klatscht in die Hände. „Genau das! Warum haben wir nicht schon früher daran gedacht? Mona den letzten neuen Schritt beizubringen! Das wird köstlich." Als die gutmütige Doatie das sagt, springt sie auf und berührt Monas Hand. „Komm", sagt sie. „Bis heute Abend, das verspreche ich dir, wirst du es mit Terpsichore selbst aufnehmen."

„Ja, sie muss auf jeden Fall bis heute Abend lernen", sagt Violet mit plötzlichem und unerwartetem Interesse, während sie ihre Arbeit zusammenfaltet und wegräumt, als wäre sie auf eine andere Beschäftigung fixiert. „Lasst uns in den Ballsaal kommen."

„Kennen Sie keine anderen Tänze als diese – äh – sehr irischen Darbietungen?" fragt Lady Rodney in hochmütigem Ton und spielt auf den Country-Tanz an, den Mona und Geoffrey in der Nacht von Doaties Ankunft aufgeführt hatten.

„Nein. Ich war in meinem ganzen Leben noch nie auf einem Ball", sagt Mona deutlich. Aber sie erbleicht ein wenig, als sie den verächtlichen Unterton in der Stimme des anderen hört. Unbewusst rückt sie ein paar Schritte näher an Geoffrey heran und streckt ihm kindisch flehend die Hand entgegen.

Er umklammert es und drückt es leicht, aber liebevoll an seine Lippen. Seine Stirn verdunkelt sich. Der kleine strenge Ausdruck, der so selten auf seinem freundlichen Gesicht zu sehen ist, der aber von seinem Vater geerbt wurde, schleicht sich jetzt ein und verändert ihn merklich.

„Du verwechselst meine Mutter", sagt er in einem seltsamen Ton zu Mona und sieht Lady Rodney an, nicht sie. „Ich bin mir sicher, dass meine Frau die letzte Person ist, zu der sie sich unhöflich verhalten würde; obwohl ich gestehe, dass ihr Verhalten im Moment die meisten Menschen in die Irre führen würde."

Mit immer noch gerunzelter Stirn zieht er Monas Hand durch seinen Arm und führt sie aus dem Zimmer.

Lady Rodney ist blass geworden. Ansonsten lässt sie kein Anzeichen von Kummer erkennen, obwohl sie tief in ihrem Herzen die Zurechtweisung durch diesen, ihren Lieblingssohn, spürt. Mona als Zeugin ihrer Niederlage zu sehen, ist für sie Galle und Wermut. Und im Stillen, ohne jede äußere Geste, schwört sie, sich für die Beleidigung (wie sie es empfindet) zu rächen, die ihr gerade zugefügt wurde.

Dorothy Darling, die dem Geschehenen gespannt zugehört hat und darüber sehr betrübt ist, spricht jetzt mutig.

„Ich fürchte", sagt sie ganz ruhig zu Lady Rodney und hat eine eigene Art, fragwürdige Themen einzubringen, ohne beleidigend zu wirken, „ich fürchte, Sie mögen Mona nicht?"

Daraufhin wirft Lady Rodney gleichzeitig ihre Wache und ihre Arbeit nieder und steht auf.

„Wie sie", sagt sie mit unterdrückter Heftigkeit. „Wie soll ich eine Frau mögen, die mir meinen Sohn gestohlen hat und ihm beibringen kann, sogar seiner eigenen Mutter gegenüber unhöflich zu sein?"

„Oh, Lady Rodney, ich bin sicher, dass sie das nicht vorhatte."

„Es ist mir egal, was sie meinte; sie hat es auf jeden Fall getan. Wie sie! Eine Person, die von ‚Jack Robinson' spricht und von ‚dem Großen und Ganzen'." Wie konntest du dir so etwas vorstellen? Was dich betrifft, Dorothy, ich kann es nur bedauern, dass du dich selbst so weit vergisst, dass du eine Freundschaft mit einer jungen Frau eingegangen bist, die so völlig außerhalb deiner eigenen Sphäre liegt.

Nachdem sie diese Rede gehalten hat, rennt sie aus dem Raum und lässt Violet und Dorothy leicht verblüfft zurück.

„Nun, so etwas Absurdes habe ich noch nie gehört!" sagt Doatie, als sie wieder zu Atem kommt und ihre großen Augen ganz weit aufreißt. „So eine Tirade, und das alles umsonst. Wenn es ein soziales Verbrechen ist, ‚Jack Robinson' zu sagen, muss ich der größte lebende Sünder sein, denn ich sage es immer dann, wenn ich will. Ich finde Mona bezaubernd, und alle anderen auch." Nicht wahr?"

„Ich bin mir nicht sicher. Ich verliebe mich nicht auf den ersten Blick in Menschen. Ich kann Charaktere nur langsam erkennen", sagt Violet ruhig. „Vielleicht besitzen Sie diese Gabe?"

„Nicht ein bisschen davon, meine Liebe. Ich sage mir nur, dieser oder jener Mensch hat freundliche Augen oder einen liebevollen Mund, und dann entscheide ich mich dafür. Ich werde selten enttäuscht, aber was das Lesen oder Lernen betrifft Charakter, das liegt überhaupt nicht in meiner Art. Aber glauben Sie nicht, dass Lady Rodney Mona gegenüber ungerecht ist?"

„Ja, das glaube ich. Aber natürlich gibt es viele Ausreden für sie. Ein irisches Mädchen ohne Familie, egal wie süß, ist nicht die Art von Person, die man als Frau für seinen Sohn wählen würde." Komm in den Ballsaal. Ich möchte Mona im Tanzen perfekt machen.

„Du willst ihr heute Abend einen Erfolg bescheren", sagt Dorothy schnell. „Das weiß ich. Du bist ein liebes Ding, Violet, wenn auch ein wenig schwierig. Und ich glaube wirklich, dass du dem Charme dieser irischen Sirene „ohne Familie" genauso zum Opfer gefallen bist wie jeder von uns. Komm und gestehe es ."

„Es gibt nichts zu gestehen. Ich glaube, dass sie sehr beliebt ist, wenn du das meinst", sagt Violet langsam.

„Sie ist ein perfektes Haustier", sagt Miss Darling mit Nachdruck, „und das wissen Sie."

Dann begeben sie sich in den Ballsaal, und Sir Nicholas wird in den Gottesdienst gedrängt, und bald kommt auch Jack Rodney vorbei, der herausfindet, wo Violet ist, und nach einer Weile wird das Tanzen allgegenwärtig. Um sich auf die Sache einzulassen, machen sie jetzt ihren „vorläufigen Galopp", wie Nolly es ausdrückt, als wollten sie später richtig für den Ball der Chetwoodes trainieren. Und sie alle tanzen mit Mona und zeigen den großen Wunsch, dass es ihr nicht mangelt, wenn der Rang, die Schönheit und die Mode von Lauderdale dazu aufgefordert werden, ihr auf dem „leichten, fantastischen Zeh" ein Bein zu stellen.

Sogar Jack Rodney gerät außer sich, überwindet seine gewohnte Faulheit, nimmt sie an die Hand und unterrichtet, unterrichtet und ermutigt sie, da er der beste anwesende Tänzer *schlechthin ist* , und ermutigt sie, bis Doatie „genug" schreit und pathetisch protestiert Sie wird nichts mehr davon haben, da sie auf keinen Fall von Mona aus der Tanzreihe herausgeschnitten wird.

So geht der Tag zum Abend über; und der Regen hört auf, und die düsteren Wolken huschen mit heftiger Hast über den müden Himmel. Dann kommen die Sterne heraus, zuerst langsam, einer nach dem anderen, als wären sie schüchterne frühe Gäste bei der großen Versammlung, dann mit einem strahlenden Rausch, bis der ganze Himmel,

„Gespickt mit diesen Lichtinseln , so wild, spirituell hell."

verspricht ein gerechteres Morgen.

Mona kommt langsam die Treppe hinunter und betritt mit langsamen Schritten die Bibliothek, wo Tee auf sie wartet, bevor sie beginnen.

Sie ist in einen cremefarbenen Satin gekleidet, der in strengen, geraden Linien herabhängt und sich an ihre geschmeidige, runde Figur schmiegt wie Tau an einer Blume. Ein paar Reihen winziger Perlen umschlingen ihren Hals. An ihrem Busen liegen sanft einige Weihnachtsrosen, rein und weiß wie ihre eigene Seele; ein paar weitere schmiegen sich in ihr Haar, das einfach zurückgekämmt und zu einem lockeren Knoten hinter ihrem Kopf zusammengerollt ist; Sie trägt keine Ohrringe und nur sehr wenige Armbänder.

Eines davon ist jedoch bemerkenswert. Es handelt sich um ein schlichtes goldenes Band, auf dem eine Figur von Atalanta zu sehen ist, die so posiert, als ob sie zu ihrem berühmten Rennen startete. Es war ihr von Mr. Maxwell anlässlich ihrer Hochzeit geschickt worden, zweifellos in herzlicher Erinnerung an die Nacht, in der sie ihm durch ihre Flinkheit das Leben gerettet hatte.

Sie sieht heute Abend sehr schön aus. Als sie den Raum betritt, hören fast alle auf zu reden und starren sie an, ohne Rücksicht auf gute Erziehung. Mona hat einen Hauch von Reinheit, der vielleicht einer ihrer größten Reize ist.

Sogar Lady Rodney kann ihren Blick kaum von dem Gesicht des Mädchens lösen, als sie unter dem vollen Glanz des Kronleuchters voranschreitet, völlig unbewusst über das Ausmaß der Schönheit, die ihr reiches Geschenk ist.

Sir Nicholas geht auf sie zu, nimmt sie bei beiden Händen und führt sie sanft unter den riesigen Mistelzweig, der noch immer an der Mittellampe hängt. Hier beugt er sich herab und umarmt sie herzlich. Mona wird errötend und weicht unwillkürlich ein paar Schritte zurück.

„Verzeih mir, meine Schwester", sagt Nicholas schnell. „Nicht der Kuss, sondern die Tatsache, dass ich bis jetzt nie ganz verstanden habe, wie wunderschön du bist!"

Mona lächelt strahlend – wie es jede echte Frau tun würde – über ein so herzliches Kompliment. Doch Doatie setzt einen erbärmlichen kleinen *Hut auf*, der genau zu ihrem Babygesicht passt, geht zu ihrem *Verlobten* und sieht ihn mit flehenden Augen an.

„Vergiss *mich nicht ganz*, Nicholas", sagt sie auf ihre ziemlich kindische Art und tut so, als wäre sie beleidigt (der kleine Schurke, der sie ist).

„Du, mein eigener!" antwortet Nicholas mit sehr leiser Stimme, das bedeutet natürlich alles und erfordert einen Rückzug in die mit Vorhängen versehene Fensternische, wo Flüstern möglicherweise ungehört ist.

Dann werden die Kutschen angekündigt, und jeder trinkt seinen Tee aus, und viele Schals werden eingeholt, und bald fahren alle schnell unter dem wechselnden Mond nach Chetwoode.

Nun, so seltsam es auch erscheinen mag, in dem Moment, in dem Mona ihren Fuß auf den polierten Boden des Ballsaals setzt, die Lichter sieht, die Musik hört und das ferne Plätschern von Wasser an einem unbekannten Ort und den Atem sterbender Blumen atmet, alle Ängste, alle Zweifel verschwinden; und nur das leidenschaftliche Verlangen zu tanzen und im Einklang mit den süßen Klängen zu sein, die die Luft bewegen, überkommt sie.

Dann fordert sie jemand zum Tanzen auf, und plötzlich mischt sie sich mit vor freudiger Erregung leuchtendem Gesicht und klopfendem Herzen tatsächlich unter die fröhliche Menge, um die sie soeben beneidet hat. Zwischen den Tänzern gleiten sie hin und her, Mona ist so glücklich, dass sie kaum Zeit zum Nachdenken hat und sich unter Ausschluss ihres Partners ganz der Musik hingibt. Er hat nur einen kleinen Anteil an ihrem Vergnügen. Vielleicht verrät sie tatsächlich ihre Zufriedenheit mehr, als es in einer Zeit, in der das *Null-Admirari-* System vorherrscht, üblich oder richtig ist. Doch es gibt viele im Raum, die unbewusst mitfühlend über ihr glückliches Lächeln lächeln und sich von dem Glanz natürlicher Freude, der ihre Brust belebt, erwärmt fühlen.

Nach einer Weile bleibt sie neben einer Tür stehen und wirft einen Blick nach oben auf ihren Begleiter.

„Ich freue mich, dass Sie sich endlich geruht haben, ein wenig Aufmerksamkeit auf mich zu lenken“, sagt er mit einem leichten Anflug von Verärgerung in seinem Ton. Und dann, als sie ihn wieder ansieht, erkennt sie, dass es der junge Mann ist, der sie vor einiger Zeit fast überfahren hätte, und sagt sich, dass sie seiner Gnade, dem Herzog von Lauderdale gegenüber, nur ein wenig unhöflich gewesen ist.

„Und ich habe mir die größte Mühe gegeben, eine Vorstellung zu bekommen“, fährt Lauderdale mit gekränkter Stimme fort; „Weil ich dachte, dass Ihnen diese spontane Zeremonie am Tor der Loge vielleicht egal wäre; und doch bekomme ich für meine Mühen etwas anderes als Enttäuschung? Haben Sie mich ganz vergessen?“

„Nein. Natürlich erinnere ich mich jetzt an dich“, sagt Mona und nimmt diesen ganzen Unsinn auf wahnsinnig faszinierende Weise als durchaus *sinnvoll auf.* „Wie unfreundlich ich gewesen bin! Aber ich habe der Musik zugehört, nicht unserer Vorstellung, als Sir Nicholas Sie zu mir gebracht hat, und – und das ist meine einzige Entschuldigung.“ Dann, süß: „Du liebst Musik?“

„Nun, das tue ich", sagt der Herzog. „Aber ich sage das vielleicht als Mittel zur Verteidigung. Wenn ich etwas anderes sagen würde, würden Sie mich vielleicht nur für ‚Verrat, Kriegslist und Beute' geeignet halten."

„Oh nein! So siehst du nicht aus", sagt Mona mit einem himmlischen Lächeln. „Sie scheinen kein Mann zu sein, dem man nicht trauen kann."

Er ist entzückt über ihre bereitwillige Reaktion, ihre Fröhlichkeit, ihre Süße, ihre Frische; Gab es jemals ein so schönes Gesicht? Jeder im Raum fragt inzwischen, wer der Partner des Herzogs sei, und Lady Chetwoode wird mit Fragen geplagt. Alle Frauen, mit Ausnahme einiger weniger, sind von Eifersucht erfüllt; Alle Männer sind von Neid auf den Herzog erfüllt. Zweifellos ist die hübsche irische Braut der letzte Schrei.

Sie unterhält sich fröhlich mit dem Herzog, verliert die Tatsache seines Ranges aus den Augen und lacht und fröhlich mit ihm, als wäre er einer der gewöhnlichen Freunde ihres Lebens. Und für Lauderdale, der für Schönheit empfänglich und der Bewunderung überdrüssig ist, hat ein solches Benehmen seinen Reiz, und er verliert vielleicht ein wenig den Kopf und betrügt ein oder zwei leicht zärtliche Sätze, als ein anderer Partner Mona für sich beansprucht , und entführt sie aus einem möglicherweise gefährlichen Quartier.

„Malcolm, wer war das schöne Geschöpf, mit dem du gerade gesprochen hast?" fragt seine Mutter, als Lauderdale sich ihr nähert.

„Das? Oh, das war die Braut, Mrs. Rodney", antwortet er. „Sie ist reizend, wenn Sie so wollen."

„Oh, tatsächlich!" sagt die Herzogin mit einer leichten Überraschung. Dann wendet sie sich an Lady Rodney, die in ihrer Nähe ist und kalt und überheblich dreinschaut. „Ich gratuliere dir", sagt sie herzlich. „Was für ein Gesicht dieses Kind hat! Wie bezaubernd! Wie voller Gefühle! Sie haben das Glück, eine so schöne Tochter zu bekommen."

„Danke", sagt Lady Rodney kalt und lässt ihre Lider über ihre Augen fallen.

„Es tut mir leid, dass ich sie so oft vermisst habe", sagt die Herzogin, der gesagt worden war, dass Mona unterwegs war, als sie sie das zweite Mal besuchte, und die tatsächlich nicht zu Hause war, als Mona ihre Anrufe erwiderte. „Aber du wirst mich ihr bald vorstellen, hoffe ich."

In diesem Moment kommt Mona lächelnd und glücklich auf sie zu.

„Ah! Hier ist sie", sagt die Herzogin, blickt mit großem Interesse auf das strahlende Gesicht des Mädchens und dreht sich gnädig zu Mona. Und dann bleibt Lady Rodney nichts anderes übrig, als die Einleitung so ruhig wie möglich durchzustehen, auch wenn es zutiefst gegen ihren Willen ist, und die

Herzogin nimmt ihre Hand und sagt etwas sehr Hübsches zu ihr, während der Herzog böse zusieht. versteckte Bewunderung in seinem Gesicht.

Sie stehen alle in einer Art Vorraum, abgeschirmt, aber nur teilweise vom Ballsaal verdeckt. Die junge Lady Chetwoode, die, wie ich bereits sagte, ein besonderer Liebling der Herzogin ist, ist zusammen mit Sir Guy und ein oder zwei anderen anwesend.

„Sie müssen mir noch einen Tanz geben, Mrs. Rodney, bevor Ihre Karte ganz voll ist", sagt der Herzog lächelnd. „Wenn ich tatsächlich noch in der Zeit bin."

„Ja, ganz pünktlich", sagt Mona. Dann hält sie inne und sieht ihn so ernst an, dass er gezwungen ist, ihren Blick zu erwidern. „Du sollst noch einen Tanz haben", sagt sie mit ihrer klaren Stimme, die für jeden vollkommen unterschiedlich ist; „Aber Sie dürfen mich nicht Mrs. Rodney nennen: Ich bin nur Mrs. Geoffrey!"

Es folgt Totenstille. Lady Rodney hebt den Kopf und wittert Unheil in der Luft.

"NEIN?" sagt Lauderdale lachend. „Aber warum dann? Es gibt doch keine andere Mrs. Rodney, oder?"

„Nein. Aber das wird passieren, wenn Captain Rodney heiratet. Und Lady Rodney sagt, ich habe überhaupt keinen Anspruch auf den Namen. Ich bin nur Mrs. Geoffrey."

Sie sagt alles ganz einfach, mit einem Lächeln und einem kurzen Erröten, das allein aus der Anstrengung des Erklärens entsteht, nicht aus der Erklärung selbst. In ihren sanften Augen oder auf ihren geöffneten Lippen ist kein Anflug von Bosheit zu erkennen.

Lady Chetwoode blickt ihren Fächer an und dann Sir Guy. Mit ernster Miene blickt die Herzogin Lady Rodney an. Kann sich ihre alte Freundin diesem hübschen Fremden gegenüber als unfreundlich erwiesen haben? Kann sie bereits Symptome dieses tyrannischen Temperaments gezeigt haben, das laut der Herzogin Lady Rodneys größter Fluch ist? Sie sagt jedoch nichts, sondern bewegt mit einer winkenden Geste ihren Fächer, zieht ihre Röcke beiseite und bedeutet Mona, sich neben sie zu setzen.

Mona gehorcht und schreckt nicht vor der freundlichen, kräftigen Dame zurück, die offensichtlich darauf aus ist, für sie „alles" zu sein. Vielleicht kommt es ihrem lachenden Geist tatsächlich in den Sinn, dass es der Herzogin an Nase mangelt und sie ziemlich viel „zu, zu festes Fleisch" hat; aber sie erstickt alle diese unfairen Gedanken und beginnt fröhlich und natürlich mit ihr zu reden.

KAPITEL XXIII.

WIE MONA DIE HERZOGIN INTERVIEWT – UND WIE SIE DAS GESPRÄCH MIT DEM BÖSEN GENIE DER RODNEYS FÄHRT.

Eine Zeit lang reden sie miteinander, und dann sagt die Herzogin sanft:

„Du tanzt nicht viel?"

„Nein", sagt Mona kopfschüttelnd. „Nicht – nicht heute Abend. Das werde ich bald tun."

„Aber warum nicht heute Abend?" fragt sie Grace, die mit Neugier die Weigerung des Mädchens bemerkt hat, mit einem schlaksigen jungen Mann in Husarenuniform zu tanzen, der es sich offenbar zur Aufgabe des Abends gemacht hatte, ihr vorgestellt zu werden. Tatsächlich hatte er eine Stunde lang seine Augen an ihrer frischen, jungen Schönheit genossen, und nachdem er sich unendlich viel Mühe gegeben hatte, um ihr vorgestellt zu werden, war er für seine Mühe mit einem kleinen freundlichen Lächeln, einem Kopfschütteln und einem … belohnt worden deutliche, aber freundliche Weigerung, an dem labyrinthischen Tanz teilzunehmen.

"Aber warum?" fragt die Herzogin.

„Weil" – mit einem schnellen Erröten – „ich es nicht gewohnt bin, viel zu tanzen. Tatsächlich habe ich es erst heute gelernt und könnte vielleicht nicht mit jedem tanzen."

„Aber du hattest keine Angst, mit Lauderdale zu tanzen, mein Sohn?" sagt die Herzogin und sieht sie an.

„Ich sollte nie Angst vor ihm haben", gibt Mona zurück. „Er hat freundliche Augen. Er ist" – langsam und nachdenklich – „dir sehr ähnlich."

Die Herzogin lacht.

„Das kann er natürlich sein", sagt sie. „Aber ich mag es nicht, ein schwules Kind wie dich still sitzen zu sehen. Du solltest alles für die Nacht tanzen."

„Nun, wie ich schon sagte, das werde ich bald tun", erwidert Mona strahlender, „denn Geoffrey hat versprochen, es mir beizubringen."

„Wenn ich ‚Geoffrey' wäre, würde ich es wohl nicht tun", sagt die Herzogin bedeutungsvoll.

"NEIN?" ein unschuldiges Gesicht aufziehend. „Zu viel Mühe, denkst du vielleicht. Aber Gott sei Dank, Geoffrey hätte nichts dagegen, solange er mir Vergnügen bereitet." Bei dieser Antwort schämt sich die Herzogin zu Recht sowohl für sich selbst als auch für ihre Rede.

„Ich glaube, nur sehr wenige Leute würden es als schwierig empfinden, Ihnen zu dienen“, sagt sie gnädig. „Und vielleicht interessiert dich das Tanzen ja auch nicht so sehr.“

„Ja, das tue ich“, sagt Mona wahrheitsgemäß. „Zumindest jetzt. Vielleicht“ – leider – „wenn ich in deinem Alter bin, werde ich das nicht tun.“

Dies ist eine *Betise* des ersten Wassers. Und Lady Rodney, die jedes Wort hören kann – und ihm zuhört –, stöhnt fast laut auf.

Die Herzogin hingegen verfällt in Heiterkeit, lehnt sich in ihrem Stuhl zurück und lacht leise, aber mit offensichtlicher Freude. Mona betrachtet sie neugierig und nachdenklich.

„Was habe ich gesagt?“ sie fragt halb klagend. „Du lachst, aber ich wollte nicht lustig sein. Sag mir, was ich gesagt habe.“

„Es war nur ein kleiner Hauch von Natur“, erklärt ihre Grace. „Dazu gratulieren Sie sich selbst. Die Natur ist heutzutage im Verzug. Und ich – ich liebe die Natur. Sie ist so selten, ein wahrer Stein der Weisen. Sie haben mir nur gesagt, was mir mein Glas jeden Tag sagt – dass ich nicht mehr so jung bin Ich hatte einmal das Gefühl, dass ich tatsächlich ziemlich alt bin, wenn ich neben hübschen Kindern wie dir sitze.

„ *Habe* ich das alles gesagt?“ fragt Frau Geoffrey mit großen Augen. „In der Tat glaube ich, dass Sie sich irren. Alte Menschen haben Falten und reden nicht so wie Sie. Und wenn man süß anzusehen ist, ist man nie alt.“

Um ein Kompliment perfekt zu machen, muss man meiner Meinung nach mindestens ein paar Tropfen irisches Blut in den Adern haben. In der Regel können sich die unbekümmerten Menschen Irlands dazu durchringen, vorerst gründlich und ohne Heuchelei an fast alles zu glauben – sie können sich mit Herz und Seele in ihre Schmeicheleien stürzen und daraus wieder hervorgehen Sieger. Und welche andere Nation ist dazu in der Lage? Süße Sätze zu formulieren ist eine Sache; So auszusehen, als hätte man sie gefühlt oder gemeint, ist etwas ganz anderes.

Der kleine Verdacht von Blödsinn entweicht sanft und natürlich über Monas Zunge. Sie lächelt nicht, während sie spricht, sondern blickt mit Augen voller schmeichelhafter Überzeugung auf die stämmige, aber hübsche Herzogin. Und in der Tat mag es sein, dass sie in Monas Augen süß anzusehen ist, weil sie in ihrem Verhalten freundlich und zärtlich zu ihr war.

Und die Herzogin ist entzückt und über alle Maßen erfreut. Diese leichte Berührung um die Falten war das glücklichste aller Glücklichen. Erst an diesem Morgen hatte Ihre Gnaden trotz ihrer unnahbaren Zofe und ihrer grenzenlosen Fürsorge eine zusätzliche Falte um ihren Mund gesehen, die sie vor dem Verfall ihrer Jugend gewarnt hatte, und jetzt ist es für sie süß, jemanden zu treffen, der diese Falte nicht bemerkt.

„Dann bist du in Irland nicht viel ausgegangen?" sagt sie und findet es anmutiger, das Gespräch an dieser Stelle zu ändern.

„Raus? Oh, so viel", sagt Mrs. Geoffrey.

"Ah!" sagt die Herzogin verwirrt. „Dann wird in Irland vielleicht nicht getanzt.

„Ja, das tun sie tatsächlich, sehr viel; zumindest habe ich das gehört."

„Dann warst du wohl damals zu jung, um auszugehen?" verfolgt die arme Herzogin auf der Suche nach Informationen.

„War ich nicht", sagt Mona: „Ich bin viel rausgegangen. Den ganzen Tag war ich an der frischen Luft. Das hat meine Hände letzten Herbst so braun gemacht."

„Waren sie braun?"

„Wie Beeren", sagt Mona freundlich.

„Zumindest haben sie eine hübsche Form", sagt die Herzogin und blickt auf die schlanken kleinen Hände, die behandschuht im Schoß ihrer Besitzerin liegen. „Aber ich glaube nicht, dass du das ‚Ausgehen' so ganz verstanden hast, wie ich es getan habe. Ich meine, bist du viel in die Gesellschaft gegangen?"

„Es gab nicht viel Gesellschaft, auf die man eingehen konnte", sagt Mona, „und ich war erst fünfzehn, als ich bei Tante Anastasia wohnte. Sie", im vertraulichen Gespräch, „hat ziemlich gut zu uns gepasst, wissen Sie." (Lady Rodney knirscht mit den Zähnen und redet sich ein, dass sie kurz vor der Ohnmacht steht.) „Sie hat den Provost des Trinity College geheiratet; aber ich glaube nicht, dass er ihr etwas Gutes getan hat. Sie ist das seltsamste alte Ding! Selbst wenn ich darüber nachdenke." „Ihr hättet mich jetzt zum Lachen bringen sollen", sagt Mrs. Geoffrey, lehnt sich in ihrem Stuhl zurück und gibt ihrem üblichen fröhlichen Lachen nach, das wie ein Geläut aus silbernen Glöckchen klingt, „mit ihrer Perücke, die wenig hatte." überall sind Locken drauf, und ihre große Haube sieht aus wie ein Kohleeimer!"

„Nun, ich wünschte wirklich, ich hätte sie gesehen", sagt die gut gelaunte Herzogin, lächelt mitfühlend und fühlt sich allmählich zu mehr Genuss fähig als seit Jahren. „War sie witzig, wie es allen Iren nachgesagt wird?"

„Oh je, nein", sagt Mona und schüttelt nachdrücklich ihren schönen Kopf. „Sie hatte nicht das geringste bisschen Witz in ihren Kompositionen. Sie war so feierlich wie eine Engländerin – ich meine eine Spanierin (sie sind alle feierlich, nicht wahr?) und hat nie in ihrem Leben einen Witz gemacht, aber Trotzdem war sie unwiderstehlich komisch. Dann plötzlich: „Was für eine sehr hübsche kleine Frau, die da drüben ist, und was für ein wunderschönes Kleid!"

„In der Tat sehr hübsch und ziemlich geschmackvoll. Sie ist eine Mrs. Lennox, und ihr Mann ist unser Hundeführer. Sie hat immer recht, wenn es um *Kleidung geht* ." Im Ton ihrer Gnade liegt eine schreckliche Zurückhaltung, die Mona völlig entgeht. „Aber sie ist ihrer Meinung nach keineswegs klein, sondern ist vielmehr stolz auf ihre – ähm – Form im Allgemeinen", schließt die Herzogin, der so sehr das Wort fehlt, dass sie gezwungen ist, auf die Umgangssprache zurückzugreifen.

„Ihre Gestalt!" sagt Mrs. Geoffrey und betrachtet die kleine Mrs. Lennox voller Verwunderung von Kopf bis Fuß. „Darauf muss sie kaum stolz sein. Sie hat doch nicht viel davon, oder?"

„Ja, nach ihrer eigenen Einschätzung", sagt die Herzogin etwas streng, deren Krönung eine verspielte Matrone ist, auf deren Titel die kleine Mrs. Lennox getrost Anspruch erheben kann.

„Nun, ich gebe zu, das verwirrt mich", sagt Mona, zieht die Brauen hoch und betrachtet mit ernstem Blick die kleine Dame vor ihr, die von mindestens einem Dutzend Männern umgeben ist, mit denen sie sich scheinbar mühelos unterhält. „Ich glaube wirklich, dass sie die kleinste Frau ist, die ich je gesehen habe. Ich bin zwar nur mittelgroß, aber ich könnte sicherlich zwei von ihr machen. Zumindest habe ich mehr Figur oder Form, wie Sie es nennen, als sie."

Die Herzogin gibt es auf. „Ja, und noch viel besser", sagt sie freundlich und verzichtet auf eine Erklärung. Tatsächlich freut sie sich, eine junge Frau kennenzulernen, die Slang tatsächlich als eine fremde und unerlernte Sprache betrachtet und davor zurückschreckt, ihr als Erste dabei zu helfen, die englische Sprache zu vergessen. „Gibt es in Irland viel Schönheit?" sie fragt, jetzt.

„Ja, aber wir sind alle so anders als die Engländer. Wir haben in Irland keine wirklich blonden Haare, oder zumindest sehr wenig davon."

„Bewundern Sie unsere Haare? Und wir alle haben es satt", sagt die Herzogin. „Nun, erzähl mir mehr über dein eigenes Land. Sind die Frauen alle wie du? Vom Stil her, meine ich. Ich habe natürlich ein paar gesehen, aber nicht genug, um das Ganze zu beschreiben."

„Gefällt mir? Oh nein", sagt Mrs. Geoffrey. „Einige davon sind wirklich wunderschön, wie auf Bildern. Als ich bei Tante Anastasia – der Frau des Propstes, wie Sie sich erinnern – wohnte, sah ich sehr viele hübsche

Menschen. Ich sah auch sehr viele Schüler", sagt Mona und ihre Miene wird strahlender. und mochten sie sehr. Sie mochten mich auch.

"Wie merkwürdig!" sagt die Herzogin mit einem amüsierten Lächeln. „Sind Sie da ganz sicher?"

„Oh, ganz schön. Sie haben mich überall im College mitgenommen, und manchmal auch zu den Bands auf den Plätzen. Sie waren sehr gut zu mir."

„Das wären sie natürlich", sagt die Herzogin.

„Aber sie waren lästig, sehr lästig", sagt Mrs. Geoffrey mit einem rückblickenden Seufzer, während sie sich in ihrem Stuhl zurücklehnt und die Hände auf ihrem Schoß verschränkt . „Sie können sich nicht vorstellen, was für eine Sorge sie manchmal waren – immer zur falschen Zeit die College-Glocke zu läuten und es zu eng zu werden!"

„Was bekommen?" fragt die Herzogin etwas verblüfft.

„Eng, – beschissen, – beschwipst, wissen Sie", antwortet Mona unschuldig. „Tight war das Wort, das sie mir beigebracht haben. Ich glaube, sie glaubten, es klang respektabler als die anderen. Und die Divinity-Jungs waren die schlimmsten. Soll ich dir etwas über sie erzählen?"

„Tu es", sagt die Herzogin.

„Nun, drei von ihnen kamen immer zu Tante Anastasia; zumindest *sagten sie* , es sei Tante, aber sie sprachen nie mit ihr, wenn sie es vermeiden konnten, und waren immer so froh, wenn sie nach dem Abendessen schlafen ging."

„Ich denke, deine Tante Anastasia war sehr gut zu ihnen", sagt die Herzogin.

„Aber nach einer Weile wurden sie sehr ermüdend. Wenn ich Ihnen erzähle, dass sie mir alle drei eine Woche lang jeden Tag einen Heiratsantrag gemacht haben, werden Sie mich verstehen. Aber selbst das hätten wir ertragen können, wenn auch sehr teuer, weil sie immer hingegangen sind über den Diebstahl meiner Handschuhe und meiner Bänder, aber als sie anfingen, sich gegenseitig auf die Köpfe zu schlagen, sagte Tante, ich solle besser für eine Weile zu Onkel Brian gehen: Also ging ich und dort traf ich Geoffrey mit einem strahlenden Lächeln.

„Ich denke, Geoffrey schuldet diesen Divinity-Jungs mehr, als er jemals bezahlen kann", sagt die Herzogin sehr hübsch. „Du musst mich bald besuchen, Kind. Ich bin eine alte Frau und rühre mich selten von zu Hause, außer wenn Malcom mich ausdrücklich hinausweist, wie heute Abend. Kommen Sie nächsten Donnerstag. Es gibt ein paar bezaubernde Kleinigkeiten das alte Gericht, das Sie vielleicht amüsiert, auch wenn es mir vielleicht nicht gelingen wird.

„Ich möchte nicht, dass mich irgendwelche Kleinigkeiten amüsieren, wenn du mit mir redest“, sagt Mona.

„Nun, komm früh. Und jetzt geh und tanze mit Mr. Darling. Er hat mich die letzten drei Minuten sehr wütend angeschaut. Übrigens“, sie stellte ihre Brille auf, „ist das kleine Mädchen in der Zitronenfarbe.“ seine Schwester anziehen?“

„Ja, das ist Sir Nicholas‘ Doatie Darling“, erwidert Mona mit einem leichten Lachen. Und dann führt Nolly sie weg, und da sie sich bei ihm sicherer fühlt, tanzt sie wieder so fröhlich wie die Besten.

„Ihr Fuß steht eindeutig ‚auf Ihrer Heimatheide‘“, sagt Nolly, „auch wenn Ihr Name vielleicht nicht ‚McGregor‘ ist.“ Was zum Teufel hast du in den letzten vier Stunden zu dieser alten Frau gesagt?“

„Es waren nur zwanzig Minuten“, sagt Mona.

„Zwanzig Minuten! Bei Gott, sie muss interessanter sein, als wir dachten“, sagt Mr. Darling, „wenn man es damals ausdrücken kann. Ich dachte, sie würde dich fressen, sie sah so zufrieden mit dir aus. Und nein.“ Wunder auch:“ mit einem lauten und herzlichen Seufzer.

„Sie war sehr nett zu mir“, sagt Mona, „und ist, wie ich finde, eine sehr nette alte Dame. Sie hat mich gebeten, sie nächsten Donnerstag zu besuchen.“

"Mein Gott!", sagt Nolly, "Sie *haben* es geschafft. Das ist der Tag, an dem sie niemanden außer ihren Lieblingen empfängt. Die Herzogin kehrt die Reihenfolge der Dinge um, wenn sie hierherkommt. Die anderen haben einen 'Zuhause'-Tag. Sie hat einen 'Nicht-Zuhause'-Tag."

„Wo sind die Leute, wenn sie nicht zu Hause sind?“, fragt Mona schlicht.

„Das ist das achte Weltwunder“, sagt Mr. Darling geheimnisvoll. „Es wurde noch nie entdeckt. Versuchen Sie nicht, zu tief hineinzuschnüffeln, sonst ernten Sie vielleicht einen Korb.“

„Wie traurig Nicholas aussieht!“, sagt Mona plötzlich.

Etwas außerhalb des Gedränges steht Sir Nicholas in einer Tür. Sein Blick ist auf Dorothy gerichtet, die mit einem fröhlichen und galanten Kolben in der Ferne lacht. Er sieht deprimiert und melancholisch aus; ein Schatten scheint in seine dunklen Augen gefallen zu sein.

„Jetzt denkt er wieder an diese schreckliche Klage“, sagt Nolly bedauernd, die in jeder Hinsicht ein wirklich guter Typ ist. „Lass uns zu ihm gehen.“

„Ja, lass mich zu ihm gehen“, sagt Mona schnell; „Ich weiß besser als du, was ich sagen soll.“

Nach einiger Zeit gelingt es ihr, die Wolke, die auf ihren Bruder gefallen ist, teilweise aufzuheben. Er hat sie auf seltsame Weise liebgewonnen und findet Trost in ihren sanften Augen und ihrem mitfühlenden Mund. Wie alle anderen ist er vor Mona untergegangen und hat einen Platz für sie in seinem Herzen gefunden. Er lacht über irgendeine lustige Absurdität von ihr und fühlt sich mutiger und hoffnungsvoller, als ein leichter Schauer ihn zu überkommen scheint, und als er sich umdreht, steht er einem großen, dunklen jungen Mann gegenüber, der gemächlich – aber mit einem Ziel – gekommen ist wo er und Mona stehen.

Es ist Paul Rodney.

Sir Nicholas, der gerade sein Glas von einem Auge zum anderen bewegt, sagt „Guten Abend" zu ihm und neigt dabei höflich, ja sehr höflich den Kopf, allerdings ohne jede Berührung oder den Verdacht von Freundlichkeit. Er streckt seine Hand jedoch nicht aus, und Paul Rodney wendet sich an Mona, nachdem er seine Begrüßung mit einer Verbeugung quittiert hat, die kälter und unendlich distanzierter ist als seine eigene.

„Sie haben mich hoffentlich nicht ganz vergessen, Mrs. Rodney. Geben Sie mir einen Tanz?"

Seine Augen, schwarz und leicht wild, scheinen sich in ihre zu brennen.

„Nein, ich habe dich nicht vergessen", sagt Mona und schreckt vor ihm zurück. Während sie spricht, blickt sie Nicholas nervös an.

„Geh und tanze, meine Liebe", sagt er schnell in einem Ton, der sie entscheidet. Um ihm zu gefallen, um seinetwillen muss sie dies tun; und so dreht sie sich ohne unbeholfenes Zögern und doch ohne übermäßige Eile um und legt ihre Hand auf den Arm des Australiers. Ein paar Minuten später schwebt sie in seinen Armen durch den Raum, und als sie an Geoffrey vorbeigeht, wird sie von ihm gesehen, obwohl sie ihn nicht sieht.

„Nicholas, was hat das zu bedeuten?" sagt Geoffrey ein paar Augenblicke später und nähert sich mit dunkler werdender Augenbraue der Stelle, an der Nicholas an einer Wand lehnt. „Was hat Mona dazu gebracht, diesem Kerl einen Tanz zu geben? Sie muss verrückt oder unwissend oder alles vergessend sein. Sie war bei dir: Warum hast du es nicht verhindert?"

„Mein lieber Freund, geschweige denn", sagt Nicholas mit seinem langsamen, eigenartigen Lächeln. „Ich habe Mona dazu gebracht, mit ‚diesem Kerl', wie du ihn nennst, zu tanzen. Verzeih mir diese Verletzung, wenn du sie tatsächlich als eine zählst."

„Ich verstehe dich nicht", sagt Geoffrey immer noch ziemlich hitzig.

„Ich glaube, ich verstehe mich selbst kaum. Dennoch weiß ich, dass ich eine krankhafte Angst davor habe, dass die Grafschaft denken könnte, ich sei diesem Mann gegenüber unhöflich, nur weil er die Hoffnung geäußert hat, dass er mich vielleicht aus der Tür werfen kann. Seine Hoffnung." Vielleicht ist es gerechtfertigt. Deshalb hat es mir gefallen, dass Mona mit ihm tanzt, und sei es nur, um dem Raum zu zeigen, dass er bei uns nicht völlig tabu ist.

„Aber ich wünschte, es wäre jemand anderes als Mona gewesen", sagt Geoffrey immer noch aufgeregt.

„Aber wer? Doatie wird nicht mit ihm tanzen, und Violet fragt er nie danach. Ich fiel also auf die Frau zurück, die so wenig Bosheit in ihrem Herzen hat, dass sie niemandem gegenüber unbarmherzig sein konnte. Gegen ihren Willen las sie meine Meiner Meinung nach hat sie sich bisher für mich geopfert. Ich hatte kein Recht, Ihre Frau zu dieser Befriedigung meiner Eitelkeit zu zwingen, aber ich konnte nicht widerstehen.

„Es kommt mir schrecklich vor, dass Mona mit Ihrem Feind befreundet ist", sagt Geoffrey leidenschaftlich.

„Er ist nicht mein Feind. Mein lieber Junge, ersparen Sie mir ein Drama in drei Akten. Was hat der Mann getan, abgesehen davon, dass er ein paar bunte Ringe und ein paar bedrückende Krawatten trug, dass Sie ihn so hassen sollten, wie Sie es tun? Es ist unvernünftig." Und außerdem ist er aller Wahrscheinlichkeit nach Ihr Cousin. Parkins und Slow erklären, dass sie in seiner Geburtsurkunde keinen Fehler finden können und – steht es nicht jedem Mann frei, seine eigene zu beanspruchen?"

„Wenn er meine Frau für einen weiteren Tanz beansprucht, werde ich –" beginnt Geoffrey.

„Nein, das wirst du nicht", unterbricht sein Bruder lächelnd. „Obwohl ich glaube, dass das arme Kind jetzt seine Pflicht getan hat. Lass es passieren. Er sollte mich hassen, nicht ich ihn."

Dabei sagt Geoffrey leise etwas über Paul Rodney, was er nicht sagen sollte, und blickt dabei Nicholas mit einem gewissen Leuchten in seinen blauen Augen an, das nicht nur Bewunderung, sondern auch Zuneigung bedeutet.

In der Zwischenzeit bleibt Mona, nachdem sie mit diesem Feind im Lager so lange getanzt hat, wie sie möchte, abrupt vor einem mit Vorhängen versehenen Eingang zu einem kleinen Wintergarten stehen, in den er sie führt, bevor sie Zeit hat, Einwände zu erheben: Tatsächlich gibt es keinen ersichtlichen Grund, warum sie sollen.

Ihr Begleiter ist ungewöhnlich still. Kaum ein Wort ist ihm entgangen, seit sie zum ersten Mal ihre Hand auf seinen Arm gelegt hat, und jetzt versiegelt wieder Stummheit oder ein verborgenes Gefühl seine Lippen.

Darüber ist Mona froh. Sie hat keine Lust, sich mit ihm zu unterhalten, und gratuliert sich gerade zu ihrem Glück, dass er sich weigert, mit ihr zu sprechen, als er das willkommene Schweigen bricht.

„Haben sie dir schon beigebracht, mich zu hassen?" fragt er in einem leisen, komprimierten Ton, der ihre Nervosität zum Ausdruck bringt.

„Mir wurde nichts beigebracht", sagt sie mit einem äußerst erfolgreichen Gespür für Würde. „In den Towers spricht man nicht über dich – zumindest nicht unfreundlich." Während sie das sagt, sieht sie ihn an, senkt aber den Blick, als sie ihm begegnet. Dieser dunkle, vehemente junge Mann macht ihr fast Angst.

„Aber trotz allem, was du sagst, wendest du dich von mir ab, du verachtest mich", ruft er mit zunehmender Erregung aus.

„Warum sollte ich dich verachten?" fragt sie langsam und öffnet die Augen.

Die einfache Frage verwirrt ihn mehr als die ausführlichere Frage eines klugen Weltmenschen. Warum eigentlich?

„Ich habe über diesen bevorstehenden Prozess nachgedacht", stammelt er unbehaglich. „Du weißt es natürlich? Aber warum sollte man mir die Schuld geben?"

„Niemand gibt dir die Schuld", sagt Mona; „Dennoch ist es schwer, Nikolaus unglücklich zu machen."

„Andere Menschen sind auch unglücklich", sagt der Australier düster.

„Vielleicht machen sie ihr eigenes Unglück", sagt Mona zufällig. „Aber Nicholas hat nichts getan. Er ist immer gut und sanft. Er kennt keine bösen Gedanken. Er wünscht keinem Menschen Böses."

„Nicht einmal für mich?" mit einem sardonischen Lachen.

„Nicht einmal dir gegenüber", sehr ernst. In ihrem Ton liegt Vorwurf. Sie stehen etwas abseits und ihr Blick ist von ihm abgewandt. Während sie das jetzt sagt, ändert sie leicht ihre Position und sieht ihn sehr ernst an. Aus dem fernen Ballsaal ertönt der Klang der sterbenden Musik traurig und süß; Ein weinender Brunnen in einer Ecke trauert bitterlich, wie es Mona vorkommt, Träne für Träne, vielleicht um eine verlorene Nymphe.

„Nun, was soll ich tun?" fordert er mit einiger Leidenschaft. „Alles auf den Tisch legen? Ländereien, Titel, Position? Das ist mehr, als man von einem Mann erwarten kann."

„Viel mehr", sagt Mona; aber sie seufzt, während sie es sagt, und ein kleiner Ausdruck der Hoffnungslosigkeit erscheint auf ihrem Gesicht. Es ist so einfach, Monas Gesicht zu lesen.

„Sie haben Recht“, sagt er mit wachsender Vehemenz: „Kein Mensch würde es tun. Es ist so eine brillante Chance, so ein großartiger Plan –.“ Er überprüft sich plötzlich. Mona sieht ihn neugierig an, sagt aber nichts. In einer Sekunde erholt er sich und fährt fort: „Aber weil ich meinen gerechten Anspruch nicht aufgeben werde, betrachten Sie mich mit Hass und Verachtung.“

„Oh nein“, sagt Mona sanft; „Nur, dass du mir natürlich besser gefallen würdest, wenn du nicht die Ursache für unser Verderben wärst.“

„‚Unser‘? Wie verbindest du dich mit diesen Rodneys!“ sagt er verächtlich; „Dennoch bist du ihnen so unähnlich, wie eine Taube einem Falken unähnlich ist. Wie bist du in ihr Nest gefallen? Und wenn ich nur zustimmen könnte, mich selbst auszulöschen, würdest du mich lieber mögen – mich tatsächlich tolerieren? Eine schlechte Gegenleistung dafür.“ Vernichtung. Und doch“, ungeduldig, „ob ich sicher sein könnte, dass auch nur mein Andenken von Ihnen respektiert würde.“ Er hält inne und streicht seine Haare aus der Stirn.

„Warum hättest du nicht in Australien bleiben können?“ sagt Mona etwas aufgeregt. „Du bist reich; dein Zuhause ist dort; du hast dein ganzes bisheriges Leben ohne Titel verbracht, ohne die zärtlichen Bindungen, die sich an Nicholas klammern und deren Trennung ihn fast sein Leben kosten würde. Du willst sie noch nicht.“ Du kommst hierher, um unseren Frieden zu zerstören und uns alle völlig elend zu machen.

„Du nicht“, sagt Paul schnell. „Was geht dich das an? Es wird dir keinen Penny aus der Tasche ziehen. Dein Mann“, mit einem bösen Spott, „hat sein Einkommen gesichert. Ich mache dich nicht unglücklich.“

„Das bist du“, sagt Mona eifrig. „Glaubst du“, Tränen sammelten sich in ihren Augen, „dass ich glücklich sein könnte, wenn diejenigen, die ich liebe, zur Verzweiflung gebracht werden?“

„Man muss ein großes Herz haben, um sie alle einzubeziehen“, sagt Rodney achselzuckend. „Wen meinst du mit ‚die, die du liebst?‘ Sicherlich nicht Lady Rodney. Sie ist kaum ein Mensch, ich gehe davon aus, dass sie dieses Gefühl selbst in Ihrer toleranten Brust weckt. Es kann nicht sein, dass Sie mir zuliebe solch einen Groll ertragen

„Ich hege keinen Groll gegen dich, du verwechselst mich“, sagt Mona leise: „Nicholas tut mir nur leid, weil ich ihn wirklich liebe.“

"Tust du?" sagt ihr Begleiter, starrt sie an und holt ein wenig schwer Luft. „Dann, selbst wenn er Ländereien, Titel, ja alles, was er besitzt, an mich verlieren sollte, würde ich ihn immer noch für einen reicheren Mann halten, als ich es bin.“

„Oh, armer Nikolaus!" sagt Mona traurig, „und der arme kleine Doatie!"

„Sie sprechen, als ob mein Sieg eine ausgemachte Sache wäre", sagt Rodney. „Wie kannst du das sagen? Vielleicht gewinnt er doch noch, und ich könnte der Ausgestoßene sein."

„Das hoffe ich von ganzem Herzen", sagt Mona.

„Danke", antwortet er steif; „Dennoch denke ich, ich sollte auf meine eigene Chance wetten."

„Ich fürchte, du hast recht", sagt Mona. „Oh, warum bist du überhaupt vorbeigekommen?"

„Ich bin sehr froh, dass ich es getan habe", antwortet er verbissen. „Wenigstens habe ich dich gesehen. Das können sie mir nicht nehmen. Ich werde die Erinnerung an dein Gesicht immer mein Eigen nennen können."

Mona hört ihn kaum. Sie denkt an Nicholas' Gesicht, wie es vor einer halben Stunde aussah, als er an der verlassenen Tür lehnte und die hübsche Dorothy ansah.

Doch die hübsche Dorothy hatte in ihren besten Momenten noch nie so hübsch ausgesehen und konnte auch nie so hübsch aussehen, wie Mona jetzt erscheint, wie sie mit locker gefalteten Händen vor ihr steht und das göttliche Licht des Mitleids in ihren Augen, die sanft leuchten Zwillingssterne.

Hinter ihr erhebt sich ein hoher Strauch von intensivem Grün, vor dem das sanfte Weiß ihres Satinkleides mit eigentümlicher Fülle schimmert. Ihr Blick ist auf einen fernen Planeten gerichtet, der sie feierlich durch das Fenster von seinem Sitz im fernen Himmel aus beobachtet, „still, als würde er die schlafende Erde beobachten."

Sie seufzt. In jeder Linie ihres Gesichts liegt Pathos, Süße und Zärtlichkeit, aber auch viel Traurigkeit. Ihre Lippen sind leicht geöffnet, „ihre Augen sind die Heimat des stillen Gebets." Paul, der sie beobachtet, hat das Gefühl, in der Gegenwart eines sanften Heiligen zu sein, der zu einem Ort geschickt wurde, um die sündige Erde zu trösten.

Eine leidenschaftliche Bewunderung für ihre Schönheit und Reinheit erfüllt seine Brust: Er hätte ihr zu Füßen fallen und laut zu ihr rufen können, sie möge Mitleid mit ihm haben, dass ein liebevoller Gedanke für ihn – sogar für ihn – in ihr Herz eindringen und fruchtbaren Boden finden könnte .

„Versuchen Sie, mich nicht zu hassen", sagt er flehentlich mit gebrochener Stimme, geht plötzlich auf sie zu und nimmt eine ihrer Hände in seine. Sein Griff ist so fest, dass er sie fast verletzt. Mona erwacht aus ihren Träumereien und dreht sich erschrocken zu ihm um. Etwas in seinem Gesicht bewegt sie.

„In der Tat hasse ich dich nicht", sagt sie impulsiv. „Glaub mir, das tue ich nicht. Aber ich habe trotzdem Angst vor dir."

Jemand kommt schnell auf sie zu. Rodney lässt Monas Hand los und schaut sich hastig um, nur um zu sehen, wie Lady Rodney auf sie zukommt.

„Dein Mann sucht dich", sagt sie mit eisigem Ton zu Mona. „Du solltest besser zu ihm gehen. Das ist kein Ort für dich."

Ohne der Australierin einen Blick des Erkennens zuzuwerfen, fegt sie vorbei und lässt sie wieder allein. Paul lacht laut.

„„Ein hochmütiger Geist kommt vor dem Fall"", zitiert er verächtlich.

„Ich muss jetzt gehen. Gute Nacht", sagt Mona freundlich, wenn auch kühl. Er begleitet sie zur Tür des Wintergartens. Dort tritt Lauderdale, der sich mit einigen Männern unterhält, vor und bietet ihr seinen Arm an, um sie zur Kutsche zu tragen. Und dann wird „Adieux" gesagt, und der Herzog begleitet sie nach unten, während Lady Rodney sich mit einem ihrer Söhne begnügt.

Es ist ein Triumph, wenn Mona es nur wüsste, aber sie ist voller trauriger Gedanken und ist gerade in traurige Gedanken an Nicholas und die kleine Dorothy versunken. Das Unglück scheint auf starken, schnellen Flügeln auf sie zuzufliegen. Kann nichts seine Annäherung aufhalten oder ihn rechtzeitig zurückschlagen, um eine Rettung herbeizuführen? Wenn es ihnen nicht gelingt, den Neffen der alten Frau Elspeth in Sydney zu finden, wohin er gegangen sein soll, oder wenn es ihnen bei der Suche nicht gelingt, ihm irgendwelche Informationen über das verlorene Testament zu entlocken, können die Angelegenheiten fast abgeschlossen sein hoffnungslos.

„Mona", sagt Geoffrey plötzlich mit leisem Flüstern zu ihr und wirft seinen Arm um sie (sie fahren allein in dem kleinen Nachtzug nach Hause) – „Mona, weißt du, was du heute Nacht getan hast? Der ganze Raum war verrückt nach dir. Sie würden von niemand anderem reden. Lass nicht zu, dass sie dir den Kopf verdrehen.

„Dreh es wohin, Liebling?" fragt sie ein wenig verträumt.

„Weg von mir", erwidert er mit einiger Emotion und festigt seinen Griff um sie.

„Von Ihnen? Gab es jemals so eine liebe, dumme alte Gans", sagt Mrs. Geoffrey mit einem schwachen, liebevollen Lachen. Und dann, mit einem kleinen, zufriedenen Seufzer, vergisst sie für eine Weile ihre Sorgen um andere, schmiegt sich näher an ihn, legt ihren Kopf auf seine Schulter und ruht dort glücklich aus, bis sie die Türme erreichen.

KAPITEL XXIV.

Wie sich die Wolke sammelt – und wie Nicholas und Dorothy ihre schlechte Viertelstunde haben.

Der so lange erwartete und doch so eifrig und hoffnungsvoll mit hartnäckiger Beharrlichkeit verspottete Schlag trifft schließlich (viel zu früh) die Türme. Vielleicht ist es nicht der allerletzte Schlag, der, wenn er kommt, alle alten familiären Bindungen und die zarten Bindungen, die die Jugend geknüpft hat, in Atome zerschlagen muss, aber es ist sicherlich ein grausamer Pfeil, der die Herzen berührt und sie zum Beben bringt. Die erste dünne Kante des Keils ist eingeführt: Das Schwert zittert bis zu seinem Fall: *c'est le beginment de la fin*

.

Es ist der Morgen nach Lady Chetwoodes Ball. Alle haben sich ans Frühstück gemacht. Alle sind bester Laune, obwohl der Regen in Strömen an den Fensterscheiben herunterprasselt und die Post Verspätung hat.

In der Regel ist es immer spät, außer wenn es übernatürlich früh ist; Manchmal kommt es um halb elf, manchmal mit dem heißen Wasser. Es herrscht eine gesegnete Ungewissheit über sein Erscheinen, die jeden in gespannter Erwartung hält und wahrscheinlich der Durchblutung zugutekommt.

Der Postbote selbst ist eine Institution im Dorf, da er unbekannten Alters ist, in der Tat der wirkliche und ursprüngliche älteste Bewohner ist, und noch immer keine Anzeichen einer bevorstehenden Auflösung an ihm aufweist, womit er Dickens Theorie in die Tat umsetzt, dass ein toter Postbote oder ein Der tote Esel muss noch gesehen werden. Er ist ein alter Mann mit grauem Kopf, altersschwach und geschwätzig, mit nur einem Bein, über das sich die Rede lohnt, und einem Hörrohr. Letzteres dient nur der Show, denn sobald der alte Jakob erst einmal reden kann, kann keine menschliche Macht mehr zu Wort kommen.

„Ich bin immer so froh, wenn die Post nicht rechtzeitig zum Frühstück ankommt", sagt Doatie fröhlich. „Wenn diese schrecklichen Papiere erst einmal kommen, wird jeder dumm und vertieft und hält es für eine positive Verletzung, auch nur „Ja" oder „Nein" zu einer zivilen Frage sagen zu müssen. Jetzt sehen Sie, wie kontaktfreudig wir heute Morgen waren, denn das ist mein Lieber „Jacob kommt wieder zu spät", als sich die Tür öffnet und ein Diener mit einem äußerst imposanten Stapel Briefe und Papiere hereinkommt.

„Schon wieder spät, Jermyn", sagt Sir Nicholas träge.

„Ja, Sir Nicholas – nur anderthalb Stunden. Er wollte, dass ich ihm sage, dass er heute Morgen einen weiteren ‚Pfeil' in seinem rheumatischen Knie hatte, und hoffte, Sie würden ihn entschuldigen."

„Arme alte Seele!" sagt Sir Nicholas.

„Lustiger alter Langweiler!" sagt Kapitän Rodney, wenn auch nicht unfreundlich.

„Werfen Sie mich nicht über diesen blauen Umschlag, Nick", sagt Nolly: „Es scheint mir egal zu sein. Ich weiß es, ich denke, es kommt mir bekannt vor. Sie können es haben, bei meiner Liebe. Mrs. Geoffrey." Sei so gut, es in zwei Teile zu reißen.

Jack lacht über einen Brief, den einer der Stipendiaten in Indien geschrieben hat; alle sind tief in ihrer eigenen Korrespondenz versunken.

Nachdem Sir Nicholas zwei seiner Briefe gemächlich durchgelesen hat, öffnet er einen dritten und beginnt, ihn eher nachlässig zu lesen. Doch kaum hat er die erste Seite zur Hälfte durchgelesen, als sich sein Gesicht verändert; unwillkürlich klammern sich seine Finger um den glücklosen Brief und zerdrücken ihn aus seiner Form. Mit größter Anstrengung unterdrückt er einen Ausruf. In einem Moment ist alles vorbei. Dann hebt er den Kopf und die Farbe kommt wieder auf seine Lippen. Er lächelt schwach und sagt etwas darüber, dass er heute Morgen viel zu tun habe und dass er deshalb hoffe, dass sie ihm verzeihen würden, dass er so eilig vor ihnen weggelaufen sei, dass er aufsteht und langsam aus dem Zimmer geht.

Niemand hat bemerkt, dass etwas nicht stimmt. Nur Doatie wird sehr blass und wirft Geoffrey einen nervösen Blick zu, der ihren verängstigten Blick mit einem verwirrten beantwortet.

Dann, als das Frühstück praktisch vorbei war, bevor die Briefe eintrafen, standen sie alle auf und verteilten sich, je nach Lust und Laune. Aber Geoffrey geht alleine dorthin, wo er Nicholas in seiner eigenen Höhle finden wird.

Als er eine Stunde später wieder herauskommt und sich belästigt und ängstlich fühlt, findet er Dorothy vor, die draußen ruhelos den Korridor auf und ab geht, als lausche sie auf ein Geräusch, nach dem sie sich sehnt. Ihr hübsches Gesicht, normalerweise so strahlend und *elegant* , ist blass und traurig. Ihre Lippen zittern.

„Darf ich Nicholas nicht sehen, wenn auch nur für einen Moment?" sagt sie klagend und blickt Geoffrey flehend an. Daraufhin ruft Nicholas, der aus seinem Inneren die Stimme hört, die von morgens bis abends ihre Veränderungen in seinem Herzen widerhallt, ihr laut zu:

„Komm herein, Dorothy. Ich möchte mit dir sprechen."

Also geht sie hinein und Geoffrey schließt die Tür hinter sich und lässt sie zusammen zurück.

Sie wäre dann zu ihm gegangen und hätte versucht, ihn auf ihre eigene hübsche Art zu trösten, aber er bedeutet ihr, zu bleiben, wo sie ist.

„Kommen Sie nicht näher", sagt er hastig, „ich kann Ihnen alles besser und leichter erzählen, wenn ich Sie nicht sehen kann."

So steht Doatie, nervös und elend und mit unvergossenen Tränen in den Augen, dort, wo er es ihr erzählt, ihre Hand auf die Rückenlehne eines Sessels gestützt, während er, zum Fenster hinübergehend, sein Gesicht absichtlich von ihrem abwendet. Doch selbst jetzt scheint es ihm schwer zu fallen, anzufangen. Es entsteht eine lange Pause; und dann--

„Sie – sie haben diesen Kerl gefunden – den Neffen der alten Elspeth", sagt er mit heiserer Stimme.

"Wo?" fragt Doatie eifrig.

„In Sydney. Im Dienst von Paul Rodney. In seinem Haus."

"Ah!" sagt Doatie und faltet ihre Hände. "Und--"

„Er sagt, er wisse nichts von einem Testament."

Eine weitere Pause, länger als die letzte.

„Er bestreitet jegliches Wissen darüber. Ich nehme an, dass er von der anderen Seite aufgekauft wurde. Und was bleibt uns jetzt noch zu tun? Das war unsere letzte Chance und eine großartige, denn es gibt viele Gründe, dieser alten Elspeth zu glauben." Entweder hat er das von meinem Großvater in der Nacht seines Todes verfasste Testament verbrannt oder es versteckt. Dennoch kann ich nicht anders, als zu glauben, dass dieser Mann etwas davon wusste , dass die alte Elspeth bis zu ihrem Tod immer mit meinem Onkel in Verbindung stand; sie muss Warden damals nach Australien geschickt haben, wahrscheinlich mit genau diesem Testament, das sie jahrelang so sorgfältig versteckt hatte. Wenn ja, steht es außer Zweifel Parkins schreibt mir verzweifelt.

„Das ist schrecklich!" sagt Doatie. „Aber" – erhellend – „so schlimm wie der Tod oder die Schande ist es doch doch nicht, oder?"

„Für mich bedeutet es den Tod", antwortet er leise. „Das bedeutet, dass ich dich verlieren werde."

„Nikolaus", ruft sie ein wenig scharf, „was würdest du sagen?"

„Nein, hören Sie mich", ruft er und dreht sich zum ersten Mal um, um sie zu trösten; und während er das tut, bemerkt sie die verheerende Wirkung, die die letzte Stunde der Angst und des Ärgers auf seinem Gesicht hinterlassen hat. Er sieht dünn und abgemagert aus und ist ziemlich müde. Ihr ganzes Herz gilt ihm, und nur mit Mühe kann sie ihren Wunsch unterdrücken, zu ihm zu rennen und ihn mit ihren weichen Armen zu umarmen. Aber etwas in seinem Gesichtsausdruck hält sie davon ab.

„Hören Sie mich", sagt er leidenschaftlich: „Wenn ich in diesem Kampf unterliege – und ich sehe nirgends einen Hoffnungsschimmer –, bin ich ein ruinierter Mann. Dann werde ich buchstäblich nur noch fünfhundert pro Jahr haben, die ich mein Eigen nennen kann." . Kein Zuhause, kein Titel. Für Menschen, die so erzogen wurden wie du und ich, bedeutet das einfach ein Ende zwischen uns, Dorothy. Wir müssen versuchen zu vergessen, dass wir jemals mehr waren als gewöhnliche Freunde.

Diese Tirade hat auf Dorothy kaum die gewünschte Wirkung. Sie steht immer noch standhaft, völlig unerschütterlich von dem Sturm, der gerade über sie hinweggefegt ist (obwohl sie ein gebrechliches Kind ist), und scheint, bis auf einen leichten Anflug von Empörung, der in ihren Augen schnell wächst, ungerührt zu sein.

„Du kannst dich so sehr anstrengen, wie du willst", sagt sie würdevoll: „ *Das tue ich nicht* !"

„Das denken Sie jetzt; aber mit der Zeit werden Sie feststellen, dass der Druck zu groß ist, und Sie werden mit dem Strom schwimmen. Wenn ich jahrelang arbeiten würde, könnte ich am Ende kaum eine Stelle erreichen, die geeignet ist, Ihnen angeboten zu werden." Und ich bin zweiunddreißig, erinnere dich, kein Junge, der noch die ganze Welt und Zeit vor sich hat, und du bist erst zwanzig. Mit welchem Recht sollte ich deine Jugend, deine Aussichten, irgendjemanden opfern? mehr Glück, vielleicht –"

Hier bricht er schmachvoll zusammen, angesichts der Strenge, die er zu Beginn zu Hilfe gerufen hatte, und geht zum Kaminsims, legt seinen Arm darauf und seinen Kopf auf seine Arme.

„Du beleidigst mich", sagt Dorothy und wird noch weißer als zuvor, „wenn du mit mir von – von – sprichst"

Dann bricht auch sie zusammen, geht auf ihn zu, hebt absichtlich einen seiner Arme und legt ihn um ihren Hals; Danach legt sie ihre beiden sanft um seine und beginnt, nachdem sie es sich gemütlich gemacht hat, einen herzlichen Tränenausbruch. Dies ist ausnahmslos der klügste Weg, den sie hätte einschlagen können, da er Nicholas zu Tode erschreckt und ihn in kürzester Zeit in eine bessere Geistesverfassung bringt.

„Oh, Dorothy, tu das nicht! Tu das nicht, meine Liebste, mein Haustier!" er bittet. „Ich werde kein Wort mehr sagen, kein einziges, wenn du nur aufhörst."

„Du hast schon zu viel gesagt, und es *wird* kein Ende sein, wie du gerade erklärt hast", protestiert Doatie vehement, der sich noch nicht trösten lässt und vielleicht eine traurige Freude daran findet Situation. „Ich werde da sehr gut aufpassen! Und ich werde nicht zulassen, dass du mich aufgibst. Es ist mir egal, wie arm du bist. Und ich muss sagen, ich finde das sehr unhöflich und herzlos von dir." „Nikolaus, dass du mich ‚einem anderen Mann‘ übergeben wolltest, als ob ich tatsächlich ein Buch oder ein Paket wäre!" beendet Miss Darling mit einem letzten Schluchzen und einer heftigen Steigerung gerechtfertigten Zorns.

„Aber was ist zu tun?" fragt Nicholas abgelenkt, wenn auch unaussprechlich erfreut über diese Bekundungen der Loyalität und Hingabe. „Ihre Leute werden nichts davon hören."

„Oh ja, das werden sie", erwidert Doatie mit Nachdruck, „Sie werden wahrscheinlich viel davon hören! Ich werde morgens, mittags und abends darüber sprechen, bis sie aus reiner Verärgerung des Geistes in einem Körper kommen." und bitte dich , mich zu entfernen. bedauernd: „Wenn ich jetzt nur ein Vermögen hätte, wie schön wäre es! Ich habe es noch nie vermisst. Wir sind wirklich sehr unglücklich."

„Das sind wir tatsächlich. Aber ich denke, dass Ihr Vermögen die Sache nur noch schlimmer machen würde." Dann wird er erneut verzweifelt. „Dorothy, es ist Wahnsinn, daran zu denken. Ich spreche nur von Weisheit, obwohl du deswegen wütend auf mich bist. Warum Hoffnung fördern, wo es keine gibt?"

„Weil ‚die Elenden keine andere Medizin haben als nur Hoffnung‘", zitiert sie sehr traurig.

„Aber was sagt Feltham? ‚Wer zu viel hofft, wird sich am Ende selbst täuschen‘ Deine Medizin ist gefährlich, Liebling. Sie wird dich am Ende töten. Denk nur daran, Dorothy, wie könntest du von fünfhundert im Jahr leben!"

„Andere Leute haben es getan – tun es jeden Tag", sagt Dorothy energisch. Sie hat ihre Augen getrocknet und sieht fast so hübsch aus wie immer. „Vielleicht finden wir irgendwo ein hübsches, hübsches kleines Haus, Nicholas", sagte das eher vage, „nicht wahr? Mit ein paar Möbeln im Stil von Queen Anne. Queen Anne, oder was wie sie aussieht, ist jetzt doch nicht mehr so sehr teuer, oder?" "

„Nein", sagt Nicholas, „das ist sie nicht; obwohl ich sie um jeden Preis für lieb halten sollte." Er ist ein verdorbener junger Mann, der es ablehnt, Schönheit in Ebenholz und Düsternis zu sehen. „Aber", mit einem Seufzer, „ich glaube nicht, dass du das ganz verstehst, Liebling."

„Oh ja, das tue ich", sagt Dorothy und schüttelt klug ihren blonden Kopf. „Du meinst, dass wir wahrscheinlich überhaupt keine Möbel bestellen können. Nun, selbst wenn es dazu kommt, mit dir auf einem schrecklichen Küchenstuhl aus Holz zu sitzen, Nicholas, wird es mir nichts ausmachen." Sie lächelt göttlich und mit größter Fröhlichkeit, als sie das sagt. Andererseits hat sie noch nie versucht, auf einem Stuhl aus Holz zu sitzen, und es ist eine einfache Sache, ein Lächeln auf die Lippen zu zaubern, wenn man sich Sorgen nur eingebildet hat.

„Du bist ein Engel", sagt Nicholas. Und in der Tat ist es unter Berücksichtigung aller Dinge das Mindeste, was er hätte sagen können. „Wenn wir diesen Sturm überstehen, Dorothy", fährt er ernst fort, „sollte mich das Schicksal zufällig noch einmal fest in die Position zurückversetzen, die ich immer innehatte, wird es meine stolzeste Erinnerung daran sein, dass ich das in meiner Not getan habe." Du warst mir treu und warst zufrieden, mein Vermögen zu teilen, so böse es sich auch zeigte."

Sie schweigen beide eine Weile, und dann sagt Dorothy leise:

„Vielleicht wird alles endlich gut. Oh! Wenn doch eine gute Fee uns zu Hilfe käme und uns helfen würde, unsere Feinde zu verwirren!"

„Ich fürchte, es gibt im Moment nur eine Fee auf der Erde, und das bist du", sagt Nicholas mit einem schwachen Lächeln, streicht ihr hübsches Haar mit liebevollen Fingern zurück und blickt liebevoll in die blauen Augen, die so groß geworden sind ernst während ihrer Diskussion.

„Ich meine eine echte Fee", sagt Dorothy und schüttelt den Kopf. „Wenn sie jetzt in diesem Moment käme und ‚Dorothy' sagen würde –"

„Dorothy", sagt in diesem Moment draußen eine Stimme, und zwar genau in dem Moment, in dem Doatie innehält, dass sie und Nicholas gleichzeitig anfangen.

„Das ist Monas Stimme", sagt Doatie. „Ich muss gehen. Beende deine Briefe und komm dann zu mir, dann können wir in den Garten gehen und alles noch einmal besprechen. Komm rein, Mona, ich bin hier."

Sie öffnet die Tür und läuft Mona fast in die Arme, die offenbar überall nach ihr sucht.

„Ah! Jetzt habe ich Sie gestört", sagt Mrs. Geoffrey erbärmlich, für die Liebende eine seltene Freude und ein heiliges Studium sind. „Wie dumm von mir! Sicher hättest du nicht rauskommen müssen, wenn du wusstest, dass es nur ich war. Und natürlich will er dich, armer lieber Kerl. Ich dachte, du wärst in dem kleinen Salon, sonst hätte ich es nicht tun sollen habe dich überhaupt angerufen.

„Das spielt keine Rolle. Komm mit nach oben, Mona. Ich möchte dir alles darüber erzählen", sagt Doatie. Die Reaktion setzt ein und sie ist erneut in Tränen ausgebrochen und fast verzweifelt.

„Leider! Geoffrey hat mir alles erzählt", sagt Mona, „Deshalb suche ich jetzt nach dir. Ich dachte, ich *wüsste*, dass du unglücklich bist, und ich wollte dir sagen, wie ich mit dir leide."

Mittlerweile haben sie Dorothys Zimmer erreicht und schauen sich nun, während sie sich setzen, einander traurig an. Mona ist so tief betrübt, dass man sich dieses Unglück vorstellen kann, das dazu führt, dass die Luft bei ihr und nicht bei einer anderen schwer wird. Und dieses umfassende Mitgefühl, diese Hingabe ihres Körpers und Geistes an einen Kummer, der sie selbst nicht berührt, ist für ihre arme kleine Freundin unaussprechlich süß.

Dorothy kniet neben ihr nieder, legt ihren Kopf auf Monas Knie und bricht erneut in Tränen aus.

„Jetzt nicht", sagt Mona mit leiser, beruhigender Stimme und schließt sie fest in die Arme; „Das ist falsch, dumm. Und wenn es zum Schlimmsten kommt, bessern sie sich."

„Nicht immer", schluchzt Doatie. „Ich weiß, wie es sein wird. Wir werden getrennt, auseinandergerissen, und nach einer Weile werden sie mich zwingen, jemand anderen zu heiraten; und in einem schwachen Moment werde ich es tun! Und dann werde ich für immer und ewig elend sein." immer."

„Du verleumdest dich selbst", sagt Mona. „Es ist alles unmöglich. Du wirst keinen solchen schwachen Moment haben, sonst kenne ich dich nicht. Du wirst immer treu sein, bis er dich heiraten kann, und wenn er es nie kann, warum, dann kannst du auch treu sein, und Gehe mit seinem Bild nur in deinem Herzen zu deinem Grab. Das ist kein so schlechter Gedanke, oder?"

„Nicht sehr", sagt Doatie traurig.

„Und außerdem kann man ihn immer sehen, weißt du", fährt Mona fröhlich fort. „Es ist nicht so, als ob der Tod ihn dir gestohlen hätte. Er wird immer irgendwo sein; und du kannst ihm in die Augen schauen und lesen, wie seine Liebe zu dir alles überlebt hat. Und vielleicht zeichnet er sich nach einiger Zeit dadurch aus Auf irgendeine Weise wirst du eine Position erlangen, die viel größer ist, als Geld oder Rang es sich leisten können, denn du weißt, dass er wunderbar klug ist.

„Das ist er“, sagt Dorothy mit zunehmender Lebhaftigkeit.

„Und vielleicht ist auch das Gesetz auf seiner Seite: Es bleibt noch viel Zeit, bis ein fehlendes Testament oder ein – ein – nützlicher Zeuge auftaucht. Dieses Testament“, sagt Mona nachdenklich, „muss irgendwo sein. Ich.“ Ich kann Ihnen nicht sagen, warum ich das glaube, aber ich bin mir ziemlich sicher, dass es noch existiert und dass es möglicherweise noch nicht entdeckt wurde.

Sie wirkt so voller Glaube an ihre eigene Fantasie, dass sie Doatie auf der Stelle mit einem ähnlichen Glauben inspiriert.

„Mona! Es gibt niemanden, der so süß oder tröstend ist wie du“, schreit sie und umarmt sie dankbar. „Ich glaube wirklich, dass ich mich jetzt etwas besser fühle.“

„Das stimmt“, sagt Mona und freut sich über ihren Erfolg.

Wenige Augenblicke später kommt Violet herein und stellt fest, dass sie immer noch über das alles entscheidende Thema diskutieren.

„Es ist für alle bedauerlich“, sagt Violet untröstlich und lässt sich in einen niedrigen Sessel sinken. „So ein teures Haus, und es abgerissen und in den Besitz eines solchen Geschöpfes gegeben zu haben.“ Sie zuckt voller Abscheu mit den Schultern.

„Du meinst den Australier?“ sagt Dorothy. „Oh, was ihn betrifft, er ist absolut großartig! – solch ein Mann, der in Nicholas‘ Fußstapfen treten kann!“

„Ich glaube nicht, dass irgendjemand ihn auch nur im Geringsten zur Kenntnis nehmen wird“, sagt Violet, „das ist ein Trost.“

„Das weiß ich nicht: Lilian Chetwoode hat ihn gestern Abend in ihrem Haus willkommen geheißen“, sagt Doatie etwas verbittert.

„Das liegt daran, dass Nicholas darauf bestehen wird, jedem zu beweisen, dass er ihm keine Bosheit entgegenbringt, und beharrlich von ihm als seinem Cousin spricht. Nun, er mag sein Cousin sein, aber es gibt für alles eine Grenze“, sagt Violet mit einer leichten Bemerkung Stirnrunzeln.

„Das ist genau das, was an Nicholas so edel ist“, erwidert Doatie schnell. „Er unterstützt ihn, einfach weil es sein eigener Streit ist. Schließlich ist es niemandem wichtig außer Nicholas selbst: Niemand sonst wird leiden, wenn dieser abscheuliche schwarze Mann siegt.“

„Ja, viele werden es tun. Lady Rodney – und – und Jack auch. Auch er muss dabei verlieren“, sagt Violet mit unterdrückter Wärme.

„Er mag es sein; aber wie wenig im Vergleich dazu! An niemand außer meinem armen Nicholas muss gedacht werden“, beharrt Doatie, der nicht zwischen den Zeilen gelesen hat und es daher nicht schafft, die schwache, zarte Röte, die Violets Wange wärmt, richtig darzustellen .

Aber Mona hat es gelesen und versteht es perfekt.

„Ich denke, jeder ist zu bemitleiden, und Jack mehr als die meisten – nach dem lieben Nicholas“, sagt sie sanft und mit einem so freundlichen Blick auf Violet, der dieser jungen Frau direkt ins Herz geht und dort für immer wächst und blüht .

KAPITEL XXV.

WIE DIE DISKUSSION HEISST – UND WIE NIKOLAUS, NACHDEM er einen Vorschlag gemacht hat, der in den Ohren seines Publikums bitter ist, dennoch seinen Standpunkt gegen alle Widerstände vertritt.

„Der Tag ist vorüber und die Dunkelheit fällt aus den Flügeln der Nacht." Die Dämmerung bricht langsam über das ganze Land herauf, die Dämmerung bricht rasch an. So wie der Tag war, so ist auch der Vorabend, traurig und traurig, mit Regengeräuschen und dem Schluchzen der schnellen Winde, die durch die kahlen Buchen im Hain rauschen. Die Hafenbar stöhnt viele Meilen entfernt, doch ihre Stimme wird von den unhöflichen Boreas von der Bucht bis zu den Mauern der stattlichen Türme getragen, die vor den Angriffen dieses gewalttätigen Sohnes des „kaiserlichen Æolus" weder schaukeln noch zittern.

Es ertönt ein geisterhaftes Klopfen (wie von einem verstorbenen Geist, der am liebsten noch einmal in die so lange vergessenen alten Hallen eintreten würde) gegen die Fensterscheibe. Zweifellos ist es ein wehender Ast, der von dem grausamen Sturm, der draußen tobt, hin und her geschleudert wird. Schatten kommen und gehen; und unheimliche Gedanken bedrücken die Brust:—

„Während die Krach-Eule, laut kreischend, den Elenden, der in Trauer liegt, in ein Leichentuch legt."

„Was für ein elender Abend!" sagt Violet mit einem leichten Schauer. „Geoffrey, zieh die Vorhänge näher."

„Ein krasses Ende eines miserablen Tages", sagt Lady Rodney düster.

„Die Nacht hat immer den Effekt, dass das Schlechte noch schlimmer aussieht", sagt Doatie mit einem traurigen Versuch, fröhlich zu sein. „Macht nichts, der Morgen wird bald wieder da sein."

„Aber warum sollte die Nacht Melancholie erzeugen?" sagt Nicholas verträumt. „Es ist schließlich nur eine Widerspiegelung des größeren Lichts. Wie nennt Richter es? ‚Der große Schatten und das Profil des Tages'." Es sind unsere eigenen krankhaften Fantasien, die uns davor fürchten."

„Dennoch machen Sie die Vorhänge zu, Geoffrey, und fragen Sie Lady Rodney, ob sie jetzt keinen Tee möchte", sagt Violet *sotto voce* .

Jemand schürt das Feuer, bis ein purpurrotes Licht durch den Raum strömt. Die riesigen Baumstämme sind gutmütig geneigt und platzen an ihren großen Seiten, um beruhigendere Gedanken zu fördern.

„Da die Dinge so ungeklärt sind, Nicholas, sollten wir unseren Tanz vielleicht besser verschieben“, sagt Lady Rodney augenblicklich. „Vielleicht beunruhigt es Sie nur und beunruhigt uns alle.“

„Nein. Es wird mich nicht beunruhigen. Lasst uns auf jeden Fall tanzen“, sagt Nicholas leichtsinnig. „Warum sollten wir in so großer Eile nachgeben? Es wird uns allen Anlass zum Nachdenken geben. Warum nicht Tableaus aufstellen? sehr passend für den gegenwärtigen Anlass.

Er lacht ein wenig, während er das sagt, aber in seinem Lachen liegt keine Heiterkeit.

„Nicholas, komm her“, sagt Doatie besorgt aus dem Schatten, in dem sie etwas abseits von den anderen sitzt. Und Nicholas, der zu ihr geht, findet Trost und beruhigt sich wieder unter der Berührung der schlanken kleinen Finger, die sie unter dem Schutz der freundlichen Dunkelheit in seine schlüpft: „Ich verstehe nicht, warum wir uns jetzt nicht in rücksichtslose Extravaganz stürzen sollten.“ „Die Zeit droht so knapp zu werden“, sagt Jack launisch. „Lasst uns unsere Nachbarn königlich unterhalten, bevor das Ende kommt. Warum nicht wie die Pantomimen enden, mit Gold- und Raketenregen und dem fröhlichen Lärm der festlichen Knallbonbons?“

„Was für einen Unsinn manche Leute doch reden können!“ sagt Violet mit einem leichten Schulterzucken.

"Gut, warum nicht?" sagt Kapitän Rodney, unbeeindruckt von dieser kleinen Brüskierung. „Es ist weitaus schwieriger zu sprechen als zu begreifen. Das kann jeder. Wenn ich Ihnen sagen würde, dass Nolly tief und fest schläft und dass er, wenn er auch nur einen halben Grad weiter nach rechts taumelt, bald nicht mehr zu sehen ist.“ die glühende Glut“ (Nolly schreckt auf), „Sie würden mir wahrscheinlich sagen, dass ich ein sehr dummer Kerl sei, wegen einer so offensichtlichen Tatsache den Atem zu verschwenden, aber es wäre trotzdem vernünftig, ich habe Sie nicht gestört, Nolly? In einer solchen Nacht wäre eine heftige Verbrennung vielleicht zu wünschen übrig.

„Danke. Ich werde es um ein oder zwei Nächte verschieben“, sagt Nolly schläfrig.

„Außerdem glaube ich nicht, dass ich Unsinn geredet *habe* “, fährt Jack bekümmert fort. „Meine letzte Rede enthielt kaum Torheit. Ich habe das Gefühl, dass die Zeit schnell näher rückt, in der wir nicht einmal mehr Geld haben werden, um die Rechnungen unserer Schneider zu bezahlen.“

„Mitten im Leben sind wir verschuldet“‘, sagt Nolly feierlich. Das ist das Beste, was er hätte sagen können, denn es bringt sie alle trotz ihres bevorstehenden Unglücks zum Lachen.

„Nolly wacht auf. Ich fürchte, wir werden dieses *Auto-Dafe* doch nicht haben“, sagt Jack in einem Ton tiefer Enttäuschung. „Ich habe das Gefühl, als ob uns eine gute Sache zum Opfer fallen würde.“

„Was für ein Tag wir uns wünschen“, sagt Mr. Darling und ignoriert diese kindische Bemerkung. „Seit dem frühen Morgen hat es in Strömen geregnet. Ich fühle mich völlig niedergeschlagen – fast so deprimiert wie gestern Abend, als mich Nicholas zum Tanzen mit dem Ästhetischen festhielt.“

„Lady Lilias Eaton, meinen Sie?“ fragt Lady Rodney. „Das erinnert mich daran, dass wir morgen dorthin gehen müssen. Zumindest einige von uns.“

„Mona muss gehen“, sagt Nicholas schnell. „Lady Lilias hat es deutlich gemacht. Du wirst gehen, Mona?“

„Ich würde sehr gerne gehen“, sagt Mona sanft und mit einigem Eifer. Sie saß ganz ruhig da, die Hände vor sich, kaum hörend, was um sie herum vorging – verloren, in Gedanken versunken.

„Armes Kind! Es ist ihr erster Aufsatz“, sagt Nolly mitleiderregend.

„Warte bis morgen Abend und schau, ob du dich so fühlst wie jetzt. Deine fröhliche Nachgiebigkeit in dieser Angelegenheit ist sehr zu bewundern. Und Nicholas sollte dankbar sein. Aber ich denke, du wirst eine Dosis Lady Lilias und ihr Antiquariat finden Brite genug für dein Leben.

„Ihr wart dort einst großartige Freunde“, sagt Geoffrey; „Niemals aus dem Haus gehen.“

„Ich habe dort gelegentlich übernachtet, als der alte Lord Daintree noch lebte, wenn Sie das meinen“, sagt Nolly kleinlaut. „Soweit ich mich erinnern kann, wurde ich immer dorthin geschickt, wenn ich ungezogen oder lästig war oder zu Hause im Weg war; und in der Regel war ich immer im Weg. Es gibt eine Verbindung zwischen den Eatons und meiner Mutter und Anadale Ich habe mich in den Ferien immer wieder gesehen. Es war eine Art Rute in der Gurke oder ein dunkler Schrank, der mir in Schande über den Kopf gehalten wurde.

„Lilias muss damals ein ziemliches Kind gewesen sein“, sagt Lady Rodney.

„Sie war nie ein Kind; Sie wurde ziemlich erwachsen geboren Aber die alten Briten waren zu dieser Zeit nicht in Mode gekommen, deshalb war sie um einiges erträglicher. Gott sei Dank“, sagt Mr. Darling mit plötzlicher Lebhaftigkeit, „was?“ Die schrecklichen Zeiten, die ich da verbrachte, waren schrecklich genug, um einem das Blut in den Adern gefrieren zu lassen, und keine Kerzen ließen sie anzünden Ich erinnere mich, dass ich Lord Daintree einmal vorschlug, die Beete abzumähen – es war während der Ernte, aber niemand nahm Notiz von meinem Vorschlag. Also fiel es zu Boden. Ich hatte Todesangst und hatte tatsächlich mehr Ehrfurcht vor dem Himmelbett als vor dem alten Mann, der vielleicht gar nicht so schlecht war.

Dorothy aus ihrer Ecke lacht fröhlich. „Armer alter Noll", sagt sie, „es war seine unglückliche Kindheit, die seine späteren Jahre verdorben und ihn zu dem melancholischen Objekt gemacht hat, das er ist."

„Nun, wissen Sie, es war viel zu viel – das war es wirklich", sagt Mr. Darling sehr ernst. „Mrs. Geoffrey, kommen Sie mir nicht zu Hilfe?"

Frau Geoffrey, so angesprochen, steht auf und sagt: „Was kann ich für Sie tun?" in einem weit entfernten Tonfall, der beweist, dass sie meilenweit von allen entfernt im Gedankenland war. Einige Worte schießen ihr durch den Kopf. Ihre Gedanken sind zu der Szene im Wintergarten gestern Abend zurückgekehrt, als sie und Paul Rodney zusammen waren. Was hatte er gesagt? Welche genauen Worte hatte er verwendet? Sie legt zwei Finger auf ihre glatte, weiße Stirn und lässt ein leichtes Stirnrunzeln – das nur aus verwirrten Gedanken entsteht – ihre Fairness unterdrücken.

„Ein Plan", hatte er gesagt; Und dann schießen ihr plötzlich die richtigen Worte durch den Kopf. „Eine brillante Chance, ein großartiger Plan." Was für Worte für einen ehrlichen Mann! Konnte er ehrlich sein? Gab es irgendwo in dieser sorgfältigen Verschwörung, die so geschickt angelegt war, um den Untergang über die Köpfe dieser Menschen zu bringen, die sich in ihr zartes Herz eingeschlichen hatten, irgendeinen Fehler, irgendeine vernichtende Klausel?

„Wo bist du jetzt, Mona?" fragt Geoffrey plötzlich und legt seine Hand mit liebevollem Druck auf ihre Schulter. „In Afghanistan oder Timbuktu? Zumindest weit weg von uns." In seinem Ton liegt ein wenig vager Vorwurf und Unbehagen.

„Nein, ganz in deiner Nähe – näher als du denkst", sagt Mona, die jede Veränderung in seinem Ton schnell bemerkt, mit einem Ruck aus ihrer Träumerei erwacht und eine ihrer Hände auf seine legt. „Geoffrey", ernst, „was ist die genaue Bedeutung des Wortes ‚Intrige'? Würde ein ehrlicher Mann (bestimmt würde er es nicht) von Intrigen sprechen?" Diese absurde Frage zeigt nur, wie ungebildet sie in den großen Lektionen des Lebens noch ist.

„Nun, das ist eine ziemlich schwierige Frage", sagt Geoffrey. „Als Monsieur de Lesseps vom Suezkanal träumte, nannte er es einen Plan; und er ist, wie ich vermute, ein ehrlicher Mann. Wenn dagegen ein Einbrecher Ihr gesamtes altes Silber stehlen wollte, dann vermute ich, dass er es war Ich würde das auch einen Plan nennen, Liebling. Du wirst deinen Nachbarn nicht betrügen, hoffe ich."

„Es ist sehr seltsam“, sagt Mona mit einem unzufriedenen Seufzer, „aber ich werde dir nach und nach alles darüber erzählen.“

Der Instinkt warnt sie vor Verrat; Der gesunde Menschenverstand widerlegt die Warnung. Wem soll sie Gehör schenken?

„Sollen wir die Carsons zu unserem Tanz einladen, Nicholas?“ fragt seine Mutter in diesem Moment.

„Fragen Sie jeden, den Sie wollen – jeden, ich meine, das ist nicht ganz unmöglich“, sagt Nicholas.

„Edith Carson ist es fast, denke ich.“

„Ist das das Mädchen, das an der Tür zur Teestube mit dir gesprochen hat, Geoffrey?“ fragt Mona mit etwas Animation.

„Ja. Mädchen mit hellem, krausem Haar und grünen Augen.“

„Ein seltsames Mädchen, dachte ich, aber sehr hübsch. Ja – hat sie Englisch gesprochen?“

„Vom Reinsten“, sagt Geoffrey.

„Was hat sie gesagt, Mona?“ fragte Doatie.

„Ich bin mir nicht sicher, ob ich es dir sagen kann – zumindest nicht genau so, wie sie es gesagt hat“, sagt Mona zögernd. „Ich habe sie nicht ganz verstanden, aber Geoffrey fragte sie, wie es ihr gefiel, und sie sagte, es habe ‚durch und durch Spaß‘ gemacht; und dass sie sich gerade damit amüsierte, sich vor ihrem Partner, Captain Dunscombe, zu verstecken, der „im ganzen Laden“ nach ihr suchte – es war „Laden“, nicht wahr, Geoff? Es ist schön, ihn in rasendem Zorn zu sehen, tatsächlich als echten „Champ“, weil es Tricksy Newcombe auf die Palme brachte, dessen ganz besondere Art er den „Freunden“ im Weg stand.“

Alle lachen. Tatsächlich brüllt Nolly.

„Hat sie dort aufgehört?“ Er sagt: „Das war ihrer unwürdig. Ausnahmsweise muss ihr der Atem gefehlt haben, denn nichts so Triviales wie der Mangel an Worten hätte Miss Carson beeinflussen können.“

„Du hättest Mona sehen sollen“, sagt Geoffrey. „Sie öffnete ihre Augen und ihre Lippen und blickte fest auf die lebhafte Edith. Neugier, größtenteils vermischt mit Ehrfurcht, spiegelte sich auf ihrem ausdrucksstarken Gesicht wider. Sie fragte sich, ob sie diesen außergewöhnlichen Jargon beherrschen musste, bevor sie für tauglich für die höfliche Gesellschaft erklärt wurde.“

„Nein, tatsächlich“, sagt Mona lachend. „Aber es war bestimmt nicht Englisch, oder? So reden sicherlich nicht alle.“

„Alle", sagt Geoffrey; „Das heißt, alles besonders nette Leute. Sie werden überhaupt nicht schwimmen gehen, es sei denn, Sie mögen so etwas."

„Dann bist du selbst kein netter Mensch."

„Ich bin weit davon entfernt, muss ich leider sagen; aber die Zeit heilt alles, und ich vertraue darauf und sorgfältige Beobachtung, um mich zu verbessern."

„Und ich soll ‚Freunde' für Freunde sagen und es reines Englisch nennen?"

„Es ist sicherlich nicht außergewöhnlicher, als einen betrunkenen jungen Mann ‚eng' zu nennen", sagt Lady Rodney mit ruhiger, aber grausamer Bedeutung.

Mona errötet schmerzhaft.

„Naja, nein, aber das ist reines Irisch", sagt Geoffrey ungerührt. Mit gesenktem Kopf dreht Mona ihren Ehering immer wieder an ihrem Finger und bereut bitterlich ihren kleinen Ausrutscher, als sie letzte Nacht mit der Herzogin sprach.

„Wenn ich Edith Carson fragen muss, werde ich das Gefühl haben, etwas gegen meinen Willen zu tun", sagt Lady Rodney.

„Das müssen wir alle ab und zu tun", sagt Sir Nicholas. „Und es gibt noch eine andere Person, Mutter, ich würde mich freuen, wenn du ihr eine Karte schicken würdest."

„Auf jeden Fall, mein Lieber. Wer ist da?"

„Paul Rodney", antwortet er sehr deutlich.

"Nikolaus!" schreit seine Mutter leise: „Das ist zu viel!"

„Trotzdem gehorchen Sie mir", bittet er hastig.

„Aber das ist krankhaft – ein dummer Stolz", protestiert sie leidenschaftlich, während alle anderen über diesen Vorschlag von Nicholas sprachlos sind. Versagt sein Gehirn? Wird sein Verstand schwach, dass er so etwas vorschlagen sollte? Sogar Doatie, der Nicholas normalerweise durch schlechte und gute Berichte unterstützt, bleibt stumm und entsetzt über seinen Vorschlag.

„Was hat er getan, dass er ausgeschlossen werden sollte?" fordert Nicholas etwas aufgeregt. „Wenn er ein erstes Recht auf dieses Eigentum nachweisen kann, ist das dann ein Verbrechen? Er ist unser Cousin: Warum sollten wir die einzigen Menschen auf dem ganzen Land sein, die ihn mit Verachtung behandeln? Er hat keinen Gesetzesverstoß begangen, nein." Ihm wurden abscheuliche Sünden zur Last gelegt, die über die fatale Sünde hinausgehen, sein eigenes zu wollen – und – und –"

Er macht eine Pause. In der Dunkelheit hat sich wieder eine liebevolle, anschmiegsame Hand in ihn geschlichen, voller süßer Bitten, und hat ihn durch sanften Druck zur Ruhe gebracht.

„Fragen Sie ihn, und sei es nur, um mir eine Freude zu machen", sagt er müde.

„Alles soll so sein, wie du es wünschst, Liebste", sagt seine Mutter mit ungewohnter Zärtlichkeit, und dann herrscht Stille über sie alle.

Das Feuer lodert heftig auf, und schon bald lässt es seine Flamme fallen und versinkt erneut in der Bedeutungslosigkeit. Wieder verfolgen die Worte, die eine vage, aber noch unentdeckte Bedeutung haben, Monas Gehirn. „Ein großartiger Plan." Vielleicht eine abscheuliche Verschwörung. Oh, dass sie dazu beitragen könnte, diese Menschen vor dem Untergang zu retten, denen ihr Schicksal zuteil geworden war! Aber wie schwach war ihr Arm! Wie unzureichend ihr Verstand war, um einen Notfall wie diesen zu bewältigen!

KAPITEL XXVI.

WIE MONA ZU ANADALE GEHT – UND WIE SIE DORT VIELE DINGE SIEHT, DIE IHR NOCH UNBEKANNT SIND.

Am nächsten Tag brechen sie gegen halb drei nach Anadale auf. Weder Violet noch Captain Rodney, die sich für eine eigene Mission entschieden haben, noch Nicholas, der nach London gegangen ist.

Der Frost liegt schwer auf dem Boden; Die ganze Straße und jeder Busch und Baum funkeln strahlend, als hätte die schreckliche Tochter des Chaos in den Stunden, in denen Dunkelheit auf der Erde lag, während sie in ihrem Ebenholzwagen die Weiten des Firmaments durchquerte, die Diamanten des Himmels auf das Land fallen lassen . Der winterliche Sonnenschein, der sie beleuchtet, macht den Mittag sanft und herrlich.

Die Stunde ist bezaubernd, die Luft fast mild; und jeder fühlt sich halb betrübt, als die Kutsche, die durch das Tor der Hütte fährt, sie schnell zu dem massiven Eingang trägt, der sie ins Haus und aus der Kälte herausführen wird.

Doch bevor sie die Flurtür erreichen, hält es Geoffrey für seine Pflicht, ihnen noch ein oder zwei warnende Worte zu sagen.

„Sehen Sie mal", sagt er eindrucksvoll: „Ich hoffe, dass sich heute niemand auch nur ein heimliches Lächeln gönnt." Er wirft einen strengen Blick auf Nolly, die bereits in ein Lächeln gehüllt ist. „Weil die Ästhetin es nicht will. Sie würde um keinen Preis davon hören. Wir müssen alle angespannt sein! Wenn du nicht verstehst, was das bedeutet, Mona, solltest du es besser sofort lernen. Das solltest du sei still, verzückt, erhebe dich weit über alle vulgären Gemeinplätze des Lebens. Du kannst, wenn du willst, über einen farblosen Kieselstein verzücken oder über eine kränkliche Lilie Freudentränen vergießen.

„Das einzige Mal, dass ich viele Jahre lang Tränen vergoss", sagt Mr. Darling unbedeutend, „war, als ich vom Tod des alten Kerls hörte. Und es waren Tropfen voller Inhalt. Wissen Sie, ich glaube, er hat sie unbewusst mit ihr geschwängert? gegenwärtige Vorstellungen; weil er vor seinem Tod selbst so einem „alten Briten" ähnelte, als hätte er dafür posiert.

„Er war sehr exzentrisch, aber völlig richtig", sagt Lady Rodney vorwurfsvoll.

„Er war ein Mann, der seinen Hut nie abnahm", beginnt Geoffrey.

"Aber warum?" fragt Mona erstaunt. „Hat er keins getragen?"

„Ja, aber er hat es immer ausgezogen; und er hat nie eines angezogen wie gewöhnliche Sterbliche, er hat es immer angezogen. Sie können sich nicht vorstellen, was für einen Unterschied das macht."

„Was bist du doch für ein dummer Junge, Geoff!" sagt seine Frau lachend.

„Danke, Liebling", antwortet er kleinlaut.

„Aber wie ist Lady Lilias? Ich habe sie neulich Nacht nicht bemerkt", sagt Mona.

„Sie hat eine Nase und zwei Augen, genau wie alle anderen auch", sagt Nolly. „Das ist doch ziemlich enttäuschend, nicht wahr? Und sie zeigt eine gute Haltung. Manchmal liegt sie der Länge nach im Gras, den knochigen Ellbogen gut gestreckt und das Kinn in der Handfläche vergraben. Manchmal steht sie mit dem Kopf neben einer Sonnenuhr Auf der einen Seite und neben ihr ein sorgfältig erzogener und sehr alter Pfau. Aber ich wage zu behaupten, dass sie heute die Windhund-Pose machen wird. Im Sommer geht sie mit einem riesigen Holzfächer ins Ausland, mit dem sie die Hummel tötet Sie schwebt an ihr vorbei. Und sie kleidet sich in Farben, die einem die Zähne aufreizen. Ich bin sicher, dass es ihr ein Leben lang leid tut, dass sie sich überhaupt kleiden muss, da sie von wilder Nacktheit und einem großzügigen Umgang mit dem Färberwaid träumt. "

„Mein lieber Oliver!" protestiert Lady Rodney sanft.

„Wenn sie dir Erfrischungen aufdrängt, Mona, sag ohne zu zögern ‚Nein, danke'", sagt Geoffrey mit ängstlicher Eile, als er sieht, dass sie sich dem Ende ihrer Reise nähern. „Denn wenn du es nicht tust, wird sie dich zwingen, Metheglin und ungesäuertes Brot zu sich zu nehmen, was einen plötzlichen Tod bedeutet. Vorgewarnt ist gewappnet. Nolly und ich haben für dich getan, was wir konnten."

„Ist sie allein? Wohnt niemand bei ihr?" fragt Mona etwas nervös.

„Naja, praktisch gesehen nein. Aber ich glaube, sie hat irgendwo eine Schwester."

„‚Schwester Anne' meinst du?" sagt Nolly. „Oh, ja! Ich habe sie gesehen, obwohl sie in der Regel unterdrückt wird. Sie ist genau das, was sie sein sollte, und in jeder Hinsicht tadellos — unnahbar, wie manche meinen. Sie ist ein sehr gutes Mädchen und lässt sich nie etwas entgehen Zufälligerweise isst sie am Freitag nie Fleisch und in der Fastenzeit nie Butter und beichtet immer. Aber sie hat im Haushalt keine große Bedeutung, da sie eine Abneigung gegen die guten alten Zeiten hat.

An diesem Punkt kommt das Haus in Sicht und das Gespräch versickert. Die Frauen berühren leicht ihre Pelze und Schnürsenkel, die Männer gönnen sich ein letztes Gähnen, das so lange anhalten soll, bis sich die Tore von Anadale wieder hinter ihnen schließen.

„Es gibt keinen Graben und keine Zugbrücke und kein Loch, durch das man den Vormarsch des Feindes ausspionieren könnte", sagt Darling mit beeindruckendem Flüstern, gerade als sie um die Kurve biegen, die in die große Kiesstraße vor dem Gebäude führt Flurtür. „Ein Nachteil, das gebe ich zu; aber selbst die Allergrößten sind nicht unfehlbar."

Es ist ein wunderschönes altes Schloss, uralt und veraltet, mit Türmen, die an unerwarteten Stellen aufragen, und mit herabhängendem Efeu bedeckten Mauern und altersdunklen Giebeln.

An einer Seite des Hauses verläuft eine Terrasse, die von der Allee aus einsehbar ist. Und hier, mit einem hageren, aber hübschen Windhund an ihrer Seite, steht ein Mädchen, groß und schlank, aber dennoch wunderschön geformt. Ihre Augen sind grau, könnten aber in bestimmten Momenten als blau bezeichnet werden. Ihr Mund ist groß, aber nicht unangenehm. Ihr Haar ist ziemlich dunkel und hinten zu einer lockeren und kunstvollen Locke nach hinten gebunden. Sie ist in ein unmögliches Kleid aus Salbeigrün gekleidet, das sich eng an ihre schlanke Figur schmiegt, ja fast verzweifelt, als hätte sie Angst, sie zu verlieren.

Eine Hand ruht leicht und mit einer leicht theatralischen Berührung auf dem Kopf des hageren Windhunds, die andere ist an ihre Stirn gehoben, als wollte sie ihre Augen vor der hellen Sonne schützen.

Alles in allem ist es ein Bild, das zwar ein wenig an Künstlichkeit erinnert, aber dennoch nahezu perfekt ist. Mona ist daher angenehm überrascht, und da sie – wie alle ihre Nation – empfänglich für äußere Schönheit ist, fühlt sie sich zu dieser seltsamen jungen Frau in kränklichem Grün hingezogen, mit ihrem Hundefreund an ihrer Seite.

Lady Lilias, die mit dem Jagdhund Egbert hinter ihr langsam die Steinstufen hinuntersteigt, geht auf Lady Rodney zu. Sie begrüßt sie alle mit einer feierlichen Herzlichkeit, die alle beeindruckt, außer Mona, die verträumt in die grauen Augen ihrer Gastgeberin blickt und sich vage fragt, ob ihre Lippen jemals gelächelt haben. Ihre Gastgeberin wiederum blickt sie an, vielleicht in stiller Bewunderung für ihre sanfte Lieblichkeit.

„Du kommst zuerst und siehst Philippa?" sagt sie in einem langsamen, eigentümlichen Ton, der klingt, als wäre es ausgegraben und auf seine Art ziemlich antiquiert. Es riecht nach Staub und feudalen Tagen. Jeder sagt, dass er oder sie entzückt sein wird, und alle versuchen so zu tun, als ob die ganze Hoffnung ihrer Existenz in dem Gedanken zentriert wäre, dass sie bald sehnsüchtige Augen auf Philippa werfen werden – die in Wirklichkeit Anne heißt, die es aber schon war von ihrer unternehmungslustigen Schwester umgetauft. Anne eignet sich hervorragend für den Alltag oder für Blaubarts Schwägerin; aber Philippa ist Kunst der allerhöchsten Art. So ist sie, Philippa, die arme Seele, ob es ihr gefällt oder nicht.

Sie hat sich den Knöchel verstaucht und liegt jetzt auf einer Couch in einem kleinen Salon, als die Rodneys hereingeführt werden. Sie ist ziemlich froh, sie zu sehen, da das Leben mit einer „intensiven" Schwester und dem rituellen Pfarrer manchmal anstrengend ist ist von zu Hause. Also lächelt sie ihnen zu und schafft es, so liebenswürdig auszusehen, wie normale Menschen nur aussehen können.

Der Salon ähnelt weitgehend den gewöhnlichen Salons, über die Mona deutlich enttäuscht ist, bis sie, als sie Lady Lilias ansieht, einen Schauer des Ekels bemerkt, der ihr durch den Körper läuft.

„Ich kann wirklich nicht anders", erklärt sie Mona mit ihrer gewohnt langsamen Stimme, „das alles beleidigt mich so sehr. Aber Philippa muss humorvoll sein. All diese grellen Farben und scheußlichen Möbelstücke rauben mir den Atem. Und das Licht –" „Nach und nach müssen Sie in einige meiner Räume kommen; aber wenn Sie nicht müde sind, möchte ich Sie bitten, sich meinen Garten anzusehen, das heißt, wenn Sie die Kälte ertragen können."

Sie wollen die Kälte nicht ertragen; aber was sollen sie sagen? Höflichkeit verbietet Abspaltung jeglicher Art, und nach ein paar Worten mit der heiligen Philippa folgen sie ihrer Führerin in aller Sanftmut durch Hallen und Korridore hinaus in den Garten, den sie am meisten berührt.

Und es ist wirklich ein sehr begehrenswerter Garten und einen Besuch wert. Es ist wie ein Gedanke aus einer anderen Zeit.

Eiben, die so lange gewachsen sind, bis sie hohe Mauern bilden, sind in perfekter Ordnung geschnitten und geformt, manche ähneln den Mauern des antiken Troja, manche wie Treppenstufen. Durch sie öffnen sich kleine Türen, und wenn man ein- und ausgeht, läuft man fast eine Meile weiter, bis man die Orientierung verliert und nicht mehr weiß, wie man sich aus einem so bezaubernden Labyrinth befreien kann.

Hier und da gibt es Wasserbecken, auf denen Lilien liegen und an einem warmen, sonnigen Tag verträumt schlafen können. Eine Sonnenuhr, alt und grün in ehrenhaftem Alter, erhebt sich auf einem kühlen Stück Grasnarbe. Daneben liegen zwei bunte Pfauen und schlafen tief und fest. Alles scheint weit weg von der Welt, schläfrig, nachlässig, gleichgültig gegenüber dem Wohl und Leid der leidenden Menschheit.

„Es ist wie der Garten des Palastes, in dem Dornröschen wohnte", flüstert Mona Nolly zu; Sie ist entzückt, entzückt und voller Bewunderung.

„Du machst es wunderbar, mach weiter so", flüstert er zurück, „sie wird dir etwas Schönes schenken, wenn du diesen Blick fünf Minuten länger aufrechterhältst. Jetzt! – sie schaut; beeil dich – beeil dich – zieh es wieder an." !"

„Ich tue nicht so", sagt Mona empört; „Ich bin begeistert: Es ist der bezauberndste Ort, den ich je gesehen habe. Wirklich schön."

„Ich hätte nicht gedacht, dass es in dir steckt", erklärt Mr. Darling mit wilder, aber unterdrückter Bewunderung. „Auf der Bühne würdest du dein Vermögen machen. Mach weiter so, ich sage dir, es könnte nicht besser sein."

„Ist es möglich, dass Sie nichts Bewundernswertes sehen?" sagt Mona mit heftigem Ekel.

„Das tue ich. Mehr als ich ausdrücken kann. Ich sehe dich", erwidert er; Daraufhin geben beide der Fröhlichkeit nach, was dazu führt, dass Geoffrey, der mit Lady Lilias geht, hinter ihrem Rücken ausweicht und ihnen einen vernichtenden Blick zuwirft, den Nolly später als „grellen Blick" beschreibt.

Der Hund pirscht vor ihnen her; Die Pfauen erwachen und zerreißen die Luft mit einem misstönenden Schrei. Lady Lilias kommt zur Sonnenuhr, stützt ihren Arm darauf und bringt ihren Kopf in die richtige Position. Eine Schnecke, die langsam über ein breites Efeublatt wandert, erregt ihre Aufmerksamkeit; Sie hebt es langsam hoch, samt Blatt und allem, und lenkt die Aufmerksamkeit auf die silberne Spur, die es hinterlassen hat.

„Wie zärtlich! wie rührend!" sagt sie mit einem nachdenklichen Lächeln und richtet ihre leuchtenden Augen auf Geoffrey: Ob es die Schnecke ist, oder das Blatt, oder der Schleim, der zart und rührend ist, weiß niemand; und niemand wagt es zu fragen, sonst verrät er seine Unwissenheit. Ich muss leider sagen, dass Nolly leichtfertigen Gefühlen nachgibt und sich, um sie zu verbergen, lautstark die Nase putzt. Daraufhin fragt Geoffrey, der übernatürlich ernst ist, Lady Lilias, ob sie mit ihm bis zur Grotte gehen möchte.

„Wie konntest du lachen?" sagt Mona vorwurfsvoll.

„Wie konnte ich das nicht?" antwortet er. „Komm, wir wollen es bis zum bitteren Ende verfolgen."

„Ich habe noch nie etwas so Sauberes wie die Spaziergänge gesehen", sagt Mona plötzlich: „Es ist kein Blatt und kein Unkraut zu sehen, und doch sind wir durch so viele davon gegangen. Wie schafft sie das?"

„Weißt du das nicht?" sagt Mr. Darling geheimnisvoll. „Es ist ein Geheimnis, aber ich weiß, dass man Ihnen vertrauen kann. Sie lässt sie jeden Morgen früh sorgfältig fegen, mit Teeblättern, um den Staub zurückzuhalten, und wenn der Tee stark ist, tötet er das Unkraut ab."

Dann geht es in die Grotte, und dann führt Lady Lilias noch einmal hinein.

„Ich möchte, dass du meine eigene Arbeit siehst", sagt sie und geht deutlich auf Mona zu. „Ich freue mich, dass Ihnen mein Garten gefallen hat. Ich konnte an Ihren Augen sehen, wie sehr Sie ihn schätzten. Das Schöne in allem zu sehen, das ist die einzig wahre Religion." Während sie dies sagt, lächelt sie wieder ihr vorsichtiges, abwesendes Lächeln und blickt Mona ernst an. Vielleicht bemerkt sie, ihrer Religion treu, „das Schöne" an ihrem irischen Gast.

Mit Philippa trinken sie Tee und folgen dann ihrer unermüdlichen Gastgeberin erneut in eine entfernte Wohnung, die mehr oder weniger aus dem Haus herauszuragen scheint und früher eine winzige Kapelle oder ein Oratorium war.

Es verfügt über einen achteckigen Raum, der höchst unbequem beschrieben werden kann, aber zweifelsohne kunstvoll und vor allem lobenswert ist, wie einige Experten meinen. Für Außenstehende stellt es ein merkwürdiges Aussehen dar und könnte von Ungebildeten als ein Durcheinander aller Zeitalter, als eine Ansammlung anstößiger Teile aus verschiedenen Jahrhunderten angesehen werden; Aber für Lady Lilias und ihre Sympathisanten ist es einfach Perfektion.

Die Möbel bestehen aus härtester und strengster Eiche. Sich hinzusetzen wäre eine Arbeit, die alles andere als Liebe erfordert. Die Stühle sind streng gotisch. Der Tisch ist an sich schon ein Wunder an Hässlichkeit und Nützlichkeit.

Es gibt keine Fenster; aber an ihrer Stelle sind vier unangenehme Schlitze von etwa zwei Metern Länge, die in sorgfältig unterschiedlichen Abständen in die dicken Wände eingelassen sind. Diese sind mit einer undurchsichtigen Substanz gefüllt, die im Mittelalter vielleicht Glas genannt wurde.

Es gibt keinen Rost, und das Feuer, das offensichtlich nicht angezündet werden soll, besteht aus Weihnachtsscheiten. Der Boden glänzt vor Sand, Binsen haben Lady Lilias verblasst.

Mona ist sehr zufrieden. Alles ist neu, was für sie an sich schon eine Freude ist, und der gesandete Boden führt sie sofort zurück in die alte Stube zu Hause, die ihr „Bestes" auf der Farm war.

„Das ist schöner als alles andere", sagt sie und wendet sich mit kindlicher Begeisterung an Lady Lilias. „Es ist genau wie der Boden im Haus meines Onkels zu Hause."

„Ah! In der Tat! Wie interessant!" sagt Lady Lilias und erwacht zu etwas, das fast an Animation grenzt. „Ich hätte nicht gedacht, dass es in England noch einen Raum wie diesen gibt."

„Vielleicht nicht in England. Als ich sprach, dachte ich an Irland", sagt Mona.

"Ja?" mit ruhiger Überraschung. „Ich – ich habe natürlich von Irland gehört. Tatsächlich halte ich die älteren Berichte darüber für sehr bedenkenswert; aber ich hatte keine Ahnung, dass sich die gehobeneren Bestrebungen der Neuzeit bereits verbreitet hatten. Dieser Raum erinnert Sie daran – die deines Onkels?"

„Teilweise", sagt Mona. „Nicht ganz: In Onkel Brians Zimmer roch es immer leicht nach Pfeifen, die nicht dazu gehören."

„Ah! Tabak! Erstmals eingeführt von Sir Walter Raleigh", murmelt Lady Lilias nachdenklich. „Zu modern, aber zweifellos richtig und im Einklang. Dann ist Ihr Onkel", blickt er Mona an, „zweifelsohne ein ernsthafter Schüler unseres Glaubens."

"Ein Student?" sagt Mona einigermaßen verwirrt.

Doatie und Geoffrey sind zu einem entfernten Schlitz gegangen. Nolly blickt geistesabwesend durch einen anderen und versucht schwach, die Landschaft dahinter zu erkennen. Lady Rodney steht auf der Kippe. Sie alle hören zu, was Mona als nächstes sagen wird.

„Ja. Ein Jünger, ein Wahrheitssucher", fährt Lady Lilias in ihrem Arche-Noah-Ton fort. „Mit einem Studenten meine ich jemanden, der studiert und mit der Zeit zur Perfektion gelangt."

„Ich weiß es nicht genau", sagt Mona langsam, „aber Onkel Brian studiert hauptsächlich – Schweine!"

„Schweine!" wiederholt Lady Lilias, sichtlich verblüfft.

„Ja; Schweine!" sagt Mona süß.

Es entsteht eine schwache Pause – so schwach, dass Lady Rodney nicht in der Lage ist, die rettende Klausel einzubringen, die sie so gern geäußert hätte. Lady Lilias, die sich mit wunderbarem Geist von einem so schweren Schlag erholt hat, tritt noch einmal mutig an die Front. Sie klopft mit ihren weißen, spitzen Fingern leicht auf den Tisch neben ihr und sagt entschuldigend – die Entschuldigung gilt für sie selbst:

„Verzeih mir, dass ich überrascht war. Dein Onkel ist fortgeschrittener, als ich angenommen hatte. Er hat recht. Warum sollte ein Schwein weniger lieblich sein als ein Hirsch? Die Natur in ihrer Gesamtheit kann keinen Makel kennen. Der Fehler liegt bei uns. Wir sind Gewohnheitstiere: Wir haben uns seit Generationen dafür entschieden, das unschuldige Schwein als eine Art Hässlichkeit zu betrachten, und jetzt fällt es uns schwer, darin irgendeine Schönheit zu erkennen.

„Na ja, es gibt nicht viel, oder?", sagt Mona freundlich.

„Zweifellos könnten uns Bildung und ein sorgfältiges Studium des betreffenden Tieres viel verraten", sagt Lady Lilias. „Wir haben etwas gegen die unbedeckte Haut des Schweins und seine kleinen Augen; aber können sie nicht genauso gut sehen wie die des Rehkitzes oder des zarten Schoßhundes, den wir den ganzen Tag auf unseren Knien streicheln? Es ist ungerecht, dass ein Tier mit weniger Rücksicht behandelt wird als ein anderes."

„Aber man könnte nicht einmal auf den Knien ein Schwein streicheln", sagt Mona, die mit jeder Minute gemischter wird.

„Nein, nein; aber es sollte mit Höflichkeit behandelt werden. Wir sprachen von der Größe seiner Augen. Warum sollten sie verachtet werden? Hängen wir nicht oft in unserer Unwissenheit und Engstirnigkeit an dürftigen Dingen und ignorieren die wirklich Großen? Der winzige Diamant, der in unserer Handfläche liegt, ist in unseren Augen lieb und wertvoll, während wir in dem riesigen Felsbrocken, der doch weitaus mehr Beachtung verdient, mit seinen Lichtern und Schatten, seiner großartigen Schroffheit usw. keine Schönheit finden können weiche pflanzliche Substanz, die ihre gealterten Seiten schmückt und ihnen eine schöne Rauheit verleiht.

Hier gerät sie völlig aus ihren Tiefen heraus und hält inne, um darüber nachzudenken, woher dieser Gedankengang stammt. Das Schwein ist vergessen – tatsächlich ist es keine leichte Sache, von Schweinen zu Diamanten und wieder zurück zu gelangen – und muss in den dunklen Winkeln ihres Gehirns erneut gesucht und wenn möglich an die Oberfläche gebracht werden.

Sie richtet ihre große Figur auf die höchste Höhe und blickt auf die Balkendecke, um zu sehen, ob sie dort Inspiration finden kann. Aber es scheitert ihr.

„Du hast von Schweinen gesprochen", sagt Mona sanft.

„Ah! Das war ich auch", sagt Lady Lilias mit einem erleichterten Seufzer. Sie ist viel zu intensiv, um die kleinen Verärgerungen gewöhnlicher Sterblicher zu spüren, und nimmt Monas Hilfe hervorragend auf. „Ja, ich finde wirklich, dass ein Schwein reizend ist, wenn es von seinem Nachwuchs umgeben ist. Ich habe sie ein- oder zweimal gesehen, und ich denke, die kleinen Schweinchen – die – die –"

„Bonuvs", sagt Mona sanft und greift dabei natürlich auf die irische Bezeichnung für diese interessanten Babys zurück.

„Äh?“ sagt Lady Lilias.

„Bonuvs“, wiederholt Mona etwas lauter, woraufhin Lady Rodney in einen Stuhl sinkt, als wäre sie völlig überwältigt. Nolly und Geoffrey schüttelten sich vor Lachen. Doatie bemüht sich vergeblich, für Ordnung zu sorgen.

„Oh, ist das ihr Name? – auch ein hübscher – wenn – äh – etwas schwierig“, sagt Lady Lilias höflich. „Nun, wie ich schon sagte, sie sind trotz ihres Schwanzes wirklich ziemlich hübsch.“

Mona lacht darüber hemmungslos; und Lady Rodney erhebt sich hastig und sagt:

„Liebe Lady Lilias, ich glaube, wir haben endlich fast alle Schönheiten Ihres bezaubernden Zimmers in uns aufgenommen. Ich fürchte“, mit viel Höflichkeit, „wir müssen gehen.“

„Oh, noch nicht“, sagt Lady Lilias mit dem größten Versuch der Jugendlichkeit, den sie bisher unternommen hat. „Mrs. Rodney hat noch nicht alle meine Schätze zur Hälfte gesehen.“

Mrs. Rodney war jedoch während dieser kurzen Pause auf eigene Faust auf Futtersuche und bringt nun triumphierend ein kleines Becken voller früher Schneeglöckchen zum Vorschein.

„Schneeglöckchen – und so bald“, sagt sie, geht zu Lady Lilias und sieht ziemlich glücklich über ihre Entdeckung aus. „Bei den Towers haben wir noch keine.“

„Ja, sie sind hübsch, aber unbedeutend“, sagt der Ästhet verächtlich. „Erbärmliche Kinder der Erde, nicht zu vergleichen mit der Fastenzeit oder der Tigerlilie, oder der wilderen Schönheit der Sonnenblume, oder den Farben der unübertrefflichen Distel!“

„Ich weiß, ich bin sehr unwissend“, sagt Frau Geoffrey mit ihrem sonnigen Lächeln, „aber ich denke, ich sollte ein Schneeglöckchen einer Distel vorziehen.“

„Sie sind nicht darauf eingegangen“, sagt Lady Lilias bedauernd. „Für dich ist die Natur noch leer. Das exquisite Purpur der stattlichen Distel, das der Spötter als langweilig bezeichnet, verstehst du nicht. Auch schwillt dein Herz nicht unter dem Einfluss des seltenen und perfekten Grüns seiner Blätter an. Was die Unwissenden zweifellos als beschmutzt betrachten, ist die Fähigkeit, die Erträge und Gaben der Erde in vollem Umfang zu würdigen. Sie senkt den Kopf und verspürt einen bescheidenen Stolz bei dem Gedanken, zu den glücklichen „einigen“ zu gehören. „Unwissenheit“, sagt sie traurig, „ist der größte Feind unserer Sache.“

„Ich fürchte, Sie müssen mich zu den Unwissenden zählen", sagt Mona und schüttelt ihren hübschen Kopf. „Ich weiß überhaupt nichts über Disteln, außer dass Esel sie lieben!"

Ist das vorsätzlich oder handelt es *sich* dabei um einen fatalen Versprecher? Lady Rodney wird blass und selbst Geoffrey und Nolly stehen entsetzt da. Mona allein lächelt Lady Lilias unbekümmert in die Augen, und Lady Lilias lächelt sie nach einer kurzen Sekunde wieder an. Es ist offensichtlich, dass die strenge junge Frau im salbeigrünen Kleid die gefährliche Bemerkung nicht einmal bemerkt hat.

„Du musst sehr bald wiederkommen, um mich zu sehen", sagt sie zu Mona, geht dann mit ihr durch die Flure und Gänge und bleibt tatsächlich auf den Türstufen stehen, bis sie wegfahren. Und Mona küsst ihr fröhlich die Hände, als sie um die Ecke der Allee biegen, und sagt dann zu Geoffrey, dass sie denkt, er sei sehr hart zu Lady Lilias gewesen, denn obwohl sie offensichtlich ziemlich verrückt ist, das arme Ding, gibt es mit Sicherheit nichts, was passieren könnte mochte sie nicht.

KAPITEL XXVII.

WIE MONA EINEN SPAZIERGANG INS LAND MACHT – UND WIE SIE ZWISCHENFRAGEN STELLT UND FALSCHE ANTWORTEN ERHÄLT.

Es ist zehn Tage später – zehn trostlose, endlose Tage, die sich ins Licht gekämpft haben und wieder in die Dunkelheit zurückgesunken sind, ohne in ihrem Zug eine Spur zu hinterlassen, die der Erinnerung würdig wäre. „Schnell wie Schwalbenflügel" sind sie geflogen, kaum haben sie die Luft in ihrem Flug durchbrochen, so lautlos, so gleichmäßig sind sie davongeflogen, wie Tage es sein werden, wenn stumpfe Monotonie sie für sich kennzeichnet.

Heute ist es kühl, ruhig und strahlend. Fast glaubt man, der erste schwache Hauch des Frühlings habe die Wange berührt, obwohl der Januar noch nicht zu Ende gegangen ist und nicht das geringste Anzeichen von Wachstum oder Vegetation zu spüren ist.

Das Gras ist noch braun, die Bäume kahl, kein ehrgeiziges Blümchen ragt über den Busen seiner Mutter Erde hinaus – außer tatsächlich jenen „weißen und roten Blüten, wie man sie Gänseblümchen nennt", die immer auf die Erde zu strahlen scheinen Welt, egal wie der Wind weht.

Gerade bläst es leise, zart, als wäre seine Wut der vergangenen Nacht eine Halluzination des Gehirns gewesen. Es sei „ein süßer und leidenschaftlicher Werber", sagt Longfellow und belagert „das errötende Blatt". Heute gibt es keine Blätter zum Küssen: Deshalb schenkt es Mona ihre Liebkosungen, während sie weitergeht, streng bewacht von ihren beiden Jagdhunden, die ihr auf den Fersen folgen.

Überall herrscht eine seltsame Stille und Stille. Die Wolken selbst sind in ihren fernen Häusern bewegungslos.

„Heute hat es kein Geräusch gegeben, das die Ruhe der Natur hätte stören können: Noch eine Bewegung, möchte ich fast sagen, von Leben oder Lebewesen, von wehenden Zweigen oder trällernden Vögeln, noch von leisem Brüllen des Viehs: Ich hätte es halb glauben können Ich hörte die Blätter und Blüten wachsen.

Tatsächlich stört kein Geräusch die heilige Stille außer dem knackigen Rascheln der toten Blätter, wenn sie in den Boden getreten werden.

Über die Wiesen und in den Wald geht Mona, dorthin, wo ein Bach fließt, das ist ihre besondere Freude – sie gehört der geschwätzigen und plappernden Art an, die vielleicht der göttlichen Musik, die die Natur hervorbringen kann, am nächsten kommt. Aber heute schwillt der Strom an, vergrößert sich bis zur Unkenntlichkeit, und voller Stolz auf seine eigene Förderung hat er sein kleines, liebevolles Lied vergessen und strömt mit leidenschaftlichem Brüllen weiter zum Meer.

Vom Katarakt in den Felsen über dem Wasser kommt das Wasser mit mächtigem Willen herab, schäumend, glitzernd, einen lauten, triumphierenden Schrei schreiend, während es sich in die Arme des eitlen Baches darunter wirft, der gestern Abend noch ein Bach war, aber bis- Der Tag kann durchaus als Fluss betrachtet werden.

Oben sind die Felsen mit Farnen und herabhängenden Dingen bewachsen, ganz grün und gefiedert, die kleine Höhlen und malerische Spalten verbergen, durch die die strahlendäugigen Najaden gucken könnten, während sie mit bloßen erhobenen Armen ihr bernsteinfarbenes Haar zurückhielten, um besser blicken zu können auf der unbewussten Erde draußen.

Mitten in diesem turbulenten Bach erhebt sich ein loser Stein, der von seinem Platz am Berghang heruntergefallen ist. Aber es ist zu weit vom Rand entfernt, und Mona, die unentschlossen am Rand steht, hält inne, als hätte sie halb Angst, den Schritt zu wagen, der sie entweder sicher auf die andere Seite bringen oder sie sonst in den wütenden kleinen Fluss stürzen müsste.

Während sie so in sich selbst nachdenkt, heulen Spice und Piment, die beiden Hunde, gleichzeitig, und gleich darauf sagt eine Stimme eifrig:

„Warten Sie, Mrs. Rodney. Lassen Sie mich Ihnen helfen.“

Mona zuckt zusammen und als sie aufschaut, sieht sie, wie der Australier schnell auf sie zukommt.

„Sie sind sehr nett. Der Fluss ist stark angeschwollen“, sagt sie, um Zeit zu gewinnen. Geoffrey wird es vielleicht nicht gefallen, wenn sie die Höflichkeit dieses gemeinsamen Feindes akzeptiert.

„Nicht so sehr, dass ich Ihnen nicht helfen könnte, sicher über die Grenze zu kommen, wenn Sie sich mir nur anvertrauen“, antwortet er.

Sie zögert noch immer, und er bemerkt die beredte Pause nicht lange.

„Ist es so viel Nachdenken wert?“ sagt er bitter. „Es wird dir sicherlich keinen tödlichen Schaden zufügen, wenn du auch nur einen Augenblick deine Hand in meine legst.“

„Du verwechselst mich“, sagt Mona, schockiert über ihren eigenen Mangel an Höflichkeit; und dann reicht sie ihm die Hand, setzt ihren Fuß auf den riesigen Stein und springt leicht an seine Seite.

Dort angekommen muss sie mit ihm den schmalen Waldweg entlanggehen, da es keinen anderen gibt, und so geht sie schweigend und äußerst widerwillig weiter.

„Sir Nicholas hat mir eine Einladung für den 19. geschickt", sagt er schließlich, als die Stille unerträglich geworden ist.

„Ja", sagt Mona und hofft inständig, dass er sagen wird, dass er es ablehnen will. Aber diese innige Hoffnung ist vergebens.

„Ich werde gehen", sagt er hartnäckig, als ob er ihren geheimen Wunsch erraten hätte.

„Ich bin sicher, wir werden alle sehr froh sein", sagt sie schwach, da sie sich verpflichtet fühlt, eine Bemerkung zu machen.

„Danke!", erwidert er mit einem ironischen Lachen. „Wie gut passt Ihr Ton zu Ihren Worten?"

Noch eine Pause. Mona steht auf Dornen. Wird der verzweigte Weg, der ihr möglicherweise eine Chance gibt, einem weiteren *Tête-à-Tête mit ihm* zu entgehen , nie erreicht?

„Also hat Warden Sie im Stich gelassen?" sagt er plötzlich und spielt auf den Neffen der alten Elspeth an.

„Ja, bis jetzt", erwidert sie kalt.

„Es war eine schwache Anstrengung", erklärt er und schlägt verächtlich mit seinem Stock auf die Stämme der Bäume ein, während er an ihnen vorbeigeht.

„Dennoch denke ich, dass Warden mehr weiß, als er sagen möchte", sagt Mona mutig. Warum, weiß sie selbst kaum.

Wie aus einem unbändigen Impuls heraus dreht er sich zu ihr um und blickt sie scharf an. Sein prüfender Blick dauert nur einen Moment. Dann sagt er mit bewundernswerter Gleichgültigkeit:

„Sie haben natürlich Grund, das zu sagen?"

„Vielleicht habe ich das. Leugnen Sie, dass ich Recht habe?" fragt sie und erwidert seinen Blick unerschrocken.

Er senkt den Blick, und das leise, höhnische Lachen, das sie so sehr kennen und hassen gelernt hat, kommt wieder über seine Lippen.

„Es wäre unhöflich, das zu leugnen", sagt er mit einem leichten Schulterzucken. „Ich bin sicher, dass Sie immer Recht haben."

„Wenn ja, weiß der Aufseher sicherlich mehr über das Testament, als er geschworen hat."

„Es ist sehr wahrscheinlich – wenn es jemals ein solches Testament gegeben hat. Woher soll ich das wissen? Ich habe Warden weder zu diesem noch zu einem anderen Thema ins Kreuzverhör genommen. Er ist ein Aufseher über meinen Nachlass, ein bloßer Diener, mehr nicht."

„Hat er den Willen?" fragt Mona törichterweise, aber impulsiv.

„Vielleicht hat er einen Strumpf voller Gold und das Roc-Ei oder irgendetwas anderes, soweit ich weiß. Ich habe es nie gesehen. Mir wird gesagt, dass der alte Herr vor einigen Jahren ein ungerechtfertigtes und höchst ungerechtes Testament verfasst hat." George: Das ist alles, was ich weiß.

„Von deinem Großvater!" korrigiert Mona in einem eigenartigen Ton.

„Nun, bei meinem Großvater, wenn es Ihnen lieber ist", wiederholt er mit großer Gleichgültigkeit. „Es ging, falls es jemals existierte, unwiederbringlich verloren, und das ist alles, was irgendjemand darüber weiß."

Mona beobachtet ihn aufmerksam.

„Dennoch bin ich mir sicher – ich weiß", sagt sie zitternd, „du verheimlichst mir etwas. Warum siehst du mich nicht an, wenn du meine Fragen beantwortest?"

Dabei brennt sein dunkles Gesicht, und seine Augen suchen instinktiv, aber fast gegen seinen Willen, die ihren.

"Warum?" sagt er mit unterdrückter Leidenschaft. „Denn jedes Mal, wenn ich es tue, weiß ich, dass ich bin – was ich bin! Deine wahrhaftigen Augen sind Spiegel, in denen mein Herz nackt liegt." Mit Mühe erholt er sich, und nachdem er schnell Luft geholt hat, wird er wieder ruhig. „Wenn ich dich so oft anschauen würde, wie ich möchte, würdest du mich wahrscheinlich für unverschämt halten", sagt er und verfällt in seinen früheren, halb unverschämten Tonfall.

„Antworte mir", beharrt Mona, ohne auf seine letzte Rede zu achten – nein, sie hört sie kaum. „Sie sagten einmal, es wäre schwierig, mich anzulügen. Wissen Sie etwas über dieses fehlende Testament?"

„Sehr viel. Das sollte ich. Ich habe seit meiner Ankunft in England von fast nichts anderem gehört", antwortet er langsam.

„Ah! Dann weigerst du dich, mir zu antworten", sagt Mona hastig, wenn auch etwas mude.

Er gibt keine Antwort. Und eine ganze Minute lang wird zwischen ihnen kein Wort gesprochen.

Dann fährt Mona leise fort:

„An jenem Abend in Chetwoode haben Sie einige Worte verwendet, die ich seitdem nie mehr vergessen habe."

Er ist sichtlich überrascht. Er ist tatsächlich froh. Sein Gesicht verändert sich wie von Geisterhand von düsterer Schwermut zu freudiger Vorfreude.

„Haben Sie sich seit elf Tagen an etwas erinnert, was ich gesagt habe?" sagt er schnell.

„Ja. Als Sie damals davon sprachen, Sir Nicholas in den Towers zu ersetzen, sprachen Sie von Ihrem Projekt als einem ‚großartigen Plan'. Was hast du damit gemeint? Mir gehen die Worte nicht mehr aus dem Kopf. Ist „Plan" ein ehrliches Wort?"

Ihr Ton ist nur zu bedeutsam. Sein Gesicht ist wieder schwarz geworden. Ein tiefes Stirnrunzeln liegt auf seiner Stirn.

„Sie sind sich dessen vielleicht nicht bewusst, aber Ihr Ton ist beleidigend", beginnt er heiser. „Wären Sie ein Mann, könnte ich Ihnen jetzt hier eine Antwort geben; aber so wie es ist, bin ich natürlich an Händen und Füßen gefesselt. Sie können mir sagen, was Sie wollen. Und ich werde es ertragen. Denken Sie so schlecht von mir wie …" das wirst du. Ich bin ein Intrigant, ein Betrüger, was du willst!"

„Selbst in Gedanken habe ich diese Worte nie auf dich angewendet", sagt Mona ernst. „Doch irgendein Gefühl hier" – sie legte ihre Hand auf ihr Herz – „zwingt mich zu der Annahme, dass Sie uns gegenüber nicht fair handeln." Für sie liegt in jeder Zeile seines Gesichts, in jedem Tonfall seiner Stimme Unwahrheit.

„Sie verurteilen mich ohne Anhörung, beeinflusst durch den Einfluss einer sorgfältig erzogenen Abneigung", erwidert er:

„‚Leider um die Seltenheit christlicher Nächstenliebe unter der Sonne!'

Aber ich beschuldige die Menschen, unter die Sie geraten sind – nicht Sie."

„Gib niemandem die Schuld", sagt Mona. „Aber wenn es irgendetwas in deinem Herzen gibt, das dich verurteilen könnte, dann halte inne, bevor du in der Sache mit den Türmen weitermachst."

„Ich wundere mich, dass *du* keine Angst davor hast, zu weit zu gehen", wirft er warnend ein, während seine dunklen Augen blitzen.

„Ich habe vor nichts Angst", sagt Mona schlicht. „Ich habe nicht halb so viel Angst wie du vor ein paar Augenblicken, als du deinen Blick nicht auf mich richten konntest und als du davor zurückschrecktest, mir eine einfache Frage zu beantworten. Ich wiederum sage dir, du sollst innehalten, bevor du zu weit gehst. "

„Ihr Rat ist ausgezeichnet", sagt er höhnisch. Dann bleibt er plötzlich kurz vor ihr stehen und bricht heftig aus:

„Wenn ich diese ganze Angelegenheit aufgeben und meine Chance aufgeben und diese Leute im Besitz zurücklassen würde, was würde ich dadurch gewinnen?" verlangt er. „Sie haben mich von Anfang an mit Schmach und Verachtung behandelt. Du allein hast mich mit allgemeiner Höflichkeit behandelt; und sogar dir haben sie beigebracht, mich mit abgewandten Augen zu betrachten."

„Du liegst falsch", sagt Mona kalt. „Sie geben sich selten die Mühe, überhaupt über dich zu sprechen." Das ist grausamer, als sie weiß.

„Warum hasse ich dich nicht?" sagt er mit einiger Emotion. „Wie bitter unfreundlich selbst die sanftesten und süßesten Frauen sein können! Und doch gibt es etwas an dir, das mich unterwirft und Hass unmöglich macht. Wenn ich dich nie getroffen hätte, wäre ich ein glücklicherer Mann."

„Wie kann man mit einer Last auf dem Herzen glücklich sein?" sagt Mona und folgt ihren eigenen Gedanken, unabhängig von seinen. „Gib dieses Projekt auf und der Frieden wird zu dir zurückkehren."

„Nein, ich werde es bis zum Ende verfolgen", erwidert er mit langsamer Bosheit, die ihr Herz erkalten lässt, „bis der Tag kommt, der es mir ermöglichen wird, meinen Fuß auf diese Aristokraten zu setzen und sie bis zur Unkenntlichkeit zu vernichten." "

„Und was bleibt dir danach übrig?" fragt sie, blass, aber gefasst. „Es ist bloßer Trost, wenn allein der Hass im Herzen herrscht. Was kann man mit solchen Gedanken in der Brust hoffen? – Was kann das Leben einem geben?"

„Etwas", antwortet er mit einem kurzen Lachen. „Ich werde dich am 19. wenigstens wiedersehen."

Er hebt seinen Hut, wendet sich abrupt ab und verschwindet bald hinter einer Kurve des gewundenen Weges aus seinem Blickfeld. Er geht stetig und mit unerschütterlicher Miene, aber als die Kurve ihn vor ihren Augen verborgen hat, bleibt er abrupt stehen und seufzt schwer.

„Eine solche Frau zu lieben und von ihr geliebt zu werden, wie würde das die ganze Natur eines Mannes verändern, egal wie tief er gesunken sein mag", sagt er langsam. „Es würde die Erlösung bedeuten! Aber so wie es ist – Nein, ich kann jetzt nicht zurückweichen: Es ist zu spät."

Inzwischen ist Mona schnell zu den Türmen zurückgekehrt, ihr Geist ist verstört und unruhig. Hat sie ihn falsch eingeschätzt? Ist es möglich, dass sein Anspruch doch gerechtfertigt ist und dass sie sich geirrt hat, als sie ihn für jemanden hielt, der seinen Nächsten betrügen könnte?

Sie ist traurig und deprimiert, bevor sie die Flurtür erreicht, wo sie unglücklicherweise eine gerade angekommene Kutsche vorfindet, die voll mit Insassen ist, die unbedingt Einlass erhalten wollen.

Es sind die Carsons, in großer Zahl versammelt und, wenn überhaupt, ein wenig lauter und bedrückender als sonst.

„Wie geht es Ihnen, Mrs. Rodney? Ist Lady Rodney zu Hause? Ich hoffe es", sagt Mrs. Carson, eine dicke, blühende, lächelnde, unmögliche Person von fünfzig Jahren.

ist Lady Rodney zu Hause, aber nachdem sie den Dienern strikte Anweisung gegeben hat, zu sagen, dass sie woanders hingeht, wo sie wollen – das heißt, so viele Lügen zu erzählen, wie sie vor dem Eindringen bewahren –, ruht sie sich gerade ruhig in der Wohnung aus kleiner Salon, der den Schlaf der Gerechten schläft, ohne auf das kommende Böse zu achten.

Mona ist sich all dessen nicht bewusst; Aber selbst wenn es anders wäre, bezweifle ich, dass ihr eine Lüge spontan über die Lippen kommen könnte oder dass sich dort im Handumdrehen eine nette Ausflucht ausbalancieren ließe. Solche üblen Dinge wie Unwahrheiten sind ihr unbekannt und haben keine Zuflucht in ihrem Herzen. Es ist in der Tat ein Glück, dass sie bei dieser Gelegenheit keinen Grund kennt, warum ihre Antwort von der Wahrheit abweichen sollte, denn in diesem Fall würde sie meiner Meinung nach still stehen bleiben und traurig stammeln und unangenehm rot werden und sonst die Tatsache verraten, dass sie lügen würde wenn sie wüsste wie.

So wie die Dinge liegen, gelingt es ihr jedoch, Mrs. Carson freundlich anzulächeln und ihr mit ihrer sanften Stimme zu sagen, dass Lady Rodney zu Hause ist.

"Welch ein Glück!" sagt diese dicke Frau mit ihrem breiten, ausladenden Grinsen, das nur noch einen Mund hat, ohne nennenswerte Augen oder Nase. „So viel Glück hätten wir an diesem bezaubernden Tag kaum zu hoffen gewagt."

Sie legt keinen *großen Wert* auf ihr „Charmant", was jedoch weder hier noch da ist und vielleicht eine schäbige Sache ist, die man überhaupt zur Kenntnis nehmen sollte.

Dann verlassen sie und ihre beiden Töchter die „Kutsche", wie Carson den Landau *unbedingt* nennen möchte, und flattern durch die Hallen und über die Korridore, hinter Mona her, bis sie den Raum erreichen, in dem Lady Rodney untergebracht ist.

Mona öffnet die Tür, und die Besucher segeln herein, alle mit offenen Augen und lächelnd, mit den allerbesten Manieren des Tages.

Doch fast auf der Schwelle bleiben sie stehen und starren einander unentschlossen an und dann über die Schulter hinweg Mona an. Als Zeichen ihrer Überraschung kommt sie eilig nach vorne und macht sich so mit der Ursache ihrer Verzögerung vertraut.

Überwältigt von der Hitze des Feuers, ihrem Mittagessen und der gesegneten Gewissheit, dass zumindest für diesen einen Tag niemand in ihre Gegenwart gelassen werden darf, hat Lady Rodney sich dem Kind Somnus als williges Opfer hingegeben. Ihr Buch – der liebenswürdige Helfer all derer, die um Siesta bitten – ist zu Boden gefallen. Ihre Mütze ist etwas schief. Ihr Mund ist teilweise geöffnet, und ein Schnarchen – zwar sanft, aber deutlich und unverkennbar – kommt aus ihrer patrizischen Kehle.

Es ist ein Moment, den man nie vergessen wird!

Voller Entsetzen geht Mona schnell auf sie zu und berührt sie leicht an der Schulter.

„Mrs. Carson ist gekommen, um Sie zu besuchen", sagt sie voller Angst und schüttelt sie leicht.

„Äh? Was?" fragt Lady Rodney benommen, erwacht aber mit erstaunlicher Geschwindigkeit wieder zum Leben. Sie setzt sich auf. Dann erklärt sich ihr augenblicklich die Situation; Sie fasst sich, wirft einen Blick voller leidenschaftlicher Wut auf Mona und erhebt sich dann, um Mrs. Carson mit ihrer üblichen höflichen Art und ihrem milden Lächeln zu begrüßen, wobei sie in ersteres eine Miene wirft, die die schmeichelhafte Vorstellung vermitteln soll, dass sie es in der vergangenen Woche war lebt von der Hoffnung, sie bald wiederzusehen.

Sie entschuldigt ihre ungewohnte Schläfrigkeit mit einem kleinen Lachen, natürlich und freundlich, und fleht sie an, „sie nicht zu verraten." In all diese Süße gekleidet, lässt sie ein oder zwei Worte fallen, die Mona zermalmen sollen; Aber diese unglückliche junge Frau hört sie nicht und will Mrs. Carson unbedingt erklären, dass die irische Bauernschaft in der Regel nicht nur mit Glasperlen bekleidet umhergeht, wie die fröhlichen und festlichen Zulus, und dass Unterröcke und Hosen das auch nicht sind völlig unbekannt.

Das ist harte Arbeit und nimmt ihre ganze Zeit in Anspruch, da Mrs. Carson, nachdem sie sich für die Perlen entschieden hat, dies ziemlich schlecht hinnimmt, da sie nicht getäuscht wird, und fast so weit geht, Mona zu sagen, dass sie wenig oder gar nichts über ihre Perlen weiß Menschen.

Dann kommen Violet und Doatie vorbei, und das Gespräch wird allgemeiner, und bald geht der Besuch zu Ende, und die Carsons verschwinden, und Mona muss die Hauptlast von Lady Rodneys Zorn tragen, der stetig zugenommen hat, statt abzunehmen , in der letzten halben Stunde.

„Gibt es in meinem Haus keine Bediensteten?", fragt sie in einem schrecklichen Tonfall und wendet sich an Mona. Ein stählernes Leuchten erscheint in ihren blauen Augen, die Mona so gut kennt und hasst, „dass Sie es als Ihre Pflicht empfinden müssen, meine Besucher zu meinem Haus zu führen." Gegenwart?"

„Wenn ich einen Fehler gemacht habe, tut es mir leid."

„Es war bedauerlich, dass Mona sie an der Flurtür getroffen hat – Edith Carson hat mir davon erzählt –, aber es ließ sich nicht ändern", sagt Violet ruhig.

„Nein, es war nicht zu ändern", sagt die kleine Doatie. Doch ihr Eingreifen scheint Lady Rodneys Zorn nur noch weiter anzuheizen.

„Es *soll* geholfen werden", sagt sie mit leiser, aber komprimierter Stimme. „Für die Zukunft verbiete ich jedem in meinem Haus, zu sagen, ob ich rein oder raus bin. Ich bin derjenige, der darüber entscheidet. Nach welchem Prinzip hast du sie hier reingeführt?" „Warum hast du nicht gesagt, dass ich nicht zu Hause war, als du das Pech hattest, ihnen gegenüber zu stehen?"

„Weil du zu Hause warst", antwortet Mona ruhig, aber in tiefer Verzweiflung.

„Das spielt keine Rolle", sagt Lady Rodney, „es ist nur eine Formel. Wenn es Ihrem Zweck entsprochen hätte, hätten Sie es – ich bezweifle nicht – ohne weiteres sagen können."

„Ich bereue, dass ich sie getroffen habe", sagt Mona, die nicht sagen will, dass sie es bereut, die Wahrheit gesagt zu haben.

„Und um sie hierher zu führen! In eines meiner privatesten Zimmer! Ungewöhnliche Menschen, wie die Carsons, von denen ich schon hundertmal abfällig gesprochen habe! Ich weiß nicht, woran Sie gedacht haben könnten." Vielleicht bist du das nächste Mal so freundlich, sie in mein Schlafzimmer zu bringen."

„Du verstehst mich falsch", sagt Mona mit Tränen in den Augen.

„Das glaube ich kaum. Sie können sich weigern, selbst Leute zu sehen, wenn es Ihnen passt. Erst gestern, als Herr Boer, unser Rektor, anrief und ich nach Ihnen schickte, wollten Sie nicht kommen.“

„Ich mag Mr. Boer nicht“, sagt Mona, „und er kam nicht wegen mir.“

„Trotzdem bestand keine Notwendigkeit, ihn mit einer solchen Nachricht zu beleidigen, wie Sie sie gesendet haben. Vielleicht verstehen Sie – mit unangenehmer Bedeutung – nicht, dass die Aussage, Sie seien beschäftigt, eher eine Unhöflichkeit als eine Entschuldigung für das Nichterscheinen ist."

„Es stimmte“, sagt Mona: „Ich habe Briefe für Geoffrey geschrieben.“

„Trotzdem hätten Sie vielleicht darauf verzichten und sagen können, dass Sie Kopfschmerzen hätten.“

„Aber ich hatte keine Kopfschmerzen“, sagt Mona und richtet ihre großen, ehrlichen Augen mit peinlicher Ernsthaftigkeit auf Lady Rodney.

„Oh, wenn Sie entschlossen wären –“, erwidert sie achselzuckend.

„Ich war nicht entschlossen: Du verwechselst mich“, ruft Mona kläglich aus. „Ich hatte einfach keine Kopfschmerzen: Ich hatte noch nie in meinem Leben Kopfschmerzen – und ich sollte nicht wissen, wie ich welche bekomme!“

An diesem Punkt betritt Geoffrey – der den ganzen Morgen auf der Jagd war – mit Captain Rodney den Raum.

„Warum, was ist los?“ sagt er und sieht auf allen ihren Gesichtern Anzeichen des lebhaften Sturms. Doatie erklärt hastig.

„Schau her“, sagt Geoffrey. „Ich lasse Mona nicht verwöhnen. Wenn sie keine Kopfschmerzen hatte, dann hatte sie sie auch nicht, wissen Sie, und wenn Sie zu Hause waren, dann waren Sie es, und das ist alles. Warum sollte sie darüber lügen?“ Es?"

„Was meinst du, Geoffrey?“ fordert seine Mutter mit unterdrückter Empörung.

„Ich meine, dass sie so bleiben soll, wie sie ist. Die Welt mag ,dem Lügen verfallen‘ sein, wie Shakspeare uns sagt, aber ich werde Mona nicht beibringen, modische Unwahrheiten zu erzählen“, sagt dieser unerschrockene junge Mann, der seiner Mutter ohne Maske gegenübersteht Bedenken einer vorübergehenden Angst. „Eine Lüge jeglicher Art ist niederträchtig, und eine Ausflüchte ist nur eine gemeine Lüge. Sie ist ehrlich, lass sie es auch bleiben. Warum sollte sie lernen, dass es richtig ist zu sagen, dass sie nicht zu Hause ist, wenn sie es ist, oder dass sie leidet unter einer dummen Megrim, wenn sie es nicht ist? Ich glaube nicht, dass es viel Schaden anrichtet, eines dieser Dinge zu sagen, da niemand ihnen jemals glaubt, aber – lass sie so bleiben, wie sie ist.

„Soll sie auch erfahren, dass es dir freisteht, deine eigene Mutter zu belehren?" fragt Lady Rodney, blass vor Wut.

„Ich belehre niemanden", antwortet er und sieht ihr sehr ähnlich, jetzt, da sein Gesicht ein wenig weiß geworden ist und ein schnelles Feuer in seinen Augen entzündet ist. „Ich spreche mich lediglich gegen eine allgemeine Praxis aus. ‚Wage es, wahr zu sein: Nichts braucht eine Lüge', ist ein Satz, der mir immer wieder in den Sinn kommt. Und da ich Mona mehr liebe als alles andere auf der Welt, werde ich es mir zur Aufgabe machen." meines Lebens zu sehen, dass sie von niemandem unglücklich gemacht wird.

Daraufhin hebt Mona den Kopf und blickt ihn mit Augen voller zärtlicher Liebe und Vertrauen an. Am liebsten wäre sie zu ihm gegangen, hätte ihre Arme um seinen Hals gelegt und ihm mit einer zärtlichen Liebkosung für diese liebe Rede gedankt, aber ein angeborener Sinn für Bildung hält sie zurück.

Jede Demonstration ihrerseits kann gerade jetzt zu einer Szene führen, und Szenen sind immer abscheulich. Und könnte sie die Kluft zwischen Mutter und Sohn nicht noch weiter vertiefen, indem sie letzterem zum ungünstigen Zeitpunkt ihre Zuneigung zeigt?

„Dennoch ist es manchmal schwierig, sich an den Buchstaben des Gesetzes zu halten", sagt Jack Rodney leichthin. „Gibt es keinen Kompromiss? Ich habe von Frauen gehört, die bei der Ankündigung unwillkommener Besucher gezielt in den Küchengarten gerannt sind und so sich selbst und ihre Prinzipien gerettet haben. Konnte Mona das nicht tun?"

Diese Rede wird groß geschrieben und aus keinem Grund ausgelacht, außer weil Violet und Doatie entschlossen sind, die unangenehme Diskussion mit allen Mitteln zu beenden, auch wenn sie Gefahr läuft, als albern abgetan zu werden. Nach einiger sorgfältiger Vorbereitung holen sie Mona aus dem Zimmer und nehmen sie mit in eine kleine Höhle neben der östlichen Halle, die ihnen sehr am Herzen liegt.

„Es ist das Unglücklichste, von dem ich je gehört habe", beginnt Doatie verzweifelt. „Ich kann mir nicht vorstellen, was Lady Rodney an dir ausfindig machen kann, Mona. Aber Tatsache ist, dass sie dir gegenüber hasserfüllt ist. Jetzt werden wir", mit einem Blick auf Violet, „die nicht besonders liebenswürdig sind, von ihr geliebt." , während Sie, die Sie alle „Süße und Licht" sind, sie aufs Herzlichste verabscheut.

„Es ist wahr", sagt Violet ruhig. „Aber liebe Mona, ich wünschte, du könntest versuchen, ein bisschen mehr wie der Rest der Welt zu sein."

„Das möchte ich sehr gerne", sagt die arme Mona, ihre Augen füllen sich mit Tränen. „Aber", hoffnungslos, „muss ich zunächst lernen, zu lügen?" All diese Lehren sind für sie sehr bitter.

„Lügen! Oh, Pfui!" sagt Doatie. „Wer lügt? Niemand, außer den ungezogenen kleinen Jungen in Traktaten, und die brechen sich immer die Beine von Apfelbäumen, sonst ertrinken sie an einem Sonntagmorgen. Nun, wir sind nicht ertrunken, und unsere Beine sind unverletzt. Nein, Eine Lüge ist eine schreckliche Sache – so niedrig und so geschmacklos. Aber es gibt kleine gesellschaftliche Lügen, die man äußern kann – kleine Taradiddles –, die niemandem schaden und an die niemand glaubt, die aber alle nur so tun , nur aus Höflichkeitsgründen.

So sah Doatie übernatürlich weise aus, war aber ein wenig verwirrt über ihre eigene Sicht auf die Frage.

„Das hört sich nicht richtig an", sagt Mona kopfschüttelnd.

„Sie versteht es nicht", wirft Violet schnell ein. „Mona, wirst du von jetzt an bis zu deinem Tod jeden sehen, der dich anrufen möchte, ob gut, schlecht oder gleichgültig?"

„Das nehme ich an", sagt Mona und zieht die Brauen hoch.

„Dann kann ich nur sagen, dass ich Mitleid mit Ihnen habe", sagt Miss Mansergh und lehnt sich in ihrem Stuhl zurück, mit der Miene einer Person, die sagen würde: „Hier ist das Argument vergebens."

„Vielleicht möchte ich sie nicht sehen", sagt Mona entschuldigend, „aber wie soll ich das vermeiden?"

„Ah, das ist jetzt vernünftiger; jetzt kommen wir dazu", sagt Doatie energisch. „Wir kehren zu unserem Hammelfleisch zurück." Wie Lady Rodney Ihnen auf sehr unhöfliche Weise zu erklären versuchte, werden Sie entweder sagen, dass Sie nicht zu Hause sind, oder dass Sie Kopfschmerzen haben. Letzteres ist nicht so gut, es bringt mehr Ärger mit sich, aber es kommt manchmal ganz gut.

„Aber wie ich schon zu Lady Rodney gesagt habe, nehmen wir an, ich hätte keine Kopfschmerzen", erwidert Mona triumphierend.

„Oh, du bist unverbesserlich!" sagt Doatie, lehnt sich wiederum in ihrem Stuhl zurück und neigt ihr kleines, blumenähnliches Gesicht nach hinten, das aussieht, als ob ihm selbst die harmloseste Unwahrheit unbekannt sein müsste.

„Könnten Sie sich nicht vorstellen, dass Sie eines hatten?" Sie sagt, derzeit als letzte Ressource.

„Das konnte ich nicht", sagt Mona. „Mir geht es immer ganz gut." Sie steht vor ihnen wie eine vor Gericht gestellte Täterin. „Ich hatte noch nie in meinem Leben Kopf- oder Zahnschmerzen oder einen Albtraum."

„Oder ein Regenschirm, solltest du hinzufügen. Ich kannte einmal so eine Frau, aber sie war nicht wie du", sagt Doatie. „Nun, wenn du es so wörtlich nehmen willst wie jetzt, bis du nach deinem Leichentuch rufst, muss ich sagen, dass ich dich nicht beneide."

„Sei tugendhaft und du wirst glücklich sein, aber du wirst keine gute Zeit haben", zitiert Violet; „Sie sollten sich die neuesten Copybook-Texte zu Herzen nehmen."

„Oh, wie wäre es, die Buren zu empfangen, wann immer sie rufen!" sagt Doatie schwach und mit einem tiefen Seufzer, der fast einem Stöhnen gleicht.

„Es macht mir nichts aus", sagt Mona ernst. „Immerhin wird es nur eine halbe Stunde meines ganzen Tages sein."

„Sie wissen nicht, wovon Sie reden", sagt Doatie vehement. „Jede dieser endlosen halben Stunden wird ein Jahr Ihres Lebens sein. Mr. Boer ist widerlich, aber Florence ist einfach unerträglich. Warten Sie, bis sie mit dem Chor und diesen hasserfüllten Schulkindern und den Pfarrzuschüssen anfängt. Dann Sie werden vielleicht Weisheit lernen und Kopfschmerzen bekommen, wenn Sie sie nicht haben. Violet, wie nennt Jack Mr. Boer?"

„Besser nicht daran denken", sagt Violet, aber sie lächelt, als sie sich an Jacks treffendes Zitat erinnert.

„Warum nicht? Es passt einfach zu ihm: ‚Ein kleiner, runder, dicker, öliger Mann von ——‘"

„Still, Dorothy! Es war sehr falsch von Jack", unterbricht Violet. Aber Mona lacht zum ersten Mal seit vielen Stunden – was Doatie erfreut.

„Du und ich schätzen Jack, wenn sie es nicht tut, nicht wahr, Mona?" sagt sie mit ziemlicher Bosheit und spiegelt Monas Fröhlichkeit wider. Danach geht der Möchtegern-Vortrag zu Ende und die drei Mädchen, in Pelze gehüllt, machen einen kurzen Spaziergang, bevor der Tag ganz zu Ende geht.

KAPITEL XXVIII.

Wie die Türme zum Leben erwachen – und wie Mona Paul Rodney die Bibliothek zeigt.

Lichter brennen, Geigen erklingen; Die ganze Welt ist heute Abend im Ausland. Auch wenn Mona und der Herzog von Lauderdale den Ball in den Towers schon vor langer Zeit eröffnet haben, erhellt das flackernde Licht der Kutschenlampen die Straßen, indem es winzige Strahlen auf den gefrorenen Boden wirft.

Der vierte Tanz ist zu Ende; Karten sind voll; Jeder macht sich bereit, ernsthaft zu arbeiten. schon macht sich ein erster Anflug von Zufriedenheit oder sorgfältig unterdrückter Enttäuschung bemerkbar.

Mona, die wieder mit dem Herzog getanzt hat, bleibt in der Nähe der Herzogin stehen, die sie durch eine leichte Bewegung ihres Fächers an ihre Seite winkt. Für die Herzogin „ist etwas Schönes eine ewige Freude", und Monas schönes Gesicht zu betrachten und ihr ruhiges, aber strahlendes Lächeln zu bewundern, bereitet ihr eine seltsame Freude.

„Komm und setz dich zu mir. Du kannst mir ein paar Minuten ersparen", sagt sie und zieht ihre weiten Röcke zur Seite. Mona nimmt ihre Hand von Lauderdales Arm und lässt sich auf den angebotenen Platz neben seiner Mutter fallen, sehr zum Leidwesen dieses jungen Mannes, der, da er die materielle Sehnsucht nach diesem „reizvollen Vorurteil", wie Theokrit die Schönheit nennt, geerbt hat, entschieden *epris* mit Mrs. Geoffrey, und er verträgt es nicht, wenn er mit ihr *allein ist* .

„Mrs. Rodney würde vielleicht lieber tanzen, Mutter", sagt er etwas irritiert.

„Mrs. Rodney wird nichts dagegen haben, eine Viertelstunde mit einer alten Frau zu verschwenden", sagt die Herzogin gleichmütig.

„Da bin ich mir nicht so sicher", sagt Mona mit bewundernswertem Fingerspitzengefühl und einem exquisiten Lächeln, „aber es würde mir nichts ausmachen, eine *Stunde* mit dir zu verbringen "

Lauderdale verzieht das Gesicht und sagt sich heimlich: „Alle Frauen sind Lügnerinnen", aber die Herzogin ist sehr erfreut und richtet ihren freundlichsten Blick auf das hübsche Geschöpf an ihrer Seite, das den größten aller Reize besitzt: die Unfähigkeit, die Verwüstungen zu bemerken von Zeit.

Vielleicht liegt ein weiterer Grund dafür, dass Mona in den Augen der „größten Frau unseres Auenlandes, Sir" solche Gunst gefunden hat, in der Tatsache, dass sie sich in vielerlei Hinsicht so sehr von allen anderen jungen Frauen unterscheidet, mit denen die Herzogin gewohnheitsmäßig umgeht des Assoziierens. Sie ist in einem außergewöhnlichen Maße *naiv* und sagt und tut Dinge, die bei anderen vielleicht *übertrieben erscheinen* , aber so sehr ein Teil von Mona sind, dass es einen weder erschreckt noch beleidigt, wenn sie ihnen nachgibt.

Gerade jetzt, zum Beispiel, während einer Pause im Gespräch, sagt Mona, ihren Blick auf den Hals ihrer Gnade gerichtet, mit echter Bewunderung:

„Was für eine schöne Halskette du trägst!"

Persönliche Bemerkungen zu machen, ist, wie wir alle wissen, grundsätzlich vulgär und in der Tat ein Verstoß gegen die üblichste Form guter Erziehung; Und doch berührt Mrs. Geoffreys Ton irgendwie nichts von Vulgarität, er gehört nicht einmal zu den äußersten Randbereichen der Unzucht. Sie verfügt über eine angeborene Sanftmut, die sie sicher über alle sozialen Schwierigkeiten trägt.

Die Herzogin ist amüsiert.

„Es ist hübsch, finde ich", sagt sie. „Der Herzog", mit ernstem Blick, „schenkte es mir nur zwei Jahre nach der Geburt meines Sohnes."

"Hat er?" sagt Mona. „Geoffrey hat mir diese Perlen geschenkt", deutete er auf eine hübsche Schnur um ihren eigenen weißen Hals, „einen Monat nach unserer Hochzeit. Es kommt mir vor, als wäre das schon ziemlich lange her", mit einem Seufzer und einem kleinen Lächeln. „Aber deine Opale sind perfekt. Genau wie das Mondlicht. Übrigens", als wäre es ihr plötzlich eingefallen, „hast du jemals den See im Mondlicht gesehen? Ich meine, vom zweibogigen Fenster in der Nordgalerie aus?"

„Der See hier? Nein", sagt die Herzogin.

„Hast du nicht?" überrascht. „Warum es das bezauberndste Ding der Welt ist. Oh, das musst du sehen: Du wirst begeistert sein. Komm mit mir, und ich werde es dir zeigen", sagt Mona eifrig und erhebt sich von ihrem Sitz in ihr impulsive Mode.

Sie meint es offensichtlich sehr ernst und hat ihre großen, ausdrucksstarken Augen – so schön wie liebevoll – mit ruhiger Erwartung auf die Herzogin gerichtet. Sie hat völlig vergessen, dass sie eine Herzogin ist (vielleicht hat sie die Tatsache sogar nie ganz begriffen) und dass sie eine imposante und beleibte Person ist, die keinerlei Übung gewohnt ist.

Ihre Gnaden zögert einen Moment, dann ist sie verloren. Für sie ist es ein neues Gefühl, von einer jungen Frau herumgeführt zu werden, um Dinge zu sehen. Bislang war sie es, die die jungen Frauen zu Besichtigungen mitnahm. Aber Mona ist so offen und aufrichtig bestrebt, ihr einen Gefallen zu erweisen, um ihr tatsächlich eine gute Gefälligkeit zu erweisen, dass sie von diesem naiven Wunsch, ihr allein „um der Liebe willen" zu gefallen, überwältigt, versüßt, ja fast geschmeichelt ist .

Auch sie steht auf, legt ihre Hand auf Monas Arm und geht durch den langen Raum und an der Grafschaft vorbei, um „den See im Mondlicht zu sehen". Doch sie geht nicht, um eine nahezu unvergleichliche Landschaft zu bestaunen, sondern um diesem irischen Mädchen eine Freude zu machen, dem nur wenige widerstehen können.

„Wohin hat Mona die Herzogin gebracht?" fragt Lady Rodney von Sir Nicholas eine halbe Stunde später.

„Sie nahm sie mit, um sich den See anzusehen. Mona schwärmt davon, wenn der Mond ihn erleuchtet.

„Sie ist sehr absurd und lästiger und unangenehmer als alle anderen, die ich jemals in meinem Haus hatte. Natürlich wollte die Herzogin das Wasser nicht sehen. Sie sprach mit dem alten Lord Dering über die Entwässerungsfrage und schien ziemlich glücklich darüber zu sein Ich nehme an, dass das Mädchen sich aus Höflichkeit eingemischt hat, um – Monas – Vorschlag zu bejahen."

„Ich glaube kaum, dass die Herzogin die Art von Frau ist, die ja sagt, obwohl sie nein meinte", sagt Nicholas mit einem halben Lächeln. „Sie ging, weil es ihr so gefiel, und aus keinem anderen Grund. Ich glaube tatsächlich, dass Lilian Chetwoode ziemlich daneben liegt und dass Mona derzeit die erste Favoritin ist. Sie hat die Herzogin offensichtlich im Sturm erobert." "

„Warum nicht auch der Herzog sagen?" sagt seine Mutter mit kaltem Blick, für die Lob auf Mona alles andere als „Kuchen und Bier" bedeutet. „Ihr Flirt mit ihm ist sehr offensichtlich. Es ist eine Schande. Jeder bemerkt es und redet darüber. Geoffrey allein scheint entschlossen zu sein, nichts zu sehen! Wie alle untererzogenen Menschen kann sie keine Befriedigung erfahren, es sei denn, sie steht auf der obersten Sprosse der Leiter." ."

„Sie sind etwas unsinnig, wenn es um Mona geht", sagt Sir Nicholas achselzuckend. „Intrige und sie könnten in der gleichen Atmosphäre nicht existieren. Sie ist für Lauderdale das, was sie für alle anderen ist: schwul, klug und völlig mangelhaft an Selbstgefälligkeit. Ich kann nicht verstehen, wie es kommt, dass Sie allein sich weigern, ihren Charme anzuerkennen . Für mich ist sie wie ein kleiner sanfter Sonnenstrahl, der hier und da schwebt und in die Herzen der Menschen um sie herum fällt und dabei Licht, Freude, Lachen und fröhliche Musik mit sich trägt.

„Sie sprechen wie ein Liebhaber", sagt Lady Rodney mit einem künstlichen Lachen. „Wiederholst du das alles Dorothy? Sie muss es sehr interessant finden."

„Dorothy und ich sind uns in Bezug auf Mona völlig einig", antwortet er ruhig. „Sie mag sie genauso sehr wie ich. Was Sie darüber sagen, dass sie Lauderdales Aufmerksamkeit ermuntert, ist absurd. Solch ein böser Gedanke könnte ihr nicht in den Sinn kommen."

In diesem Augenblick ertönt ein leises, schallendes Lachen, das man nicht so leicht vergisst, wenn man es einmal gehört hat, aus einem inneren Raum, der sorgfältig mit Vorhängen und zart beleuchtet ist, und sticht ihnen in die Ohren.

Es ist Monas Lachen. Mutter und Sohn heben den Blick, drehen hastig (und ganz unwillkürlich) den Kopf und blicken auf die Szene dahinter. Sie sind so platziert, dass sie in die mit einem Vorhang versehene Kammer hineinsehen und das darin enthaltene Bild markieren können. Der Herzog beugt sich über Mona in einer Art und Weise, die ein Außenstehender vielleicht als leicht *kaiserlich bezeichnen könnte* , und Mona blickt zu ihm auf, und beide lachen fröhlich, – Mona mit der ganzen Frische ungezügelter Jugend, der Herzog mit so gründlichem und ein gesundes Gefühl des Genusses, wie er es seit Jahren nicht mehr erlebt hat.

Dann erhebt sich Mona, und beide kommen zum Eingang des kleinen Raums und stellen sich dort hin, wo Lady Rodney mithören kann, was sie sagen.

„Oh! Dann kannst du also reiten", sagt Lauderdale und spielt damit wahrscheinlich auf den Grund seiner späten Fröhlichkeit an.

„Natürlich", sagt Mona. „Na ja, ich bin zu Hause immer ohne Sattel auf den Hengsten geritten."

Lady Rodney schaudert.

„Manchmal sehne ich mich wieder nach einem tollen, wilden Galopp quer durchs Land, wo mich niemand sehen kann – so wie früher", fährt Mona halb bedauernd fort.

„Und wer hat dir erlaubt, dein Leben so zu riskieren?" fragt der Herzog mit einfachem Erstaunen. Seine Schwester durfte vor ihrer Heirat die Schwelle nicht ohne einen Vormund an ihrer Seite überschreiten. Dieses Mädchen ist eine Offenbarung.

„Niemand", sagt Mona. „Ich musste für nichts um Erlaubnis bitten. Ich konnte tun und lassen, was ich wollte."

Sie schaut wieder zu ihm auf, mit etwas Feuer in ihren Augen und einer Röte auf ihren Wangen. Vielleicht erwärmt ein Teil der natürlichen Gesetzlosigkeit ihrer Verwandten ihr Blut. In diesem Zustand ist sie jedoch die

Verkörperung von Jugend, Liebe und Sanftheit, und das gibt der Herzog auch zu.

„Hast du Schwestern?" fragt er vage.

„Nein. Noch Brüder. Nur ich selbst."

„„Ich bin alle Töchter des Hauses meines Vaters und auch alle Brüder!'"

Sie nickt fröhlich, während sie das sagt, und freut sich über ihr treffendes Zitat aus dem einen Buch, das sie sehr genau studiert hat.

Der Herzog verliert ein wenig den Kopf.

„Weißt du", sagt er langsam und starrt sie dabei an, „du bist die schönste Frau, die ich je gesehen habe?"

„Ah! So sagt Geoffrey", erwidert sie mit einem völlig unbefangenen und erfreuten kleinen Lachen, während ein großer Glanz zärtlicher Liebe in ihre Augen tritt, als sie den Namen ihres Mannes erwähnt. „Aber das bin ich wirklich nicht, weißt du."

Diese Antwort, die so voller Bewusstlosigkeit und kindischer *Naivität ist* , hat die Wirkung, den Herzog wieder auf den gesunden Menschenverstand zu reduzieren und ihn zu Recht in Scham zu versetzen. Allerdings fühlt er sich für ein oder zwei Minuten ziemlich außer Kontrolle, was ihn schweigsam und etwas *verstört macht* . Also schaut sich Mona, auf sich allein gestellt, im Raum um und sucht nach Inspiration, und findet sie schließlich.

„Was für ein unangenehm aussehender Mann da drüben ist!" Sie sagt: „Der Mann mit dem struppigen Bart, meine ich, und den langen Haaren."

Sie will nicht im Geringsten wissen, wer er ist, hält es aber für ihre Pflicht, etwas zu sagen, da das Schweigen immer länger dauert und immer peinlicher wird.

„Der Mann mit der Mähne? Das ist Griffith Blount. Der anstößigste Mensch, den man treffen kann, der aber geduldet wird, weil seine Zunge so schrecklich ist. Kennen Sie Colonel Graves? Nein! Nun, er hat eine Frau, die darauf ausgelegt ist, den tapfersten Mann in Angst und Schrecken zu versetzen in die Unterwerfung, und letztes Jahr, als er ins Ausland ging, traf ihn Blount und fragte ihn vor einem Raum voller Menschen: „Ob er zum Vergnügen ging oder ob er seine Frau mitnehmen wollte." Ordentlich, nicht wahr? Aber ich kann mich nicht erinnern, gehört zu haben, dass es Graves gefallen hätte.

„Es war sehr unfreundlich", sagt Mona; „Und er hat ein hasserfülltes Gesicht."

„Das hat er", sagt der Herzog. „Aber er hat seine Belohnung, wissen Sie: Niemand mag ihn. Übrigens, was für schreckliche schlimme Zeiten haben sie in Ihrem Land! – jede Nacht brennen Heuhaufen, das Vieh wird getötet, alle werden boykottiert und kleine Kinder werden aufgespießt!"

„Oh nein, das nicht", sagt Mona. „Armes Irland! Jeder lacht über sie oder hasst sie. Auch wenn mir mein Wahlland gefällt, werde ich dennoch immer Gefühle für die alte Erin empfinden, die ich niemals für ein anderes Land empfinden könnte."

„Und das auch völlig richtig", sagt Lauderdale. „Sie erinnern sich, was Scott sagt:

„„Da atmet der Mann mit so toter Seele, der nie zu sich selbst gesagt hat: Das ist mein eigenes, mein Heimatland!""

„Oh ja, viele davon", sagt Mr. Darling, der plötzlich neben ihnen steht: „Ich glaube zum Beispiel nicht, dass ich das jemals in meinem ganzen Leben gesagt habe, weder zu mir selbst noch zu irgendjemand anderem." . Sind Sie verlobt, Frau Geoffrey? Und wenn nicht, darf ich diesen Tanz haben?"

„Gerne", sagt Mona.

Paul Rodney ist zu seinem Wort erschienen, sehr zum Erstaunen vieler im Saal. Fast als Monas Tanz mit Nolly zu Ende ist, geht er auf sie zu und bittet sie, ihm den nächsten zu geben. Leider ist sie dafür nicht verlobt, und da sie keine Erfahrung mit höflichen Ausflüchten hat, sagt sie leise „Ja" und schwebt bald mit ihm durch den Raum.

Nach einer Kurve bleibt sie abrupt in der Nähe eines Eingangs stehen.

"Müde?" sagt Rodney und richtet seine schwarzen, düsteren Augen auf sie.

„Ein bisschen", sagt Mona. Es ist vielleicht die nächste Annäherung an eine Lüge, die sie jemals gemacht hat.

„Vielleicht möchten Sie sich lieber eine Weile ausruhen. Wussten Sie, dass dies das erste Mal ist, dass ich jemals in den Türmen bin?" Er sagt dies wie jemand, der gerne ein Gespräch führen möchte, doch in seinem Ton liegt eine versteckte Bedeutung. Mona schweigt. Es erscheint ihr eine Schandtat, dass er die Einladung überhaupt hätte annehmen sollen.

„Ich habe gehört, dass die Bibliothek ein sehr sehenswerter Raum ist", fährt die Australierin fort, die merkt, dass sie nicht sprechen will.

„Ja, jeder bewundert es. Es ist sehr alt. Sie wissen, dass ein Teil der Türme älter ist als alle anderen."

„Das habe ich gehört. Ich würde gerne die Bibliothek sehen", sagt Paul und sieht sie erwartungsvoll an.

„Sie können es jetzt sehen, wenn Sie möchten", sagt Mona schnell, der Gedanke, dass sie ihn vielleicht auf eine Weise unterhalten kann, die kein Gespräch erfordert, liegt ihr am Herzen. Deshalb nimmt sie seinen Arm und führt ihn aus dem Ballsaal und durch die Flure in die Bibliothek, die strahlend beleuchtet, aber in diesem Moment leer ist.

Ich vergesse, ob ich es vorher beschrieben habe, aber es ist ein in jeder Hinsicht vollkommen perfekter Raum, ein wunderschöner Raum, vom Boden bis zur Decke mit Eichenholz getäfelt, mit der Besonderheit, dass drei der Wände ziemlich lange Paneele haben, ohne ein Bruch von oben nach unten, der vierte – also der, in den der Kamin eingesetzt wurde – weist kleinere Paneele auf, die in Stücke von etwa einem Fuß Breite bis zwei Fuß Länge geschnitten sind.

Der Australier scheint von dieser Tatsache besonders beeindruckt zu sein. Er starrt nachdenklich auf die Wand mit den kleinen Tafeln und scheint blind für die anderen Schönheiten des Raumes.

„Ja, es ist seltsam, warum diese Wand anders sein sollte als die anderen", sagt Mona und ist ziemlich froh, dass er sich offenbar für etwas anderes als sie selbst interessiert. „Aber es ist doch insgesamt ein ganz schönes altes Zimmer, nicht wahr?"

„Das ist es", antwortet er geistesabwesend. Dann, leise: „Und es lohnt sich, dafür zu kämpfen."

Aber Mona hört diesen letzten Zusatz nicht; Sie schiebt einen Stuhl ein wenig zur Seite, und das leise Geräusch, das er macht, übertönt den Klang seiner Stimme. Das ist vielleicht auch so.

Sie schaltet eine der Lampen ein, während Rodney weiterhin über die Wand vor ihm nachdenkt. Das Gespräch gerät ins Stocken und verstummt dann. Mona führt die Hand an die Lippen und unterdrückt tapfer ein Gähnen.

„Ich hoffe, du hast Spaß", sagt sie im Moment und weiß kaum, was sie sonst sagen soll.

„Sich amusieren? – Nein, das mache ich nie", sagt Rodney mit unerwarteter Offenheit.

„Das kann man wohl kaum so meinen?" sagt Mona etwas überrascht.

„Das tue ich. Gerade jetzt", als ich sie anschaute, „bin ich vielleicht so nah dran, Freude zu haben, wie ich nur sein kann. Aber ich habe bis heute Abend noch nicht getanzt. Ich hätte auch überhaupt nicht tanzen sollen, wenn du verlobt gewesen wärest. Ich habe vergessen, was.“ es bedeutet, unbeschwert zu sein.

„Aber sicherlich muss es Momente geben, in denen –“

„Solche Momente habe ich nie“, unterbricht er launisch.

„Meine Güte! Was für ein furchtbar unangenehmer junger Mann!“ denkt Mona, sie weiß nicht mehr, was sie als nächstes sagen soll. Sie tippt verwirrt mit den Fingern auf den Tisch, der ihr am nächsten steht, und fragt sich, wann er mit seiner erschöpfenden Untersuchung der Wände aufhören und ihr Gelegenheit geben wird, den Raum zu verlassen.

„Aber das ist doch sehr traurig für dich, nicht wahr?“ sagt sie und fühlt sich verpflichtet, etwas zu sagen.

„Das wage ich zu behaupten; aber die Tatsache bleibt bestehen. Ich weiß nicht, was mit mir los ist. Es ist ein unfruchtbares Gefühl – vielleicht eine Sehnsucht nach etwas, das ich nie erreichen kann.“

„Das alles ist krankhaft“, sagt Mona, „man sollte versuchen, es zu besiegen. Es ist nicht gesund.“

„Du sprichst wie ein Buch“, sagt Rodney mit einem unschönen Lachen; „Aber Rat heilt selten. Ich weiß nur, dass ich gelernt habe, was Stagnation bedeutet. Ich kann mich natürlich mit der Zeit ändern, aber gerade jetzt spüre ich das.“

„Meine Nacht hat keinen Abend, und mein Tag hat keinen Morgen.“

Zu Hause – ich meine in Sydney – war das Leben anders. Es war frei, uneingeschränkt und in gewissem Maße gesetzlos. Es hat mir besser gepasst.

„Warum gehst du dann nicht zurück?“ schlägt Mona einfach vor.

„Weil ich hier Arbeit zu erledigen habe“, erwidert er grimmig. „Aber seit ich diesen Boden zum ersten Mal betreten habe, ist die Zufriedenheit von mir verschwunden. Im Ausland lebt ein Mann, hier existiert er. Dort trägt er sein Leben in der Hand und vertraut eher seinem Revolver als den gelehrtesten Ratschlägen , aber hier steht alles auf einer anderen Grundlage.“

„Es ist bedauerlich, dass Sie England nicht mögen können, da Sie sich vorgenommen haben, dort zu leben; und dennoch denke ich –“ Sie hält inne.

„Ja – denkst du; mach weiter“, sagt Rodney und blickt sie aufmerksam an.

„Na ja, ich denke, es ist nur *gerecht*, dass du unglücklich bist“, sagt Mona mit einiger Heftigkeit. „Diejenigen, die versuchen, das verbreitete Elend unter ihren Mitmenschen zu zerstreuen, sollten lernen, es selbst zu spüren.“

„Warum beschuldigen Sie mich eines solchen Verlangens?" fragt er, erbleicht unter ihrer Empörung und verliert den Mut wegen der unvergossenen Tränen, die in ihren Augen glänzen.

„Wenn Sie Ihren Standpunkt durchsetzen und feststellen, dass Sie hier der Meister sind, werden Sie wissen, dass Sie nicht nur einen, sondern viele Menschen unglücklich gemacht haben."

„Sie scheinen meinen Erfolg in diesem Fall als Gewissheit zu betrachten", sagt er stirnrunzelnd. „Ich könnte scheitern."

„Oh, das könnte ich glauben!" sagt Mona, vergisst Manieren, Höflichkeit, alles, aber den Wunsch, die Menschen, die sie liebt, wieder in Frieden zu sehen.

„Du bist die Offenheit selbst", erwidert er mit einem kurzen Lachen und zuckt mit den Schultern. „Natürlich muss ich hoffen, dass Ihr Wunsch in Erfüllung geht. Und doch bezweifle ich es. Ich bin heute Abend meinem Ziel näher als jemals zuvor; und", mit einem hämischen Lächeln, „war Ihre Hand die Hand dafür." hilf mir weiter.

Mona zuckt zusammen und betrachtet ihn verwirrt und unsicher. Was er möglicherweise meinen könnte, ist ihr unbekannt; Dennoch ist sie sich eines inneren Gefühls bewusst, eines Instinkts, wie ihn Tiere besitzen, der sie warnt, sich vor ihm in Acht zu nehmen. Sie schreckt vor ihm zurück, dabei verfangt sich eine leichte Falte ihres Kleides im Griff eines Schreibtisches und hält sie fest.

Paul fällt vor ihr auf die Knie und lässt ihr Kleid los; Er hat die Falte in der Hand, und er hält sie noch immer fest und schaut zu ihr auf, sein Gesicht ist blass und fast eingefallen.

„Wenn ich jede Hoffnung, die Türme zu erobern, aufgeben würde, wenn ich zustimmen würde, Ihr Volk weiterhin im Besitz zu lassen", sagt er leidenschaftlich, aber mit leiser Stimme, „sollte ich dann einen zärtlichen Gedanken in Ihrem Herzen verdienen? Sprechen Sie." , Mona! sprich!"

Ich bin mir sicher, dass es Mona selbst in diesem höchsten Moment nie in den Sinn kommt, dass der Mann tatsächlich mit ihr Liebe macht. Ein tiefes Mitleid mit ihm erfüllt sie. Er ist unglücklich, zweifellos zu Recht, aber dennoch unglücklich. Ein sicherer Pass zu ihrem Herzen.

„Ich denke nicht unfreundlich von dir", sagt sie sanft, aber kalt. „Und tun Sie, was Ihr Gewissen Ihnen vorschreibt, und Sie werden nicht nur meinen Respekt gewinnen, sondern den aller Menschen."

„Bah!" sagt er ungeduldig, erhebt sich vom Boden und wendet sich ab. Ihre Antwort hat ihn erneut erstarren lassen, hat das momentane Verlangen nach ihrer Zustimmung über alle anderen ausgetrocknet, das noch vor einer Minute seine Brust bewegt hatte.

In diesem Moment kommt Geoffrey ins Zimmer und auf Mona zu. Er nimmt überhaupt keine Notiz von ihrer Begleiterin: „Mona, kommst du und singst uns etwas?" sagt er so selbstverständlich, als wäre der Raum leer. „Nolly hat der Herzogin von deiner Stimme erzählt und sie möchte dich hören. Alles Einfache, Liebling" – als sie merkt, dass sie bei dem Gedanken ein wenig beunruhigt aussieht: „So etwas singst du am besten."

„Ich glaube kaum, dass unser Tanz schon zu Ende ist, Mrs. Rodney", sagt der Australier trotzig und tritt gemächlich vor, seine Augen sind etwas unverschämt auf Geoffrey gerichtet.

„Du wirst kommen, Mona, um der Herzogin den Gefallen zu tun", sagt Geoffrey in genau so gleichmäßigem Ton, als hätte die andere nie gesprochen. Nicht, dass ihm die Herzogin im Geringsten am Herzen liegt; aber er ist entschlossen, hier zu siegen, und er wünscht sich auch, dass die ganze Welt die Frau, die er liebt, wertschätzt und bewundert.

„Ich werde natürlich kommen", sagt Mona nervös, „aber ich fürchte, sie wird enttäuscht sein. Sie werden mich sicher entschuldigen, Mr. Rodney, da bin ich mir sicher", wendet sich gnädig an Paul, der mit verschränkten Armen dasteht der Hintergrund.

„Ja, ich entschuldige " , sagt er mit einer merkwürdigen Betonung des Pronomens und einem ziemlich angespannten Lächeln. Der Raum füllt sich mit anderen Menschen, der letzte Tanz ist offensichtlich zu Ende. Geoffrey nimmt Monas Arm und führt sie in den Flur.

„Tanzen Sie heute Abend nicht mehr mit diesem Kerl", sagt er schnell, als sie nach draußen kommen.

"NEIN?" Dann: „Natürlich nicht, wenn es dir nicht gefällt. Aber Nicholas hat Wert darauf gelegt, dass ich nett zu ihm bin. Ich wusste nicht, dass du etwas dagegen haben würdest, wenn ich mit ihm tanze."

„Nun, jetzt weißt du es. Ich habe Einwände", sagt Geoffrey in einem Tonfall, den er ihr gegenüber noch nie gewohnt war. Nicht, dass es unfreundlich oder unhöflich wäre, sondern kalt und lieblos.

„Ja, ich weiß es jetzt!" erwidert sie sanft, aber mit der sanften Würde, die ihr immer eigen ist. Ihre Lippen zittern, aber sie richtet sich zu ihrer vollen Größe auf, wirft den Kopf hoch und geht mit fast stattlichem Gang in die Gegenwart der Herzogin.

„Sie möchten, dass ich Ihnen etwas vorsinge", sagt sie sanft, aber so ernst, dass die Herzogin sich fragt, was aus dem Kind geworden ist. „Es wird mir

Freude bereiten, wenn ich *dir Freude* bereiten kann , aber meine Stimme ist es nicht wert, darüber nachzudenken."

„Trotzdem lassen Sie es mich hören", sagt die Herzogin. „Ich kann nicht vergessen, dass dein Gesicht musikalisch ist."

Mona setzt sich ans Klavier, spielt langsam und klagend ein paar Akkorde und beginnt dann. Paul Rodney ist an die Tür gekommen und steht dort und starrt sie an, obwohl sie es nicht weiß. Der Ballsaal ist so weit entfernt, dass der Klang der Band die Stille des Raumes, in dem sie versammelt sind, nicht stört. Eine Stille legt sich über die Zuhörer, als Monas frische, pathetische, zarte Stimme in die Luft steigt.

Es ist ein altes Lied, das sie wählt, und so einfach wie alt und so süß wie einfach. Ich habe die Worte jetzt fast vergessen, aber ich weiß, dass es so läuft:

Oh, hame, hame – hame gern, was ich sein würde, Hame, hame in mein Land,

und so weiter.

Es berührt die Herzen aller, die es hören, während sie es singt, und treibt der Herzogin Tränen in die Augen. So nutzte die kleine zerbrechliche Tochter zum Singen, die jetzt im Himmel singt!

Es gibt keinen heftigen Applaus, als Mona ihre Finger von den Tasten nimmt, aber alle sagen leise „Danke". Geoffrey geht auf sie zu, beugt sich über ihren Stuhl und flüstert aufgeregt:

„Das hast du nicht so gemeint, Mona, oder? Du bist zufrieden hier bei mir? – du bereust nichts?"

Daraufhin dreht sich Mona zu ihm um, ihr Gesicht ist sehr blass, aber voller Liebe, die das Herz eines jeden Menschen erfreuen sollte, und sagt zitternd:

„Liebling, brauchst du eine Antwort?"

„Warum hast du dann dieses Lied ausgewählt?"

"Ich kenne es kaum."

„Ich war dir gegenüber gerade hasserfüllt und äußerst ungerecht."

„Warst du das? Ich habe es vergessen", antwortet sie und lächelt glücklich, während die Farbe in ihre Wangen zurückkehrt. Daraufhin zieht sich Paul Rodneys Augenbrauen zusammen, und mit einem gemurmelten Fluch dreht er sich zur Seite und verlässt das Zimmer und dann das Haus, ohne ein weiteres Wort oder einen Blick zurück.

KAPITEL XXIX.

Wie Geoffrey auswärts speist und wie es Mona während seiner Abwesenheit ergeht.

„Musst du wirklich gehen, Geoffrey? – wirklich?" fragt Mona kläglich und sieht aus wie die Verzweiflung in Person. Seit dem frühen Morgen hat sie dieselbe Frage im selben Tonfall gestellt, und jetzt ist es vier Uhr.

„Ja, wirklich. Schrecklich langweilig, nicht wahr? – aber an den Abendessen im Landkreis muss man teilnehmen, und Nicholas wird nichts tun. Außerdem ist es nicht fair, ihn gerade jetzt zu fragen, wenn er so viel vorhat sein Verstand."

„Aber *du* hast auch etwas im Kopf. Du hast *mich* . Warum geht Jack nicht?"

„Nun, ich glaube eher, dass er an Violet denkt. Haben Sie jemals etwas so Löffliches gesehen, wie es gestern beim Abendessen und heute beim Mittagessen aussah? Ich dachte nicht, dass es auf Violett war."

„Hat sie dich nie so angesehen?" fragt Mona böswillig; „in den frühen Tagen, meine ich, bevor – bevor –"

„Ich bin deinem Charme zum Opfer gefallen? Nein. Was mich betrifft, hat Jack alles für sich allein. Nun, ich muss weg, wissen Sie. Es ist ein gewaltiger Antrieb, und ich schaffe es kaum noch rechtzeitig." . Ich werde gegen zwei Uhr morgens zurück sein.

„Erst um zwei?" sagt Mona und wird wieder elend.

„Vorher kann ich wohl nicht entkommen, wissen Sie, da Wigley weit weg ist. Aber ich werde alles versuchen, was ich kann. Und schließlich", sagt Geoffrey, um sie aufzuheitern, „ist es das auch nicht." „Es ist doch nicht so schlimm, als ob man mich für eine Woche irgendwohin beordert hätte, oder?"

„Eine Woche? Ich sollte *tot sein* , wenn du zurückkommst", erklärt Mrs. Geoffrey mit einiger Heftigkeit und einem Blick, der zeigt, dass sie jederzeit in Tränen ausbrechen kann.

„Manche Kerle gehen monatelang weg", sagt Geoffrey, der immer noch ehrlich darauf bedacht ist, sie aufzuheitern, aber leider den falschen Weg zur Arbeit einschlägt.

„Dann sollten sie sich schämen", sagt Mona empört. „In der Tat Monate!"

„Sie können nichts dagegen tun", erklärt er. „Sie werden die Hälfte der Zeit geschickt."

„Dann sollten sich die Leute, die sie schicken, schämen! Aber was ist mit der anderen Hälfte ihrer Zeit, die sie von zu Hause aus verbringen?“

„Oh, ich weiß nicht, das war nur eine Redewendung“, sagt Mr. Rodney, der Angst hat zu sagen, dass solche Abwesenheiten auf eine angeborene Freiheitsliebe und einen abscheulichen Wunsch nach Freiheit um jeden Preis zurückzuführen sind, und das auch getan hat nichts anderes praktisch. „Jetzt bleib nicht hier oben stehen und Trübsal blasen, wenn ich gehe, sondern renne nach unten und finde die Mädchen und mach dich mit ihnen glücklich.“

"Glücklich?" vorwurfsvoll. „Ich werde keinen glücklichen Moment erleben, bis ich dich wieder sehe!“

„Ich auch nicht, bis ich dich sehe“, sagt Geoffrey ernst und glaubt tatsächlich, was er selbst sagt.

„Ich werde nichts anderes tun, als auf die Uhr zu schauen und auf das Geräusch der Pferdefüße zu lauschen.“

„Mona, das darfst du nicht tun. Nun, es wird mich wirklich ärgern, wenn du darauf bestehst, für mich aufzusitzen und dadurch eine gute Nachtruhe verlierst. Nun, tu das nicht, Liebling. Es wird dich nur aus dem Gleichgewicht bringen, und dich am nächsten Tag blass und träge machen.“

„Aber ich werde dadurch zufriedener sein; und selbst wenn ich ins Bett ginge, könnte ich nicht schlafen. Außerdem werde ich nicht ohne Begleiter sein, wenn die frühen Morgenstunden über mich hereinbrechen.“

„Äh?“ sagt Geoffrey.

„Nein, ich werde ihn bei mir haben, aber sei still! Es ist ein ziemliches Geheimnis“, legte ihren Finger auf ihre Lippen.

„‚Ihn‘? – wen?“ – fordert ihr Mann mit verzeihlicher Lebhaftigkeit.

„Mein eigenes altes Haustier“, sagt Mrs. Geoffrey, immer noch geheimnisvoll und mit dem liebevollsten Lächeln, das man sich vorstellen kann.

„Meine Güte, Mona, wen meinst du?“ fragt er, entsetzt sowohl über ihren Blick als auch über ihren Ton.

„Warum, Spice, natürlich“, öffnete sie die Augen. „Wussten Sie das nicht. Warum, was könnte ich sonst meinen?“

„Ich weiß es nicht, da bin ich mir sicher; aber wirklich die Art, wie Sie sich ausgedrückt haben, und – Ja, natürlich wird Spice eine Gesellschaft sein, die allerbeste Gesellschaft für Sie.“

„Ich denke, ich werde auch Piment nehmen", fährt Mona fort. „Aber sagen Sie nichts. Lady Rodney, wenn sie es wüsste, würde es keinen Moment zulassen. Aber Jenkins" (der alte Butler) „hat versprochen, alles für mich zu regeln und meine lieben Hunde draußen in mein Zimmer zu schmuggeln." irgendjemand ist auch nur im Geringsten klüger."

„Wenn Sie Jenkins auf Ihrer Seite haben, sind Sie ziemlich sicher", sagt Geoffrey. „Meine Mutter hat mehr Angst vor Jenkins, als du vor einem Landsoldat hättest. Nun, auf Wiedersehen. Ich muss weg."

„Welches Pferd nimmst du?" fragt sie und hält ihn fest.

„Schwarze Bess."

„Oh, Geoffrey, willst du mir das Herz brechen? Sicher weißt du, dass er das bösartigste Tier im ganzen Stall ist. Nimm irgendein anderes Pferd als dieses."

„Nun, und sei es nur, um dir einen Gefallen zu tun, ich nehme Truant."

„Was! Das schreckliche Biest, das seine Ohren zurücklegt und das Weiß seiner Augen zeigt! Geoffrey, ich wünsche dir ein für alle Mal, dass du nichts mit ihm zu tun hast."

„Alles, was dir gefällt", sagt Geoffrey, der inzwischen lacht. „Darf ich Mazerin meine kostbaren Knochen anvertrauen? Er ist schon fünfzehn, hat nur ein Auge und eine schamlose Missachtung der Peitsche."

„Ja – das wird er tun", sagt Mona nach einer Sekunde sorgfältigen Nachdenkens und selbst jetzt noch widerstrebend.

„Ich glaube, ich sehe mich zu dieser Tageszeit hinter Mazerin", sagt Mr. Rodney herzlos. „Du erwischst mich nicht dabei, wenn ich es weiß. Ich bin nicht sicher, welches Pferd ich haben werde, aber ich vertraue darauf, dass Thomas mir ein gutes gibt. Zum letzten Mal, auf Wiedersehen, du liebenswürdiger Junge Gans, und erwarte mich nicht, bis ich komme.

Mit diesen Worten umarmt er sie herzlich, rennt die Treppe hinunter, springt in den Hundekarren und fährt hinter der „bösartigen Black Bess" davon.

Mona beobachtet ihn von ihrem Fenster aus, soweit es die Kurve der Allee zulässt, und nachdem sie seine Abschiedshandbewegung erhalten und erwidert hat, setzt sie sich, holt ihr Taschentuch heraus und weint laut.

Es ist das erste Mal seit ihrer Heirat, dass sie und Geoffrey sich trennen, und es scheint ihr eine schwierige Sache zu sein, dass eine solche Trennung sein sollte. Ein Gefühl der Trostlosigkeit überkommt sie – ein Gefühl der Einsamkeit, das sie noch nie zuvor gekannt hat.

Dann erinnert sie sich an ihr Versprechen, zu den Mädchen hinunterzugehen und sich keine Sorgen zu machen, und sie erhebt sich tapfer, wäscht ihre Augen und geht die Marmortreppe hinunter durch die mit Vorhängen versehene Nische in Richtung des kleinen Salons, wo einer der Diener es ihr sagt , die Familie ist versammelt.

Die Tür des Zimmers, dem sie sich nähert, steht weit offen, und als Mona näher kommt, wird deutlich, dass jemand sehr laut und mit viel Nachdruck spricht und als sei er entschlossen, sich nicht zum Schweigen bringen zu lassen. Argumentation ist eindeutig das Gebot der Stunde.

Als Mona noch näher kommt, erreichen die Worte des Sprechers sie und dringen in ihr Gehirn ein. Es ist Lady Rodney, die etwas sagt, und was sie sagt, dringt leicht in Monas Ohren. Sie schreitet immer noch voran und achtet nichts anderes als die Tatsache, dass sie Geoffrey länger nicht wiedersehen kann, als sie zählen möchte , als ihr die folgenden Worte klar werden und die Farbe aus ihren Wangen treiben:

„Und diese Hunde, die ihr immer auf den Fersen sind! – Gewiss, sie ist eine halbe Wilde. Das Ganze ist in Ordnung und ziemlich verabscheuungswürdig. Wie können Sie von mir erwarten, dass ich ein Mädchen willkommen heisse, das keine Familie hat und völlig mittellos ist? Warum, das bin ich überzeugt, dass der fehlgeleitete Junge ihr sogar ihre Aussteuer gekauft hat!“

Mona hat keine Zeit mehr zu hören; Blass, aber gefasst geht sie entschlossen in den Raum und auf Lady Rodney zu.

„In einem Punkt irren Sie sich“, sagt sie langsam. „Ich bin vielleicht wild, mittellos und ohne Familie – aber ich habe mir meine eigene Aussteuer gekauft. Ich sage das nicht, um mich zu entschuldigen, denn es würde mir nichts ausmachen, etwas von Geoffrey anzunehmen; aber ich finde es schade, dass Sie die Wahrheit nicht kennen . Ich hatte etwas eigenes Geld – sehr wenig, wenn ich zugebe, aber genug, um mich mit Hochzeitskleidern auszustatten.“

Ihr Kommen ist ein Blitz, ihre Rede ein Blitz. Lady Rodney ändert ihre Farbe und ist ausnahmsweise völlig verwirrt.

„Ich bitte um Verzeihung“, schafft sie es zu sagen. „Hätte ich gewusst, dass Sie an der Tür lauschen, hätte ich natürlich nicht sagen sollen, was ich getan habe“ – letzteres mit dem Wunsch, zu beleidigen.

„Ich habe an der Tür nicht zugehört“, sagt Mona würdevoll, aber mit größter Mühe: Eine Hand scheint sich an ihren Herzen festzuhalten, und der, der ihr hätte beistehen sollen, ist weit weg. „Ich habe in meinem ganzen Leben noch nie an einer Tür gelauscht“, sagte er hochmütig. *Ich* sollte nicht verstehen, wie man das macht." Ihr irisches Blut ist hoch und das Pronomen wird deutlich betont. „Du hast mir zweimal Unrecht getan!"

Ihre Stimme stockt. Instinktiv schaut sie sich hilfesuchend um. Sie fühlt sich verlassen – allein. Niemand spricht. Sir Nicholas und Violet, die im Raum sind, sind noch fast so geschockt, dass sie keine Worte mehr beherrschen; und plötzlich wird die Stille unerträglich.

Zwei Tränen sammeln sich und rollen langsam über Monas weiße Wangen. Und dann wandern ihre Gedanken irgendwie zurück zu dem alten Bauernhaus am Hang des Hügels, mit den weitläufigen Bäumen dahinter, und zu dem sandigen Boden und der kühlen Molkerei und der Wärme der Liebe, die dort im Überfluss herrschte, und dem Onkel, der Obwohl sie grob war, war sie zumindest bereit zu glauben, dass ihre neueste Aktion – was auch immer sie sein mochte – nur einen Grad perfekter war als die davor.

Sie wendet sich verzweifelt ab und geht zur Tür; aber Sir Nicholas, der sich inzwischen von seiner Benommenheit erholt hatte, folgt ihr, legt seinen Arm um sie, beugt sich zärtlich über sie und drückt ihr Gesicht an seine Schulter.

„Mein liebstes Kind, nimm dir die Dinge nicht so schrecklich zu Herzen", sagt er flehentlich und beruhigend: „Es ist alles ein Fehler; und meine Mutter wird, ich weiß, die erste sein, die sich im Irrtum eingesteht."

„Es tut mir leid –", beginnt Lady Rodney steinig; aber Mona hält sie durch eine Geste zurück.

„Nein, nein", sagt sie, richtet sich auf und spricht mit einem Anflug von Stolz, der sehr angenehm auf ihr sitzt; „Ich bitte Sie, nichts zu sagen. Bloße Worte könnten die Wunde, die Sie zugefügt haben, nicht heilen."

Sie legt ihre Hand auf ihr Herz, als wollte sie sagen: „Hier liegt die Wunde", und wendet sich noch einmal der Tür zu.

Violet steht auf, wirft ihr die Arbeit ab, mit der sie sich beschäftigt hat, geht mit einer Geste der Ungeduld, die ihrer üblichen Zurückhaltung sehr fremd ist, auf Mona zu, legt ihren Arm um sie und führt sie leise aus dem Zimmer.

Sie führt sie die Treppe hinauf und in ihr eigenes Zimmer, ohne ein Wort zu sagen. Dann dreht sie vorsichtig den Schlüssel in der Tür um, setzt Mona in einen großen und gemütlichen Sessel, stellt sich ihr gegenüber und beginnt so:

„Jetzt hör zu, Mona", sagt sie mit ihrer leisen Stimme, die selbst jetzt, wenn sie etwas aufgeregt ist, keine Spur von Hitze oder Eile zeigt, „denn ich werde klar und deutlich zu dir sprechen. Du musst dich gegenüber Lady entscheiden." Rodney ist der allgemeine Glaube, dass die bloße Geburt die meisten Menschen verfeinert; aber diejenigen, die an dieser Theorie festhalten, werden sich sicherlich irren: Ich meine den Adel der Seele, den die Natur sowohl dem Bauern als auch dem seinesgleichen verleiht . Das fehlt Lady Rodney; und im Herzen ist sie – manchmal – grob.

„Das darfst du", sagt Mona und bereitet sich auf die Tortur vor.

„Nun, dann möchte ich Sie bitten, Ihr Herz zu verhärten, denn sie wird Ihnen viele unangenehme Dinge sagen und unhöflich zu Ihnen sein, einfach weil sie sich in den Kopf gesetzt hat, dass Sie ihr dadurch einen Schaden zugefügt haben Habe Geoffrey geheiratet! Aber achte nicht auf ihre Unhöflichkeit, denke immer an die Zeit, die kommt, wenn dein eigenes Zuhause für dich bereit sein wird und du für immer mit Geoffrey zusammenleben kannst, ohne Angst vor einem harten Wort zu haben oder ein unfreundlicher Blick. Dieser Gedanke muss tröstlich sein.

Sie wirft einen ängstlichen Blick auf Mona, die mit einem leichten Stirnrunzeln auf der Stirn ins Feuer blickt, das auf der glatten weißen Oberfläche traurig fehl am Platz wirkt. Bei Violets letzten Worten fliegt es davon und kehrt nicht zurück.

„Komfort? Ich denke an nichts anderes", sagt sie verträumt.

„Auf keinen Fall Streit mit Lady Rodney. Ertragen Sie die nächsten paar Wochen (sie werden schnell vergehen) alles, was sie sagen wird, anstatt einen Bruch zwischen Mutter und Sohn herbeizuführen. Hören Sie mich, Mona?"

„Ja, ich verstehe dich. Aber musst du das sagen? Habe ich jemals einen Streit mit – Geoffreys Mutter angestrebt?"

„Nein, nein, in der Tat. Sie haben sich bewundernswert verhalten, wo die meisten Frauen schändlich versagt hätten. Lassen Sie sich von diesem Gedanken trösten. Ein perfektes Temperament wie das Ihre zu haben, sollte an sich schon eine Quelle der Befriedigung sein. Und jetzt baden Sie Ihre Augen, und dich noch hübscher aussehen zu lassen als sonst. Eine schwierige Sache, nicht wahr?" mit einem freundlichen Lächeln.

Mona lächelt ebenfalls, wenn auch immer noch schwer im Herzen.

„Hast du Rosenwasser?" fährt Miss Mansergh in ihrer sachlichen Art fort. „Nein? Ein gutes Zeichen, das Tränen bringt und euch zu Feinden macht. Nun ja, das habe ich, und deshalb werde ich es euch gleich schicken. Ihr werdet es benutzen?"

„Oh ja, danke", sagt Mona, die von der unerwarteten Beredsamkeit des anderen überrascht und mitgerissen zugleich ist.

„Und jetzt noch ein letztes Wort, Mona. Wenn du heute Abend zum Abendessen kommst (und pass auf, dass du etwas zu spät kommst), sei fröhlich, fröhlich, ausgelassen und alles andere als deprimiert, was auch immer es dich kosten mag. Und wenn Wenn Lady Rodney später im Salon ihr Taschentuch fallen lässt, oder dieses ewige Stricken, bücken Sie sich nicht, um es aufzuheben. Wenn ihre Brille auf einem entfernten Tisch liegt, vergessen Sie, sie zu sehen könnte eine Natur wie deine nicht verstehen. Je besorgter du zu sein scheinst, desto entschlossener wird sie sein, nicht zufrieden zu sein.

„Aber du magst Lady Rodney?" sagt Mona verwirrt.

„In der Tat sehr. Aber ihre Fehler sind offensichtlich, und ich mag dich auch. Ich habe dir mehr von ihr gesagt, als ich jemals einem Menschen gesagt habe; warum, weiß ich nicht, weil du (vergleichsweise) ein Fremder bist Für mich ist sie zwar meine sehr gute Freundin, aber ich weiß, dass Du mir treu bleiben wirst.

„Ich bin froh, dass du das weißt", sagt Mona. Dann nähert sie sich Violet, legt ihre Hand auf ihren Arm und betrachtet sie ernst. Die Tränen glitzern immer noch in ihren Augen.

„Ich glaube nicht, dass es mir etwas ausmachen würde, wenn ich mich nicht so allein fühlen würde. Wenn ich einen Platz in euren Herzen hätte", sagt sie. „Ihr alle magt mich, ich weiß, aber ich möchte geliebt werden." Dann zitternd: „Wirst du *versuchen,* mich zu lieben?"

Violet sieht sie kritisierend an, dann lächelt sie, legt ihre Hand unter Mrs. Geoffreys Kinn und wendet ihr Gesicht mehr dem schwindenden Licht zu.

„Ja, das ist einfach dein größtes Unglück", sagt sie nachdenklich. „Liebe um jeden Preis. Du würdest an der Sonne sterben oder verderben, was noch schlimmer wäre. Du wirst nie ganz glücklich sein, denke ich, und doch vielleicht", mit einem schwachen Seufzer, „bekommst du dein eigenes Wohl." Ihr Leben ist schließlich intensiver, wenn auch kürzer, als wir materielleren Menschen kennen. Soll ich Ihnen etwas sagen? Ich denke, Sie haben in kurzer Zeit mehr Liebe gewonnen als jeder andere Mensch, den ich je kannte Ich habe mich zumindest erobert, und um die Wahrheit zu sagen: „Ich war fest entschlossen, dich nicht zu mögen, und in ein oder zwei Minuten werde ich Halkett mit der Rose schicken." -Wasser."

Zum ersten Mal beugt sie sich vor und drückt ihre Lippen warm und anmutig auf Monas. Dann verlasst sie sie, und nachdem sie ihrer Zofe gesagt hat, sie solle Mrs. Rodney das Rosenwasser bringen, geht sie wieder die Treppe hinunter ins Wohnzimmer.

Sir Nicholas ist da, schweigsam, aber wütend, wie Violet an dem Stirnrunzeln auf seiner Stirn erkennt. Mit seiner Mutter streitet er nie, sondern drückt seine Missbilligung lediglich durch Anzeichen aus, wie z. B. mangelnde

Bereitschaft zum Sprechen und eine strenge, ernste Linie, die sich auf seinen Lippen bildet.

„Natürlich sind Sie alle gegen mich", sagt Lady Rodney in einem ziemlich hysterischen Ton. „Sogar du, Violet, hast dich der Sache dieses Mädchens angeschlossen!" Sie sagt das erwartungsvoll, als würde sie ihren Verbündeten um Unterstützung bitten. Aber dieses eine Mal lässt der Verbündete sie im Stich. Fräulein Mansergh bewahrt ein unerschütterliches Schweigen und setzt sich in ihrem niedrigen Korbstuhl vor dem Feuer mit der ganzen Miene einer Person, die sich für den Weg, den sie einzuschlagen gedenkt, entschieden hat und sich nicht davon abbringen lässt.

„Oh ja, zweifellos habe ich Unrecht, weil ich mich nicht dazu durchringen kann, ein vulgäres Mädchen anzubeten, das mich den ganzen Tag mit ihren Irischheiten schockiert", fährt Lady Rodney fort, fast in Tränen aufgelöst, geboren aus Verärgerung. „Ein Mädchen, das sagt: ‚Sicher weißt du, dass ich es nicht getan habe' oder ‚Ah, das hast du jetzt' oder ‚Dann werde ich es tatsächlich nicht tun!' Jede zweite Minute. Es ist zu viel. Was ihr alle in ihr seht, kann ich mir nicht vorstellen. Und du, Violet, verurteilst mich auch.

„Ja, ich denke, Sie liegen ganz und gar im Unrecht", sagt Fräulein Mansergh in ihrer kühlen Art und ohne den Anschein von Zögern, während sie sorgfältig aus dem Korb neben ihr genau den Pfauenblauton auswählt, den sie für die Kornblume benötigen wird Sie arbeitet.

Lady Rodney erhebt sich hastig und verlässt mit beleidigter Würde den Raum.

KAPITEL XXX.

**WIE MONA um Mitternacht wie ein Geist durch die alten Türme
flieht – wie der Mond ihr den Weg erleuchtet – und wie sie auf einen
anderen Geist trifft, der noch gewaltiger ist als sie selbst.**

Jenkins, der vorsintflutliche Butler, erweist sich als Mann, der sein Wort hält.
Offensichtlich gibt es bei Jenkins „keine zwei Möglichkeiten". „Auf der
Suche nach der Abgeschiedenheit, die ihre Kammer bietet" heute Abend
gegen zehn Uhr, nach einem etwas luftigen Abend mit ihrer
Schwiegermutter, entdeckt Mona auf ihrem Kaminsims selig dösend zwei
riesige Hunde, die ihre schläfrigen Schwänze heben und Als sie ihr Zimmer
betritt, geht sie ihr mit größter Herablassung entgegen.

Spice und Piment amüsieren sich richtig gut am Kaminfeuer in ihrem
Schlafzimmer und sind, obwohl sie vielleicht innerlich erstaunt über ihre
Beförderung aus einem fernen Zwinger in die Schlafwohnung ihrer schönen
Herrin sind, viel zu wohlerzogen, um irgendeine vulgäre Hochstimmung zu
verraten Tatsache.

Tatsächlich ist es wahrscheinlich die Angst, dass sie sie als übermäßig
begeistert empfinden könnte, die sie zögern lässt, bevor sie losrennen, um sie
mit ihrer üblichen demonstrativen Freude zu begrüßen. Dann siegt die
Höflichkeit über den Stolz, und sie erheben sich mit gewaltiger Anstrengung,
strecken sich, gähnen, gehen auf sie zu, legen ihre weichen Schnauzen in ihre
Hände und schauen mit ihren großen, flüssigen, liebevollen Augen zu ihr auf.
Sie reiben sich an ihren Röcken, wedeln mit dem Schwanz und geben alle
anderen Zeichen der Loyalität und Hingabe.

Mona streichelt sie liebevoll, gebückt. Sie sind ein Teil ihres alten Lebens und
liegen ihr deshalb am Herzen. Nachdem sie sich teilweise ausgezogen hat,
setzt sie sich mit ihnen auf den Kaminvorleger und starrt mit beiden großen
Köpfen auf dem Schoß ins Feuer und versucht, die Stunden
gedankenverloren zu vertreiben, die vergehen müssen, bis Geoffrey wieder
zu ihr zurückkehren kann.

Es ist ein trostloses Warten. Kein Schlaf kommt in ihre Augen; sie bewegt
sich kaum; Die Hunde schlummern schläfrig, stöhnen und schrecken im
Schlaf auf, möglicherweise „kämpfen sie ihre Schlachten erneut" oder
erwarten einen künftigen Krieg. Langsam und bedrohlich schlägt die Uhr
zwölf. Zwei Stunden sind in die Ewigkeit geglitten; Mitternacht steht vor der
Tür!

Beim Klang des zwölften Schlages rühren sich die Hunde unruhig, seufzen
und gähnen erneut, indem sie ihre riesigen Kiefer weit aufreißen. Mona
tätschelt sie beruhigend, wirft ein paar frische Holzscheite ins Feuer und geht

wieder in ihre alte Position zurück, mit dem Kinn in der Handfläche, während die andere auf dem schlanken Kopf von Spice ruht.

Burgen im Feuer wachsen großartig und hoch und zerfallen dann zu Staub; Schlösser in Monas Gehirn ergeht es ebenso. Die Schatten tanzen auf den Wänden; Still und unmerklich verfliegen die Minuten.

Ein Uhr schlägt die winzige Uhr auf dem Kaminsims; Draußen wiederholt sich der Klang irgendwo in der Ferne in ernsteren, tieferen Tönen.

Mona zittert. Sie erhebt sich von ihrer niedrigen Position, zieht die Vorhänge ihres Fensters zurück und blickt in die Nacht hinaus. Es glänzt im Mondlicht, klar wie der Tag, erfüllt von dieser heiligen Sanftheit, dieser friedlichen Gelassenheit, die nur der Nacht eigen ist.

Sie ist verzaubert und steht ein oder zwei Minuten lang da, gebannt von der Herrlichkeit der Szene vor ihr. Dann überkommt sie der Wunsch, ihren geliebten See aus den großen Fenstern der Nordgalerie zu sehen. Sie wird es sich ansehen, dann auf Zehenspitzen in die Bibliothek schleichen, sich das Buch schnappen, das sie vor dem Abendessen gelesen hatte, und sich wieder auf den Weg zurück in ihr Zimmer machen, ohne dass irgendjemand etwas davon mitbekommt. Alles ist besser, als noch länger hier zu sitzen und düstere Tagträume zu träumen.

Sie winkt den Hunden, und diese kommen zu ihr, folgen ihr aus dem Zimmer und den Flur entlang, ihre weichen Samtpfoten machen kein Geräusch auf dem polierten Boden. Sie hat keine Lampe mitgebracht. Gerade jetzt wäre sie tatsächlich nutzlos, denn solch „breites und zartes Licht" wirft die Himmelslampe auf Boden und Decke, ins Zimmer und in den Flur.

Die ganze lange Nordgalerie ist von ihrer Pracht erfüllt. Das Erkerfenster am anderen Ende ist erleuchtet und man kann daraus ein Bild sehen, lebendig, real, das an ein Märchenland erinnert.

Mona sinkt in die gepolsterte Fensternische, sitzt wie entzückt und genießt die Schönheit, die Balsam für ihre Vorstellungskraft ist. Die beiden Hunde schütteln sich mit einem schweren Seufzer und fallen dann mit einem leisen Knall zu ihren Füßen auf den Boden – ihre hübschen, gewölbten Füße sind halb nackt und weiß wie Schnee; ihre blauen Pantoffeln sind ihnen zu locker.

Unten ist der See, in Mondschein getaucht. Ein sanfter Wind ist aufgekommen, und kleine silberfarbene Wellen rollen nach innen und brechen mit sanftem Schluchzen am Ufer.

„Der Boden des Himmels ist dick mit Patinen aus hellem Gold eingelegt."

Der Boden selbst ist blass, ja fast blau. Ein wenig Schnee wird leicht auf Zweige, Gras und Efeuwände gesiebt. Jedes Objekt in der schlafenden Welt ist ganz anders.

„Alle Dinge sind ruhig und schön und passiv; die Erde sieht aus, als ob sie auf dem Schoß eines Engels in einen atemlosen, feuchten Schlaf eingelullt wäre; so still, dass wir von den Dingen nur sagen können, sie seien.“

Die Kälte scheint Mona kaum zu berühren, so eingehüllt in die Schönheiten der Nacht. Manchmal liegt eine feierliche, undefinierbare Freude in dem Gedanken, dass wir wach sind, während die ganze Welt schläft; dass wir allein denken, fühlen und eine hohe Gemeinschaft mit unserem eigenen Herzen und unserem Gott haben.

Der Wind ist so leicht, dass kaum ein Zittern der blattlosen Zweige die tödliche Stille unterbricht, die ringsum herrscht:

„Der Schrei einer einsamen Eule, der schwache Tropfen des Wasserfalls, allein stören die Stille der Szene.“

Endlich müde und etwas fröstelnd erwacht Mona aus ihren Träumereien und geht, gefolgt von ihren beiden treuen Wächtern, zur Treppe. Als sie an den gepanzerten Männern vorbeigeht, die in Nischen an den Wänden stehen, durchströmt sie ein leichtes Gefühl der Angst, ein gewisser Glaube an das Unheimliche. Sie schaut erschrocken über ihre linke Schulter und schaudert spürbar. Schauen wirklich dunkle, feurige Augen aus diesen gespenstischen Visieren auf sie? – Sicherlich ertönte in diesem Moment ein Klirren übernatürlicher Rüstung an ihrem Ohr!

Sie beschleunigt ihre Schritte und rennt eilig in den Flur hinunter, der fast so hell wie der Tag ist. Als sie sich zur Seite dreht, macht sie sich auf den Weg zur Bibliothek, und jetzt (und erst jetzt) fällt ihr ein, dass sie kein Licht hat und dass die Bibliothek, deren Fensterläden jeden Abend sorgfältig von dem unschätzbaren Jenkins selbst geschlossen werden, zwangsläufig in vollkommener Dunkelheit liegt.

Muss sie zurückgehen, um eine Kerze zu holen? Muss sie noch einmal an all den Rittern mit Gürteln auf der Treppe und in der oberen Galerie vorbeikommen? NEIN! Vielmehr wird sie der Dunkelheit der angenehmeren Bibliothek trotzen, und – aber sanft – was ist das? Sicherlich kriecht ein winziger Lichtstrahl unter der Tür des Zimmers, auf das sie zugeht, zu ihren Füßen.

Es ist ein Licht, nicht von Sternen oder Mondstrahlen, sondern von einer *echten* Lampe, und als solches wird Mona mit Freude begrüßt. Offensichtlich hat der nachdenkliche Jenkins es dort angezündet gelassen, damit Geoffrey bei seiner Rückkehr davon profitieren kann. Und es ist auch sehr nachdenklich von ihm.

Alle Dienstboten haben den Befehl erhalten, zu Bett zu gehen und auf keinen Fall für Mr. Rodney aufzustehen, da er sich auf seine eigene Weise einlassen kann – eine Gewohnheit von ihm seit vielen Jahren. Zweifellos hatte also einer von ihnen diese Lampe mit einigen Erfrischungen für ihn, falls er sie benötigen sollte, in die Bibliothek gestellt.

Das denkt Mona und geht stetig weiter in die Bibliothek, fürchtet sich vor nichts und ist unaussprechlich erfreut über den Gedanken, dass sie dort zumindest nicht düster sein wird.

Ganz sanft stößt sie die Tür auf und betritt den Raum, die beiden Hunde auf den Fersen.

Zuerst verwirrt das Licht der Lampe – so unähnlich der blassen, transparenten Reinheit der Mondstrahlen – ihren Blick; Sie geht unbewußt ein paar Schritte vorwärts, mit leichtem Schritt, wie sie es die ganze Zeit getan hat, damit sie nicht irgendein Mitglied des Haushalts weckt, und schaut dann, ihre Hand über ihre Augen fahrend, gemächlich nach oben. Das Feuer ist fast erloschen. Sie dreht ihren Kopf nach rechts, und dann – *dann* – stößt sie einen leisen Schrei aus und greift nach einer Stuhllehne, um sich zu stützen.

Mit dem Rücken zu ihr (ohne ihren Auftritt zu bemerken) steht Paul Rodney und blickt auf die Wand mit den kleineren Tafeln, die ihn in der Nacht des Tanzes so angezogen hatten!

Als er ihren Schrei hört, zuckt er zusammen, dreht sich um, zieht blitzschnell eine kleine Pistole aus der Tasche, hebt seinen Arm und bedeckt sie absichtlich.

KAPITEL XXXI.

Wie Mona sich behauptet – wie Paul Rodney ihr Gefangener wird – und wie Geoffrey bei seiner Rückkehr nach Hause auf einen herzlichen Empfang stößt.

Für einen Moment lässt Monas Mut nach, und dann kehrt er mit dreifacher Wucht zurück. Tatsächlich ist sie in diesem Moment dem Tod näher, als ihr selbst bewusst ist.

„Legen Sie Ihre Pistole weg, Sir", sagt sie hastig. „Würden Sie auf eine Frau schießen?" Ihr Tonfall ist zwar eilig, aber nicht von Angst unterdrückt. Sie geht sogar ein paar Schritte in seine Richtung. Ihre Worte, ihr ganzes Auftreten erfüllen ihn mit Bewunderung. Der extreme Mut, den sie beweist, ist in der Tat des Lobes eines jeden Mannes würdig, aber das implizite Vertrauen in seine Ritterlichkeit berührt Paul Rodney mehr als alles, was ihn jemals zuvor berühren konnte.

Auf ihren Befehl hin senkt er die Waffe, sagt aber nichts. Was gibt es eigentlich zu sagen?

„Legen Sie es auf den Tisch", sagt Mona, die trotz ihrer Geistesgegenwart die gesunde Abscheu einer Frau vor allem hat, was ihr passieren könnte.

Wieder gehorcht er ihr.

„Jetzt erklären Sie vielleicht, warum Sie hier sind?" sagt Mrs. Geoffrey und spricht so streng, wie es ihre sanfte Stimme zulässt. „Wie bist du reingekommen?"

„Durch das Fenster. Ich ging vorbei und fand es offen." In seiner Stimme liegt ein Ton, den man durchaus als spöttisch bezeichnen könnte.

„Um diese Morgenstunde geöffnet?"

"Sperrangelweit offen."

„Und die Lampe, hast du sie brennend gefunden?"

"Brillant."

Hier hebt er den Kopf und lacht laut, ein kurzes, wenig fröhliches Lachen.

„Sie lügen, Sir", sagt Mona verächtlich.

„Ja, absichtlich", erwidert er mit vorsätzlicher Rücksichtslosigkeit.

Er bewegt sich, als wolle er wieder zur Pistole greifen; aber Mona ist vorher bei ihm, schließt ihre Finger darum und hält es fest.

„Glaubst du, du bist stärker als ich?" sagt er, Belustigung vermischt sich mit der alten Bewunderung in seinen Augen.

„Nein, aber das sind sie", sagt sie und zeigt auf ihre beiden treuen Gefährten, die Rodney hungrig anstarren und offenbar nur auf das Wort von Mona warten, sich auf ihn zu stürzen.

Sie winkt ihnen zu, und sie erheben sich langsam und gehen auf Rodney zu, der unwillkürlich ein wenig zurückweicht. Und in Wahrheit sind sie furchteinflößende Feinde mit ihren blutunterlaufenen Augen, ihrem struppigen Fell und ihren riesigen Kiefern, aus denen, jetzt geöffnet, die glänzenden Zähne in ihrem Inneren hervortreten.

„Auf der Hut", sagt Mona, woraufhin die beiden Rohlinge direkt vor Rodney auf dem Boden hocken und ihn ernst und bedrohlich anstarren.

„Du bist definitiv zu stark für mich", sagt Rodney mit einem Stirnrunzeln und einem seltsamen Lächeln.

„Da Sie sich geweigert haben, mir Ihre Anwesenheit hier zu erklären, bleiben Sie, wo Sie jetzt sind, bis Hilfe eintrifft", sagt Mona mit offensichtlicher Entschlossenheit.

„Ich bin zufrieden, hier zu bleiben, bis der Tag anbricht, wenn du mir Gesellschaft leistest", antwortet er leichthin.

„Unverschämtheit, Sir, ist vielleicht ein weiterer Teil Ihrer *Rolle* ", erwidert sie mit kalter, aber übermäßiger Wut.

Sie ist in einen langen weißen Morgenmantel gekleidet, der locker und doch anschmiegsam ist und jede Kurve ihrer *schlanken* , geschmeidigen Figur verrät. Der Saum ist mit Schwanendaunen und üppiger weißer Spitze gesäumt, die ihr bis zum Hals reicht und über ihre kleinen Hände fällt. Ihr Haar ist zu einem lockeren Knoten zurückgebunden, der aussieht, als würde es ihr über den Rücken fallen, wenn sie den Kopf schüttelt. Sie ist blass und ihre Augen sind besonders groß und dunkel vor Aufregung. Sie sind mit einem Blick auf Rodney gerichtet, der jede Vorstellung von Angst Lügen straft, und ihre Lippen sind zusammengepresst und irgendwie gefährlich.

„Ist die Wahrheit unverschämt?" fragt Rodney. „Wenn ja, bitte ich um Verzeihung. Meine Rede war zweifellos eine *Betise* , aber sie kam aus meinem Herzen."

„Machen Sie sich nicht die Mühe, noch weitere Ausreden zu finden", sagt Mona eisig.

„Bitte setzen Sie sich", sagt Rodney höflich: „Wenn Sie darauf bestehen, Ihren Abend mit mir zu verbringen, lassen Sie mich zumindest wissen, dass Sie sich wohl fühlen." Wieder fällt ihm die Komik des ganzen Vorgangs auf, und er lacht laut. Auch er macht einen Schritt nach vorne, als wollte er ihr einen Stuhl besorgen.

„Nicht rühren", sagt Mona hastig und zeigt auf die Bluthunde. Piment ist aufgestanden – ebenso wie die Haare auf seinem Rücken – und blickt Paul donnernd an. Ein leises Knurren ertönt aus ihm. Er ist eindeutig bestrebt, jeden zur Vernunft zu bringen, der den Willen seiner geliebten Geliebten in Frage stellt. „Die Hunde kennen ihre Befehle und werden mir gehorchen. Runter, Piment, runter. Sie werden gut daran tun, genau dort zu bleiben, wo Sie sind", fährt Mona fort.

„Dann besorgen Sie sich wenigstens einen Stuhl, denn Sie erlauben mir nicht, Ihnen zu Hilfe zu kommen", fleht er. „Ich bin dein Gefangener – vielleicht", mit leiser Stimme, „der bereitwilligste Gefangene, der jemals gemacht wurde."

Er erkennt das Ausmaß seiner Unterwerfung kaum und ist blind für die extreme Unbeholfenheit der Situation. Über Geoffreys Abwesenheit und die Möglichkeit, dass er jeden Moment zurückkehren könnte, weiß er überhaupt nichts.

Mona nimmt seine Worte nicht zur Kenntnis, steht aber immer noch mit gefalteten Händen am Tisch, ihr langes weißes Gewand an sich geschmiegt, den Blick gesenkt, ihr ganzes Benehmen wie das eines mittelalterlichen Heiligen. Das denkt Rodney, der sie ansieht, als würde er sich für immer die Erinnerung an eine ebenso reine wie perfekte Vision in sein Gehirn einprägen.

Die Momente kommen und gehen. Das Feuer erlischt. Kein Geräusch außer dem der fallenden Asche stört die Stille, die in der Bibliothek herrscht. Mona fragt sich vage, was das Ende des Ganzen sein wird. Und dann wird endlich die Stille gebrochen. Ein Geräusch auf dem Kies draußen, ein schnelles Anstürmen die Balkonstufen hinauf; Jemand tritt aus der Dunkelheit der Nacht hervor und betritt das Zimmer durch das offene Fenster. Mona stößt einen leidenschaftlichen Schrei der Erleichterung und Freude aus. Es ist Geoffrey!

Vielleicht ist die Überraschung zunächst zu groß, als dass er entweder Erstaunen oder Empörung empfinden könnte. Er blickt von Paul Rodney zu Mona und dann von Mona zurück zu Rodney. Danach wandert sein Blick nicht mehr. Mona rennt auf ihn zu, wirft sich in seine Arme, und dort hält er sie fest, doch sein Blick ist immer auf den Mann gerichtet, den er für seinen Feind hält.

Was den Australier betrifft, so ist er zwar blasser geworden, aber ziemlich selbstbeherrscht, und die übliche unverschämte Falte um seinen Mund hat sich vertieft. Die Hunde haben ihre Wachsamkeit keineswegs gelockert, sondern kauern immer noch vor ihm und sind jeden Moment bereit für ihren tödlichen Ansturm. Es ist ein Bild, fast ein lebloses, so bewegungslos sind alle, die es mitgestalten. Das verblassende Feuer, die strahlende Lampe, das offene Fenster mit der düsteren Nacht dahinter, Paul Rodney stand mit verschränkten Armen auf dem Kaminvorleger, sein dunkles, unverschämtes Gesicht leuchtete vor Aufregung über das, was noch kommen würde, und blickte trotzig auf seinen Cousin, der starrt ihn an, blass, aber entschlossen. Und dann schaut Mona in ihrem weichen weißen Kleid, etwas im Vordergrund, mit einem Arm (von dem der weite Ärmel des Morgenmantels zurückgefallen ist, so dass die schöne, runde Haut sichtbar ist) um den Hals ihres Mannes geworfen Rodney mit einem Gesichtsausdruck, der halb Hochmut, halb nervöse Angst ausstrahlt. Ihr Haar hat sich gelöst und kräuselt sich über ihre Schultern und bis weit unter ihre Taille; Mit ihrer gelösten Hand hält sie es von ihrem Ohr zurück und weiß kaum, wie malerisch und auffallend ihre Haltung ist und wie sie jede perfekte Kurve ihrer schönen Figur verrät.

„Jetzt, Sir, sprechen Sie", sagt sie schließlich mit ziemlich zitternder Stimme, die Angst vor der längeren Stille hat. In dem Arm, den Geoffrey um sich trägt, herrscht eine gefährliche Vibration, die sie warnt, so schnell wie möglich etwas an der Szene zu ändern.

Für einen Moment richtet Rodney seinen Blick auf sie und wendet sich dann wieder seiner spöttischen Untersuchung von Geoffrey zu. Zwischen ihnen liegen die beiden Hunde immer noch, still, aber eifrig.

„Rufen Sie die Hunde zurück", sagt Geoffrey leise zu Mona; „Es besteht keine Notwendigkeit mehr für sie. Und erzähl mir, wie du dazu gekommen bist, in dieser Stunde hier zu sein, mit diesem – Kerl."

Mona ruft die Hunde zurück. Sie erheben sich unwillig, gehen in eine entfernte Ecke und sitzen dort, als warteten sie immer noch auf die Chance, sich aktiv an dem bevorstehenden Kampf zu beteiligen. Danach erklärt Mona Geoffrey in wenigen Worten die Situation.

„Sie werden mir sofort eine Erklärung geben", sagt Geoffrey langsam und wendet sich an seinen Cousin. "Was barchte dich hierher? Was hat dich hierhergebracht?"

„Neugier, wie ich Mrs. Rodney bereits gesagt habe", erwidert er leichthin. „Das Fenster war offen, die Lampe brannte. Ich ging hinein, um mir das alte Zimmer anzusehen."

„Wer ist Ihr Komplize?" fragt Geoffrey, immer noch mit einstudierter Ruhe.

„Sie reden gerne über Rätsel", sagt Rodney achselzuckend. „Ich gestehe, dass ich so langweilig bin, dass ich nie darauf gekommen bin."

„Ich werde mich deutlicher äußern. Welchen Diener hast du bestochen, um zu dieser Stunde das Fenster für dich offen zu lassen?"

Für einen kurzen Moment blitzen die Augen des Australiers auf; dann senkt er die Lider und lacht ganz leicht.

„Man würde aus einer Farce eine Tragödie machen", sagt er spöttisch, „Warum sollte ich einen Diener bestechen, damit ich bis Mitternacht ein altes Zimmer sehen kann?"

„Warum eigentlich, wenn Sie nicht etwas aus dem alten Zimmer besitzen wollten?"

„Wieder einmal verstehe ich es nicht", sagt Paul; aber seine Lippen werden wütend. „Vielleicht zum zweiten Mal und mit der gleichen Zartheit, die Sie beim ersten Mal an den Tag gelegt haben, werden Sie sich herablassen, es zu erklären."

"Ist es nötig?" sagt Geoffrey, seinerseits sehr unverschämt. „Das glaube ich nicht. Übrigens, ist es bei Ihnen üblich, um zwei Uhr morgens um die Häuser der Leute herumzustreifen? Ich dachte, all solche festlichen Bräuche wären Einbrechern und Schurken dieser Art vorbehalten."

„Keiner von uns ist unfehlbar", sagt Rodney in einem merkwürdigen Ton und spricht, als würde es ihm schwer fallen. „Sehen Sie, selbst Sie haben sich geirrt. Obwohl ich weder Einbrecher noch Schurke bin, genieße auch ich einen Mitternachtsspaziergang."

"Lügner!" sagt Geoffrey zwischen den Zähnen, seine Augen sind mit tödlichem Hass auf seinen Cousin gerichtet. „Lügner – und Dieb!" Er geht ein paar Schritte auf ihn zu und wartet dann.

"Dieb!" wiederholt Paul in einem schrecklichen Ton. Sein ganzes Gesicht bebt, Ein mörderisches Licht schleicht sich in seine Augen.

Als Mona es sieht, entfernt sie sich von Geoffrey, geht heimlich zum Tisch und legt ihre Hand auf die Pistole, die immer noch dort liegt, wo sie sie zuletzt gelassen hat. Mit einer schnellen Geste bedeckt sie es ungesehen mit einem Papier und richtet dann ihre Aufmerksamkeit erneut auf die beiden Männer.

„Ay, Dieb!" wiederholt Geoffrey mit leiser, aber grimmiger Stimme: „Es war nicht ohne Grund, dass Sie heute Nacht dieses Haus betreten haben, allein und uneingeladen. Erzählen Sie Ihre Geschichte jedem, der dumm genug ist, Ihnen zu glauben. Das tue ich nicht. Was haben Sie gehofft?" Welche Hilfe zur Durchsetzung Ihrer rechtswidrigen Sache finden?

"Dieb!" unterbricht Rodney und wiederholt das abscheuliche Wort noch einmal, als wäre er für alles außer dieser erniedrigenden Anschuldigung taub. Dann gibt es eine leise Pause und dann –

Mona konnte später nie mehr sagen, welcher Mann als erster den Angriff verübt hatte, doch im nächsten Moment liegen sie einander in einer tödlichen Umarmung in den Armen. Der Wunsch, laut zu schreien, um Hilfe zu rufen, überkommt sie, aber sie unterdrückt ihn, ein inneres Gefühl, klar, aber undefiniert, das ihr sagt, dass die Öffentlichkeit in einer Angelegenheit wie dieser höchst unerwünscht sein wird.

Geoffrey ist der größere Mann der beiden, aber Paul ist der geschmeidigere und sehnigere. Für einen Moment schwanken sie hin und her; Dann legt Geoffrey seine Finger auf die Kehle seines Cousins und zwingt ihn zurück.

Der Australier kämpft einen Moment. Als ihm dann klar wird, dass Geoffrey zu viel für ihn ist, lässt er eine seiner Hände los, schiebt sie zwischen Hemd und Weste und bringt einen winzigen Dolch zum Vorschein, der sehr flach und leicht in der Scheide steckt.

Glücklicherweise lässt sich dieser Dolch nicht aus seinem Griff schütteln. Mona, die das Gefühl hat, dass das faire Spiel am Ende ist und dass der Verrat sich durchsetzt, wendet sich instinktiv an ihre treuen Verbündeten, die Bluthunde, die sich erhoben haben und mit auf dem Rücken stehenden Haaren bedrohlich knurren.

Kalt und halb wild vor Entsetzen behält sie dennoch ihre Geistesgegenwart, winkt einem der Hunde zu und sagt gebieterisch: „Auf ihn, Spice!" zeigt auf Paul Rodney.

Wie ein Blitz springt das Tier vor, stürzt sich auf Rodney und biss seine Zähne in den Arm der Hand, die den Dolch hält.

Der extreme Schmerz und der Druck – das tatsächliche Gewicht – des mächtigen Tieres verraten es. Rodney fällt zurück und taumelt mit einem Fluch gegen den Kaminsims.

„Rufen Sie diesen Hund zurück", ruft Geoffrey und wendet sich wütend an Mona. Nachdem Mona ihr Ziel erreicht hat, befiehlt sie dem Hund, sich hinzulegen, und das treue Tier, exquisit trainiert und dem Ungehorsam nicht gewachsen, lässt auf ihren Befehl hin seinen Feind fallen und fällt geduckt zu Boden, doch seine Augen sind rot und blutunterlaufen sein Atem ging in absteigenden Keuchen, die den Zorn verrieten, den er gerne befriedigen würde.

Der Dolch ist im Kampf auf den Teppich gefallen, und Mona hebt ihn auf und wirft ihn durch das Fenster weit von sich in die dunkle Nacht. Dann geht sie auf Geoffrey zu, legt ihre Hand auf seine Brust und dreht sich zu ihrem Cousin um.

Ihr Haar umhüllt sie wie ein Schleier; Durch sie blickt sie mit ängstlichen und flehentlichen Augen auf Rodney.

„Geh, Paul!" sagt sie mit heftiger Bitte, wobei das Wort unwillkürlich über ihre Lippen kommt.

Geoffrey hört sie nicht. Paul tut es. Und als sein eigener Name, der von ihren Lippen kommt, an sein Ohr dringt, geht eine große Veränderung über sein Gesicht. Es ist aschfahl; seine Lippen sind blutleer; Seine Augen sind voller Wut und unsterblichem Hass. Aber bei ihrer Stimme wird sie sanfter, und etwas völlig Unbeschreibliches, das vielleicht aus Schmerz und Trauer, Zärtlichkeit und Verzweiflung besteht, dringt in sie ein. Ihre Lippen – die reinsten und süßesten unter dem Himmel – haben sich dazu herabgelassen, ihn als jemand anzusprechen, der nicht ganz außerhalb der Freundschaft und der gemeinsamen Gemeinschaft liegt. In ihrer eigenen göttlichen Nächstenliebe und Zärtlichkeit kann sie das Gute in anderen sehen, die es nicht wert sind (wie er sich mit schrecklicher Reue eingesteht), den Saum ihrer weißen Röcke zu berühren.

„Geh", sagt sie noch einmal flehentlich, immer noch mit der Hand auf Geoffreys Brust, als wollte sie ihn zurückhalten, aber ihren Blick auf Paul gerichtet

Es ist ein Befehl. Mit einem letzten, verweilenden Blick auf die Frau, die ihn fasziniert hat, tritt er durch das Fenster auf den Balkon und verliert sich im nächsten Moment aus den Augen.

Mona schließt mit klopfendem Herzen, aber mit einem Mut, der ihren äußeren Handlungen Ruhe verleiht, das Fenster, zieht die Fensterläden zusammen, verriegelt sie und geht dann zurück zu Geoffrey, der sich seit Rodneys Weggang nicht bewegt hat.

„Erzähl mir noch einmal, wie alles passiert ist", sagt er und legt ihr die Hände auf die Schultern. Und dann geht sie es noch einmal durch, langsam, vorsichtig.

„Er stand einfach da", sagt sie und zeigt auf die Stelle, an der sie Paul zum ersten Mal gesehen hatte, als sie die Bibliothek betrat, „mit seinem Gesicht den Tafeln zugewandt und seiner Hand so erhoben", was die Handlung zum Wort bringt . „Als ich hereinkam, drehte er sich abrupt um. Kann er exzentrisch sein? – seltsam? Manchmal habe ich gedacht, dass –"

„Nein, Exzentrizität liegt ihm weiter als Schurkentum. Aber, mein Liebling, was für eine schreckliche Tortur für dich, hereinzukommen und ihn hier zu finden! Genug, um dich zu Tode zu erschrecken, wenn du jemand anderes als mein eigenes tapferes Mädchen wärst."

„Die Hunde gaben mir Mut. Und war es nicht gut, dass ich sie mitgebracht habe? Wie seltsam, dass ich sie mir heute Nacht so stark gewünscht hätte! Damals, als er den Dolch herauszog! – Da verließ mich mein Herz, und doch Was wäre für Spice das Ende gewesen?" Sie schaudert. „Und doch", sagt sie mit plötzlicher Leidenschaft, „wusste ich schon damals, was ich hätte tun sollen. Ich hatte seine Pistole. Ich selbst hätte ihn im schlimmsten Fall erschossen. Oh, wenn ich an diesen Mann denke Vielleicht regiere ich doch hier in diesem lieben alten Haus und verdränge Nikolaus!"

Ihre Augen füllen sich mit Tränen.

„Vielleicht nicht – es besteht eine geringe Chance – aber natürlich ist der Titel verloren, da er seine Herkunft zweifelsfrei bewiesen hat."

„Was könnte er gewollt haben? Als ich hereinkam, wurde er blass und richtete die Pistole auf mich. Ich hatte Angst, aber nicht viel. Als ich ihn begehrte, legte er die Pistole direkt hin, und dann ergriff ich sie. Und dann ——"

Ihr Blick fällt auf den Kaminvorleger. Halb unter dem Kotflügel erregt ein kleines Stück zerknittertes Papier ihre Aufmerksamkeit. Sie redet immer noch, beugt sich mechanisch vor, hebt es auf, glättet es und öffnet es.

„Warum, was ist das?" sagt sie einen Moment später; „Und was für eine neugierige Hand! Sicher nicht die eines Gentlemans."

„Zweifellos einer von Thomas' *Billet-doux* ", sagt Geoffrey verträumt und spielt damit auf den Unterdiener an, denkt aber an etwas anderes.

„Nein, nein; ich glaube nicht. Komm her, Geoffrey, tu es. Es ist das Seltsamste – wie ein Rätsel. Sehen Sie!"

Er kommt zu ihr und blickt über ihre Schulter auf das Papier, das sie in der Hand hält. In einer hässlichen, ungeformten Handschrift sind die folgenden Zahlen und Worte darauf geschrieben:

„7–4. Drücken Sie die obere Ecke, – rechte Hand."

Das ist alles. Das Papier ist alt, verschmutzt und hat offenbar große Bekanntschaft mit Taschen gemacht. Es sieht tatsächlich so aus, als wären ihm viel Reisen und Tabak nicht fremd. Geoffrey nimmt es Mona ab und hält es ihm in voller Länge mit liebenswürdiger Überheblichkeit zwischen Zeigefinger und Daumen entgegen.

„Thomas hat sich eindeutig für Hieroglyphen interessiert – wenn es Thomas ist", sagt er. „Ich kann mir vorstellen, dass er die rechte Hand seiner jungen

Frau drückt, aber ihre ,obere Ecke' verwirrt mich. Wenn ich Thomas wäre, würde ich mich nicht nach einem Mädchen mit einer ,oberen Ecke' sehnen; aber über den Geschmack lässt sich nicht streiten. Es ist doch wirklich merkwürdig, nicht wahr?" Während er spricht, sieht er Mona an; Doch obwohl Mona seinen Blick scheinbar erwidert, ist sie sich seiner Anwesenheit zum ersten Mal in ihrem Leben überhaupt nicht bewusst.

Langsam wendet sie den Kopf von ihm ab und richtet ihren Blick, als ob sie einem Gedankengang folgen würde, auf die getäfelte Wand vor ihr.

„Das ist gewiss ungebildetes Schreiben, und das ganze Unternehmen ist bis auf den letzten Grad verfallen", fährt Rodney fort, während er das schmutzige Papier noch immer mit Neugier und Abneigung betrachtet. „Irgendwelche Einwände dagegen, dass ich es ins Feuer lege?"

„,7-4'", murmelt sie geistesabwesend und starrt immer noch aufmerksam auf die Wand.

„Es sieht aus wie die Inszenierung eines Verrückten – eines sehr gefährlichen Verrückten – eines *Stammgastes* von Colney Hatch", sinniert Geoffrey, der mit dem Inhalt der Zeitung immer verwirrter wird, je öfter er sie liest.

„,Obere Ecke – rechte Hand'", fährt Mona fort, ohne auf ihn zu achten und im gleichen tiefen, geheimnisvollen, fernen Ton zu sprechen.

„Ja, genau, du hast es auswendig; aber was bedeutet es und warum starrst du auf diese Wand?" fragt er hoffnungslos und geht an ihre Seite.

„Es bedeutet – das fehlende Testament", erwidert sie mit einer Stimme, die einer Priesterin von Delphi alle Ehre gemacht hätte. Während sie diesen orakelhaften Satz spricht, zeigt sie fast tragisch auf die betreffende Wand.

„Äh!" sagt Geoffrey und erschrickt, nicht so sehr wegen der Bedeutung ihrer Worte, sondern wegen der Worte selbst. Haben die Sorgen und die Aufregung der letzten Stunde ihr Gehirn verunsichert?

„Mein liebes Kind, rede nicht so", sagt er nervös, „du bist fertig, weißt du. Komm ins Bett."

„Ich werde überhaupt nicht ins Bett gehen", erklärt Frau Geoffrey aufgeregt. „Ich glaube, ich werde nie wieder ins Bett gehen, bis das alles geklärt ist. Geoffrey, bring mich rüber zu dem Stuhl."

Sie macht ungeduldig eine Handbewegung, und Geoffrey, von ihrer Heftigkeit dazu gezwungen, stellt einen Hochstuhl an den Teil der Wand, der ihre größte Aufmerksamkeit erregt zu haben scheint.

Sie springt darauf, wählt ein bestimmtes Paneel aus, legt eine Hand darauf, als wollte sie sich vergewissern, dass es das ist, was sie will, und zählt sorgfältig sechs weitere von dort bis zur nächsten Wand und drei von dort bis zum Boden. Ich glaube, ich habe diese Paneele schon einmal als 30 cm breit und 60 cm lang beschrieben.

Nachdem sie sich vergewissert hat, dass die ausgewählte Platte diejenige ist, die sie benötigt, drückt sie ihre Finger fest gegen die obere Ecke auf der Seite, die am weitesten vom Feuer entfernt ist. In jeder Zeile ihres Gesichts liegt die Erwartung, doch sie ist zur Enttäuschung verurteilt. Ihr nervöser Druck führt zu keinem Ergebnis, sondern zu einer deutlichen Niederlage. Das Gremium ist unerbittlich. Sie lässt sich nicht einschüchtern, bewegt ihre Hand tiefer und versucht es erneut. Wieder zermalmt sie das Scheitern; Danach unternimmt sie einen letzten Versuch und drückt, indem sie die oberste Ecke berührt, kräftig zu.

Der Erfolg liegt endlich bei ihr. Langsam bewegt sich die Tafel und gleitet zur Seite, um einen winzigen Schrank zu sehen, den die Familie Rodney viele Jahre lang nicht mehr gesehen hat. Es ist sehr klein, etwa einen halben Fuß tief, mit drei kleinen Regalen im Inneren. Aber leider! Diese Regale sind leer.

Geoffrey stößt einen Ausruf aus und Mona bricht nach einem kurzen, umfassenden Blick auf den durchwühlten Schrank in Tränen aus. Die bittere Enttäuschung ist für sie unerträglich.

„Oh! Es ist nicht hier! Er hat es gestohlen!" schreit sie, als jemand, der keinen Trost zulassen kann. „Und ich war mir so sicher, dass ich es selbst finden würde. Das war es, was er tat, als ich ins Zimmer kam. Ah, Geoffrey, sicher hast du ihn nicht verleumdet, als du ihn einen Dieb genannt hast."

"Was hat er getan?" fragt Geoffrey, etwas verwirrt und sehr bekümmert über ihre offensichtliche Trauer.

„Er hat das Testament gestohlen. Mitgenommen. Das Papier, das Sie in der Hand haben, muss von ihm gefallen sein und enthält die Anweisungen, wie man die richtige Tafel findet. Ah! Was sollen wir jetzt tun?"

„Sie haben Recht: Ich sehe es jetzt", sagt Geoffrey und wird ein wenig blasser. „Warden hat diese Arbeit zweifellos geschrieben", mit einem Blick auf das schmutzige Stückchen Schrift, das zu der Entdeckung geführt hat. „Er hatte sein Wissen offenbar von der alten Elspeth, die von diesem geheimen Versteck von meinem Urgroßvater gewusst haben muss. Mein Vater, davon bin ich überzeugt, wusste nichts davon. Hier, in der Nacht des Todes meines Großvaters, der Alte „Die Frau muss das Testament verborgen haben, und seitdem ist es bis heute Abend hier geblieben", sagt Geoffrey. „Wir halten das für selbstverständlich, was sich als Mythos erweisen könnte. Das Testament wird vielleicht nie hier niedergelegt, und er selbst —"

„Es *wurde* hier platziert; ich fühle es, ich weiß es", sagt Mona feierlich und legt ihre Hand auf die Tafel. Ihr Ernst beeindruckt ihn. Er erwacht zum Leben.

„Dann hat dieser Bösewicht, dieser Schurke es jetzt in seinem Besitz", sagt er schnell. „Wenn ich ihm nachgehe, kann es sein, dass ich ihn erreiche, bevor er sein Zuhause erreicht, und ihn dazu zwinge, es aufzugeben."

Als er fertig ist, bewegt er sich zum Fenster, als wollte er seine Worte sofort in die Tat umsetzen, doch Mona tritt hastig vor ihn, stellt sich zwischen ihn und ihn und verbietet ihm mit erhobener Hand die Annäherung.

„Sie können ihn zwingen, Sie zu ermorden", sagt sie fieberhaft, „oder Sie können ihn in Ihrer gegenwärtigen Stimmung ermorden. Nein, Sie werden sich heute Nacht nicht davon rühren."

„Aber-", beginnt er ungeduldig und versucht sanft, sie beiseite zu schieben.

„Ich werde nicht zuhören", unterbricht sie leidenschaftlich. „Ich weiß, wie Sie beide vor einiger Zeit ausgesehen haben. Ich werde es nie vergessen; und sich jetzt wiederzusehen, mit neuem Grund zum Hass im Herzen, wäre – Nein. In der Luft dieser Nacht liegt Verbrechen. "

Sie schlingt ihre Arme um ihn und sieht, dass er immer noch entschlossen ist zu gehen. Sie wirft ihren Kopf zurück und schaut ihm ins Gesicht.

„Außerdem machst du eine dumme Aufgabe", sagt sie und spricht schnell, als wolle sie Zeit gewinnen. „Er hat seinen eigenen Platz schon vor langer Zeit erreicht. Warte bis zum Morgen, ich flehe dich an, Geoffrey. Ich –" ihre Lippen zittern, ihr Atem geht unregelmäßig – „ich kann es im Moment nicht mehr ertragen."

Ein Schluchzen entfährt ihr und fällt Geoffrey schwer ins Herz. Er ist nicht immun gegen die Tränen einer Frau – was kein wahrer Mann jemals sein kann – vor allem nicht gegen *ihre* Tränen, und so gibt er sofort nach.

„So, weine nicht, dann wirst du alles auf deine Weise haben", sagt er mit einem Seufzer. „Morgen werden wir entscheiden, was zu tun ist."

„Heute meinen Sie: Sie müssen nur ein paar kurze Stunden warten", sagt sie dankbar. „Lasst uns diesen hasserfüllten Raum verlassen", mit einem Schaudern. „Ich werde es nie wieder betreten können, ohne an diese Nacht und all ihre Schrecken zu denken."

***

KAPITEL XXXII.

WIE MONA IHREN EIGENEN RAT BEHÄLT – UND WIE SIE MITTAGS EINE NOTIZ ERHÄLT.

Selbst als sie ins Bett geht, lässt sich der Schlaf nicht auf Monas Augenlidern niederlassen. Während der restlichen langen Stunden, die die Dunkelheit kennzeichnen, liegt sie hellwach, starrt ins Leere und denkt unablässig nach

„Morgen, im weißen Kielwasser des Morgensterns, kommt und zerfurcht den ganzen Orient in Gold."

Dann erhebt sie sich auf den Ellbogen und bemerkt, wie das Licht durch die Ritzen der Fensterläden fällt. Es muss tatsächlich Tag sein. Die trübe Nacht ist ängstlich geflohen; Die Sterne verbergen ihre verminderten Strahlen. Sicherlich

„Deine grauen Linien , die die Wolken durchziehen, sind Boten des Tages."

Der Gedanke ist erleichtert. Sie springt aus ihrem Bett, zieht sich schnell an und geht in den Frühstücksraum. Doch der so begonnene Tag erscheint ihr außerordentlich unattraktiv. Ihr Geist ist voller Sorge. Sie hat Geoffrey überredet, über alles, was letzte Nacht passiert ist, Stillschweigen zu bewahren und abzuwarten, bevor er weitere Schritte unternimmt. Aber worauf warten? Sie selbst weiß kaum, was sie sich erhofft.

Sie unternimmt verschiedene Versuche, darüber nachzudenken. Sie legt ihre hübschen Hände auf ihre hübscheren Brauen, in der irrigen Annahme, die den meisten Menschen gemeinsam ist, dass diese Haltung der Lösung von Rätseln förderlich sei; aber ohne Ergebnis. Die Dinge werden sich nicht von selbst regeln.

Es ist absurd, von Paul Rodney das Testament zu verlangen, ohne dass ein weiterer Beweis dafür vorliegt, dass es sich in seinem Besitz befindet, außer der Tatsache, dass er zufällig einen geheimen Schrank entdeckt hat. doch es nicht zu fordern scheint Wahnsinn. Ihn zu sehen, mit ihm zu argumentieren, ihn dafür zu beschuldigen, ist ihr einziger Wunsch; Dennoch kann sie sich von einem solchen Interview nichts Gutes versprechen. Sie seufzt, während sie so ziellos versucht, einen zufriedenstellenden Abschluss all ihrer Meditationen zu finden.

Sie ist den ganzen Morgen *verstört* und schweigsam und nimmt kaum Notiz von dem, was um sie herum geschieht. Geoffrey, auch im Geiste ratlos, wandert vage von einer Säule zur anderen, unfähig, sich auf irgendetwas festzulegen – von Mona dazu verpflichtet, keinen Hinweis auf das zu verraten, was vor ein paar Stunden in der Bibliothek passiert ist, und doch brennt darauf, das Geheimnis des Tafelschranks zu enthüllen zu jemandem.

Nolly ist besonders und bedrückend fröhlich. Er ist blind für die Depression, die Mona und Geoffrey ausmacht, und übertrifft sich selbst an Freundlichkeit und allumfassender Liebenswürdigkeit.

Violet ist in die Ställe gegangen, um ihrer hübschen braunen Stute ihr übliches morgendliches Brotopfer zu überbringen; Jack ist natürlich mitgegangen.

Geoffrey ist in diesem Moment nirgendwo. Doatie und Nicholas sitzen Hand in Hand und Seite an Seite in der Bibliothek, besprechen ihren eigenen grausamen Fall und fragen sich zum tausendsten Mal, ob – wenn es zum Schlimmsten kommt (woran es leider kaum noch Zweifel zu geben scheint) – Ihr Vater wird ihrer Heirat noch zustimmen, und wenn ja, wie sie es schaffen sollen, von fünfhundert Pfund im Jahr zu leben, und ob es für Nicholas nicht möglich sein wird, irgendetwas zu tun (zu diesem Thema sie sind vage), die helfen können, „die Krone zu einem Pfund zu machen".

Mona sitzt im Morgenzimmer, an ihrer Seite die treue und stets lebhafte Nolly. Seinen Angaben zufolge ist sie „eine ganze Schiffsladung wert" und als solche verfolgt er sie. Aber heute lässt sie ihn im Stich. Sie ist abwesend, deprimiert, nachdenklich – alles andere als sympathisch. Sie vergisst, an der richtigen Stelle zu lächeln, sagt „Ja", wenn aus Höflichkeit „Nein" verlangt wird, und ist gegenüber seinen fröhlichsten Ausfällen taub.

Wenn er ihr eine wirklich gute Geschichte erzählt hat – ganz wahr, und alles über die Ästhetik, Lady Lilias, die ihre Absicht erklärt hat, heute Nachmittag vorbeizuschauen, und vor deren tragender Gesellschaft er sie energisch warnt – und wenn sie es gezeigt hat Obwohl er den darin enthaltenen Witz nicht zu schätzen weiß, weiß er, dass etwas – wie er es selbst beschreibt – „faul im Staate Dänemark" ist.

„Ihnen geht es nicht gut, nicht wahr, Mrs. Geoffrey?" sagt er mitfühlend, steht von seinem eigenen Stuhl auf und lehnt sich zärtlich über ihre Rückenlehne. Nolly ist Frauen gegenüber überaus liebevoll. Es macht ihm keinen Gedanken und keine Mühe, auf sie zu achten, denn in seinem Innersten liebt er sie alle – im Grunde genommen – von der Sennerin bis zur Herzogin, immer vorausgesetzt, sie sind hübsch.

„Du liegst falsch: Mir geht es ganz gut", sagt Mona lächelnd und rafft sich auf.

„Dann hast du etwas im Kopf. Du warst den ganzen Morgen nicht dein gewohnt perfektes Selbst."

„Ich habe letzte Nacht schlecht geschlafen, ich habe kaum geschlafen", sagt sie klagend und weicht einer direkten Antwort aus.

„Na ja, das ist es", sagt Mr. Darling etwas erleichtert. „Ich bin ein schrecklicher Idiot, wenn ich nicht geahnt hätte, dass Geoffreys Abwesenheit dich wach halten würde."

„Ja, ich konnte nicht schlafen. Beobachten und Warten zerstören jede Chance auf Schlaf."

„Er hat Glück", sagt Nolly inbrünstig, „zu wissen, dass es jemanden gibt, der sich nach seiner Rückkehr sehnt, wenn er im Ausland ist; zu spüren, dass es Augen gibt, die sein Kommen markieren und strahlender aussehen, wenn er kommt, und so weiter." „Niemand kümmert sich jemals um *mein* Kommen", sagt Mr. Darling mit tiefem Bedauern, „außer um es zu beklagen."

„Wie melancholisch!" sagt Mona, mit einer näheren Annäherung an die Helligkeit, als sie den ganzen Tag gezeigt hat.

„Ja. Ich bin nicht viel", gesteht Mr. Darling milde. „Andere haben mehr Glück. Ich bin wie ‚der Mann auf der Straße‘, allen Winden des Himmels ausgesetzt. Nun, es würde einen Mann fast in Versuchung führen, gelegentlich von zu Hause fernzubleiben, wenn er wüsste, dass es jemanden gibt, der sich nach seiner Rückkehr sehnt . Es würde ihn positiv dazu ermutigen, auswärts zu essen, wann immer er die Gelegenheit dazu hätte."

„Deine Frau tut mir leid", sagt Mona fast streng.

„Oh, nun, Mrs. Geoffrey, kommen Sie – sage ich – wie grausam Sie sein können!"

„Nun, predigen Sie Geoffrey solche Lehren nicht", sagt sie mit einer Mischung aus Reue und Pathos.

„Ich werde nur tun, was du willst", erwidert er ritterlich und ordnet das Kissen, das die Rückenlehne ihres Stuhls schmückt.

Der Morgen neigt sich dem Ende zu und das Mittagessen kündigt sich an. Als es zu Ende ist, geht Mona langsam die Treppe zu ihrem eigenen Zimmer hinauf und wird dort von einem der Dienstmädchen – nicht ihrem eigenen – empfangen, das ihr einen versiegelten Brief überreicht.

"Von wem?" fragt Mona träge, sie weiß nicht, wie sie die Schrift sieht.

„Ich weiß es wirklich nicht, Ma'am. Mitchell hat es mir gegeben", sagt das Mädchen verletzt. Jetzt ist Mitchell Lady Rodneys Zofe.

„Sehr gut", sagt Mona gleichgültig, woraufhin die Frau, nachdem sie ein oder zwei Kissen zurechtgerückt hat, sich verabschiedet.

Mona lässt sich träge auf einen Stuhl sinken, dreht den Zettel immer wieder zwischen ihren Fingern und fragt sich dabei unzusammenhängend, von wem er wohl sein könnte. Sie rätselt vage über den Autor, so wie es Menschen tun, die wissen, dass eine Berührung mit der Hand und ein einziger Blick das Rätsel lösen können.

Dann öffnet sie den Brief und liest Folgendes:

„Trotz allem, was vergangen ist, flehe ich Sie an, mich heute Nachmittag um drei Uhr am Fluss unter dem Kastanienbaum zu treffen. Weigern Sie sich nicht. Lassen Sie sich nicht von der Gesellschaft von Menschen wie mir abschrecken davon abgehalten, mir dieses erste und letzte Interview zu gewähren, da das, was ich zu sagen habe, nicht Sie betrifft, sondern diejenigen, die Sie lieben, umso sicherer bin ich, dass Sie dieser Bitte nachkommen werden, aufgrund des himmlischen Mitleids in Ihren Augen letzte Nacht und der Gnade, die Sie haben Ich habe dich dazu bewegt, mich so anzusprechen, wie du es getan hast. Ich werde bis vier Uhr auf dich warten. – PR"

So lautet der Brief.

„Der Mann ist exzentrisch, egal, was Geoffrey sagen mag", ist Monas erster Gedanke, als sie es zum zweiten Mal aufmerksam durchgelesen hat. Dann überkommt sie der Glaube, dass es etwas mit der Wiederherstellung des verlorenen Willens zu tun haben könnte, und lässt ihr Herz wild schlagen. Ja, sie wird gehen; Sie wird diesen Termin einhalten, egal, was dabei herauskommt.

Sie blickt auf ihre Uhr. Es ist jetzt Viertel nach drei; Es gibt also keine Zeit zu verlieren. Sie muss sich beeilen.

Hastig schlüpft sie in ihre Pelze, wickelt sich eine weiche schwarze Spitze um den Hals, rennt die Treppe hinunter, öffnet die Flurtür, ohne jemanden zu sehen, und macht sich auf den Weg zum vereinbarten Ort.

Es ist der 20. Februar; Der Winter lässt bereits nach, und überall sprießen kleine Blumen.

„Gescheckte Gänseblümchen und blaue Veilchen und silberweiße Damenkittel und gelbe Kuckucksknospen malen die Wiesen mit Freude."

Jede Bank und jede Wurzel des moosbewachsenen Baumes ist mit blassen Primeln übersät, die wie Sterne glänzen, wenn der Morgen anbricht und ihren Glanz trübt. Das Strohbett meiner Dame breitet hier und da seinen weißen Teppich aus; das schwache Zwitschern der Vögel liegt in der Luft, mit „flüssigem Rauschen murmelnder Bäche"; jedes Blatt scheint zum Leben zu erwachen, die Luft ist frisch, aber weich, die Wolken ruhen sanft auf einem makellos blauen Boden; Die Welt ist wach und verrückt vor jugendlicher Freude

„So langsam kommt der Frühling"

Jede Blume hat ihr schönes Auge weit geöffnet, weil die Sonne, die so lange fremd war, zu ihnen zurückgekehrt ist und mit glühender Liebe auf sie herabblickt. Sie – liebevolle Säuglinge von einer Stunde – akzeptieren seine verspäteten Aufmerksamkeiten und blicken, obwohl sie wegen der traurigen Berührungen des Winters, die noch übrig sind, immer noch frösteln und *verlassen sind*, mit hingerissener Bewunderung auf den großen Ph[oe]bus, wie er oben thront .

Mona bückt sich trotz ihrer Eile, um einen Strauß Veilchen zu pflücken und ihn sich auf die Brust zu legen, während sie weitergeht. Bislang hat sie die Schönheit des frühen Frühlingstages außer sich getrieben und gezwungen, ihren Auftrag zu vergessen. Doch als sie sich dem für das Interview vorgesehenen Ort nähert, verspürt sie einen seltsamen Widerwillen, vorwärts zu gehen und Paul Rodney gegenüberzutreten, was ihre Schritte langsamer und ihre Augen schwer machen lässt. Und gerade als sie begreift, wie stark sie vor der Begegnung mit ihm zurückschreckt, blickt sie auf und sieht den Kastanienbaum vor sich, den Bach, der fröhlich zum Meer rauscht, und Paul Rodney, der in seiner Lieblingshaltung mit verschränkten Armen steht und seine düsteren Augen richteten sich eifrig auf sie.

„Ich bin gekommen", sagt sie einfach und spürt, wie sie blasser wird, aber doch ganz selbstbeherrscht und fest entschlossen ist, ihm nicht die Hand anzubieten.

„Ja. Ich danke Ihnen für Ihre Güte", erwidert er langsam.

Dann folgt eine unangenehme Stille.

„Du hast mir etwas Wichtiges zu sagen", sagt Mona, als sie sieht, dass er nicht sprechen will: „Zumindest hat mich dein Brief zum Glauben gebracht."

„Es ist wahr; das habe ich." Dann scheint ihn ein anderer Gedankengang zu überstürzen; und er fährt in einem merkwürdigen Ton fort, der halb spöttisch und doch über alle anderen Gefühle hinaus elend ist; „Du hast letzte Nacht das Beste aus mir herausgeholt, nicht wahr? Und doch", mit einem sardonischen Lachen. „Ich bin mir auch nicht so sicher. Siehe hier."

Langsam zieht er ein ordentlich gefaltetes Papier aus seiner Tasche, das wie ein altes Pergament aussieht. Mona holt schnell Luft und wird zunächst rot vor Gefühl, dann blass wie der Tod. Er öffnet es auf einer bestimmten Seite und weist sie auf die Unterschrift von George Rodney, dem alten Baronet, hin.

"Gib es mir!" schreit sie impulsiv, ihre Stimme zittert. „Es ist das fehlende Testament. Du hast es letzte Nacht gefunden. Es gehört Nicholas. Du musst – nein", leise, flehentlich, „du *wirst* es mir geben."

„Weißt du alles, was du verlangst? Indem ich diese ungerechtfertigte Tat aufgib, gebe ich jede Hoffnung auf, jemals diesen Ort zu bekommen – dieses alte Haus, das selbst mir unbezahlbar erscheint. Du verlangst viel. Doch unter einer Bedingung soll es dir gehören."

„Und der Zustand?" fragt sie eifrig und geht näher an ihn heran. Was würde sie nicht tun, um das Glück derjenigen wiederherzustellen, die sie so sehr lieben gelernt hat?

„Eine einfache."

„Nennen Sie es!" ruft sie aus, als sie sieht, dass er immer noch zögert.

Er legt seine Hände sanft auf ihren Arm, doch seine Berührung scheint sich durch ihr Kleid bis in ihr Fleisch zu brennen. Er beugt sich zu ihr.

„Für einen Kuss soll diese Urkunde dir gehören", flüstert er, „und du kannst damit machen, was du willst."

Mona zuckt heftig zusammen und weicht zurück; Scham und Empörung bedecken sie. Ihr Atem geht in kleinen Stößen.

„Sind Sie ein Mann, der mir so eine Rede hält?" sagt sie leidenschaftlich und richtet ihren Blick mit vernichtender Verachtung auf ihn.

„Sie haben mich gehört", erwidert er kalt und bis zum letzten Grad verärgert über das extreme Entsetzen und den Abscheu, die sie über seinen Vorschlag gezeigt hat. Er steckt das kostbare Papier absichtlich wieder in seine Tasche und dreht sich um, als wollte er gehen.

„Oh, bleiben?" sagt sie leise und hält ihn sowohl durch Worte als auch durch Gesten zurück.

Er dreht sich wieder zu ihr um.

Sie bedeckt ihre Augen mit ihren Händen und versucht vergeblich zu entscheiden, was für sie das Beste ist. In all den Büchern, die sie jemals gelesen hat, hätte die junge Frau an ihrer Stelle überhaupt nicht gezögert. Als wäre sie auf die Situation vorbereitet, hätte sie den Kopf hochgeworfen, dem Versucher trotzig zugehauen, in die mitfühlende Miene gemurmelt: „Ehre über alles" und wäre so würdevoll und verunsichert von ihr weggegangen Begleiterin, die Nase hoch in die Luft. Sie würde es für eine gerechte Sache halten, dass die ganze Welt leiden sollte, anstatt dass ein einziger Makel, wie gering er auch sein mag, den Glanz ihres Ruhms beflecken sollte.

Zum ersten Mal erfährt Mona, dass sie nicht wie diese wohlbeherrschte junge Frau ist. Sie bleibt beklagenswert hinter dieser Exzellenz zurück. Sie kann sich nicht dazu durchringen, die Welt der Menschen, die sie liebt, für völlig verloren zu halten. Und schließlich – dieser schreckliche Zustand – würde er in einem Moment vorbei sein. Und sie konnte mit dem begehrten Papier nach Hause laufen und ihr Gesicht in süßem, kaltem Wasser baden. Und dann schaudert sie wieder. Konnte sie die Erinnerung an die Beleidigung aus ihrem Herzen verbannen?

Sie presst ihre Hände noch fester auf ihre Augen, als wolle sie die Abscheulichkeit eines solchen Gedankens aus ihrem eigenen Kopf verbannen. Und dann bringt sie sich mit neuer Anstrengung noch einmal auf die Frage zurück, die vor ihr liegt.

Oh, wenn sie durch diesen einen Akt der Selbstaufopferung die Türme mit all ihrer Schönheit und ihrem Reichtum an Nicholas und – und seine Mutter – zurückgeben könnte, wie schön wäre das! Aber wird Geoffrey ihr jemals verzeihen? Ach, sicher, wenn sie ihm die Sache erklärt und ihm erzählt, wie und warum sie es getan hat und wie ihr Herz dabei geblutet hat, wird er seine Arme um sie legen und ihre Sünde vergeben. Mehr noch: Er kann erkennen, wie zart die Sehnsucht ist, die sie zu dieser Tat zwingt.

Sie öffnet ihre Augen und wirft Rodney einen kurzen Blick zu. Dann schließen sich die stark gefransten Lider noch einmal über den dunkelblauen Augen, als wollten sie den Kummer darin verbergen, und mit erstickter Stimme sagt sie, mit zusammengebissenen Zähnen und einem Gesicht wie Marmor: „Ja, du darfst mich küssen, -wenn du möchtest."

Es entsteht eine Pause. Mit zunehmendem Zweifel wartet sie auf den Moment, der ihn dazu bringen wird, ihre Worte auszunutzen. Aber dieser Moment kommt nie. Vergebens wartet sie. Schließlich hebt sie den Blick, und er wirft ihr das Pergament vor die Füße und schreit rau:

„Da! Nimm es. *Ich* kann auch großzügig sein."

„Aber", beginnt Mona schwach und ist sich ihrer gesegneten Freilassung kaum sicher.

„Behalte deinen Kuss", ruft er wütend, „denn es hat dich so viel Mühe gekostet, ihn zu geben, und behalte auch das Pergament. Es gehört dir, weil ich dich liebe."

Er schämt sich seiner Heftigkeit, beugt sich herab, erhebt das Testament vom Boden und überreicht es ihr höflich. „Nimm es: Es gehört dir", sagt er. Mona schließt energisch ihre Finger und unterdrückt mit einer letzten Anstrengung der Gnade den Seufzer der Erleichterung, der aus ihrem Herzen aufsteigt.

Instinktiv senkt sie die Hand, als wollte sie das Dokument in die Innentasche ihres Mantels stecken, und stößt dabei auf etwas, das sie sichtlich erschreckt.

„Ich habe es ganz vergessen", sagt sie und errötet vor plötzlicher Angst. Dann nähert sie sich langsam und vorsichtig der verhassten Pistole, die er am Abend zuvor in der Bibliothek zurückgelassen hatte. Sie hält es ihm mit ausgestrecktem Arm hin, als sei es ein widerwärtiges Reptil, für das sie es zweifellos auch hält. „Nimm es", sagt sie; „Nehmen Sie es schnell. Ich habe es Ihnen gebracht, um es Ihnen zurückzugeben. Meine Güte! Stellen Sie sich vor, ich hätte es vergessen! Nun, es hätte losgehen und mich töten können, und ich hätte nichts davon erfahren sollen."

„Nun, ich denke, das würdest du zumindest für einen oder zwei Moment tun", erwidert er, lächelt grimmig und lässt das gefährliche kleine Spielzeug etwas unachtsam in seine eigene Tasche fallen.

„Oh, pass auf dich auf!" schreit Mona schmerzerfüllt: „Es ist beladen. Wenn du es so grob wirfst, wird es bestimmt hochgehen und dir Schaden zufügen."

„Blasen Sie mich vielleicht in Atome oder in eine unbekannte Region", sagt er rücksichtslos. „Eine gute Sache. Ist das Leben ein so süßer Besitz, dass man Angst haben muss, bevor man daran denkt, ihn aufzugeben?"

„Du sprichst wie jemand, der kein Ziel im Leben hat", sagt Mona und sieht ihn mit aufrichtigem Mitleid an. Wenn Mona mitleiderregend aussieht, ist sie in Bestform. Ihre Augen werden groß, ihre süßen Lippen zittern, ihr ganzes Gesicht ist erbärmlich. Die *Rolle* Rodneys Herz beginnt mit gefährlicher Schnelligkeit zu schlagen. Es ist durchaus möglich, dass sich ein Mann mit seiner rücksichtslosen, ungeübten, waghalsigen Veranlagung unsterblich in eine Frau *ohne Vorwürfe verliebt* .

"Ein Ziel!" sagt er bitter. „Ich glaube, ich habe ein Ende meines Lebens gefunden, wo die meisten Menschen einen Anfang finden."

„Durch und du wirst anders denken", sagt Mona und glaubt, dass er damit auf seine Übergabe des Rodney-Anwesens anspielt. „Du wirst diese Enttäuschung verkraften."

„Das werde ich – wenn der Tod mich fordert", antwortet er.

„Nein", sagt Mona süß, „rede nicht so. Es macht mir Kummer. Wenn du dir ein Ziel gesetzt hast, für das es sich zu leben lohnt, wird sich die ganze Welt für dich verändern. Was jetzt dunkel ist, wird dann hell erscheinen." ; und der Tod wird ein Feind sein, ein Ding, mit dem man verzweifelt bis zum letzten Atemzug kämpfen muss. Seien Sie in der Zwischenzeit „nervös" *vorsichtig* mit dieser schrecklichen Waffe, nicht wahr?

„Du stellst mir keine Fragen über letzte Nacht", sagt er plötzlich; „Und es gibt etwas, das ich Ihnen sagen muss. Befreien Sie sich von diesem Ridgway, dem Untergärtner. Er war es, der das Fenster der Bibliothek für mich geöffnet hat. Er ist nicht vertrauenswürdig und zu sehr auf schmutzigen Profit bedacht, als dass er jemals zum Guten käme. Ich hat ihn bestochen.

Er spricht jetzt mit einiger Schwierigkeit und blickt nicht auf sie, sondern auf das Muster, das er auf den weichen Lehm zu seinen Füßen zeichnet.

„Ihn bestochen?" sagt Mona in einem unbeschreiblichen Ton.

„Ja. Ich wusste von der geheimen Tafel von Warden, dem Neffen des alten Elspeth, der, glaube ich, der Einzige war, der von ihrer Existenz wusste Solch ein großes Verbrechen, eine ungerechtfertigte Tat zu beseitigen, die einem älteren Sohn (ohne triftigen Grund) seine ehrlichen Rechte genommen hat, um sie dem jüngeren zu verleihen. Was hatte mein Vater durch Verrat und niedrige List verdrängt? ihn und erlangte sein Erstgeburtsrecht, während er, mein Vater, ohne Anhörung vertrieben und enterbt wurde.

Seine Leidenschaft trägt Mona mit sich.

„Es war zweifellos ungerecht; es hört sich so an", sagt sie schwach. Doch noch während sie spricht, schließt sie ihre kleinen, schlanken Finger entschlossen um das Pergament, das Nicholas und die liebe, hübsche Dorothy wieder glücklich machen soll.

„Um nach Ridgway zurückzukehren", sagt Paul Rodney und richtet sich abrupt auf. „Sehen Sie sich ihn selbst an, ich bitte Sie als letzten Gefallen und entlassen Sie ihn. Schicken Sie ihn zu mir: Ich werde ihn mit nach Australien nehmen und ihm einen Neuanfang im Leben ermöglichen. Ich schulde ihm so viel Ich war der Erste , der ihn auf den falschen Weg verleitete; doch ich bezweifle, dass er auf dem rechten Weg geblieben wäre, selbst wenn er mir nicht begegnet wäre .

„Sicherlich", denkt Mona bei sich, „dieser seltsame junge Mann ist nicht ganz schlecht. Er hat seine göttlichen Eigenschaften ebenso wie andere."

„Ich werde tun, was Sie verlangen", sagt sie und fragt sich, wann das Interview zu Ende sein wird.

„Immerhin bin ich halb froh, dass Nicholas nicht in die Flucht geschlagen wird", sagt er plötzlich mit etwas Müdigkeit im Tonfall. „Das Spiel war der Mühe nicht wert; ich hätte nie in der Lage sein sollen, den *Grandseigneur so* zu spielen, wie er es macht. Ich nehme an, dass ich nicht dazu geboren bin. Außerdem hege ich *ihm* nichts Böses."

Sein Ton, seine Betonung des Pronomens ist bezeichnend.

„Warum solltest du irgendjemandem böse sein?" sagt Mona unruhig.

„Ihr Mann hat mich ‚Dieb‘ genannt. Das habe ich nicht vergessen“, antwortet er düster, während ihm das dunkle Blut der Rasse seiner Mutter in die Wange strömt. „An diese Beleidigung werde ich mich bis zu meinem Lebensende erinnern. Und er soll sich *daran erinnern* , dass ich ihn, wenn ich ihn jemals wieder allein und von Angesicht zu Angesicht treffe, nur für dieses Wort töten werde.“

"Oh nein nein!" sagt Mona und schreckt vor ihm zurück. „Warum hegst du solche Rache in deinem Herzen? Würdest du mich auch töten, wenn du so sprichst? Verbringe solche Gedanken von dir und strebe nach dem Guten. Rache ist die Nahrung der Narren.“

„Nun, zumindest werde ich nicht mehr viele Gelegenheiten haben, ihn zu treffen“, sagt Rodney. „Ich werde dieses Land so schnell wie möglich verlassen. Sagen Sie Nicholas, er soll den Titel zusammen mit den anderen behalten.

„Auf Wiedersehen“, sagt Mona leise und reicht ihm die Hand. Er hält es in beiden seinen eigenen schnell. Gerade in diesem Moment wird ihr zum ersten Mal klar, dass dieser Mann sie mit einer Liebe liebt, die die der meisten übertrifft. Das Wissen weckt in ihrer Brust nicht – was natürlich der Fall sein sollte – Gefühle tugendhafter Empörung: Tatsächlich muss ich leider sagen, dass meine Heldin nichts als ein tiefes und ernstes Mitleid empfindet, das sich in ihrem ausdrucksstarken Gesicht verrät.

„Gestern Abend hast du mich Paul genannt. Erinnerst du dich? Nenn mich noch einmal, zum letzten Mal“, bettelt er leise. „Ich werde nie vergessen, was ich damals gefühlt habe. Wenn du in der Zukunft jemals Gutes von mir hörst, glaube daran, dass es durch dich zum Leben erwacht ist. Bis zu meinem Todestag wird dein Bild bei mir bleiben. Sag jetzt: ‚Auf Wiedersehen, Paul, bevor ich gehe.

„Auf Wiedersehen, lieber Paul“, sagt Mona ganz sanft, beeindruckt von seiner offensichtlichen Trauer und Ernsthaftigkeit.

„Auf Wiedersehen, mein – mein geliebter – Cousin“, sagt er mit erstickter Stimme. Ich denke, das letzte Wort ist ein nachträglicher Einfall. Er reißt sich von allem los, was ihm auf Erden am heiligsten ist, und die Belastung ist schrecklich. Er bewegt sich entschlossen ein paar Meter von ihr weg, als sei er entschlossen, Abstand zwischen sich und ihr zu schaffen; Doch dann hält er inne und kehrt wieder zurück, als wäre er nicht in der Lage, sich ihrer Gegenwart zu entziehen, wirft sich vor ihr auf die Knie und drückt mit leidenschaftlicher Verzweiflung eine Falte ihres Kleides an seine Lippen.

„Es ist für immer!“ sagt er zusammenhangslos. „Oh, Mona, zumindest versprich mir *wenigstens*, dass du immer freundlich von mir denken wirst.“

„Immer – tatsächlich immer!" sagt Mona mit Tränen in den Augen; Danach geht er mit einem letzten jämmerlichen Blick davon und verschwindet zwischen den Bäumen.

Dann dreht sich Mrs. Geoffrey schnell um und rennt mit Höchstgeschwindigkeit nach Hause. Sie ist halb traurig, halb jubelnd und bis ins Herz erfüllt von dem Wissen, dass Leben, Freude und Befreiung vom gegenwärtigen Bösen in ihrer Tasche liegen. Dieser Gedanke krönt alle anderen.

Als sie den Kiesweg erreicht, der von den Büschen zum Flur vor der Flurtür führt, trifft sie auf den in Ungnade gefallenen Ridgway, der irgendetwas mit einem der Sträucher anstellt, der während des späten schlechten Wetters zu Schaden gekommen ist.

Er berührt sie mit seinem Hut und wünscht ihr respektvoll „Guten Tag", aber ausnahmsweise ist sie für seine Begrüßung blind. Dennoch bleibt sie vor ihm stehen und sagt mit klarer Stimme kalt:

„Für die Zukunft werden Ihre Dienste hier nicht mehr benötigt. Ihr neuer Herr, Mr. Paul Rodney, dem Sie lieber gehorchen als diejenigen, in deren Diensten Sie standen, wird Ihnen von diesem Tag an Ihre Befehle erteilen. Gehen Sie zu ihm , und danach versuchen Sie, treu zu sein.

Der Junge – er ist kaum größer – duckt sich unter ihrem Blick. Er ändert die Farbe und lässt den Ast, den er hält, fallen. Keine Entschuldigung kommt ihm über die Lippen. Mit diesen klaren Augen auf ihn zu lügen, wäre mehr als nutzlos. Er wendet sich abrupt ab und ist für die Türme von diesem Moment an gestorben.

KAPITEL XXXIII.

WIE DIE GESPRÄCHE IN DEN TÜRMEN WACHSEN – UND WIE MONA SICH BEWERTET – UND WIE LADY RODNEY DEN STAUB LECKT.

„Wo kann Mona sein?" sagt Doatie plötzlich.

Wir müssen eine Stunde zurückgehen. Lady Lilias Eaton ist gekommen und gegangen. Es ist jetzt Viertel vor fünf und Violet schenkt in der Bibliothek Tee ein.

„Ja; wo ist Mona?" sagt Jack und schaut von der Tasse auf, die sie ihm gerade gegeben hat.

„Ich gehe davon aus, dass ich mehr als die meisten über sie weiß", sagt Nolly, der sich zwischen Biskuit und Pflaumenkuchen ungemein amüsiert. „Ich sagte ihr, dass die Ästhetin wahrscheinlich heute Nachmittag anrufen würde, und riet ihr dringend, zu fliehen, solange sie konnte."

„Sie hat offenbar Ihren Rat befolgt", sagt Nicholas.

„Nun, ich bin ziemlich genau darauf eingegangen, wissen Sie. Ich habe ihr erklärt, wie Lady Lilias wahrscheinlich die neue Sperrstunde-Glocke in all ihren Belangen besprechen würde, und ich habe düster auf das ‚Domesday Book' hingewiesen. *Das* hat sie gefesselt.

„Nichts macht mich so hungrig wie Lady Lilias", sagt Doatie entspannt. Sie liegt zurückgelehnt in einem riesigen Sessel, der Platz für drei ihrer Art bietet, und verschlingt Brot und Butter wie eine zierliche, aber ausgehungerte kleine Fee. Nicholas, der neben ihr sitzt, hält ihre Teetasse in der Hand, ihre ganz besondere Teetasse aus farbenfrohem Sèvres. „Sie ist sehr anstrengend, nicht wahr, Nicholas? Was für eine umwerfende Haut sie hat! – die weißeste, die ich je gesehen habe."

„Nun, das ist wirklich zu ihren Gunsten", sagt Violet auf ihre unvoreingenommenste Art. „Wenn sie ihre Rokoko-Toiletten aufgeben und sich wie andere Menschen zu Elise oder Worth hinreißen lassen würde, das Posieren aufgeben und versuchen würde, sich wie ein rationales Wesen zu benehmen, könnte man sie fast als gutaussehend bezeichnen."

Niemand unterstützt diese voreilige Meinung. Es herrscht tiefes Schweigen. Miss Mansergh schaut sich sanft um und sucht Halt, und als sie Jack in die Augen sieht, bleibt sie stehen.

„Na ja, wirklich, wissen Sie, ja. Ich denke, dass sie etwas Besonderes *ist* ", sagt er und fühlt sich verpflichtet, etwas zu sagen.

„Es gibt also etwas besonders Schreckliches", antwortet Nolly nachdenklich. „Sie macht mir zu Tode Angst. Sie hat ein ‚Auge wie ein Bohrer'." Wenn ich mich an den Tag erinnere, an dem mein Vater mich in die Bibliothek lockte und mir irgendwie sagte, ich könne nichts Besseres tun, als Lilias zu holen, geben meine Knie unter mir nach und schlagen vor Angst aufeinander ein in ihrem mittelalterlichen Programm wäre mir zugeteilt worden.

„Du wärst ihr Handlanger gewesen – stimmt das, Nicholas? – oder ihr *Knecht* ", sagt Dorothy mit Überzeugung, „und du hättest dir die Haut beflecken und mit einer Armbrust herumlaufen müssen, und mit deiner." „Der Mund ist von Ohr zu Ohr geweitet, um dir das richtige Aussehen zu verleihen. Alle ästhetischen Menschen haben breite Münder, nicht wahr, Nicholas?"

„Gott sei Dank, was für ein fesselndes Bild!" sagt Mr. Darling. „Du lässt mich alles bereuen, was ich verloren habe. Aber vielleicht ist es noch nicht zu spät. Ich sage: Dolly, du isst nichts. Iss noch etwas Butterbrot oder Kuchen, altes Mädchen. Du kümmerst dich nicht halb darum von dir selbst."

„Na ja, weißt du, ich glaube, ich nehme noch ein Stück Kuchen", sagt Doatie völlig unverfroren. „Und – sei ehrlich. Schließlich glaube ich nicht, dass Lilias dich jemals heiraten würde, Noll, oder irgendeinen anderen Mann: Sie wüsste nicht, was sie mit dir anfangen sollte."

„Es ist sehr nett von dir, das zu sagen", sagt Nolly sanftmütig, aber dankbar. „Es gibt mir große Unterstützung. Du glaubst also wirklich, dass ich entkommen könnte?"

„Stellen Sie sich einfach die Ästhetik mit einem Ehemann und einem Baby auf dem Knie vor."

„Wie ‚Loraine Loraine Loree'", sagt Violet lachend.

„Hatte sie beides zusammen auf ihrem Knie?" fragt Dorothy vage. „Sie muss es schwer gefunden haben."

„Oh, eins nach dem anderen", sagt Nolly. „Sie konnte nicht alles auf einmal schaffen. So viel Fantasie erfordert Nachdenken."

In diesem Moment schlendert Geoffrey – der abwesend war – ins Zimmer und sagt nach einem unvorsichtigen Blick in die Runde leichthin, als ob ihm etwas entgangen wäre:

„Wo ist Mona?"

„Nun, wir dachten, Sie würden es wissen", sagt Lady Rodney und spricht zum ersten Mal.

„Ja. Wo ist sie?" sagt Doatie: „Das ist genau das, was wir alle wissen wollen. Sie wird keinen Tee bekommen, wenn sie nicht sofort kommt, denn Nolly ist fest entschlossen, ihn aufzuessen. Nolly", mit klagendem Protest, „sei nicht gierig." ."

„Wir dachten, sie wäre bei Ihnen", sagt Captain Rodney beiläufig.

„Sie ist draußen", sagt Lady Rodney in angespanntem Ton.

„Ist sie das? Es ist zu spät für sie, draußen zu sein", erwidert Geoffrey und denkt an die kühle Abendluft.

„Ziemlich zu spät", gibt seine Mutter bedeutungsvoll zu. „Es ist, gelinde gesagt, sehr seltsam, sehr unziemlich. Zu dieser Stunde draußen und allein – wenn sie tatsächlich allein ist!"

Ihr Ton ist so unangenehm und so bedeutsam, dass Stille über den Raum hereinbricht. Geoffrey sagt nichts. Vielleicht versteht er als Einziger unter ihnen die Bedeutung ihrer Worte nicht. Er scheint in Gedanken versunken zu sein. So verloren, dass die anderen, die ihn beobachten, sich insgeheim fragen, was das Ende seiner Meditationen bringen wird. Dennoch verwechseln sie ihn alle: Kein Zweifel an Mona ist ihm jemals in den Sinn gekommen und wird, glaube ich, auch nie in den Sinn kommen.

Lady Rodney betrachtet ihn neugierig und versucht, sein niedergeschlagenes Gesicht zu lesen. Ist dem törichten Jungen endlich klar geworden, dass sein Götzenbild aus Ton einen Fehler aufweist?

Nicholas sieht wütend aus. Jack, der sich neben Violet auf einen Stuhl sinken lässt, sagt flüsternd: „Es ist eine schreckliche Schande, dass seine Mutter Mona nicht in Ruhe lassen kann. Sie scheint, beim Himmel!, entschlossen zu sein, Geoffrey gegen sie aufzubringen."

„Es ist grausam", sagt Violet mit unterdrücktem, aber glühendem Zorn.

„Wenn – wenn *du* einen Kerl liebst, würde dich irgendetwas gegen ihn aufbringen?" fragt er plötzlich und sieht ihr direkt ins Gesicht.

Und sie antwortet:

„Nichts. Nicht alles Gerede in der weiten Welt", mit strahlendem Erröten, aber mit festem, ernstem Blick.

Nolly, misstrauisch gegenüber Geoffreys Schweigen, geht auf ihn zu, legt ihm die Hände auf die Schultern und sagt leise:

„Mrs. Geoffrey ist unfähig, einen Fehler zu machen. Wie still Sie sind, alter Kerl!"

„Äh?" sagt Geoffrey, rappelt sich auf und lächelt freundlich. „Ein Fehler? Oh nein. Sie macht nie Fehler. Ich habe an etwas anderes gedacht. Aber sie sollte jetzt wirklich drin sein, wissen Sie; sie wird sich den Tod durch Erkältung holen."

Der völlige Mangel an Misstrauen in seinem Ton treibt Lady Rodney dazu, Maßnahmen zu ergreifen. Um ihr gerecht zu werden, hat die Abneigung gegen Mona ihr Urteilsvermögen so verfälscht, dass sie fast an das Böse glaubt, das sie über sie verbreiten will.

„Du bist absichtlich blind", sagt sie, errötet heiß und glättet mit nervösen Fingern eine imaginäre Falte aus ihrem Kleid. „Natürlich habe ich Mitchell die Dinge so gut wie möglich erklärt, aber es war sehr umständlich und sehr unangenehm, und Bedienstete werden nie getäuscht."

„Ich glaube kaum, dass ich dir folge", sagt Geoffrey mit gefrorenem Ton. „Wovon würden Sie sich wünschen, dass Ihre Diener getäuscht werden?"

„Natürlich ist es völlig richtig, dass du es so aufnimmst", fährt seine Mutter fort, ohne sich warnen zu lassen und gereizt zu sprechen, „der einzige Weg, der noch offen bleibt; aber bei *mir ist es ziemlich absurd* . Das haben wir." Alle haben die außergewöhnliche Höflichkeit Ihrer Frau gegenüber diesem schockierenden jungen Mann bemerkt, wenn man bedenkt, wie er uns gegenüber steht und welche unglücklichen Umstände mit ihm verbunden sind. Aber ungleiche Ehen bringen nie etwas Gutes mit sich.

„Jetzt, ein für alle Mal, Mutter ...", beginnt Nicholas vehement, aber Geoffrey bringt ihn mit einer Geste zum Schweigen.

„Ich bin vollkommen zufrieden, ja mehr als zufrieden mit der Verbindung, die ich gemacht habe", sagt er hochmütig; „Und wenn Sie auf Paul Rodney anspielen, kann ich nur sagen, dass mir an Monas Behandlung ihm gegenüber nichts Verwerfliches aufgefallen ist."

„Du bist sehr zu bewundern", sagt seine Mutter in einem abscheulichen Ton.

„Ich sehe keinen Grund, warum sie nicht mit jedem Mann reden sollte, den sie will. Ich kenne sie gut genug, um ihr überall zu vertrauen, und bin für dieses Wissen zutiefst dankbar obwohl ich ihr dadurch, dass ich so kaltblütig über sie rede, schweres Unrecht tue.

„Das läuft fast darauf hinaus", sagt Nicholas stirnrunzelnd.

„Außerdem verstehe ich nicht, was du meinst", sagt Geoffrey und betrachtet seine Mutter immer noch mit wütenden Augen. „Warum Monas Abwesenheit mit Paul Rodney in Verbindung bringen?"

„Ich werde es dir sagen", ruft sie in höherem Ton, ihre blassblauen Augen blitzen. „Vor zwei Stunden erhielt mein eigenes Dienstmädchen eine an Ihre Frau gerichtete Nachricht von Paul Rodneys Mann. Als sie diese las, zog sie sich an und ging von diesem Haus in Richtung Wald. Wenn Sie aus diesen beiden Tatsachen keine eigenen Schlussfolgerungen ziehen können, Sie müssen langweiliger oder eigensinniger sein, als ich Ihnen zutraue.

Sie hört auf, ihre Arbeit ist erledigt. Die anderen im Raum werden vor Angst schwach, während sie sich sagen, dass die Dinge zu schrecklich werden, um sie noch länger zu ertragen. Als die Stille unerträglich wird, kämpft sich die arme kleine Dorothy nach vorne.

„Liebe Lady Rodney", sagt sie mit zitterndem Ton, „sind Sie ganz sicher, dass die Nachricht von diesem – diesem Mann stammt?"

„Ganz sicher", erwidert ihre zukünftige Schwiegermutter grimmig. „Ich spreche nie, Dorothy, ohne Grundlage für das, was ich sage."

Dorothy, die sich brüskiert fühlt, versinkt in Stille und dem Schatten, der das Sofa, auf dem sie sitzt, umhüllt.

Zur Überraschung aller nimmt Geoffrey die Rede seiner Mutter nicht offen zur Kenntnis. Er gibt seinem Zorn nicht nach und öffnet zu keinem Thema seine Lippen. Sein Gesicht ist frei von Wut, Entsetzen oder Misstrauen. Es verändert sich tatsächlich im Schein der brennenden Holzscheite, aber auf völlig unerwartete Weise. Ein Ausdruck, den man sogar als Hoffnung bezeichnen könnte, bringt Licht ins Dunkel. So lauten seine Gedanken: „Kann es möglich sein, dass der Australier nachgegeben hat und aus Angst vor öffentlicher Aufmerksamkeit nach dem *Fiasko der letzten Nacht* das Testament an Mona übergeben hat?"

Besessen von diesem Gedanken, der alle anderen übertönt, verschränkt er die Hände auf dem Rücken und schlendert zum Fenster. „Soll er zu Mona gehen und sofort die Wahrheit erfahren? Vielleicht besser nicht; sie ist ein so kluges Kind, dass es besser wäre, sie den Sieg ohne jegliche Hilfe erringen zu lassen."

Er lehnt sich ans Fenster und blickt ängstlich auf die dunkler werdende Dämmerung. Seine Mutter beobachtet ihn mit neugierigen Augen. Plötzlich elektrisiert er den ganzen Raum, indem er leicht und luftig sein Lieblingslied aus „Madame Favart" pfeift. Es ist das „Kunstlose Ding" und nichts weniger, und er pfeift es bewusst und verträumt von Anfang bis Ende.

Es scheint ein so direkter Kommentar zu Monas vermeintlicher Untat zu sein, dass jeder – wie aus einem einzigen Impuls heraus – aufblickt. Nolly und Jack Rodney tauschen verstohlene Blicke aus. Ohne die überall vorherrschende Depression hätten die beiden meiner Meinung nach leichtfertiger Heiterkeit Platz gemacht.

„Bei Gott, weißt du, es ist seltsam", sagt Geoffrey plötzlich und spricht wie jemand, der seit langem einem keineswegs unangenehmen Gedankengang folgt, „dass er nach ihr geschickt hat, und das: Da muss etwas sein." Rodney hat ihr nicht umsonst geschrieben, um –" Hier unterbricht er sich abrupt und erinnert sich an sein Versprechen gegenüber Mona, nichts über die Szene in der Bibliothek zu sagen. „Es bedeutet auf jeden Fall etwas", schließt er ein wenig zahm.

„Kein Zweifel", erwidert seine Mutter höhnisch.

„Meine liebe Mutter", sagt Geoffrey und kehrt zum Feuerschein zurück, „was du andeuten würdest, ist zu lächerlich, als dass es überhaupt zur Kenntnis genommen werden könnte." Jeder Funke seiner früheren Leidenschaft ist aus seiner Stimme gestorben und er ist jetzt ganz ruhig, ja fröhlich.

„Aber gleichzeitig muss ich Sie bitten, sich daran zu erinnern, dass Sie von meiner Frau sprechen."

„Ich erinnere mich daran", antwortet sie bitter.

Gerade in diesem Moment ist ein leiser Schritt zu hören, der draußen die Treppe hinauf und über die Veranda rennt. Alle sehen erwartungsvoll aus und der leichte Unmut verschwindet aus Geoffreys Gesicht. Eine schlanke, anmutige Gestalt erscheint am Fenster und klopft leicht.

„Mach das Fenster auf, Geoff", ruft Mona eifrig, und während er ihren Befehlen gehorcht, betritt sie das Zimmer mit einer gewissen Hast in ihren Bewegungen und schaut sich ernst um – ein eigenartiger Ausdruck, der aus Freude entsteht dachte und machte ihr schönes Gesicht noch perfekter als sonst.

Auf ihren Lippen liegt ein Lächeln; Ihre Hände sind auf dem Rücken verschränkt.

„Ich bin so froh, dass du gekommen bist, Liebling", sagt die kleine Dorothy, nimmt ihren Hut ab und legt ihn auf einen Stuhl neben ihr.

Geoffrey entfernt die schwere Spitze, die um ihren Hals liegt, und führt sie dann zum Kaminvorleger, der fast gegenüber dem Sessel seiner Mutter steht.

„Wo warst du, Mona?" fragt er leise und blickt in die großen, ehrlichen, flüssigen Augen, die so bereitwillig zu seinen eigenen blicken.

„Sie werden es erraten", sagt Frau Geoffrey fröhlich und mit einem kleinen Lachen. „Wo denkst du?"

Geoffrey sagt nichts. Aber Sir Nicholas sagt wie impulsiv:

"Im Wald?"

Vielleicht hat er Angst um sie. Vielleicht ist es für sie ein sanfter Hinweis darauf, dass die Wahrheit das Beste ist. Was auch immer es sein mag, Mona versteht ihn überhaupt nicht. Seine Mutter blickt scharf auf.

„Ja, das war ich auch", sagt Mona und öffnet überrascht die Augen und lächelt amüsiert. „Was für eine gute Vermutung, und wenn man bedenkt, wie spät es schon ist!"

Sie lächelt wieder. Lady Rodney, die sie aufmerksam beobachtet, sagt sich, dass es das Perfekteste ist, was sie je in ihrem Leben gesehen hat, sei es auf der Bühne oder außerhalb.

Geoffreys Arm gleitet von den Schultern seiner Frau zu ihrer runden Taille.

„Vielleicht versuchen Sie es noch einmal, da Sie beim ersten Mal so gut geraten sind", sagt Mona, immer noch an Nicholas gerichtet, und spricht in einem Ton von ungewöhnlicher Unbeschwertheit, aber so stehend, dass niemand sehen kann, warum ihre Hände so sind beharrlich hinter ihrem Rücken festgehalten. „Jetzt sag mir, mit wem ich zusammen war."

Das ist ein Blitz. Sie beginnen alle schuldbewusst und betrachten Mona voller Staunen. Was wird sie als nächstes sagen?

„Also", sagt sie spöttisch und lacht über Nicholas, „du kannst nicht länger den Seher spielen? Nun, ich werde es dir sagen. Ich war mit Paul Rodney zusammen!"

Sie ist ganz offensichtlich von der Sensation, die sie hervorruft, ganz verzaubert, auch wenn sie noch lange nicht begreift, wie vollständig diese Sensation ist. Etwas in ihrem Gesichtsausdruck spricht Doatie an und lässt sie unwillkürlich näher an sie herantreten. Ihr Gesicht ist verklärt. Es ist voller Liebe, selbstloser Freude und fröhlichem Frohlocken: Immer schön, in diesem Moment hat ihre Schönheit etwas Göttliches.

„Was hast du hinter deinem Rücken?" sagt Geoffrey plötzlich und geht auf sie zu.

Sie errötet, öffnet die Lippen, als wolle sie sprechen, und ist doch stumm – vielleicht aus übermäßiger Emotionalität.

„Mona, das ist es nicht – es kann nicht sein – aber ist es das?" fragt er zusammenhangslos.

„Das fehlende Testament? Ja – ja – *ja*!" schreit sie, hebt die Hand, die hinter ihr ist, und hält sie hoch über ihrem Kopf, während der Wille fest darin gehalten wird.

Es ist ein überragender Moment. Im Raum herrscht tödliche Stille, und dann bricht Dorothy in Tränen aus. Tief in meinem Herzen glaube ich, dass sie über Monas Entschuldigung genauso erleichtert ist wie über die Entdeckung der gewünschten Tat.

Mona wendet sich nicht an Nicholas, Doatie oder Geoffrey, sondern an Lady Rodney und wirft ihr die Zeitung in den Schoß.

„Das Testament – aber sind Sie sicher – sicher?" sagt Lady Rodney schwach. Sie versucht aufzustehen, sinkt aber wieder in ihren Stuhl zurück und fühlt sich schwach und überwältigt.

„Ganz sicher", sagt Mona, und dann lacht sie laut – ein süßes, freudiges Lachen – und faltet ihre Hände mit unverhohlener Freude und Zufriedenheit.

Geoffrey, der Tränen in den Augen hat, nimmt sie in die Arme und küsst sie vor allen anderen einmal sanft.

„Mein allerliebster Liebling", sagt er mit leidenschaftlicher Zuneigung und leiser Stimme; aber sie hört ihn und wundert sich vage, aber erfreut über seinen Ton, ohne die Zärtlichkeit zu verstehen, die ihn fast überkommt, als er sich daran erinnert, wie seine Mutter – der sie mit all ihrer Kraft zu helfen versucht hat – sie grob verleumdet und falsch eingeschätzt hat . Wahrlich, sie ist zu gut für diejenigen, denen ihr Los zuteil wird.

„Es ist wie ein Märchen", sagt Violet mit ungewohnter Aufregung. „Oh, Mona, erzähl uns, wie du es geschafft hast."

„Nun, kurz nach dem Mittagessen brachte mir Letitia, Ihr Dienstmädchen, einen Brief. Ich öffnete ihn. Er war von Paul Rodney und bat mich, ihn um drei Uhr zu treffen, da er etwas Wichtiges zu sagen hatte, das mich aber nicht beunruhigte „Als er *das sagte* ", sagt Mona und schaut sich mit einem großen, sanften, umfassenden Blick und einem süßen Lächeln um, „Ich wusste, dass er *dich meinte* ." und rannte den ganzen Weg zu der Stelle , die er bestimmt hatte – dem großen Kastanienbaum in der Nähe des Mühlbachs: Du weißt es, Geoff, nicht wahr?"

„Ja, ich weiß es", sagt Geoffrey.

„Er war vor mir dort, und fast sofort zog er das Testament aus seiner Tasche und sagte, er würde es mir geben, wenn – wenn – nun ja, er es mir geben würde", sagt Mrs. Geoffrey und ändert ihre Farbe, als sie sich an sie erinnert barmherzige Flucht. „Und er bat mich, dir zu sagen, Nicholas, dass er den Titel niemals beanspruchen würde, da er für ihn nutzlos war und er so süß auf dir ruht. Und dann umklammerte ich das Testament, hielt es fest und rannte den ganzen Weg." zurück damit, und – und das ist alles!"

Sie lächelt wieder, und mit einem Seufzer der Verzückung über ihren eigenen Erfolg wendet sie sich an Geoffrey und drückt aus tiefstem Herzen ihre Lippen auf seine.

„Warum hast du dir wegen uns so viel Mühe gegeben?" sagt Lady Rodney und beugt sich vor, um das Mädchen besorgt anzusehen, ihre Stimme ist leise und zitternd.

Dabei wird Mona, die ein impulsives Wesen ist, erneut blass und beunruhigt.

„Es war für dich", sagt sie und lässt den Kopf hängen. „Ich dachte, wenn ich etwas tun könnte, um dich glücklicher zu machen, lernst du vielleicht, mich ein wenig zu lieben!"

„Ich habe dir Unrecht getan", sagt Lady Rodney mit leiser Stimme und bedeckt ihr Gesicht mit ihren Händen.

„Geh zu ihr", sagt Geoffrey, und Mona entkommt seiner Umarmung und fällt vor den Füßen seiner Mutter auf die Knie. Mit einer kleinen, verängstigten Hand versucht sie, sich der Finger zu bemächtigen, die das Gesicht der älteren Frau beschützen.

„Es ist zu spät", sagt Lady Rodney in unterdrücktem Ton. „Ich habe so viele Dinge über dich gesagt, das – das –"

„Es ist mir egal, was du gesagt hast", unterbricht Mona schnell. Zu diesem Zeitpunkt hat sie ihre Arme um Lady Rodneys Taille gelegt und betrachtet sie flehend.

„Es gibt zu viel zu vergeben", sagt Lady Rodney, und während sie spricht, rollen ihr zwei Tränen über die Wangen. Dieser Gefühlsbeweis von ihr ist eine Flut von anderen wert.

„Lass zwischen dir und mir nicht von Vergebung reden", sagt Mona sehr süß, woraufhin Lady Rodney fair nachgibt, ihre Arme um das kniende Mädchen legt, sie an ihre Brust zieht und sie zärtlich küsst.

Jeder ist begeistert. Vielleicht sind sich Nolly und Jack Rodney des wilden Verlangens zu lachen bewusst, aber wenn ja, unterdrücken sie es mannhaft und benehmen sich genauso anständig wie die anderen.

„Jetzt bin ich ganz, ganz glücklich", sagt Mona, erhebt sich von ihren Knien, geht wieder zu Geoffrey zurück und stellt sich neben ihn. „Erzähl ihnen alles von letzter Nacht", sagt sie und schaut zu ihm auf, „und vom geheimen Schrank."

KAPITEL XXXIV.

WIE DIE RODNEYS SICH ÜBER DIE GEHEIME
Podiumsdiskussion vergnügen – WIE GEOFFREY MONA FRAGT
– UND WIE, WENN DIE FREUDE AM HÖCHSTEN STEHT,
EINE SCHLECHTE NACHRICHT ÜBER SIE hereinbricht.

Bei der Erwähnung des Wortes „Geheimnis" wird jeder sofort sehr lebendig. Sogar Lady Rodney trocknet ihre Tränen und blickt erwartungsvoll auf.

„Ja, Geoffrey und ich haben eine Entdeckung gemacht – eine äußerst wichtige – und sie hat uns den ganzen Tag schwer auf der Brust gelegen. Jetzt erzähl ihnen alles über letzte Nacht, Geoff, von Anfang bis Ende."

Auf diese Weise beschworen – obwohl er in Wahrheit kaum Druck erfordert, da er seit dem frühen Morgengrauen von dem Verlangen verzehrt wird, das verborgene Wissen zu enthüllen, das in seiner Brust steckt – erzählt Geoffrey ihnen das Abenteuer der Nacht zuvor. Tatsächlich verleiht er der Geschichte eine so brillante Färbung, dass jeder vor Erstaunen verstummt, wobei Mona selbst vielleicht am meisten erstaunt ist. Wie eine gute Ehefrau macht sie jedoch keine Kommentare und widerspricht seinen Aussagen überhaupt nicht, so dass er ihnen (ermutigt durch ihre offensichtliche Entschlossenheit, sich nicht in alles einzumischen, was er sagen möchte) eine Geschichte erzählt, die sie völlig zu Fall bringt Haus – metaphorisch gesprochen.

„Eine geheime Tafel! Oh, wie bezaubernd! *Zeig* es mir!" ruft Doatie Darling, als dieses wunderbare Konzert zu Ende ist. „Wenn es eine Sache gibt, die ich liebe, dann ist es eine geheime Kammer oder ein Schrank in einem Haus oder ein Geist."

„Vielleicht hast du die Geister ganz für dich allein. Ich werde sie dir nicht gönnen. Ich werde die Schränke haben", sagt Nicholas, der in der letzten Stunde mindestens zehn Jahre jünger geworden ist. „Mona, zeig uns das."

Mona zieht einen Stuhl an die getäfelte Wand, steigt darauf, und indem sie ihren Finger auf das siebte Paneel drückt, rollt es langsam zurück und verrät das Vakuum dahinter.

Sie begutachten es alle mit Interesse, wobei Nolly bei dieser Gelegenheit besonders redselig war.

„Und wenn man bedenkt, dass wir alle fast jeden Abend nur ein oder zwei Meter von diesem gesegneten Testament entfernt saßen und nie etwas davon wussten!" sagt er schließlich in einem Tonfall ungemilderten Ekels.

„Ja, genau das ist mir eingefallen", sagt Mona und nickt mitfühlend.

„Nein? War es?" sagt Nolly sentimental. „Wie – wie furchtbar befriedigend ist es zu wissen, dass wir beide auch nur bei einem Thema gleich dachten!"

Mona weicht nach einem starren Blick der Verwunderung, der sofort erlischt, einem Lachen: Sie steht immer noch auf dem Stuhl und blickt auf Nolly herab, der sie in der ruhigen und völlig offenen Art anbetet, die zu ihm gehört.

In diesem Moment sagt Dorothy:

„Halt die Klappe wieder fest, Mona, und lass *mich* versuchen, sie zu öffnen." Und nachdem Mona die Klappe wieder geschlossen hat und vom Stuhl gesprungen ist, nimmt Doatie ihren Platz ein und öffnet und schließt, unterstützt von Nicholas, die Geheimtür immer wieder nach Herzenslust.

„Es ist ganz einfach: Es gibt keine Täuschung", sagt Mr. Darling, während er sich mit anmutiger Ermutigung im Ton an den Saal wendet, mit den Schultern zuckt und alle Allüren durchspielt, die zum orthodoxen französischen Schausteller gehören.

„Es ist ganz notwendig, dass Sie alles darüber wissen", sagt Nicholas mit leiser Stimme zu Dorothy, die er vorsichtig hält, als ob er den falschen Eindruck hätte, dass junge Frauen, wenn sie ohne Unterstützung auf Stühlen gelassen werden, unweigerlich von ihnen fallen. „Als zukünftige Herrin hier sollten Sie in jeder Hinsicht mit dem alten Ort verbunden sein."

Miss Darling errötet. Es ist so lange her, dass sie dieser Schwäche nachgegeben hat, dass sie es nun warmherzig und großzügig tut, als wollte sie andere verpasste Gelegenheiten wettmachen. Sie klettert vom Stuhl, geht auf Mona zu und überrascht die Heldin der Stunde, indem sie ihr eine herzliche, aber zärtliche Umarmung schenkt.

„Es ist alles deine Schuld. Wie elend wären wir gewesen, wenn wir dich nie gesehen hätten!" sagt sie mit Tränen der Dankbarkeit in den Augen.

Insgesamt ist es ein sehr aufregender und angenehmer Moment.

Für sie ist das Panel so etwas wie ein Spielzeug. Sie alle öffnen es nacheinander, staunen darüber und freuen sich darüber. Aber Geoffrey nimmt Mona beiseite und sagt neugierig und ein wenig ernst:

„Sagen Sie mir, warum Sie vor einiger Zeit in Ihrer Rede gezögert haben. Als Sie davon sprachen, dass Rodney Ihnen das Testament gibt, sagten Sie, er habe angeboten, es Ihnen zu geben, wenn – wenn – Was bedeutete das ,Wenn'?"

„Kommen Sie ans Fenster, ich werde es Ihnen sagen", sagt Frau Geoffrey. „Er – er – du darfst dir keine Notiz davon machen, Geoffrey, aber er wollte mich küssen. Er bot mir das Testament für einen Kuss an und – –"

„Du bist nicht auf diese Weise in den Besitz gekommen?“ fragt er, ergreift ihre Hände und versucht, ihr Gesicht zu lesen.

„Oh nein! Aber hören Sie sich meine Geschichte an. Als er sah, wie sehr ich seinen Vorschlag hasste, erließ er großzügig den Preis und überließ mir das Dokument als Gratisgeschenk. Das war ziemlich nett von ihm, nicht wahr? Denn Männer als ob sie ihren eigenen Weg gehen würden, wissen Sie.

„In der Tat sehr selbstverleugnend von ihm“, sagt Geoffrey mit einem leichten höhnischen Grinsen und einem Seufzer der Erleichterung.

„Hätte ich nachgegeben, wärst du sehr wütend gewesen?“ fragt sie, ihn ernst betrachtend.

"Sehr."

„Was für eine Gnade ist es dann, dass ich es nicht getan habe!“ sagt Mona naiv. „Ich war kurz davor, wissen Sie? Ich hatte tatsächlich ‚Ja‘ gesagt, weil ich mich nicht dazu entschließen konnte, die Kaufurkunde zu verlieren, als er mich von dem Geschäft abbringen ließ. Aber wenn er darauf bestanden hätte, sage ich es Ihnen Ehrlich gesagt bin ich mir ziemlich sicher, dass ich mich von ihm hätte küssen lassen sollen.

„Mona, rede nicht so“, sagt Geoffrey und biss sich auf die Lippen.

„Na ja, aber schließlich kann man kein guter Freund sein, wenn man sich nicht manchmal für diejenigen opfern kann, die man liebt“, sagt Mrs. Geoffrey vorwurfsvoll. „Du hättest es an meiner Stelle selbst getan!“

„Was! Den Australier küssen? Ich würde ihn sehen – sehr gut – das heißt – ähm! Das würde ich auf keinen Fall tun, wissen Sie“, sagt Mr. Rodney.

„Nun, ich glaube, ich liege falsch“, sagt Mona seufzend. „Bist du sehr wütend auf mich, Geoff? Hättest du mir jemals vergeben, wenn ich es getan hätte?“

„Das sollte ich“, sagt Geoffrey und drückt ihre Hände. „Du wärst für mich immer die beste und wahrste Frau der Welt. Aber – aber es hätte mir nicht gefallen sollen.“

„Nun, ich sollte es auch nicht tun!“ sagt Frau Geoffrey mit Überzeugung. „Ich hätte es absolut hassen sollen. Aber ich hätte es mir nie verzeihen sollen, wenn er mit dem Testament davongekommen wäre.“

„Es ist eine ziemliche Romanze“, sagt Jack Rodney: „So etwas habe ich noch nie zuvor außerhalb der Bühne gehört.“ Er spricht allgemein zum Raum. „Ich bezweifle, dass irgendjemand außer dir, Mona, den Willen aus ihm herausgeholt hätte. Er hasst den Rest von uns wie Gift.“

„Aber – Gott segne mich! – wie schrecklich muss er in dich verliebt sein, dass er deinetwegen die Türme aufgibt!" sagt Nolly und gibt dem Gedanken, der ihn schon seit einiger Zeit quält, plötzlich Worte.

Da dies der Gedanke ist, der seit der Enthüllung alle verfolgt hat und über den sie sich alle schon lange gesehnt, aber gefürchtet haben, zu diskutieren, betrachten sie Nolly jetzt mit Bewunderung – alle bis auf Lady Rodney, die sich an ihre unangenehmen Unterstellungen von vor einer Stunde erinnert Sie bewegt sich unruhig auf ihrem Stuhl und wird unbehaglich rot.

Mona ist jedoch keineswegs beunruhigt; Sie richtet ihren ruhigen Blick auf Nolly und antwortet ihm, ohne auch nur zu erröten.

„Wissen Sie, dass mir das bis heute Nachmittag nie in den Sinn gekommen ist?" sie sagt einfach; „Aber jetzt denke ich – vielleicht irre ich mich, aber ich glaube wirklich, dass er sich einbildet, in mich verliebt zu sein. Eine sehr dumme Einbildung, natürlich."

„Er muss Sie anbeten; und das ist auch kein Wunder", sagt Mr. Darling so nachdrücklich, dass alle lächeln und Jack ihm auf die Schulter klopft und sagt:

„Gut gemacht, Nolly! Mach es noch einmal, alter Junge!"

„Oh, Mona, was für einen Mut du bewiesen hast! Stell dir vor, du wärst in der Bibliothek und siehst dich einer Person gegenüber, von der du nie erwartet hättest, und das mitten in der Nacht, während alle tief und fest schlafen! In deinem Fall sollte ich das tun „Entweder bin ich ohnmächtig geworden oder so schnell meine Füße mich tragen konnten, wieder in mein Schlafzimmer zurückgekehrt, und ich glaube", sagt Dorothy mit Überzeugung, „ich hätte mich selbst so weit vergessen sollen, dass ich jeden Zentimeter des Weges geschrien hätte."

„Das glaube ich nicht", sagt Mona. „Ein großer Schock macht einen ernüchtert. Ich vergaß Angst zu haben, bis alles vorbei war. Und dann waren die Hunde eine große Stütze."

„Als er dir die Pistole an die Stirn hielt, hast du da nicht geschrien?" fragt Violet.

„Zu meiner Stirn?" sagt Mona verwirrt; und dann wirft sie einen Blick auf Geoffrey und erinnert sich, dass dies eine der geringfügigen Variationen war, mit denen er seine Geschichte ausschmückte.

„Nein, das hat sie nicht", wirft er leichthin ein. „Sie hat es keinen Moment vermasselt: Sie hat jede Menge Mut. Er hat es nicht direkt an ihre Stirn gedrückt, wissen Sie; aber", leichthin, „ist alles das Gleiche."

„Als du die Pistole so geschickt in deinen eigenen Besitz gebracht hast, warum um alles in der Welt hast du ihn dann nicht erschossen?" fragt Mr.

Darling düster, der offensichtlich blutrünstig ist, wenn er an den Australier und seine anmaßende Bewunderung für die unvergleichliche Mona denkt.

„Ah! Sicher wissen Sie, dass ich das jetzt nicht tun würde", erwidert sie mit einem stärkeren Zug ihres einheimischen Brogues, als sie ihn seit vielen Tagen benutzt hat; worüber sie alle herzlich lachen, und sogar Lady Rodney mischte sich so leichtfertig ein, als hätte es noch nie einen Tag gegeben, an dem sie sich verächtlich über dieselbe irische Sprache lustig gemacht hätte.

„Nun ja, Ende gut, alles gut", sagt Kapitän Rodney gedankenlos. „Wenn dieser köstliche Cousin von uns jetzt nur in das ruhige und stille Grab sinken würde, könnten wir vielleicht sogar den Titel ohne Angst vor Streitigkeiten zurückbekommen und wieder da sein, wo wir angefangen haben."

Genau in diesem Moment wird die Tür der Bibliothek plötzlich aufgerissen, und Jenkins erscheint auf der Schwelle, sein Gesicht ist so weiß, wie es die Natur zulässt, und sein sonst so perfektes Benehmen ist völlig gestört. „Sir Nicholas, kann ich Sie kurz sprechen?" sagt er mit großer Aufregung und wird in seinem Bemühen, ruhig zu bleiben, geradezu apoplektisch.

„Was ist los, Jenkins? Sprich!" sagt Lady Rodney, erhebt sich von ihrem Stuhl und hält ihn mit einer gebieterischen Geste auf, als würde er das Zimmer verlassen.

„Oh, meine Dame, wenn ich etwas sagen muss", schreit der alte Mann, „aber es ist eine schreckliche Nachricht, die man ohne Vorwarnung verkünden kann. Mr. Paul Rodney liegt im Sterben: Er hat sich vor einer halben Stunde erschossen und lügt jetzt." in Rawson's Lodge im Buchenwald.

Mona wird wütend und macht einen Schritt nach vorne.

„Sich selbst erschossen! Wie?" sagt sie heiser, ihr Busen hebt und senkt sich stürmisch. „Jenkins, antworte mir."

„Erzähl es uns, Jenkins", sagt Nicholas hastig.

„Es scheint, dass er eine Taschenpistole bei sich hatte, Sir Nicholas, und als er durch den Wald nach Hause ging, stolperte er über ein paar Wurzeln, die losgingen und ihn tödlich verletzten. Es ist eine innere Wunde, Mylady. Dr. Bland, der ist bei ihm, sagt, es gibt keine Hoffnung.

"Keine Hoffnung!" sagt Mona mit schrecklicher Verzweiflung in der Stimme: „Dann habe ich ihn getötet. Ich habe ihm heute Abend diese Pistole zurückgegeben. Es ist meine Schuld — meine. Ich habe seinen Tod verursacht."

Dieser Gedanke scheint sie zu überwältigen. Sie hebt die Hände an den Kopf und ein Ausdruck größter Angst schleicht sich in ihre Augen. Sie schwankt ein wenig und wäre gefallen, wenn nicht Jack Rodney, der ihr in diesem Moment am nächsten ist, sie in seinen Armen auffängt.

„Mona", sagt Nicholas grob, legt seine Hand auf ihre Schulter und schüttelt sie leicht, „ich verbiete dir, so zu reden. Es ist niemandes Schuld. Es ist der Wille Gottes. Es ist krankhaft und sündig von dir, das zuzulassen." So ein Gedanke kommt einem in den Sinn.

„So ist es wirklich, Mrs. Geoffrey, wissen Sie", sagt Nolly und legt seine Hand auf ihre andere Schulter, um sie noch einmal zu schütteln. „Nick hat völlig recht. Nimm es dir nicht zu Herzen, tu es jetzt nicht. Man könnte genauso gut sagen, dass der Büchsenmacher, der ihm ursprünglich die tödliche Waffe verkauft hat, für dieses unglückliche Ereignis verantwortlich ist, genauso wie – wie du."

„Außerdem ist es vielleicht übertrieben", meint Geoffrey, „er ist vielleicht gar nicht so schlecht, wie man sagt."

„Ich fürchte, daran besteht kein Zweifel, Sir", sagt Jenkins respektvoll, der in seinem Innersten diesen rechtzeitigen Unfall als ein direktes Eingreifen der Vorsehung ansieht. „Und der Bote, der gekommen ist (und der jetzt im Saal ist, Sir Nicholas, wenn Sie ihn befragen möchten), sagt, Dr. Bland habe ihn heraufgeschickt, um Sie sofort über den unglücklichen Vorfall zu informieren."

Nachdem Jenkins dies alles ohne Unterbrechung gesagt hat, hat er das Gefühl, dass er sich selbst übertroffen hat, und geht aufgrund seiner Lorbeeren in den Ruhestand.

Nicholas geht in die Vorhalle, befragt den Jungen, der die traurige Nachricht überbracht hat, ins Kreuzverhör und kehrt, nachdem er einige Zeit mit ihm gesprochen hat, mit noch ernsterem Gesicht als zuvor in die Bibliothek zurück.

„Der arme Kerl ruft unaufhörlich nach dir, Mona", sagt er. „Es bleibt Ihnen überlassen, ob Sie zu ihm gehen oder nicht. Geoffrey, *Sie* sollten in dieser Angelegenheit eine Stimme haben, und ich denke, sie sollte gehen."

„Oh, Mona, geh – geh doch", fleht Doatie, die in Tränen aufgelöst ist. „Armer, armer Kerl! Ich wünschte, ich wäre nicht so unhöflich zu ihm gewesen."

„Geoffrey, bringst du mich zu ihm?" sagt Mona und reißt sich auf.

„Ja. Beeil dich, Liebling. Wenn du glaubst, dass du es ertragen kannst, solltest du keine Zeit verlieren. Ich fürchte, sogar Minuten sind in diesem Fall kostbar."

Dann zieht ihr jemand den Mantel wieder an, den sie vor so kurzer Zeit abgelegt hatte, und jemand anders setzt ihr die Robbenfellmütze auf und wickelt ihre schwarze Schnur um ihren weißen Hals, und dann macht sie sich auf den Weg zu ihrer traurigen Mission. Ihre ganze Freude verwandelt sich in Trauer, ihr Lachen in Tränen.

Nicholas, der das Zimmer bereits wieder verlassen hatte, kommt nun zurück und bringt ein Glas Wein mit, das er sie hinunterschlucken lässt. Dann verlässt sie, bleich und verängstigt, aber ruhiger als zuvor, das Haus und macht sich mit Geoffrey auf den Weg zum Wildhüterhaus, wo der Mann liegt, den sie so sehr gefürchtet hatten, hilflos in den Armen des Todes.

Die Nacht schleicht sich über das Land. Schon schwebt am Himmel still der bleiche Halbmond, der eben geboren wurde, –

„Mit dem alten Mond im Arm",

Über alles ist tiefe Stille gefallen. Die Luft ist kalt und durchdringend. Mona zittert und kommt noch näher an Geoffrey heran, während sie stumm und doch voller traurigster Gedanken durch den blattlosen Wald gehen.

Als sie in Sichtweite der Fenster von Rawsons Cottage kommen, werden sie von Dr. Bland empfangen, der sie kommen sah und herbeigeeilt ist, um sie zu empfangen.

„Das ist ja nett, sehr nett", sagt der kleine Mann anerkennend und schüttelt beiden die Hände. „Und das auch so bald; keine Zeit verloren. Arme Seele! Er ruft unaufhörlich nach Ihnen, meine liebe Frau Geoffrey. Es ist ein trauriger Fall – sehr, sehr. Weg von jedem, den er kennt. Aber kommen Sie herein, kommen Sie In."

Er zieht Mrs. Geoffreys Hand durch seinen Arm und geht zur Lodge.

„Gibt es keine Hoffnung?" fragt Geoffrey ernst.

„Keine; keine. Es wäre sinnlos, etwas anderes zu sagen. Eine innere Blutung hat eingesetzt. Ein paar Stunden, vielleicht weniger, müssen es beenden. Er weiß es selbst, armer Junge!"

„Oh! kann nichts getan werden?" fragt Mona und blickt ihn mit flehenden Augen an.

„Meine Liebe, was ich tun konnte, habe ich getan", sagt der kleine Mann und tätschelt ihr in seiner gütigen, väterlichen Art die Hand; „Aber er hat die menschlichen Fähigkeiten übertroffen. Und nun noch eines: Du bist hierhergekommen, ich weiß, mit dem zärtlichen Gedanken, seine letzten Stunden zu beruhigen: deshalb bitte ich dich, ruhig und sehr still zu sein.

Emotionen werden ihn nur beunruhigen, und , wenn du dich zu nervös fühlst, weißt du – vielleicht – oder?“

„Ich werde nicht zu nervös sein“, sagt Mona, aber ihr Gesicht erbleicht noch während sie spricht; und Geoffrey sieht es.

„Wenn es zu viel für dich ist, Liebling, sag es“, flüstert er; „Oder soll ich mit dir gehen?“

„Es ist besser, sie geht alleine“, sagt Dr. Bland. „Er wäre ganz ungleich zu zweien; und außerdem – verzeihen Sie – nach dem, was er mir gesagt hat, fürchte ich, dass es unangenehme Passagen zwischen Ihnen und ihm gab.“

„Das gab es“, gesteht Geoffrey widerstrebend und leise. „Ich wünschte jetzt von ganzem Herzen, es wäre anders gewesen. Ich bedauere sehr, was passiert ist.“

„Wir alle bereuen es manchmal, lieber Junge, der Allerbeste von uns“, sagt der kleine Arzt und schnäuzt sich die Nase: „Wer von uns ist fehlerlos? Und wirklich, die Umstände waren sehr anstrengend für dich, – sehr – eh? Ja Natürlich versteht man das, aber der Tod heilt alle Spaltungen, und er eilt zu seinem letzten Bericht, der arme Junge, viel zu früh.“

Mittlerweile haben sie die Hütte betreten und stehen in der winzigen Halle.

„Öffnen Sie die Tür, Mrs. Geoffrey“, sagt der Arzt und zeigt auf seine rechte Hand. „Ich habe Sie kommen sehen und habe ihn auf das Gespräch vorbereitet. Ich werde gleich hier oder im Nebenzimmer sein, wenn Sie mich wollen. Aber ich kann kaum mehr für ihn tun, als ich es getan habe.“

„Du wirst auch in der Nähe sein, Geoffrey?“ murmelt Mona stockend.

„Ja, ja; das verspreche ich für ihn“, sagt Dr. Bland. „Tatsächlich habe ich Ihrem Mann etwas zu sagen, das ihm sofort gesagt werden muss.“

Dann öffnet Mona die Tür, die ihr der Arzt gezeigt hat, geht in die Kammer dahinter und ist für einige Zeit aus ihrer Sicht verloren.

KAPITEL XXXV.

WIE MONA PAUL RODNEY Tröstet – WIE Nacht und Tod zusammenkommen – UND WIE PAUL RODNEY SEIN EIGENTUM ENTFERNT.

Auf einem niedrigen Bett liegt Paul Rodney, den Blick eifrig auf die Tür gerichtet, den Tau des Todes bereits auf seinem Gesicht.

Es ist keine Entstellung an ihm zu sehen, kein Blutfleck, kein hässlicher Fleck; Dennoch wird er von der bleichen Hand des Zerstörers berührt und versinkt, stirbt, verdorrt darunter. Er ist in der letzten tödlichen Stunde um mindestens zehn Jahre gealtert, während in seinen Augen ein Ausdruck liegt, der so voller hungriger Erwartung und großer Sehnsucht ist, dass er fast an Angst grenzt.

Als Mona durch die zunehmende Düsternis der schnell herannahenden Nacht an seine Seite tritt, fast blass wie er ist und an allen Gliedern zittert, verschwindet diese elende Angst aus seinem Gesicht und hinterlässt eine unaussprechliche Ruhe und einen Frieden.

Für sie ist es ein schrecklicher Moment. Nie zuvor stand sie der Auflösung gegenüber und wartete auf das Zerreißen der Kette – das Zerbrechen der Schale. „Weder die Sonne noch der Tod", sagt La Rochefoucauld, „können stetig betrachtet werden;" Und nun stehen „die tausend Türen des Todes offen", um diesen Mann zu empfangen, der noch vor einer Stunde so voller Leben war wie jetzt. Sein Puls pochte, sein Blut floss sanft durch seine Adern, das Grab schien ein weit entferntes Ziel zu sein; Doch hier liegt er, zu Boden geschlagen, niedergeschlagen und zertreten, und nichts weiter zu erwarten als die letzte Veränderung von allem.

„O Tod! Du seltsame, geheimnisvolle Macht, die man jeden Tag sieht und doch nie versteht, außer von den unkommunikativen Toten, was bist du?"

„Du bist gekommen", sagt er mit einem kurzen Seufzer, der Erleichterung ausdrückt. „Ich wusste, dass du es tun würdest. Ich habe es gespürt, aber ich hatte Angst. Oh, was für ein Trost, dich wiederzusehen!"

Mona versucht etwas zu sagen – irgendetwas, das freundlich und mitfühlend sein könnte –, aber ihr fehlen die Worte. Ihre Lippen öffnen sich, aber kein Ton entweicht ihnen. Die schreckliche Realität des Augenblicks erschreckt und überwältigt sie.

„Versuchen Sie nicht, mir irgendwelche banalen Reden zu halten", sagt Rodney und macht damit ihr Zögern deutlich. Er spricht hastig, doch mit offensichtlicher Schwierigkeit. „Ich sterbe. Nichts kann daran etwas ändern.

Aber der Tod hat dich wieder auf meine Seite gebracht, also kann ich nicht klagen."

„Aber dich so zu finden" – beginnt Mona. Und dann, von Kummer und Aufregung überwältigt, bedeckt sie ihr Gesicht mit den Händen und bricht in Tränen aus.

„Mona! Weinst du um mich?" sagt Paul Rodney, als wäre er überrascht. „Tu es nicht. Deine Tränen tun mir mehr weh als diese Wunde, die mich zu Tode gebracht hat."

„Oh, wenn ich dir diese Pistole nicht gegeben hätte", schluchzt Mona, die den Schrecken des Gedankens, dass sie ihm in den Tod geholfen hat, nicht überwinden kann, „du wärst jetzt am Leben und stark."

„Ja – und elend! Das vergisst du hinzuzufügen. Jetzt scheint alles in Ordnung zu sein. Im Grab können weder Trauer noch Rache einen Platz finden. Und was dich betrifft, was hast du mit meinem Schicksal zu tun? – nichts. Was solltest du? Und warum sollte ich nicht durch die Waffe, die ich gegen dich gerichtet habe, sterben? Darin liegt eine Gerechtigkeit, die nach Sadlers‘ Wells schmeckt."

Er lacht tatsächlich, wenn auch schwach, und Mona schaut auf. Vielleicht hat er sich zu diesem vagen Anflug von Fröhlichkeit gezwungen (der noch trauriger ist als Tränen), nur um sie zu erfreuen und aus ihrer Verzweiflung aufzurütteln – denn das Lachen erlischt fast, sobald es geboren ist, und stattdessen legt sich eine zusätzliche Blässe auf seine Lippen .

„Hör mir zu", fährt er leiser und mit leichten Anzeichen von Erschöpfung fort. „Ich bin froh zu sterben, – ungeheuchelt froh: also freue dich mit mir! Warum solltest du eine Träne an jemanden verschwenden, der ich bin? Erinnerst du dich, wie ich dir (vor kaum zwei Stunden) sagte, dass mein Leben zu Ende gegangen sei? Andere hoffen, dass ich damit anfangen kann? Ich wusste selbst kaum, wie prophetisch meine Worte sein würden.

„Es ist schrecklich, schrecklich", sagt Mona und sinkt mitleiderregend neben dem Bett auf die Knie. Eine seiner Hände liegt außerhalb der Bettdecke, und mit einer Geste voller zärtlichem Bedauern legt sie ihre Hand darauf.

"Haben Sie Schmerzen?" sagt sie mit leiser, ängstlicher Stimme. „Leiden Sie viel?"

„Ich leide nichts: Ich habe jetzt keine Schmerzen mehr. Ich bin unaussprechlich glücklich", antwortet er mit einem strahlenden, wenn auch trägen Lächeln. Er vergisst seinen unglücklichen Zustand, hebt die andere Hand, führt sie über das Bett und versucht, sie auf Monas zu legen. Doch die Action ist zu viel für ihn. Sein Gesicht nimmt eine bleierne Farbe an, die noch gespenstischer ist als die frühere Blässe, und obwohl er sich heldenhaft anstrengt, es zu unterdrücken, entfährt ihm ein tiefes Stöhnen.

"Ah!" sagt Mona, springt auf und dreht sich zur Tür, als wollte sie Hilfe rufen; aber er hält sie durch eine Geste auf.

„Nein, es ist nichts. Gleich ist es vorbei", keucht er. „Gib mir etwas Brandy und hilf mir, den Tod für eine kurze Zeit um seine Beute zu betrügen, wenn es möglich ist."

Als sie auf einem Tisch in der Nähe Brandy sieht, gießt sie mit zitternder Hand ein wenig in ein Glas, schlingt ihren Arm unter seinen Hals und hält ihn an seine ausgetrockneten Lippen.

Es belebt ihn etwas. Und plötzlich verschwindet die intensivere Blässe und die Sprache kehrt zu ihm zurück.

„Rufen Sie nicht um Hilfe", flüstert er flehentlich. „Sie können mir nichts Gutes tun. Bleib bei mir. Verlass mich nicht. Schwöre, dass du bei mir bleiben wirst – bis zum Ende."

„Das verspreche ich dir treu", sagt Mona.

„Es ist zu viel verlangt, aber ich fürchte mich davor, allein zu sein", fährt er fort, mit einem kurzen Schauder aus Angst und Abscheu. „Es ist eine dunkle und schreckliche Reise, die man unternehmen muss, ohne dass jemand in der Nähe ist, der einen liebt, ohne dass jemand ein einziges Bedauern empfindet, wenn man gegangen ist."

„ *Ich* werde es bereuen", sagt Mona gebrochen, während ihr die Tränen über die Wangen laufen.

„Gib mir noch einmal deine Hand", sagt Rodney nach einer Pause; und als sie es ihm gibt, sagt er: „Wissen Sie, dass dies die nächste Annäherung an wahres Glück ist, die ich in meinem ganzen sorglosen, nutzlosen Leben je gekannt habe? Was sagt Shakespeare über die Torheit, „einen hellen, besonderen Stern" zu lieben? „Ich denke immer an dich, wenn mir dieser Satz in den Sinn kommt."

Er lächelt wieder, aber Mona ist zu traurig, um zurück zu lächeln.

"Wie ist es passiert?" sie fragt, jetzt.

„Ich weiß es selbst nicht. Als ich dich verlassen habe, bin ich ziellos durch den Wald gewandert, hatte keine Lust, in diesem Moment nach Hause zurückzukehren, und habe an – natürlich an dich – gedacht, als ich gegen etwas stolperte (so erzählt man es mir). es war eine knorrige Wurzel, die sich über den Boden geschoben hatte, und dann gab es einen Knall und einen scharfen Schmerz; und das war alles. Ein paar Minuten später konnte ich mich an nichts mehr erinnern.

„Du redest zu viel", sagt Mona nervös.

„Ich kann genauso gut reden, solange ich kann: Bald wirst du mich nicht mehr hören können, wenn das Gras über mir wächst", antwortet er rücksichtslos. „Es hat sich kaum gelohnt, Ihnen dieses Testament zu übergeben, oder? Ist das Schicksal nicht ironisch? Jetzt ist alles so, wie es war, bevor ich auf die Bühne kam, und Nicholas hat den Titel ohne Zweifel. Ich wünschte, wir wären besser gewesen." Freunde, er war zumindest höflich zu mir, aber ich wurde mit Hass in meinem Herzen gegenüber allen Rodneys erzogen, von meiner Wiege an wurde mir beigebracht, sie als meine natürlichen Feinde zu verachten und zu fürchten.

Dann, nach einer Pause: „Wo werden sie mich begraben?" fragt er plötzlich. „Glaubst du, sie werden mich in die Familiengruft bringen?" Er scheint in diesem Punkt eine gewisse Besorgnis zu verspüren.

„Was auch immer du wünschst, es wird getan", sagt Mona ernst, wohl wissend, dass sie Nicholas dazu bewegen kann, jeder ihrer Bitten nachzukommen.

"Bist du sicher?" fragt er, sein Gesicht hellt sich auf. „Denken Sie daran, wie sie sich von mir zurückgezogen haben. Ich war ihr Cousin ersten Grades – der Sohn des Bruders ihres Vaters – und doch behandelten sie mich wie den größten Ausgestoßenen."

Dann sagt Mona mit zitternder Stimme und aufgrund ihrer Emotionen ziemlich unzusammenhängend: „Seien Sie ganz sicher, dass Sie dort begraben werden, wo alle anderen Baronette von Rodney ruhen."

„Danke", murmelt er dankbar. Der Gedanke ist offensichtlich tröstlich. Dann, nach ein oder zwei Augenblicken, fährt er wieder fort, als würde er einer angenehmen Idee folgen: „Eines Tages wird dieses Gewölbe vielleicht auch dich beherbergen; und dort werden wir uns wenigstens wiedersehen und Seite an Seite sein."

„Ich wünschte, du würdest nicht davon reden, begraben zu werden", sagt Mona schluchzend. „Es gibt keinen Trost im Grab: *Dort* mag sich unser Staub vermischen, aber im *Himmel* werden sich unsere Seelen treffen, darauf vertraue ich – ich hoffe."

„Himmel", wiederholt er seufzend. „Ich habe vergessen, an den Himmel zu denken."

„Denken Sie jetzt darüber nach, Paul, – jetzt, bevor es zu spät ist", fleht sie mitleiderregend. „Versuchen Sie zu beten: Es gibt immer Barmherzigkeit."

"Bete für mich!" sagt er leise und drückt ihre Hand. Auf ihren Knien wiederholt sie mit gedämpfter Stimme, traurig, aber ernst, die Gebete, an die sie sich aus dem großen Gottesdienst erinnern kann, der uns gehört. Ein oder zwei Sätze aus der Litanei fallen ihr ein; Und dann kommen einige Worte aus ihrem eigenen Herzen, und sie richtet ein leidenschaftliches Flehen an den Himmel, dass die Seele, die an ihrer Seite vorbeigeht, egal wie irrend sie ist, irgendeinen Zufluchtsort erreichen möge, wo Ruhe bleibt!

Es vergeht einige Zeit, bis er wieder spricht, und Mona hofft fast, dass er in einen ruhigen Schlaf gefallen ist, als er die Augen öffnet und bedauernd sagt:

„Was für ein anderes Leben wäre mein Leben gewesen, wenn ich dich früher gekannt hätte!" Dann, mit einer leichten Röte, die fast sofort verschwindet, als hätte er nicht die Kraft, durchzuhalten, sagt er: „Hat Ihr Mann etwas dagegen gehabt, dass Sie hierhergekommen sind?"

„Geoffrey? Oh nein. Er war es, der mich mitgebracht hat. Er hat mir befohlen, mich zu beeilen, damit Sie sich nicht vorstellen können, dass ich unvorsichtig mitgekommen bin. Und – und – er bat mich, ihm zu sagen, wie sehr er die harten Worte, die er geäußert hat, und die härteren Gedanken, die er geäußert hat, bereut Ich flehe dich an, vergib ihm und stirb in Frieden mit ihm und allen Menschen.

"Vergib ihm!" sagt Rodney. „Ganz sicher, wie unfreundlich die Gedanken auch sein mögen, die er mir gegenüber gehegt hat, ich muss sie jetzt vergessen und vergeben, wenn ich sehe, was er für mich getan hat. Hat er meine letzten Stunden nicht geglättet? Hat er mir nicht dich geliehen? Sag es ihm, ich ertrage es." ihm nichts Böses tun.

„Ich werde es ihm sagen", sagt Mona.

Er schweigt eine ganze Minute lang; dann sagt er: –

„Ich habe Dr. Bland ein Papier für Sie gegeben: Es wird erklären, was ich wünsche. Und, Mona, in meinem Zimmer liegen einige Papiere. Wirst du dich für mich darum kümmern und sie verbrennen lassen?"

„Ich werde sie mit meinen eigenen Händen verbrennen", sagt Mona.

„Wie tröstlich Sie sind! – wie Sie verstehen", sagt er mit einem kurzen Seufzer. „Da ist noch etwas anderes: Dieser Ridgway, der mir das Fenster geöffnet hat, muss versorgt werden. Geben Sie ihm das in der Zeitung erwähnte Geld und schicken Sie ihn zu meiner Mutter: Sie wird sich um meinetwillen um ihn kümmern. Meine Güte arme Mutter!" er holt schnell Luft.

„Soll ich ihr schreiben?" fragt Mona sanft. „Sagen Sie, was Sie getan haben möchten."

„Es wäre nett von Ihnen", sagt er dankbar. „Sie wird alles wissen wollen, und Sie werden es sanfter tun als die anderen. Verweilen Sie nicht bei meinen Sünden und sagen Sie, ich sei glücklich gestorben. Geben Sie ihr auch eine Kopie der Arbeit, die Dr. Bland jetzt hat."

„Ich werde mich erinnern", sagt Mona, ohne zu wissen, was in dem Papier steht. „Und wer bin ich, dass ich über die Sünden eines anderen nachdenken sollte? Bist du müde, Paul? Wie furchtbar blass siehst du aus!"

Er ist offensichtlich ziemlich erschöpft. Seine Stirn ist feucht, seine Augen eingefallen, seine Lippen blasser, totenähnlicher als zuvor. In kleinen, schmerzhaften Keuchen kommt sein Atem unregelmäßig. Dann fällt Mona plötzlich auf, dass er sie zwar ansieht, aber nicht sieht. Seine Gedanken sind weit in jene früheren Tage gewandert, als England unbekannt war und das freie Leben der Kolonie alles war, was er sich wünschte.

Als Mona ihn halb ängstlich anstarrt, richtet er sich plötzlich auf seinen Ellbogen und sagt in einem Ton, der viel stärker ist, als er es bisher getan hat:

„Wie strahlend das Mondlicht heute Nacht ist! Sehen Sie – beobachten Sie" – gespannt – „wie die Schatten einander den Ranger's Hill hinunter jagen!"

Mona blickt erschrocken auf. Die schwachen Strahlen des neugeborenen Mondes strömen tatsächlich durch das Fenster und werfen sich träge auf die gegenüberliegende Wand, aber sie sind blass und fahl, da das Mondlicht noch in den Kinderschuhen steckt, und alles andere als strahlend. Außerdem sind Rodneys Augen nicht auf sie gerichtet, sondern auf die Tür, die direkt über Monas Kopf zu sehen ist, wo sich keine Balken bewegen, auch wenn sie noch so schwach sind.

„Legen Sie sich hin, Sie werden sich wieder verletzen", sagt sie und versucht sanft, ihn dazu zu bewegen, in seine frühere Liegeposition zurückzukehren. aber er widersetzt sich ihr.

„Wer hat meine Befehle bezüglich der Schafe entgegengenommen?" sagt er mit lauter Stimme und in herrischem Ton, seine Augen werden hell, aber unsicher. „Sagen Sie Grainger, er soll sich darum kümmern. Mein Vater hat erst gestern wieder darüber gesprochen. Die oberen Weiden sind frischer – grüner –"

Seine Stimme bricht: Mit einem Stöhnen sinkt er wieder auf sein Kissen.

„Mona, bist du noch da?" Er kommt wieder zu Bewusstsein und sagt: „Habe ich geträumt oder hat mein Vater mit mir gesprochen? Wie kommt die Nacht?" Er seufzt müde. „Ich bin so müde, so erschöpft: Wenn ich nur schlafen könnte!" er murmelt leise.

Ach! Wie bald wird ihn der ewige Schlaf befallen, aus dem kein Mensch erwacht!

Sein Atem wird schwächer, seine Augenlider schließen sich.

Jemand kommt mit einer Lampe herein und stellt sie auf einen entfernten Tisch, wo ihre Strahlen den Sterbenden nicht beunruhigen können.

Als Dr. Bland das Zimmer betritt, geht er ans Bett, fühlt seinen Puls und versucht, etwas zwischen seine Lippen zu stecken, aber er weigert sich, etwas zu nehmen.

„Es wird dich stärken“, sagt er überzeugend.

„Nein, es nützt nichts, es ermüdet mich nur. Meine beste Medizin, meine einzige Medizin, ist hier“, erwidert Paul und drückt schwach Monas Hand. Er antwortet dem Arzt, aber er sieht ihn nicht an. Während er spricht, ist sein Blick auf Mona gerichtet.

Dr. Bland stellt das Glas ab, unterlässt es, ihn weiter zu quälen, und geht weg; Geoffrey, der ebenfalls hereingekommen ist, nimmt seinen Platz ein. Er beugt sich über den Sterbenden und berührt ihn leicht an der Schulter.

Paul dreht den Kopf, und als er Geoffrey sieht, huscht ein kurzer Krampf über sein Gesicht, der Angst verrät.

„Nehmen Sie sie noch nicht mit – noch nicht“, sagt er mit einem leisen Flüstern.

„Nein, nein. Sie wird bleiben“, sagt Geoffrey hastig: „Ich möchte dir nur sagen, mein Lieber, wie sehr ich um dich trauere und wie gerne ich viele Dinge ungeschehen machen würde – wenn ich könnte.“

Der andere lächelt schwach. Offensichtlich freut er sich über Geoffreys Worte, aber das Sprechen ist für ihn mittlerweile fast unmöglich. Sein Versuch, sich zu erheben, um Mona das imaginäre Mondlicht zu zeigen, hat seinen kleinen Rest an Leben stark verschwendet, und jetzt liegt nur noch eine dünne Trennwand, zerbrechlich und kaputt, zwischen ihm und dem unerbittlichen Rubikon, den wir alle eines Tages passieren müssen.

Dann wendet er seinen Kopf wieder ab, um seinen Blick auf Mona ruhen zu lassen, als ob es nirgendwo anders Frieden und Trost zu finden gäbe.

Geoffrey tritt zur Seite und steht dort, wo er nicht mehr gesehen werden kann, und spürt instinktiv, dass das schwindende Leben vor ihm seinen einzigen Trost im Gedanken an Mona findet. Sie ist alles, was er begehrt. Von ihr schöpft er den Mut, sich dem bevorstehenden schrecklichen

Moment zu stellen, in dem er die Hand des Todes ergreifen und mit ihm ausziehen muss, um dem großen Unbekannten zu begegnen.

Plötzlich schließt er seine Finger um ihre, und als sie aufblickt, sieht sie, dass sich seine Lippen bewegen, obwohl ihnen kein Ton entgeht. Sie beugt sich über ihn, neigt ihr Gesicht zu ihm und flüstert leise:

"Was ist es?"

„Es ist fast vorbei", keucht er schmerzhaft. „Sag mir Lebewohl. Vergiss mich nicht ganz, nicht ganz. Gib mir jedoch einen kleinen Platz in deiner Erinnerung – so unwürdig."

„Ich werde es nicht vergessen; ich werde mich immer erinnern", erwidert sie, während die Tränen über ihre Wangen laufen; und dann beugt sie sich aus göttlichem Mitleid und vielleicht weil Geoffrey hier ist, um sie zu sehen, und legt ihre Lippen auf seine Stirn.

Niemals wird sie den dankbaren Blick vergessen, der ihr begegnet und der sein ganzes Gesicht, sogar seine trüben Augen, erleuchtet, während sie ihm diese sanfte, mitleidige Liebkosung schenkt.

„Beten Sie für mich", sagt er.

Und dann fällt sie wieder auf die Knie, und Geoffrey im Hintergrund kniet, obwohl unsichtbar, ebenfalls nieder; und Mona flüstert mit gebrochener Stimme, weil sie jetzt sehr bitterlich weint, ein paar tröstende Worte für die Sterbenden.

Die Minuten vergehen langsam, langsam; Eine Uhr von einem entfernten Kirchturm schlägt die Stunde. Das leise Prasseln des Regens auf dem Weg draußen und jetzt auf der Fensterscheibe ist alles, was man hören kann.

In der Sterbekammer herrscht Stille. Niemand bewegt sich, ihr Atem scheint gedämpft zu sein. Paul Rodneys Augen sind geschlossen. Keine leiseste Bewegung stört den Schlaf, in den er gefallen zu sein scheint.

So vergeht eine halbe Stunde. Dann hebt Geoffrey zunehmend unruhig den Kopf und sieht Mona an. Von seinem Platz aus ist das Bett vor ihm verborgen, aber er kann sehen, dass sie immer noch daneben kniet, ihre Hand in Rodneys, ihr Gesicht in der Bettwäsche verborgen.

In diesem Moment kehrt der Arzt ins Zimmer zurück, geht auf Zehenspitzen (als hätte er Angst, den Schläfer zu stören) zu Mona, die kniet, und blickt Rodney besorgt an. Aber leider! Kein Geräusch der Erde wird jemals den Schlaf der stillen Gestalt stören, auf die er blickt.

Nach einer kurzen Untersuchung der Gesichtszüge (die sich jetzt schon in Marmor verwandeln) zieht der Arzt die Brauen zusammen, geht zu Geoffrey und flüstert ihm etwas ins Ohr, während er auf Mona zeigt.

„Sofort", sagt er mit Nachdruck.

Geoffrey beginnt. Er geht schnell auf Mona zu, beugt sich über sie und löst ganz sanft ihre Hand von der anderen Hand, die sie hält. Er legt seinen Arm um ihren Hals und dreht ihr Gesicht bewusst in seine eigene Richtung – als wolle er verhindern, dass ihr Blick auf dem Bett ruht, und legt es auf seine eigene Brust.

„Komm", sagt er sanft.

„Oh, noch nicht!" fleht die treue Mona in einem elenden Ton an; „ *Noch nicht* . Denken Sie daran, was ich gesagt habe. Ich habe versprochen, bis zum Schluss bei ihm zu bleiben."

„Du hast dein Versprechen gehalten", erwidert er feierlich und drückt ihr Gesicht noch fester an seine Brust.

Ein starker Schauder durchläuft ihren Körper; Sie wird in seiner Umarmung etwas schwerer. Als er sieht, dass sie ohnmächtig geworden ist, nimmt er sie auf die Arme und trägt sie aus dem Zimmer.

Als sie später das Papier öffnen, das der Tote in die Obhut von Dr. Bland gegeben hatte und das sich als sein vom Wildhüter und seinem Sohn ordnungsgemäß unterzeichnetes und beglaubigtes Testament erweist, stellen sie fest, dass er zu Mona gegangen ist alles davon starb er besessen. Sie beläuft sich auf etwa zweitausend im Jahr; Davon soll ein Tausend sofort zu ihr kommen, das andere beim Tod seiner Mutter.

Ridgway, dem Untergärtner, vermachte er dreihundert Pfund, „als kleine Entschädigung für das ihm angetane Böse", heißt es in dem Dokument, das mit deutlicher, aber zitternder Hand geschrieben ist. Und dann folgen ein oder zwei Vermächtnisse an die Freunde, die er in Australien hinterlassen hatte, und einige an die wenigen, von denen er im kälteren England Freundlichkeit erfahren hatte.

Niemand wird von ihm vergessen; obwohl er, sobald er „tot und ins Grab gelegt" ist, von den meisten vergessen wird.

Sie bestatten ihn in der Familiengruft, wo seine Vorfahren Seite an Seite ruhen, wie Mona es ihm versprochen hatte, und schreiben „Sir Paul Rodney" über seinen Kopf, um ihm im Tod den Titel zu verleihen, den sie ihm zu Lebzeiten gerne vorenthalten hätten.

KAPITEL XXXVI.

WIE MONA DIE TOTEN VERTEIDIGT – UND WIE LADY LILIAS EATON BEredT WIRD.

Mit jeder Stunde werden selbst die schmerzlichsten Kummer weniger. Früher oder später wird die Natur zu Hilfe kommen, und die „ewige Hoffnung" wird die Verzweiflung in den Hintergrund drängen. Da Paul Rodneys Tod für die Bewohner der Towers eher ein Schock als eine Trauer war, verschwindet die Erinnerung daran mit einer Geschwindigkeit, die selbst sie selbst in Erstaunen versetzt.

Mona klammert sich, wie es nur natürlich ist, am längsten an die Erinnerung an jenen schrecklichen Tag, an dem Kummer und Freude so eng vermischt waren, als die Tragödie so schnell auf ihre Komödie folgte, dass Lachen und Tränen einander umarmten und Trübsinn ihren Sonnenschein übertönte. Doch selbst sie wird fröhlicher und ist wieder ganz sie selbst, wenn der „Frohe Monat Mai" kommt und seine ganze Fülle an Blüten und den Gesang fröhlicher Vögel auf sie niederprasselt, während sie in Lichtungen und Tälern singen.

Doch in ihrem Herzen ist die verirrte Cousine nicht ganz vergessen. Jeden Tag gibt es Momente, in denen sie sich an ihn erinnert, und sie kommt auch nie an dem riesigen Grab vorbei, in dem sein Körper ruht und auf den letzten Trumpf wartet, ohne einen freundlichen Gedanken an ihn und die Hoffnung, dass seine Seele im Himmel sicher ist .

Die Grafschaft hat sich bei dieser Gelegenheit einigermaßen schändlich verhalten und sich einem Mann gegenüber – ohne jeden Vorbehalt – als uneingeschränkt froh über die Chance erklärt, die Sir Nicholas wieder zu den Seinen zurückgeführt hat. Was sie vielleicht einfach *nicht* sagen, ist, dass sie erfreut sind, dass Paul Rodney sich selbst erschossen hat: Das mag brutal klingen, und irgendwo muss man die Grenze ziehen, und ein letzter Rest Anstand zwingt sie, an dieser Stelle diese Grenze zu ziehen. Aber es ist die dünnste Linie, die möglich ist und leicht überquert werden kann.

Sogar die Herzogin weigert sich, in der ganzen Angelegenheit irgendetwas Bedauerliches zu sehen, und äußert sich gegenüber Lady Rodney zum Thema des Todes ihres Neffen in Worten, die man fast als Glückwünsche bezeichnen könnte. Man hat ihr natürlich schweigend und mit abfälligem Kopfschütteln zugehört, doch hinterher kann Lady Rodney sich nicht erklären, dass die Herzogin die Sache anders als mit gesundem Menschenverstand betrachtet hat.

In ihrem eigenen Herzen und in den geheimen Winkeln ihrer Kammer segnet Nicholas' Mutter Mona dafür, dass sie die Pistole an diesem

Februarnachmittag an den lästigen jungen Mann (der so weit aus dem Weg ist) zurückgegeben hat und eine positive Zuneigung zu ihr hegt Baumwurzeln seit dem traurigen (?) Unfall.

Aber diese unheiligen Gedanken gehören nur ihrer eigenen Brust und werden sorgfältig verborgen, damit niemand sie erraten kann.

Der Herzog, der etwa einen Monat nach Paul Rodneys Tod die Towers besucht, vergisst sich selbst so weit, dass er zu Mona, die anwesend ist, sagt:

„Schreckliches Glück, dass du diesen Cousin losgeworden bist, was? So ein unangenehmer Kerl, weißt du nicht, und so ungewöhnlich in der Art."

Daraufhin hatte Mona ihre Augen auf ihn gerichtet, Augen, die buchstäblich vorwurfsvoll aufblitzten, und hatte ihm langsam, aber mit Bedeutung gesagt, dass er sich daran erinnern sollte, dass die Toten sich nicht wehren konnten, und dass sie es zum Beispiel noch nicht gelernt hatte den Tod eines Menschen als „schreckliches Glück" zu betrachten.

„Geben Sie mein Wort", sagte der Herzog anschließend zu einer ausgewählten Versammlung, „als sie mich damals aus ihren wunderbaren irischen Augen ansah und das alles mit ihrem musikalischen Akzent sagte, kam ich mir in meinem ganzen Leben noch nie so klein vor." Reg 'Lar ist in meine Stiefel geschlüpft, weißt du, und ist dort geblieben, aber sie *ist wirklich* die charmanteste Frau, die ich je getroffen habe.

Auch Lady Lilias Eaton hatte die Höhen und Tiefen von Rodney ziemlich gut gemeistert. Die Geschichte der Hingabe der Australierin war für sie wie eine Offenbarung gewesen. Sie war tatsächlich außer sich geraten und hatte die alten Briten ganze anderthalb Tage lang vernachlässigt – aus allerhöchster Autorität –, nur um über Paul Rodney zu sprechen. Sicherlich „hat ihm nichts in seinem Leben so gut gefallen wie das Verlassen des Lebens": Von all denen, die kaum mit ihm gesprochen haben, als er noch lebte, redet nicht einer, der vertraulich über ihn spricht, jetzt, wo er tot ist.

„So sehr seltsam, so beispiellos in diesem degenerierten Zeitalter", sagt Lady Lilias zu Lady Rodney und spricht über die Testamentsepisode im Allgemeinen und mit so viel Enthusiasmus, wie es ihr möglich ist: „Ein geheimes Panel? Wie interessant." ! Das fehlt uns in Anadale. Bitte, liebe Lady Rodney, erzahlen Sie mir noch einmal alles."

Daraufhin erzählt Lady Rodney, für die die ganze Sache „Kuchen und Bier" ist, alles noch einmal und berichtet von jedem Vorfall, von der Entfernung des Testaments aus der Bibliothek durch Paul bis zu seiner Übergabe am nächsten Tag an Mona.

Lady Lilias ist begeistert.

„Die ganze Geschichte ist ziemlich perfekt. Sie erinnert mich an die Balladen über König Artus' Ritter der Tafelrunde."

„Was? Der Diebstahl des Testaments?" fragt Lady Rodney unschuldig. Sie weiß nichts über die alten Briten und verabscheut den Klang ihres Namens, da sie sie für unanständige, unmoralische Menschen hält, die unzureichend gekleidet umhergingen. Über König Artus und seine Rundritter (wie sie sie nennen *wird*, nachdem sie sich einst so hoffnungslos in das Thema verwickelt hatten, dass sie sich nie wieder entwirren ließ) weiß sie noch weniger, über das hinaus, was Tennyson ihr beigebracht hat.

Sie versteht in der Tat, dass Sir Launcelot ein sehr ungezogener junger Mann war, der nicht in angesehenen Häusern hätte aufgenommen werden dürfen – zumal er kein nennenswertes Geld hatte – und dass Sir Modred und Sir Gawain in diesem Haus gelebt hätten In einem kritischen Alter wäre er zweifellos als schlecht in Form eingestuft und aus anständigen Vereinen ausgeschlossen worden. Und da sie so viel weiß, geht sie davon aus, dass der Diebstahl eines oder mehrerer Testamente durchaus in ihrem Sinne wäre: daher ihre Rede.

„Liebe Lady Rodney, nein", ruft die entsetzte Ästhetin und verliert beinahe den Glauben an ihre Gastgeberin. „Ich meine damit, dass er sein Land und sein Erbe, seine Position, seinen Titel und alles zurückgibt – alles, was einem Mann aus bloßem Gefühl am Herzen liegt. Und dann war es so nett von ihm, sich selbst zu erschießen und ihr sein ganzes Geld zu hinterlassen. Sicherlich Sie muss man das sehen?"

Sie hat tatsächlich vergessen zu posieren und beugt sich mit auf den Knien verschränkten Armen ganz bequem nach vorne. Ich bin überzeugt, dass sie seit Jahren nicht mehr so glücklich war.

Lady Rodney ist über diese Sicht auf den Fall etwas schockiert.

„Sie müssen verstehen", sagt sie mit Nachdruck, „er hat sich nicht absichtlich erschossen. Es war ein Unfall, ein reiner Unfall."

„Na ja, das sagen sie", erwidert ihre Besucherin leichthin, die offensichtlich entschlossen ist, sich nicht aus einer guten Sache heraustun zu lassen, und darauf besteht, als passenden Abschluss dieser fesselnden Geschichte vorsätzlichen Selbstmord einzuführen. „Und natürlich ist es von jedem sehr nett und auch völlig richtig. Aber es besteht kein Zweifel, glaube ich, dass er sie geliebt hat. Sie werden mir verzeihen, Lady Rodney, aber ich bin überzeugt, dass er Mrs. Geoffrey verehrt hat."

„Na ja, vielleicht schon", gibt Lady Rodney widerwillig zu, die in letzter Zeit seltsam eifersüchtig auf Monas Ruf geworden ist. Während sie spricht,

errötet sie leicht. „Ich muss Sie bitten zu glauben", sagt sie, „dass Mona sich
seiner Verliebtheit bis zuletzt überhaupt nicht bewusst war."

„Natürlich, natürlich. Das kann man auf den ersten Blick sehen. Und wenn
es anders wäre, wäre die ganze Geschichte ruiniert – würde sofort zahm und
alltäglich werden – wäre es tatsächlich", sagt Lady Lilias mit einem Sie
schwenkte massiv mit ihrer großen weißen Hand: „Ich muss leider sagen, ein
alltägliches Ereignis. Die einzigartige Schönheit, die jetzt damit verbunden
ist, würde verschwinden. Es ist die Tatsache, dass seine Leidenschaft
unerwidert und nicht anerkannt wurde und dass er sich dennoch damit
zufrieden gab." dafür sein Leben opfern, das macht seinen Reiz aus."

„Ja, das wage ich zu sagen", sagt Lady Rodney, die sich nun fragt, wann dieser
hochfliegende Besucher abreisen wird.

„Es ist wie ein Streifzug durch die früheren und reineren Tage des
Rittertums", fährt Lady Lilias in ihrem prosysten Ton fort. „Ach! Wo sind
sie jetzt?" Sie hält inne, um eine Antwort auf diese schwierige Frage zu
finden, da sie sich in ihrer höchsten Form der Kunstdepression befindet.

„Äh?" sagt Lady Rodney und erwacht aus einem Tagtraum. „Ich weiß es
nicht, da bin ich mir sicher; aber ich werde es sehen; ich werde
Nachforschungen anstellen."

In Gedanken war sie meilenweit weg gewesen und ist gerade mit einem
Anflug von Schuldgefühlen wegen ihrer eigenen Vernachlässigung ihres
Gastes in die Gegenwart zurückgekehrt. In ihrer Verwirrung glaubt sie
aufrichtig, dass Lady Lilias einige Nachforschungen über das
Geheimgremium angestellt hat, und macht daher ihre außergewöhnliche
Bemerkung mit größter *Gutmütigkeit* und Fröhlichkeit.

Es ist ziemlich zu viel für das Ästhetische.

„Ich glaube nicht, dass man eine Frage nach den vergangenen Tagen des
Rittertums stellen *kann* ", sagt sie etwas steif, und nachdem sie ihrer
verwirrten Freundin die Hand geschüttelt und ihr sanft auf die Wange
geküsst hat, segelt sie aus dem Zimmer. entmutigt und im Geiste verletzt.

KAPITEL XXXVII.

WIE MONA EIN galantes Angebot ablehnt – und wie NOLLY das Leben mit den Zweigen eines portugiesischen Lorbeers betrachtet.

Wieder einmal sind sie alle in den Towers. Doatie und ihr Bruder – die im März und April in ihr eigenes Zuhause zurückgekehrt waren – sind nun wieder zu Lady Rodney zurückgekehrt, die die beiden stets mit offenen Armen empfangen möchte. Es soll ein letzter Besuch von Doatie als „anmutiger Jungfrau mit sanfter Stirn" sein, wie Mary Howitt sie sicherlich genannt hätte, da der nächste Monat als der passendste Monat für die Verwandlung von Dorothy Darling in Dorothy Lady Rodney ausgewählt wurde. In diesem Gedanken sind sowohl sie als auch ihre Verlobte vollkommen glücklich.

Mona und Geoffrey sind in ihr eigenes hübsches Haus gegangen und sind dort glücklich, wie sie es verdienen. Mona erweist sich als die charmanteste aller Chatelaines, so naiv, so gnädig, so völlig unberührt, dass sie alle Herzen erobert. Tatsächlich gibt es in der Grafschaft keine beliebtere Frau als Frau Geoffrey Rodney.

Dennoch verbringen sie einen Großteil ihrer Zeit in den Towers. Lady Rodney kann jetzt kaum noch auf Mona verzichten, denn ihre hübsche, mitfühlende Art, ihr umfassender Blick und ihr sanftes Lächeln haben sich endlich durchgesetzt und ein Zuhause im Herzen gefunden, das sich so entschieden gegen sie verhärtet hatte.

Was Jack und Violet betrifft, so sind sie in letzter Zeit zu einer Art moralischem Rätsel geworden, das niemand lösen kann. Monatelang haben sie einander angestarrt und miteinander geredet, scheinbar nichts außer einander gesehen, egal wie viele andere anwesend sein mögen; und doch ist es offensichtlich, dass zwischen ihnen kein Verständnis besteht und dass keine formelle Vereinbarung zustande gekommen ist.

„Warum um alles in der Welt", sagt Nolly, „können sie einander nicht sagen, was sie der Welt schon vor langer Zeit erzählt haben, dass sie einander lieben? Das ist so herrlich sinnlos, weißt du nicht?"

„Ich frage mich, wann du jemanden verehren wirst, Nolly", sagt Geoffrey beiläufig.

„Ich verehre wirklich jemanden", erwidert der naive Jugendliche und starrt Mona offen an, die die letzte Masche von Lady Rodney in der kleinen scharlachroten Seidensocke aufnimmt, die sie für Phyllis Carringtons Jungen strickt.

„Das bin ich", sagt Mona und blickt ihn unter ihren langen Wimpern schelmisch an.

„Wie haben Sie es herausgefunden? Wer hat es Ihnen erzählt?" fragt Mr. Darling mit vorsichtiger Überraschung. „Ja, es ist wahr; ich versuche nicht, es zu leugnen. Die hoffnungslose Leidenschaft, die ich für dich hege, ist mir teurer als jede andere erfolgreichere Zuneigung jemals sein kann. Ich verehre einen Traum – eine Idee – und bin glücklicher." in meinen verrücktesten Momenten als in anderen, wenn die meisten gleich sind.

„Gott sei Dank, Nolly, du wirst doch nicht krank sein, oder?" sagt Geoffrey. „Ein solcher Ausbruch an Beredsamkeit ist selten."

„Ich gestehe, es gibt Zeiten", fährt Mr. Darling fort und entledigt sich Geoffreys banaler Unterbrechung mit einer verächtlichen Handbewegung, „wenn Licht in mich eindringt und ein freudiger, dreimal gesegneter Abschluss meines Traums bevorsteht." . Wenn Geoffrey zum Beispiel dazu gebracht werden könnte, die Dinge so zu sehen, wie sie sind, und die Gnade hätte, diesen sterblichen Globus zu verlassen und in unbekannte Welten aufzusteigen, dann würde ich mich zu deinen Füßen werfen und –"

„Oh – na ja – nicht", unterbricht Mrs. Geoffrey hastig.

„Eh! Du willst doch nicht sagen, dass Du mich dann nach all meiner Hingabe ablehnen würdest?" fragt Mr. Darling mit einigem Ekel.

„Ja, du und jeder andere Mann", sagt Mona lächelnd und richtet ihren liebevollen Blick auf ihren Mann.

„Ich denke, Sir, danach könnten Sie sich für platt gehalten halten", sagt Geoffrey lachend.

„Ich werde gehen", erklärt Nolly; „Ich werde an Bord gehen – zumindest bis zum Obstgarten." dann, mit einem völligen Tonwechsel: „Übrigens, Mrs. Geoffrey, kommen Sie zum Spazierengehen? Tun Sie es: Der Tag ist ,himmlisch schön'."

„Na ja, nicht erst jetzt, denke ich", sagt Mona ausweichend.

"Warum nicht?" überzeugend: „Es wird Ihnen sehr gut tun."

„Vielleicht gehe ich dann etwas später", erwidert Mona, die wie alle ihre Landsfrauen eine direkte Antwort verabscheut und sich nie dazu durchringen kann, zu irgendjemandem ein entschiedenes „Nein" zu sagen.

„Da du offensichtlich Unterstützung brauchst, gehe ich mit dir bis zu den Ställen", sagt Geoffrey mitfühlend, und gemeinsam verlassen sie den Raum und leisten Gesellschaft, bis sie den Hof erreichen, als Geoffrey sich nach rechts dreht und auf den Hof zugeht und ließ Nolly seinen einsamen Weg zum blühenden Obstgarten zurück.

<hr>

Es ist eine Stunde später. Der Nachmittag nähert sich dem Abend, doch man spürt die Veränderung kaum. Es ist schwül, schläfrig, warm und voller „langsamer, luxuriöser Ruhe".

„Die Erde legt die geliehenen Gewänder des Himmels an und sitzt an einem Sabbat der stillen Ruhe; und die Stille schwillt zu einem träumerischen Klang an, der wieder zur Stille versinkt. Das Rinnsal hat seine Melodie unter den Bäumen, und durch die Wälder schwillt das zartes Zittern des Almosens der Ringeltaube.

Die Rodneys halten sich größtenteils in der Bibliothek auf, dem Raum, der ihnen am liebsten ist. Mona erzählt Doaties Schicksal auf Karten, Geoffrey und Nicholas besprechen die Vor- und Nachteile einer neuen Stute, Lady Rodney kämpft immer noch mit der purpurroten Socke – als die Tür geöffnet wird und Nolly hereinkommt, fügt sich der Gruppe hinzu.

Sein Gesicht ist leicht gerötet, sein ganzes Benehmen ist voller Wichtigkeit. Er geht zu den beiden Mädchen und bleibt Mona gegenüber stehen.

„Ich werde euch allen etwas sagen", sagt er, „obwohl ich kaum glaube, dass ich es sollte, wenn ihr schwört, mich nicht zu verraten."

Diese Rede hat die Wirkung von Elektrizität. Sie fangen alle an; mit einer Zustimmung leisten sie den gewünschten Eid. Die Karten fallen zu Boden, das Vermögen ist vergessen; die Stute wird von sehr zweitrangiger Bedeutung; Ein weiterer Stich fällt in die schicksalhafte Socke.

„Endlich haben sie es geschafft", sagt Mr. Darling mit leiser, unterdrückter Stimme. „Das ist eine vollendete Tatsache. Ich habe sie selbst gehört!"

Während er diese letzte außergewöhnliche Bemerkung macht, blickt er über die linke Schulter, als hätte er Angst, belauscht zu werden.

"WHO?" "Was?" sagen Mona und Dorothy in einem Atemzug.

„Natürlich, Jack und Violet. Sie haben es geschafft. Sie sind verlobt!"

"NEIN!" sagt Nikolaus; bedeutet: „Wie herrlich!"

„Und du hast sie gehört? Nolly, erkläre es dir", sagt seine Schwester streng.

„Das werde ich", sagt Nolly, „wenn du mir nur Zeit gibst. Oh, was für ein Tag ich hatte, und wie lieb! Du weißt, ich habe dir gesagt, dass ich einen Spaziergang in den Obstgarten machen würde." und im Hinblick auf eine gewinnbringende Meditation. Nun, ich ging, wie Sie wissen, einige portugiesische Lorbeerbäume, von denen aus man einen herrlichen Überblick über das Land gewinnen kann, und in einem bösen Moment geschah es Mir kam der Gedanke, dass ich einen von ihnen besteigen und mir die Chetwoode Hills ansehen möchte. Ich war seit meiner Kindheit nie höher als ein Pferderücken gekommen, und Visionen aus meinen früheren Tagen, als ich jung und unschuldig war, überkamen mich – —"

„Oh, egal, wie jung und unschuldig du warst: Wir haben noch nie davon gehört", sagt Dorothy ungeduldig. „Machen Sie doch weiter."

„Ich habe es geschafft, wenn Sie den Lorbeer meinen", sagt Nolly mit ruhiger Würde. „Ich bin äußerst mannhaft geklettert, und außer dass ich zweimal ganz am Stamm des Baumes heruntergerutscht bin und mir heftig die Schienbeine angebellt habe, habe ich mir keine wirklichen Verletzungen zugezogen."

„Was zum Teufel ist ein Schienbein?" setzt Geoffrey ein, *sotto voce* .

„Ein Teil Ihres Beins, knapp unter Ihrem Knie", erwidert Mr. Darling unerschrocken. „Nun, als ich endlich aufstand, fand ich einen tollen Platz zum Sitzen, mit einem guten Ast im Rücken, und ich war so zufrieden mit mir und meiner Leistung, dass ich wirklich denke – der Tag ist warm, wissen Sie – Ich bin zumindest eingeschlafen und kann mich an nichts erinnern, bis direkt unter mir Stimmen an mein Ohr drangen

Hier entwickeln Mona und Dorothy plötzlich tiefes Interesse und beugen sich vor.

„Ich teilte mit vorsichtiger Hand die Blätter des Lorbeers und schaute nach unten. Zu meinen Füßen waren Jack und Violet, und" – geheimnisvoll – „steckte sie ihm eine Blume in den Mantel!"

"Ist das alles?" sagt Mona mit rascher Verachtung, als sie ihn innehalten sieht. „Da ist doch nichts drin! Ich habe erst gestern eine Blume in *deinen Mantel gesteckt.* "

Die *Naivität* dieser Rede ist nicht zu übertreffen.

Nolly betrachtet sie traurig.

„Ich denke, du musst nicht unfreundlicher zu mir sein, als du helfen kannst!" sagt er vorwurfsvoll. „Aber um fortzufahren. Es gibt einen Weg, Dinge zu tun, wissen Sie, und die Zeit, die Violet brauchte, um diese Blume zu arrangieren, ist erwähnenswert; und als es endlich zu ihrer Zufriedenheit erledigt war, nahm Jack plötzlich einfach ihre Hände in seine so, Mrs. Geoffrey", ging vor Mona auf die Knie und nahm ihre beiden Hände in Besitz, „und drückte sie so gegen sein Herz und sagte, er –"

Nolly macht eine Pause.

„Oh, Nolly, was?“ sagt Mona; „Sagen Sie es uns.“ Sie fixiert seinen Blick.

„„Was hast du für hübsche kleine Hände!““, beginnt Nolly ganz unschuldig.

„Na ja, wirklich!“ sagt Mona und verwechselt ihn. Sie tritt mit verstärkter Farbe zurück, löst ihre Hände von seinen und runzelt leicht die Stirn.

„Ich habe nicht auf deine Hände angespielt, aber vielleicht doch“, sagt Nolly mitleiderregend. „Ich wollte dir nur erzählen, was Jack zu Violet gesagt hat. ‚Was für süße kleine Hände du hast!‘ flüsterte er mit dem albernsten Gesichtsausdruck, den ich je in meinem Leben gesehen habe: „Die schönsten Hände der Welt, ich wünschte, sie wären meine.“ „Gnädige Mächte!“ sagte ich zu mir selbst: „Ich bin dabei.“ und ich war so nahe dran, vom Ast in ihre Arme zu fallen. Der Schock war zu groß, ich unterdrückte ein Stöhnen mit der mannhaften Entschlossenheit, „zu leiden und stark zu sein“, und –“

„Macht das alles nicht“, sagt Doatie: „Was hat sie gesagt?“

Zu diesem Zeitpunkt sind sowohl Nicholas als auch Geoffrey vor Freude ganz erschüttert.

„Ja, weiter, Noll: Was hat sie gesagt?“ wiederholt Geoffrey, die großzügigste Ermutigung in seinem Ton. Sie alle haben sich mit einer Entschlossenheit, die einer besseren Sache würdig wäre, dazu entschlossen, zu vergessen, dass sie etwas hören, was sicherlich nie für sie bestimmt war. Oder vielleicht zwingt sie die Rücksicht auf Nolly dazu, die Ohren offen zu halten, da dieser junge Mann von dem Gedanken an das, was er unfreiwillig durchgemacht hat, und von der Last des Geheimnisses, das ihm so unangenehm ist, so überwältigt ist, dass es zu einer Notwendigkeit geworden ist er soll sprechen oder sterben; Ich glaube jedoch, dass es eher Neugier als Mitleid ist, die ihren Wunsch nach Informationen über das jeweilige Thema weckt.

„Ich habe nicht zugehört“, sagt Nolly empört. „Wofür halten Sie mich? Ich drückte meine Finger in meine Ohren, schloss meine Augen fest und wünschte von ganzem Herzen, ich wäre nie geboren worden. Wenn man sich etwas sehr sehnlichst wünscht, heißt es, dass man es bekommen wird. Also Ich dachte, wenn ich meine ganze Seele in diesen Wunsch stecken würde, würde ich ihn vielleicht erfüllen, und dann würde ich feststellen, dass ich nie geboren *wurde* . Also war ich danach nicht so lebhaft wie möglich Zehn Minuten lang sehnte ich mich nachdenklich. Dann öffnete ich meine Augen wieder und schaute – nur um zu sehen, ob ich nicht hinsehen sollte – und da waren sie immer noch und er hatte seinen Arm um sie gelegt, und ihr Kopf lag auf seiner Schulter. Und--"

„Oh, Nolly!“ sagt Dorothy hastig.

„Nun, es war nicht meine Schuld, oder? *Ich* hatte nichts damit zu tun. Sie hatte ihren Kopf nicht auf *meiner* Schulter, oder? Und es war nicht so, dass *mein* Arm um sie gelegt war", sagt Mr. Darling Verliere ein wenig die Geduld.

„Das meine ich nicht; aber wie könntest du aussehen?"

„Nun, das gefällt mir!" sagt ihr Bruder. „Und ich bete, was würde passieren, wenn ich es nicht täte? Ich gab ihnen zehn Minuten; das reichte völlig aus, denke ich. Wenn sie es in dieser Zeit nicht schaffen, müssen sie ihre Muttersprache vergessen haben. Außerdem habe ich wollte runter; der gegabelte Sitz im Lorbeer war nicht alles, was ich am Anfang gemalt hatte, und woher sollte ich wissen, wann sie weg waren, wenn ich nicht hinschaute? Warum, sonst wäre ich vielleicht dort „Bis nächste Woche", endet Mr. Darling mit zunehmendem Zorn.

„Es ist wahr", fügt Mona hinzu. „Wie konnte er erkennen, wann die Luft für seine Flucht frei war, wenn er nicht einen kurzen Blick darauf warf?"

„Mach weiter, Nolly", sagt Nicholas.

„Nun, Violet weinte (nicht laut, wissen Sie, aber ziemlich angenehm): Also dachte ich, ich hätte mich geirrt und dass sie wahrscheinlich Zahnschmerzen oder Kopfschmerzen oder so etwas hatte und dass die obige Rede nur ein Löffelchen war ; und ich verlor ziemlich den Glauben an die Situation, als er plötzlich sagte: „Warum weinst du?" Und was war Ihrer Meinung nach ihre Antwort? „Weil ich so glücklich bin." Stellen Sie sich vor, jemand würde weinen, weil sie glücklich war!" sagt Mr. Darling mit feinem Ekel. „Ich lache immer, wenn ich glücklich bin. Und ich finde es ziemlich dürftig, in Tränen auszubrechen, weil ein Mann Sie bittet, ihn zu heiraten: nicht wahr, Mrs. Geoffrey?"

„Ich weiß es nicht, ich bin mir sicher. Ich habe noch nie darüber nachgedacht. Habe ich geweint, Geoffrey, als –" zögert Mrs. Geoffrey lachend und leicht errötend.

„Nein. Soweit ich mich erinnern kann", sagt Geoffrey nachdenklich und zupft an seinem Schnurrbart, „waren Sie so überwältigt von der Freude über die unerwartete Ehre, die ich Ihnen erwiesen habe, dass –"

„Oh, das wage ich zu sagen", ironischerweise Nicholas. "Du kommst raus!"

„Was haben sie sonst noch gesagt, Nolly?" fragt Dorothy in einem schmeichelnden Ton.

„Wenn sie uns jetzt nur hören könnten!" murmelt Geoffrey und spricht niemanden besonders an.

„Mach weiter, Nolly", sagt Doatie.

„Sehen Sie, ich war so erfüllt von der Neuartigkeit der Idee, dass es richtig ist zu weinen, wenn man auf Ihrem höchsten Gipfel der Glückseligkeit sitzt, dass ich für ein paar Momente vergaß, meine Finger wieder in meine Ohren zu stecken, also hörte ich es Er sagt: „Bist du sicher, dass du mich liebst?“ Daraufhin sagte sie: „Bist *du ganz sicher, dass du mich* liebst ?“ mit viel Nachdruck. Das hat mich fertig gemacht! Hast du jemals in deinem Leben so etwas gehört?“ fragt Mr. Darling und ist zu Recht empört. „Wenn sie sich in den letzten drei Monaten in die Augen geschaut und uns alle mit ihrer Sentimentalität zu Tode gelangweilt haben, drehen sie sich kühl um und fragen sich, ob sie sicher sind, dass sie verliebt sind!“

„Nolly, du bist von Natur aus nicht romantisch“, sagt Nicholas streng.

„Nein, das habe ich nicht, wenn das Romantik ist. Natürlich blieb mir nichts anderes übrig, als die Augen wieder zu schließen und mich in mein Schicksal zu ergeben. Ich frage mich, ob ich nicht tot bin“, sagt Nolly mitleiderregend. „Ich habe noch nie in meinem Leben so viel Zeit investiert. Nun, es verging noch eine Viertelstunde, und dann öffnete ich vorsichtig meine Augen und schaute noch einmal, und – würden Sie es glauben?“ – empört – „da waren sie immer noch.“ !"

„Meiner Meinung nach hast du die ganze Zeit zugeschaut und zugehört; und das war beschämend gemein von dir“, sagt Dorothy.

„Ich gebe Ihnen meine Ehre, ich habe es nicht getan. Ich habe weder gesehen noch gehört, außer was ich Ihnen sage. Wenn ich zugehört hätte, könnte ich einen Band mit ihrem Unsinn füllen. Eine Dreiviertelstunde hat es gedauert. Wie ein Kerl das kann.“ Nehmen Sie sich fünfundvierzig Minuten Zeit, um zu sagen: „Willst du mich heiraten?“ Wann immer *ich* so etwas tun werde, was natürlich jetzt nie mehr der Fall sein wird, wegen dem, was du mir vor einiger Zeit gesagt hast, aber wenn ich jemals in Versuchung geraten sollte , ich werde es in genau zwanzig Sekunden hinter mich bringen: Das wird mir sogar Zeit geben, ihre Hand zu nehmen und durch die orthodoxe Umarmung zu kommen.

„Aber vielleicht wird sie dich ablehnen“, sagt Mona zurückhaltend.

„Kein solches Glück. Aber sehen Sie, ich habe noch nie solche Qualen erlitten wie in diesem Lorbeerbaum. Es ist der letzte Baum, auf den ich jemals klettern werde fühlte ich mich wie ein verurteilter Verbrecher.

„Oder wie der ‚süße kleine Cherub, der oben sitzt.‘ Wenn man darüber nachdenkt, hast du *etwas Engelhaftes, weißt du, Nolly?*

„Viel mehr gibt es nicht, aber dennoch bleibt der Clou des Witzes“, sagt Nolly und lacht herzlich. „Sie schienen zu diesem Zeitpunkt ziemlich fröhlich zu sein, und er sprach. ‚Ich hatte Angst, dass du mich ablehnen würdest', sagte er in einem dämlichen Ton. ,Ich dachte immer, dass dir Geoffrey am besten gefällt.' „Geoffrey!" sagte Violet. (Oh, Mrs. Geoffrey, wenn Sie ihre Stimme hätten hören können!) „Wie konnten Sie das denken? Geoffrey ist auf seine Art sehr gut, und natürlich mag ich ihn sehr, aber er soll es nicht sein!" im Vergleich zu dir.' „Er ist sehr gutaussehend", sagte Jack und suchte auf die unanständigste Art und Weise nach Komplimenten. „Oh nein", sagte Violet (das hätten Sie wirklich hören *sollen* , Mrs. Geoffrey) . . Ziemlich gut aussehend, gebe ich zu, aber nicht – nicht wie *du* !' Hahaha!"

„Nolly, du erfindest", sagt Mrs. Geoffrey streng.

„Nein, auf mein Wort, nein", sagt Nolly und erstickt vor Lachen, in das sich alle außer Mona einstimmen. „Sie hat das alles gesagt und noch viel mehr!"

„Dann weiß sie nicht, wovon sie redet", sagt Mrs. Geoffrey empört. „Die Idee, Geoffrey mit Jack zu vergleichen!"

Daraufhin wird das Gelächter überall lauter, Geoffrey und Nicholas zeichnen sich in dieser Zeile deutlich aus, als sich gerade auf dem Höhepunkt ihrer Heiterkeit die Tür öffnet und Violet hereinkommt, gefolgt von Captain Rodney.

KAPITEL XXXVIII.

Wie NOLLY es ablehnt, seine Geschichte zu wiederholen – wie Jack Rodney stattdessen eine erzählt – und wie sie alle ihre Überraschung darüber zeigen, was sie vorher wussten.

Als sie eintreten, hört die Heiterkeit auf. Eine bemerkenswerte Stille legt sich über die Gruppe. Alle schauen alles außer Violet und ihrer Begleiterin an.

Letztere schreiten gemächlich durch den Raum, doch mit der hinterhältigen Miene derjenigen, die im Besitz peinlicher Neuigkeiten sind, die erzählt werden müssen, bevor viel Zeit vergeht. Der Gedanke daran trübt möglicherweise ihre Wahrnehmung und macht sie blind für die Tatsache, dass die anderen unnatürlich ruhig sind.

„Es war so ein bezaubernder Tag", sagt Violet schließlich in einem eher mechanischen Ton. Doch trotz seiner Stelzhaftigkeit durchbricht es den Bann der Bestürzung und Verwirrung, der die anderen in seinen Ketten gefesselt hat, und bringt sie wieder zum Sprechen.

Sie alle lächeln und sagen in einem Atemzug „Ja, tatsächlich" oder „Oh, ja, tatsächlich" oder schlicht „Ja". Sie alle fühlen sich Violet für ihre ganz gewöhnliche kleine Bemerkung zutiefst verpflichtet.

Dann ist es bezaubernd, die *Petit Soins zu beobachten* , die zarten kleinen Aufmerksamkeiten, die die Frauen der gewählten Braut auf sorgfältig unterdrückte Weise überreichen – so wie sie es für sie bereits ist. Es gibt nichts unter dem Himmel, das dem Herzen einer Frau so am Herzen liegt wie eine glückliche Liebesbeziehung – es sei denn, sie wäre unglücklich. Bringen Sie einer Frau einfach klar, dass Sie Ihr Herz gebrochen haben oder brechen (Letztes ist das Beste), und sie wird auf der Stelle Ihre Freundin sein. Es ist für sie so unsagbar süß, eine *Vertraute* eines Geheimnisses zu sein, in dem Dan Cupid an erster Stelle steht.

Mona erhebt sich und schiebt Violet sanft in ihren eigenen Stuhl, ein kleines schwarz-goldenes Weidending mit auffälliger Polsterung.

„Ja, setz dich da", sagt sie mit einem neuen Anflug von zärtlichem Mitgefühl in ihrem Ton und hält ihre Hand auf Violets Schulter, während diese einen leisen höflichen Versuch unternimmt, wieder aufzustehen. „Das müssen Sie in der Tat. Es ist so ein lieber, gemütlicher, bequemer kleiner Stuhl."

Warum es plötzlich notwendig geworden ist, dass Violet es gemütlich und bequem hat, verschweigt sie zu erklären.

Dann geht Dorothy auf den Neuankömmling zu, nimmt ihren Hut vom Kopf, tätschelt ihre Wangen und sagt ihr mit einem ihrer schönsten Lächeln, dass sie „so eine köstliche Farbe hat, Liebste!, genau wie ein kleines bisschen frisch." Apfelblüte!"

Die Apfelblüte deutet auf den Obstgarten hin, worauf Violet merklich rot wird und Nolly vor Angst kalt wird und das Gefühl hat, dass ihn ein bisschen mehr ohnmächtig machen würde.

Schließlich tritt Lady Rodney an die Front und sagt:

„Du hast dich nicht müde gemacht, Liebes, hoffe ich. Der Tag war so drückend warm, eher wie im Juli als im Mai. Möchtest du jetzt deinen Tee, Violet? Wir können ihn auch für eine halbe Stunde trinken, wenn du möchtest."

All diese Zuneigungsbeweise bemerkt Violet auf verträumte, ferne Weise: Sie ist dadurch glücklicher; Doch sie würdigt sie nur träge, da sie von einem Gedanken erfüllt ist, der alle anderen abstumpft. Sie nimmt den Stuhl, das Kompliment und den Tee mit Anmut, aber mit einer etwas vagen Dankbarkeit entgegen.

Für Jack benehmen sich seine Brüder äußerst *gutmütig* . Zweimal haben sie ihn „Alter Kerl" genannt, und einmal hat Geoffrey ihm mit gut gemeinter Herzlichkeit und zweifellos ermutigender, aber auch anstrengender Art auf die Schulter geklopft.

Und Jack ist sehr zufrieden mit ihnen, und als er gerade alles durch einen rosafarbenen Schleier sieht, sagt er sich, dass er in seinem eigenen Volk besonders gesegnet ist und dass Geoffrey und der alte Nick zwei der anständigsten alten Männer der Welt sind. Doch auch er ist ein wenig *verwirrt* und versucht, Violets Blick auf sich zu ziehen, der sich hartnäckig weigert, so gefangen zu werden.

Als einziger in der Gruppe steht Nolly abseits, schließt sich den unausgesprochenen Glückwünschen überhaupt nicht an und fühlt sich in der Tat wie nichts anderes als der schuldige Schuldige, der er ist.

„Wie ihr alle gelacht habt, als wir reinkamen!" sagt Violet plötzlich: „Wir konnten dich den ganzen Korridor entlang hören. Worum ging es?"

Alle lächeln dabei unwillkürlich – alle außer Nolly, die sich wieder schwach fühlt und eine kräftige, lebhafte Röte annimmt.

„Das war natürlich ein Scherz?" fährt Violet fort, da sie auf ihre erste Frage keine Antwort erhalten hat.

„Das war es", sagt Nicholas und hat das Gefühl, dass man sich einer Antwort nicht länger entziehen kann. Dann sagt er: „Ähem!" und richtet seinen Blick vertrauensvoll auf den Teppich.

Doch Geoffrey, für den die Situation ihren Reiz hat, greift den unterbrochenen Faden auf.

„Es war eine von Nollys guten Sachen", sagt er freundlich. „Und du weißt, wozu er fähig ist, wenn er will! Es war bis zum letzten Grad lustig – darauf ausgelegt, jeden ‚Tisch' in Aufruhr zu versetzen. – Gib es uns noch einmal, Nolly – es lohnt sich zu wiederholen. – Bitte ihn darum Sag es dir, Violet.

„Ja, das tue ich, Nolly", sagt Violet.

„Mach weiter, Noll", ruft Dorothy in ihrem aufmunterndsten Tonfall. „Lass Violet es hören. *Sie* wird es verstehen."

„Das würde ich natürlich gerne tun", stammelt die unglückliche Nolly, „nur vielleicht hat Violet es schon einmal gehört!"

„Na ja, wirklich, weißt du? Ich glaube, sie hat es getan!" sagt Mona so zurückhaltend, dass alle wieder lächeln.

„Ich nenne das eine abscheuliche Gemeinheit", sagt Mr. Darling zu Geoffrey in einem empörten Nebeneffekt. „Ihr habt alle euren Eid auf Geheimhaltung geschworen, bevor ich angefangen habe, und jetzt seid ihr entschlossen, mich zu verraten, ich nenne es geradezu schäbig. Und ich werde es keinem von euch vergessen, das möchte ich euch sagen."

„Mein lieber Freund, du kannst es nicht so schnell vergessen haben", sagt Geoffrey und tut so, als würde er dieses vehemente Flüstern missverstehen. „Seien Sie nicht schüchtern! Oder soll ich Ihr Gedächtnis auffrischen? Es war, wie Sie sich erinnern, ungefähr –"

„Oh, ja – ja – ich weiß; es spielt keine Rolle; (ich werde dich dafür bezahlen"), sagt Nolly wild beiseite.

„Nun, ich mag eine gute Geschichte", sagt Violet nachlässig.

„Dann wird Ihnen der Leisten von Nolly bis ins kleinste Detail passen", sagt Nicholas. „Neben seinem Witz besitzt es die seltene Eigenschaft, absolut wahr zu sein. Es ist wirklich passiert. Es basiert auf Tatsachen. Er selbst bürgt für die Wahrheit."

„Oh, machen Sie weiter, tun Sie es", sagt Mr. Darling in einer Sekunde beiseite, der inzwischen vor Angst und Empörung leuchtend rot ist.

„Lass es uns haben", sagt Jack und erwacht aus seinen Träumereien, da er es unmöglich gefunden hat, Violets Augen dazu zu bringen, seinen zu begegnen.

„Es ist wirklich nichts", sagt Nolly fieberhaft. „Ihr habt es alle schon einmal gehört."

„Das habe ich gesagt", murmelt Mona kleinlaut.

„Das ist eine ziemlich alte Geschichte", fährt Nolly fort.

„Es ist tatsächlich die wahre und originelle ,alte, alte Geschichte'", sagt Geoffrey unschuldig und lächelt sanft auf das Bein eines entfernten Tisches.

„Wenn du es ihnen erzählen willst, dann tu es auf einmal", flüstert Nolly und wirft einen vernichtenden Blick auf den lächelnden Geoffrey. „Das wird Zeit und Ärger sparen."

„Ich habe noch nie jemanden gesehen, der die Hitze so sehr spürte wie unseren Oliver", sagt Geoffrey freundlich. „Sein Teint wird warm."

„Möchtest du einen Fächer, Nolly?" sagt Mona lachend, aber wirklich freundlich, um ihn aus seinem gegenwärtigen Dilemma zu retten. „Glaubst du, du könntest meins für mich finden? Ich glaube, ich habe es im Morgenzimmer gelassen."

„Ich bin sicher, das könnte ich", sagt Nolly und wirft ihr einen dankbaren Blick zu, woraufhin er mit verdächtiger Eifer seinen Auftrag annimmt.

„Wie seltsam Nolly manchmal ist!" sagt Violet, jedoch ohne große Überraschung. Sie ist immer noch in ihren eigenen Traum der Freude versunken und ist ziemlich gleichgültig gegenüber Objekten, für die sie sich gestern sofort interessiert hätte. „Aber, Nicholas, worum ging es in seiner Geschichte? Er scheint fest entschlossen zu sein, sie mir nicht zu verraten."

„Ein bloßes Nichts", sagt Nicholas leichthin; „Wir haben ihn nur ein wenig geärgert, weil Sie wissen, was für ein Durcheinander er mit allem anrichtet, was er in die Hand nimmt."

„Aber was war das Thema?"

„Oh – nun ja – diese fünfunddreißig charmanten Landsleute von Mona, die jetzt im Unterhaus sitzen, oder besser gesagt, nicht mehr. Es war eine kleine Geschichte, die sich auf ihren Ausschluss neulich Abend durch den Sprecher – und – ähm – bezog -andere Dinge."

„Wenn es ein politischer Scherz wäre", sagt Violet, „sollte es mir egal sein."

Das ist ein Glück. Jeder hat das Gefühl, dass Nicholas nicht nur klug ist, sondern auch außergewöhnlich viel Glück hat.

„Es war natürlich nicht *nur Politik*", sagt er vorsichtig.

Daraufhin glaubt jeder, er sei ein mutiger und wagemutiger Mann, der erneut sein Glück riskiert.

In diesem besonderen Moment hebt Violet versehentlich den Kopf und blickt Jack Rodney in die Augen. Daraufhin geht dieser junge Mann schnell auf sie zu und nimmt angesichts der versammelten Menge ihre Hand in die seine.

„Violet, du kannst ihnen jetzt genauso gut alles erzählen wie zu jedem anderen Zeitpunkt", sagt er überzeugend.

„Oh nein, nicht jetzt", fleht Violet hastig. Sie erhebt sich hastig von ihrem Sitz und legt ihre gelöste Hand auf seine Lippen. Zum ersten Mal in ihrem Leben verliert sie ihre Selbstbeherrschung aus den Augen und eine Röte, warm und satt wie Karminrot, bedeckt ihre Wangen.

Diese liebevolle, den Erfordernissen des Augenblicks entsprechende Farbgebung steht ihr ebenso gut. Noch nie sah sie so hübsch aus. Ihre Lippen zittern, ihre Augen werden erbärmlich. Und Kapitän Rodney, der bereits tief verliebt ist, ist noch beeindruckter von der Tatsache, dass er selbst das Glück hatte, eine so beneidenswerte Braut gefunden zu haben.

Er legt seinen Arm um sie und zieht sie näher an sich.

„Mutter, Violet hat versprochen, mich zu heiraten", sagt er plötzlich. „Hast du nicht, Violet?"

Und Violet sagt gehorsam „Ja", und dann treten ihr Tränen in die Augen, und ein Lächeln erscheint auf ihren Lippen, so süß, so neu, dass Doatie etwas später Mona zuflüstern muss, dass sie „ Ich hätte nicht gedacht, dass es in Violett so aussieht."

Hier sagt natürlich jeder das Charmanteste, was ihm im Moment einfällt; und dann küssen sie alle Violet, und Nolly, die in diesem glückverheißenden Moment mit dem Fächer und wiedererlangter Stimmung zurückkommt, schließt sich den allgemeinen Glückwünschen an und küsst sie tatsächlich auch, obwohl Geoffrey ihm in einem schrecklichen Tonfall „Verräter" zuflüstert, wie er macht sich daran, es zu tun.

„Es ist das Süßeste, was passieren konnte", sagt Dorothy begeistert. „Jetzt werden Mona, du und ich echte Schwestern sein."

„Was für eine Überraschung das alles ist!" sagt Geoffrey heuchlerisch.

„Ja, nicht wahr?" sagt Dorothy ganz in gutem Glauben; „Obwohl ich doch nicht weiß, warum das so sein sollte; wir konnten es selbst sehen; wir wussten alles schon vor langer Zeit!"

„Ja, vor *langer* Zeit", sagt Geoffrey mit Animation. „Vor einer ganzen Stunde."

„Oh! kaum!" sagt Violet mit einem sanften Lachen und einem weiteren Erröten. "Wie konntest du?"

„Ein kleiner Vogel hat es uns zugeflüstert", erklärt Geoffrey leichthin. Dann hat er Mitleid mit Nollys offensichtlicher Qual und fährt fort: „Das heißt, wissen Sie, wir haben es erraten; Sie waren so lange abwesend und – und das."

Diese Darstellung hat etwas bedauerlich Lahmes, wenn man bedenkt, dass die neuen Liebenden in den letzten zwei Monaten in der Regel *immer* vom Rest der Familie abwesend waren.

Aber Violet ist zufrieden.

„Es ist wie im Märchen und genauso hübsch", sagt die kleine Dorothy, die sich ziemlich sicher als eingefleischte Heiratsvermittlerin entpuppen wird, wenn noch ein paar Jahre über ihr sonniges Haupt gerollt sind.

„Oder wie Nollys Geschichte, die er mir nicht erzählen möchte", sagt Violet lachend.

„Nun, wirklich, jetzt, wo Sie es sagen", sagt Geoffrey, als ob ihm plötzlich eine zufriedenstellende Idee gekommen wäre, „ist es ungewöhnlich wie Nollys Geschichte: Wenn man sie miteinander vergleicht, klingen sie fast ähnlich."

„Was! Wie könnten Jack oder ich einem irischen Mitglied ähneln?" fragt sie mit einer kleinen Grimasse.

„Alles hat seine romantische Seite", sagt Geoffrey, „sogar ein irisches Mitglied, wage ich zu behaupten. Und wenn Sie Nolly dazu bringen, Sie mit seinem letzten Witz zu begünstigen, werden Sie sehen, dass es geradezu voller Romantik ist."

KAPITEL XXXIX.

WIE HOCHZEITSGLOCKEN IN DER FERNE GEHÖRT WERDEN KÖNNEN – WIE DIE LIEBE MONA ERHÄLT – UND WIE ENDLICH DER ABSCHIED GESPROCHEN WIRD.

Und was bleibt nun noch zu erzählen? Aber wenig, denke ich! Denn meine sanfte Mona hat den Hafen erreicht, in dem sie sein würde!

Violet und Dorothy sollen nächsten Monat heiraten, beide am selben Tag, zur selben Stunde, in derselben Kirche – St. George's Hanover Square, ohne es zu sagen. Auf Dorothys besonderen Wunsch hin sollen beide Ehen im Haus des alten Lord Steyne in Mayfair stattfinden, da Violets Vater in seinem Geschmack etwas unberechenbar ist und in diesem Moment tatsächlich ziellos im Himalaya umherirrt.

Mona ist glücklicher, als Worte es ausdrücken können. Sie steckt bis zum Hals in dem Geschäft, dem Geschäft, das einer Frau am meisten Freude macht: der Bestellung, Leitung und allgemeinen Verwaltung einer Aussteuer. In ihrem Fall ist sie doppelt gesegnet, denn sie hat die Aufsicht von zweien!

Ihr Mitgefühl ist grenzenlos, ihr Temperament den schwierigsten Anlässen gewachsen, ihr Herz offen für die kleinsten Beschwerden; Sie ist für die beiden Mädchen eine unerschöpfliche Quelle des Trostes, ein Zufluchtsort, in dem sie der Empörung gegen ihre Schneiderinnen, die unaufhörlich in ihrer Brust zu wüten scheint, ungestraft Ausdruck verleihen können.

In der Tat, wie Dorothy eines Tages aus tiefstem Herzen sagt: „Wie wir ohne dich weitergekommen wären, Mona, schaudert mich beim Gedanken daran."

Da Geoffrey zufällig anwesend ist, als diese schmeichelhafte Bemerkung gemacht wird, dreht sich Violet zu ihm um und sagt impulsiv:

„Oh, Geoffrey, war es nicht gut, dass du nach Irland gereist bist und Mona kennengelernt hast? Denn wenn du letzten Herbst hier geblieben wärest, hätten wir uns vielleicht dazu bewegen lassen, einander zu heiraten, und was wäre dann aus dem armen Jack geworden?"

„Was eigentlich?" sagt Geoffrey tragisch. „Schlimmer noch, was wäre aus der armen Mona geworden?"

„Was würdest du sagen?" ruft Mona drohend aus und wendet ihm ein hübsches Gesicht zu, das sie vergeblich mit Wut zu bedecken versucht.

„Eine solche Unterstellung ist unerträglich", sagt der lebhafte Doatie. „Violet, Monas Sache ist unsere: Was sollen wir mit ihm machen?"

„„Mach ihm den Kopf mit dem Fächer seiner Dame!"", zitiert Violet fröhlich, schnappt sich Monas Fächer, der auf einem *Prie-Dieu* in der Nähe liegt, und geht zu Geoffrey.

Ihr Aussehen ist so entschlossen, dass Geoffrey die weiße Feder zeigt und sich mit dem Ruf „ *Mea culpa* " hastig zurückzieht.

Vom Morgen bis zum taufrischen Abend wird in der Laube oder im Boudoir nichts anderes besprochen als Volants, Rüschen und Furbelows – drei *F*, die in den Towers von weitaus wichtigerer Bedeutung sind als die anderen drei, die Mr. Parnell geschaffen hat. Und Mona, die sich in Sachen ihrer eigenen Kleider als recht geschmackvoll erwiesen hat und in Sachen Farbgebung fast eine Künstlerin ist, wird von beiden Mädchen bei allen Gelegenheiten wegen der Dinge angesprochen, die man bereithalten muss: „Gegen ihren Brydale-Tag." , was nicht lange dauert." – Wie zum Beispiel: –

„Mona, denkst du, Elise hat recht? Sie ist so positiv; bist du sicher, dass Heliotrop der richtige Farbton dazu ist?" Oder

„Liebste Mona, ich muss dich noch einmal unterbrechen. Bist du sehr beschäftigt? Nein? Oh, dann komm und sieh dir die letzte Haube an, die Madame Verot gerade geschickt hat. Sie sagt, dass es in dieser Saison nichts Vergleichbares geben wird. Aber" in eine Stimme mit gebrochenem Herzen: „Ich kann mich nicht dazu durchringen zu glauben, dass es etwas wird."

Auch Lady Rodney ist ganz zufrieden. Alles ist gut gelaufen; alles ist wieder glatt; Es gibt keinen Grund mehr für Kummer und endlose Angst. Mit Paul Rodneys Tod hörte das letztere Gefühl auf, und Monas Herzensgröße hat das erstere unterdrückt. Sie hat ihren Feind besiegt und niedergeschlagen: Ohne den Einsatz mörderischer Gewalt sind die Mauern vor ihr eingestürzt, und sie ist mit wehenden Fahnen in die Zitadelle einmarschiert.

Doch triumphiert sie nicht über ihren besiegten Feind; ja, es ist so anders bei ihr, dass sie ihre Hand ausstreckt, um sie wieder aufzurichten, und mit allen sanften Mitteln, die in ihrer Macht stehen, versucht, jede Erinnerung an die unangenehme Vergangenheit auszulöschen.

Und Lady Rodney ist sehr bereit, dass es ausgelöscht wird. Gerade jetzt ist es in der Tat eine ihrer Lieblingstheorien, dass sie niemals wirklich unhöflich gegenüber der lieben Mona gewesen wäre (sie wird in letzter Zeit immer „liebe Mona" genannt), wenn nicht die schreckliche Angst gewesen wäre, die ihr durch die Australierin und … auferlegt wurde das fehlende Testament und der grausame Glaube, dass Nicholas bald aus dem Haus verbannt werden würde, in dem er so lange als Herr regiert hatte. Wären die Dinge für sie glücklich verlaufen, wäre ihr Geist nicht so verzerrt gewesen, und sie hätte sofort gelernt, den süßen Charakter des lieben Mädchens zu verstehen und zu schätzen! Und so weiter.

Mona akzeptiert diese Entschuldigung für die vergangene Ungerechtigkeit und ermutigt sogar ihre Schwiegermutter, darüber noch mehr zu reden – da sie sieht, wie bequem es für sie ist, dies zu tun – und versucht darüber hinaus in ihrem eigenen gütigen Herzen, auch daran zu glauben.

Sie ist vielleicht so wütend auf Geoffrey, wie sie nur sein kann, als er eines Tages diesen wohltätigen Gedanken vermasselt und ihn als seine Überzeugung ausgibt, dass Sorgen nichts damit zu tun haben und dass seine Mutter sich die ganze Zeit über ungewöhnlich schlecht benommen hat, und so weiter Reine Hartnäckigkeit und schlechte Laune waren die Ursache der ganzen Sache.

„Sie hatte beschlossen, dass Sie unerträglich sein würden, und sie konnte Ihnen nicht vergeben, weil Sie es nicht waren", sagt dieser kluge junge Mann mit ruhiger Überzeugung. „Lass dich nicht hereinlegen, Mona."

Aber Mona zieht es in einem solchen Fall vor, „überlistet" zu werden (obwohl sie vielleicht Einwände gegen diese Formulierung hat), und mit der Zeit wächst ihre Zuneigung zu Lady Rodney.

„In der Gesellschaft eines so göttlichen Gesichts könnten keine erbitterten Gedanken leben", sagte der Herzog bei einer denkwürdigen Gelegenheit und spielte dabei auf Mona an, wobei diese Rede für Seine Gnaden eher eine erhabene Rede war, da er für den größten Teil der Erde erdig war .

Doch darin sprach er die Wahrheit und wiederholte Spenser (wenn auch unbewusst), wo er sagt:

„So ist jeder Geist, da er am reinsten ist und mehr himmlisches Licht in sich trägt. So verschafft er sich den schöneren Körper, um darin zu wohnen. Denn von der Seele nimmt der Körper Form an, denn Seele ist Form und macht den Körper." ."

Ich denke, dass sie bei Lady Rodney immer die Lieblingstochter bleiben wird. Sie ist jetzt ganz ihre rechte Hand. Sie kommt kaum ohne sie aus und sagt sich, dass ihre traurigsten Tage die sind, wenn Mona und Geoffrey in ihr eigenes Zuhause zurückkehren und die Towers nicht mehr vom musikalischen Lachen der Nichte des alten Brian Scully oder den leichten Schritten ihrer Hübschen widerhallen Füße. Violet und Dorothy werden zweifellos lieb sein; Aber Mona, die trotz vieler Widrigkeiten gewonnen hat, wird in ihrer Zuneigung immer an erster Stelle stehen.

Immerhin hat sie sich als großer Erfolg erwiesen. Sie hat ihren Kampf gekämpft und ihren Sieg errungen; aber die Besiegte hat einen tiefen Grund, ihrem Sieger dankbar zu sein.

Wo wären sie jetzt alle, wenn nicht ihr rechtzeitiger Eintritt in die Bibliothek an diesem Abend, der nie vergessen werden würde, und ihr Einfluss auf die arme tote und verstorbene Cousine gewesen wären? Selbst in Sachen Vermögen war sie nicht im Rückstand, denn Paul Rodneys Tod hat sie über alle Erwartungen hinaus bereichert. Zweifellos gibt es daher guten Grund, sich über Frau Geoffrey zu freuen.

An diesem Namen, der ihr in solch einer unfreundlichen Art gegeben wurde, klammert sich Mona mit einzigartiger Hartnäckigkeit fest. Als Nolly sie einmal vor Lady Rodneys Ohren gerufen hat, hebt diese ihren Kopf und ein reumütiges Leuchten entzündet sich in ihren Augen; und als Mr. Darling sich entfernt hat, wendet sie sich flehentlich an Mona und sagt mit einem warmen Tonfall ernst:

„Meine Liebe, ich habe mich dir gegenüber in dieser Angelegenheit schlecht benommen. Lass mich Oliver sagen, dass er dich in Zukunft Mrs. Rodney nennen soll. Das ist dein richtiger Name."

Aber Mona lässt sich nicht bitten; Sanft, aber bestimmt lehnt sie es ab, den *Spitznamen zu ändern*, den sie vor so langer Zeit erhalten hat. Mit viel Sanftheit sagt sie Lady Rodney, dass sie den Namen liebt; dass es ihr teurer ist, als es irgendein anderes jemals sein könnte; dass es der Höhepunkt ihres allerhöchsten Ehrgeizes ist, Mrs. Geoffrey zu sein; und es jetzt zu ändern, würde ihr nur Schmerz und ein vages Gefühl des Verlustes bereiten.

Nach diesem ernsthaften Protest wird ihr also nie mehr zu diesem Thema gesagt, und Mrs. Geoffrey ist nun auf dem Weg der Besserung, und Mrs. Geoffrey wird, glaube ich, bis zum Ende des Kapitels bleiben.

DAS ENDE.